D1724318

Band 46 der Reihe „Selbst entdecken"

*Jürgen Sorges* lebt wahlweise in den „Kreuzberger Sümpfen" Berlins, an der Hamburger Waterkant und in den Hügeln der Toscana.
Von Jürgen Sorges ist bisher im Regenbogen-Verlag erschienen: **FLORENZ SELBST ENTDECKEN.**

Jürgen Sorges

# SIZILIEN

## selbst entdecken

Mit den Features „What's on in Palermo?"
von *Daniela Bonomolo* und
„Leben auf Ginostro" von *Onno Behrends*.

Regenbogen-Verlag

CIP-Kurztitelaufnahme der Deutschen Bibliothek

Sorges, Jürgen
Sizilien selbst entdecken/Jürgen Sorges
Zürich: Regenbogen-Verlag, 1990.
(Selbst entdecken; Bd 46)
ISBN 3-85862-062-9


SIZ901E1

Reihenkonzept/Redaktion: Klaus Stromer
Reihengestaltung:
Graphic-Design Peter Zimmermann
Fotos: siehe Bildnachweis
Satz: Optipage
Druck: Fuldaer Verlagsanstalt

# Inhalt

## Karten

## Lesertips

Zuschriften bezüglich Preiskorrekturen, Adreßänderungen und Ergänzungsvorschläge werden nach Möglichkeit in der nächsten überarbeiteten Ausgabe dieses Reisehandbuchs berücksichtigt. Der Autor Jürgen Sorges und der Verlag freuen sich über jede Zuschrift!

Zuschriften bitte an folgende Adresse:
Regenbogen-Verlag
Stichwort „**Sizilien**"
Postfach 472
CH-8027 Zürich

# Sizilien – Insel des Feuers

Der achtjährige Massimo fährt jedes Jahr nach Sizilien, zum *nonno*, seinem Großvater. Nicht „nur zum Baden", wie er erklärt. Denn: „Sizilien ist keine Wasserinsel, sondern eine Landinsel!"

Massimo ist an der Elbe geboren und lebt in Hamburg, weil er es einmal „besser" haben soll. Neben der Grundschule besucht er wie viele Immigrantenkinder in der Hansestadt zusätzlich nachmittags die italienische Schule, was ihm, wie die Schulnoten zeigen, durchaus gefällt. Er ist Klassenbester und wird später zum Gymnasium wechseln. Für die nahe Zukunft haben seine Eltern die Lebensfrage, ob nun in „Palermo oder Wolfsburg" zu wohnen, längst entschieden. Wohin er jedoch später will, weiß er schon genau: „Sicilia", ist seine knappe, aber entschiedene Antwort. Denn da kann er mit dem Großvater angeln oder auf die Jagd gehen, auf der Dorfstraße herumtollen und die Sonne genießen. Sizilien, das ist für ihn das angenehme familiäre Alltagsleben, welches im hohen Norden Europas zu kurz kommen muß. Denn die Arbeit der Eltern und die Schule gehen vor.

Sizilien ist die größte aller Mittelmeerinseln und überrundet flächenmäßig sogar die Schweiz. Derzeit leben fünf Millionen Einwohner an der Nahtstelle zwischen Europa und Afrika, weitere 15 Millionen Sizilianer wohnen im Aus-land. Bei solchen Dimensionen fallen die über 1000 km Küste des „Landes", wie es Massimo erlebt, nicht so ins Gewicht. Dies hat einen weiteren Grund:

Die Sizilianer mögen das Meer nicht sonderlich, es hat ihnen in der Geschichte stets nur Ärger beschert. Neben dem Unbill der Elemente und viel Arbeit transportierten die Wellenmassen unentwegt neue Eroberer an die Küste. Ob nun Phönizier, Griechen, Karthager, Römer, Byzantiner, Vandalen, Araber, Normannen, Staufer, Spanier, Franzosen, Deutsche oder Amerikaner anlandeten – die Liste der Fremdherrscher brach nie ab und ist unangenehm lang. Sizilien ist ein *melting pot* europäischer Kultur, alle zog es dorthin. Wohl in keiner Region (abgesehen von Bayern, das eine zwar nicht vergleichbare, aber ähnliche Tradition hat) existieren so unterschiedliche Spuren der gesamteuropäischen Geschichte.

Kein Wunder also, daß der Seperatismus-Gedanke stets wach war in Goethes Traumland *Arkadien*, dem Land (!), wo die Zitronen blühen. Dort wird die *Sicilianitá* beschworen, jenes Quentchen Eigenart, das die zum ungeliebten italienischen Stiefel unterschiedliche Lebensweise beschreiben helfen soll. Hinter diesem bescheidenen Wörtchen verbirgt sich mehr als nur „Katholizismus", „Mafia", „patriachale Lebensweise" oder „schwarze Witwenkleider". Es beinhaltet auch das quasi unumstößliche Gefühl der Ohnmacht, die Melancholie und die Sehnsucht nach anderen Zuständen. Bis heute zieht es die Sizilianer an den Wochenenden in Karawanen aus den hektischen, häufig heruntergekommenen Ballungszentren zu ihren kleinen Landhäusern, wo sie den ungeliebten und teils sehr harten Alltagsbedingungen entfliehen. Dort findet dann das „wirkliche" Sizilien statt. Das Sizilien der Mängel, das Land, wo die Zitronen ganz unspektakulär zerquetscht in der Gosse liegen, rückt aus dem Blick. Wenn auch längst nicht mehr so gravierend wie in den fünfziger Jahren: Die Schattenseiten sind vorhanden!

Trotz allem berechtigten Lamento: Wer einmal im Frühsommer den unglaublichen Naturreichtum im Inselinneren bestaunt hat, wird mehr als nur eine Ahnung von dem erhaschen, was einst den legendären Zauber des antiken **Trinacria** ausmachte. Die „Kornkammer der Welt", wie Sizilien von den Römern überschwenglich gepriesen wurde, sie steht da in alter Pracht. Daß die Fülle natürlicher Ressourcen nicht mehr sozial ausgewogenen Wohlstand gebracht hat, steht auf einem anderen Blatt.

Sizilien hat viel erlebt, was als Ursache anzuführen wäre, eines jedoch nicht: die letzte Eiszeit. Das Resultat ist überwältigend: Unzählige Pflanzenarten wachsen ausschließlich hier, ein Paradies für Botaniker. Insektenforscher sind hier auf der Pirsch nach über 3000 raren Arten. Und dies trotz wildwuchernder Müllkippen und sich nur mühsam entwickelndem Umweltbewußtsein. Für den Urlauber wie für die Sizilianer eine abendliche Muße: Die Suche nach den unzähligen Kräutern,

z.B. wildem Fenchel, die noch Monate später in der heimischen Küche an den Sizilienaufenthalt erinnern.

In jedem Fall: Wer nur den Badestrand sucht, die, zugegebenermaßen beeindruckenden, Fundstätten des „Amerikas der Antike" abreist, oder einige der 2528 Sonnenstunden pro Jahr (Europarekord) genießt, wird viel versäumen und Dantes „Insel des Feuers" nicht verstehen lernen. Ob nun zu Füßen der rauchenden Krater des **Ätna**, auf den „Inseln der Winde", in den abgelegenen Bergdörfern und Felsnestern der **Madonie**, bei der ethnischen Minderheit der Albaner in und um **Piana degli Albanesi**, in schon fast afrikanisch anmutenden Hafenstädten wie **Mazara del Vallo**, den Barockstädten wie **Noto** oder in der Vucciria von **Palermo**: Das gigantische Dreieck im Herzen des Mittelmeers hat 1000 Gesichter, aber auch 1000 Augen, die es kennenzulernen lohnt. „Machen" Sie Ihren Urlaub nicht wie jener weltgewandte erste Vorzeigebildungsbürger aus Weimar, dem alles jenseits der Antike „gotisch" vorkam! So werden Sie mehr als nur Impressionen fürs Fotoalbum mit nach Hause nehmen und ein an Überraschungen und Widersprüchen nicht armes Sizilien kennenlernen, von der schon *Hugo von Hoffmannsthal* befand: „Diese Insel ist für uns dramatischer als irgend ein Punkt der Welt."

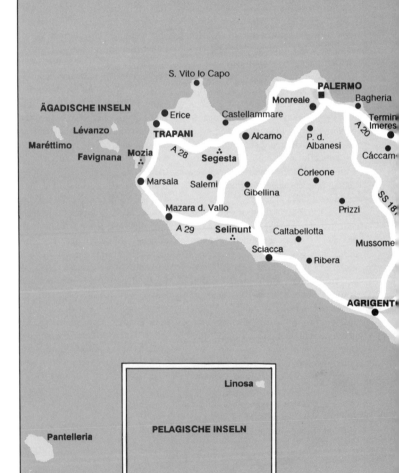

# SIZILIEN

Ustica

**ÄGADISCHE INSELN**

Lévanzo

Maréttimo

Favignana

S. Vito lo Capo

Erice

**TRAPANI**

Mozia

A 28

**Segesta**

Marsala

Salemi

Mazara d. Vallo

A 29

**Selinunt**

Castellammare

Alcamo

Gibellina

Monreale

**PALERMO**

Bagheria

**Termini Imeres**

A 20

P. d. Albanesi

Cáccam

Corleone

Prizzi

SS 18

Caltabellotta

Sciacca

Ribera

Mussome

**AGRIGENT**

Linosa

Pantelleria

**PELAGISCHE INSELN**

Lampedusa

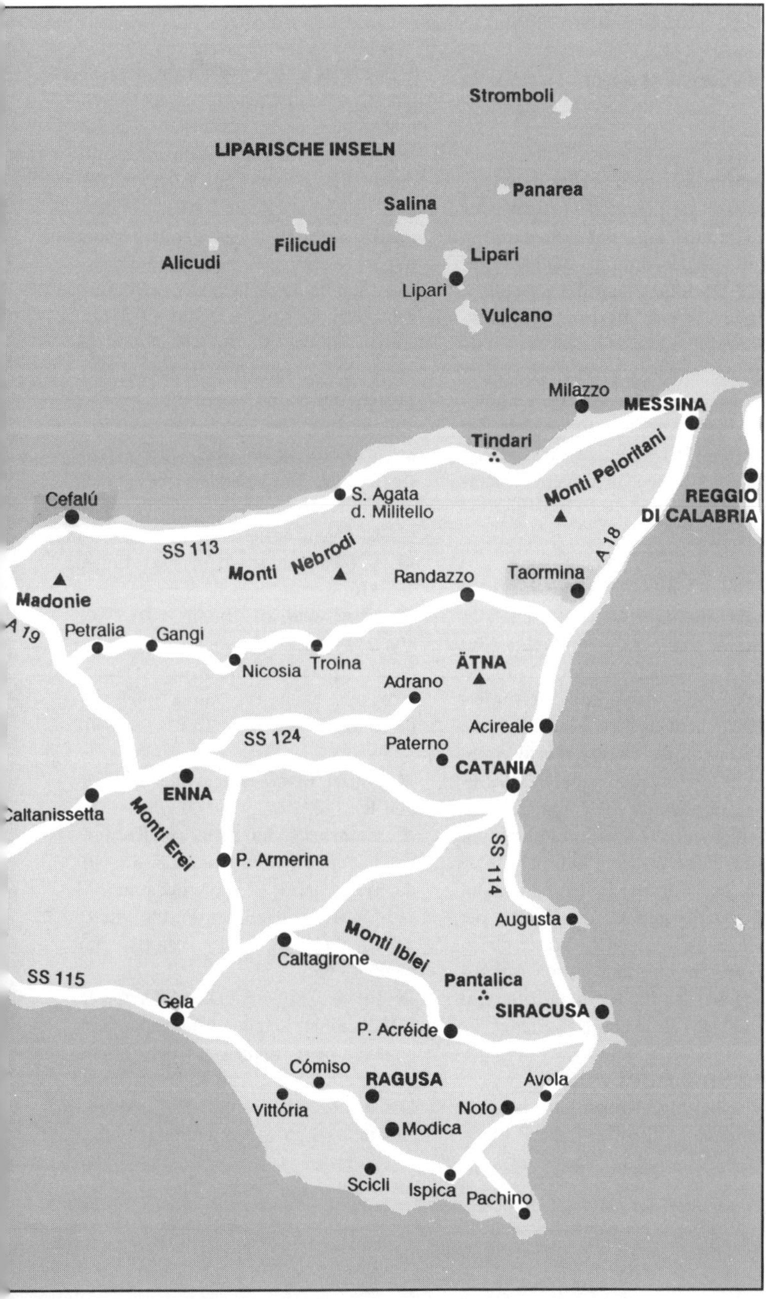

Stromboli
LIPARISCHE INSELN
Panarea
Salina
Filicudi
Alicudi
Lipari
Lipari
Vulcano
Milazzo
MESSINA
Tindari
Monti Peloritani
REGGIO DI CALABRIA
Cefalú
S. Agata d. Militello
SS 113
Monti Nebrodi
A 18
Madonie
Randazzo
Taormina
A 19
Petralia
Gangi
Nicosia
Troina
ÄTNA
Adrano
Acireale
SS 124
Paterno
CATANIA
ENNA
Caltanissetta
Monti Erei
P. Armerina
SS 114
Augusta
Monti Iblei
Caltagirone
SS 115
Pantalica
SIRACUSA
Gela
P. Acréide
Cómiso
RAGUSA
Avola
Vittória
Noto
Modica
Scicli
Ispica
Pachino

# Vor der Reise

■ **Papiere:** Für die Einreise nach Italien genügt der Personalausweis oder die Identitätskarte, der Reisepaß ist sinnvoll. Spätestens am Bankschalter wird er bevorzugt. Autofahrer sollten die grüne Versicherungskarte, den internationalen Führerschein und den Fahrzeugschein nicht vergessen. Eine Auslandsbescheinigung der Kostenübernahme Ihrer Krankenkasse erspart im Falle eines Falles lästige Geldangelegenheiten. Nur die (niedrigen) Rezeptgebühren müssen auch in Italien selbst bezahlt werden.

■ **DDR-Bürger:** Sie benötigen (noch) ein Visum (Geltungsdauer bis zu 30 Tagen), das die italienische Botschaft in Ost-Berlin erteilt. Zudem ist eine Einladung von italienischer **oder** bundesdeutscher Seite nach Italien erforderlich. Eine nicht unerkleckliche Summe (in DM) ist an der Grenze vorzuweisen. Allerdings wird auch eine Bescheinigung (Bürgschaft) des Einladenden oder eines Bürgers der Bundesrepublik akzeptiert. Sie wird bei Zahlungsunfähigkeit, insbesondere im Krankheitsfall fällig. DDR-Bürger, die über die Schweiz einreisen, sollten besser gleich Bundesbürger werden: Pro Aufenthaltstag werden im Heidiland im Moment 300 DM als Nachweis verlangt.

## Rund ums Auto

■ **Versicherung, Pannenhilfe:** Individualreisende sollten auf den Euro-Schutzbrief des ADAC nicht verzichten. Die Leistungen dieser verhältnismäßig günstigen Versicherung (ca. 60 DM) decken nicht nur die Pannenhilfe durch die „gelben Engel" des italienischen Automobilclubs ACI, sondern im Schadensfall bei länger dauernder Reparatur auch Hotelaufenthalte sowie die zehntägige Leihe eines Mietwagens. Weitere Angebote sinnvoller Leistungen finden Sie im Scheckheft. In den ADAC-Geschäftsstellen kann man sich die individuell zusammengestellte Anreisemappe aushändigen lassen. Viele der Informationen sind zwar überflüssig, z.B. der **Staukalender**, aber manch aktuelle Veränderung auf Italiens Straßen ist bereits notiert.

■ **ACI-Pannendienst:** in ganz Italien Tel. 116.

■ **ADAC-Notruf:** Roma, Tel. 06/404 04 04.

Deutschsprachige Hilfe. In den Sommermonaten auch in Padua (Tel.049/66 16 51) und Triest (040/39 08 22).

■ **Polizei/Rettungsdienst:** in ganz Italien Tel. 113.

■ **Straßenzustand/Stau:** Halbstündlich in deutscher Sprache im Radio **Onda Verde** der RAI auf AM und FM 103,5 MH. Telefonauskünfte unter Tel. 06/43 63 21 21 und 06/43 63 43 63.

■ **Tanken:** Wer nicht Diesel fährt, sollte unbedingt Benzingutscheine erwerben, die beim Tanken auf dem Stiefel bis zu 30 Pfennig pro Liter ersparen. Die beiliegenden Gutscheine ersparen zudem Straßenbenutzungsgebühren von 36 000 Lire. Folgende „Pakete" kommen für einen Sizilien-Aufenthalt in Frage: **Paket 3** entspricht 300 Litern Benzin und kostet ca. 459 DM. **Paket 4** (ca. 400 l Benzin, 585 DM) ist am sinnvollsten, da Paket 3 meist nur für die An- und Abreise reicht.

Um „Mißbräuche" durch schlitzohrige Norditalien-Touristen und vor allem Autoknacker und Diebe zu verhindern, ist **ein** Gutschein in Höhe von ca. 250 000 Lire beigefügt, der erst **in** Süditalien bei den jeweiligen ACI- Geschäftsstellen umgetauscht werden kann – eine umständliche Prozedur, zeit- wie nervenaufreibend! Bequemer wickelt man den Umtausch an einer der beiden unter „Anreise" aufgeführten Raststätten ab (Büros von Mai bis Sept. geöffnet).

**Bleifreies Tanken** ist an Autobahntankstellen kein Problem. Allerdings beschränkt sich das Angebot auf Super-Bleifrei, das noch teurer (mehr als 2 DM) als normaler Superkraftstoff ist. Um ein paar Lire zu sparen, wechseln daher viele Autofahrer auf bleihaltiges Normalbenzin. Das lohnt ebensowenig wie die Suche nach einer billigeren Tankstelle: Die Benzinpreise sind in Italien staatlich festgesetzt!

■ **Verkehrsbestimmungen:** Auf Italiens Autobahnen herrscht seit kurzem Tempolimit **130** km/h. An Wochenenden (Sa 0.00 Uhr – So 24.00 Uhr) und Feiertagen sind nur **110** km/ gestattet. Generell gilt diese Beschränkung in der Zeit vom letzten Sonntag im Juni bis zum ersten Sonntag im September, also zur Hauptreisezeit. Die italienische

Polizei richtet regelmäßig (auch in Süditalien) zahlreiche Radarkontrollen ein, die zu saftigen Geldbußen führen können. 800 DM Strafe schmälern die Reisekasse empfindlich!

Auf Landstraßen gilt Tempo 90 auch für Motorräder, die mit einem Hubraum von weniger als 150 ccm gar nicht erst auf die *autostrade* dürfen.

Die Anschnallpflicht ist seit Februar 89 eingeführt. Auch hier ist mit Kontrollen der Polizei in und außerhalb von Ortschaften zu rechnen. Bei Nichtbeachtung werden 25 000 Lire fällig. Gewitzte Gurtmuffel haben mittlerweile vor den höchsten Gerichten Italiens Ausnahmeregelungen durchgesetzt. Sie argumentierten, eine solche Vorschrift sei nur auf Normalbürger zugeschnitten, die ergo auch nicht allen nütze. So dürfen seit kurzem zu Dicke, zu Dünne, alle Schwangeren (und das sind potentiell alle Frauen – welche Carabinieri trauen sich, das nachzuprüfen!) und alle irgendwie „unnormalen" Individualisten das eigentlich sinnvolle Gesetz höchstrichterlich „umfahren". Für die zum statistischen Durchschnitt Gehörenden hat die Textilindustrie längst Hemden und T-Shirts mit aufgedruckten Sicherheitsgurten auf den Markt gebracht...

Weitere Besonderheiten sind das Abschleppverbot auf Autobahnen, das Abblendlichtgebot in Tunnels, dito die Erlaubnis, mit Standlicht in geschlossenen Ortschaften zu fahren und das Parkverbot an gelbschwarz markierten Bordsteinen.

■ **Achtung:** Im Oktober 89 setzten

sich wieder einmal die Autolobbyisten im italienischen Parlament durch. Seither gilt **Tempo 110** für alle PKW mit weniger als 1100 ccm Hubraum, alle größeren Renner dürfen 130 km/h fahren. Der politische Konter läuft jedoch bereits, so daß mit einem ständigen Hin und Her zu rechnen ist.

■ **Autobahngebühren:** Die Benutzung der Autobahnen in der Schweiz ist gebührenpflichtig. Die ein Jahr gültige Vignette ist für 30 sFR (36 DM) zu erwerben.

Die Maut für die Brenner-Autobahn in Österreich beträgt zur Zeit 120 ÖS (ca. 18 DM) für PKWs, 90 ÖS für Motorräder, jeweils für einen Weg.

In Italien können die Benutzungsgebühren auch bargeldlos per **Viacard** entrichtet werden. Sie sind zum Preis von 50 000 und 90 000 Lire erhältlich. Dies erspart Wartezeiten an den Mautstellen. Vom Brennerpaß bis zur Straße von Messina werden für einen Mittelklasse-PKW – der Hubraum entscheidet – derzeit Gebühren von 60 500 Lire (ca. 85 DM) erhoben. Von der Schweiz aus sind 55 000 Lire (ca. 65 sfr.) zu berappen. Ab **Salerno** ist die Strecke bis zum Fährhafen **Villa San Giovanni** mautfrei. Auf Sizilien werden nur für die Strecken Messina–Catania sowie Messina–Rocca (Richtung Palermo) Wegezölle um die 5000 Lire fällig (siehe „Anreise").

## Zoll

An der italienischen und bundesdeutschen Grenze gelten die üblichen EG-Richtlinien. Erlaubt ist die Ausfuhr von 300 Zigaretten, 400g Tabak, 1,5 Liter Spirituosen über 22%, 3 Liter unter 22% oder 5 Liter Wein. 1 kg Kaffee ist ebenso zollfrei wie 10 Liter Benzin im Kanister, die wahrscheinlich niemand mit nach Hause nehmen möchte. Ab 1992 fallen die EG-Schranken, dann stehen weitreichende Zollerleichterungen an. Schon heute dürfen Waren im Werte bis zu 700 DM die Grenzen unkommentiert passieren. Für Schweizer und Österreicher gelten oben erwähnte Mengenangaben nur mit Abstrichen von einem Drittel bis zu 50 Prozent.

## Diplomatische Vertretungen

*Bundesrepublik Deutschland:*

■ **Botschaft,** Roma, via Po 25c, Tel. 06/86 03 41/5.

■ **Konsulat,** 90 130 Palermo, via Emerico Amari 124, Tel. 091/58 33 77 oder 59 12 45.

■ **Honorarkonsulat,** Messina, via San Camillo 16-18, Tel. 090/36 40 18.

■ **Honorarkonsulat,** Catania, via Milano 10, Tel. 095/36 89 28.

*Schweiz:*

■ **Botschaft,** Roma, via B.Oriani 61, Tel. 06/80 36 41.

■ **Honorarkonsulat,** 95 129 Catania, Piazza Cavour 36, Tel. 095/44 78 84.

*Österreich:*

■ **Generalkonsulat,** Taormina, via Otto Geleng 32, Tel. 0942/363 93.

■ **Honorarkonsulat,** Palermo, via Marchese di Villabianca 70, Tel. 091/625 18 33, Tel. 091/26 60 26.

*DDR:*
■ **Botschaft,** Roma, via Trasone 56/58, Tel. 06/839 00 44. Konsularbüro/Informationen: Tel. 06/834 194.

## Informationen

Die staatliche italienische Fremdenverkehrsorganisation **ENIT** unterhält Ämter in der BRD, in Österreich, und in der Schweiz, die vor der Reise sehr hilfreiche Informationen vermitteln und auch Hotelbuchungen vornehmen können.

*Bundesrepublik:*
■ **Frankfurt,** Kaiserstr. 65, Tel. 069/23 12 13.
■ **München,** Goethestr. 20, Tel. 089/53 03 69/0.
■ **Düsseldorf,** Berliner Allee 26, Tel. 0211/13 22 31.

*Österreich:*
■ **Wien,** Kärntnerring 4, Tel. Tel. 65 43 74 oder 65 16 30.

*Schweiz:*
■ **Zürich,** Uraniastr. 32, Tel. 27 36 38.
■ **Lugano,** via Pretorio 1, Tel. 356 66 und 252 72.
■ **Genf,** rue Thalberg 2, Tel. 31 05 20 sowie 31 05 29.

*Auf Sizilien:*
■ **Assessorato Regionale del Turismo,** 90 141 Palermo, via Emanuele Notarbartolo 11, Tel. 091/25 10 32, 25 41 44.

## Geld

Tauschen Sie zu Hause nur einen kleinen Betrag für die Anreise um, Bargeld erzielt **in** Italien günstigere Kurse. Im Moment steht 1 DM bei etwa 750 Lire (1 sfr. = 910 LIT). Bessere Wechselkurse bieten Eurochecks, die in italienischer Währung ausgestellt werden müssen. Am besten schneiden die Postsparbücher der Schweiz und der Bundesrepublik ab. Infos zum Umtauschprozedere liegen in jedem heimischen Postamt aus. Beim Umtausch in Banken ist eine Scheckgebühr von 300 Lire an den ital. Staat fällig. Alle darüberhinaus erhobenen Gebühren sind Geldschneiderei. Vorsicht bei Wechselstuben!

Auf Sizilien ist der Kunde am Bankschalter noch lange nicht König! Wer einmal das Trara in einer Großbank von Palermo erlebt hat, wird verstehen, warum. Geduld hat Methode. Ein Erlebnis: Trotz Computerisierung des Schalterverkehrs gelang es einem amerikanischen Ehepaar selbst in der Hauptzentrale des Banco di Sicilia nicht, Traveller-Schecks in weniger als einer Stunde zu wechseln...

## Sicherheit

In Sizilien wird nicht mehr geklaut als anderswo auch. Trotz eines halben Dutzends Aufenthalte ist mir noch nie etwas abhandengekommen. In Palermo hatte ich stets den Eindruck, die Bevölkerung bemühe sich besonders freundlich um die Touristen, um so dem schlechten Bild ihrer Stadt entgegenzuwirken. Dazu gehören auch regelmäßige Ermahnungen und Empfehlungen, um Risiken auszuweichen. So sollte man besser nicht mit einer kompletten Kameraausrüstung zur Fotosafari in die **Vucciria** aufbrechen, schon gar nicht allein und nachts. Gleiches gilt für die Hafenviertel von Palermo, Catania, Gela und Messina. Übertriebenes Sicherheitsverhalten ist dennoch nicht angebracht. Mit ein wenig Aufmerksamkeit kommt man nicht in unangenehme Situationen.

■ **Trampen:** Wegen der gut funktionierenden öffentlichen Transportsysteme auf Sizilien eigentlich überflüssig! Die Chancen stehen indes gut, einzelne Wegstrecken, besonders in den Bergen, per Anhalter zurückzulegen. Dennoch sollte insbesondere frau Vorsicht walten lassen. Wer „Omas Ratschläge" beachtet, wird normalerweise keine Schwierigkeiten bekommen. Allerdings passieren jährlich wenige, dann aber *haarsträubende* Geschichten, die der Insel und ihren Bewohnern das bekannte Negativimage bringen.

Z.B. beschloß im letzten Jahr eine Schweizer Touristin dummerweise, nachts allein von Palermo nach Agrigento zu trampen. Sie wurde von einem Lastwagenfahrer vergewaltigt und brachte die Tat zur Anzeige, was in Sizilien noch immer keine Selbstverständlichkeit ist. Einige Tage später fand man den mutmaßlichen Täter mit durchschnittener Kehle und Kopfschuß in der Altstadt von Palermo: eine Hinrichtung! An seinem Leichnam war ein Zettel mit dem Hinweis angebracht, dieser Mann habe Sizilien *Disonore* (Schande) bereitet. Ein Akt von Selbst-

justiz durch mafiose Kräfte, die keine Störung des Tourismusgeschäftes dulden. Resümee: „Gute Karten" hat der Tourist manchmal auch aus unangenehmen Gründen...

■ **Tips:** Im Zweifelsfall den nächsten Bus abwarten! Der Abschluß einer **Reisegepäckversicherung** ist empfehlenswert. Grundsätzlich gilt aber die alte Bauernregel: *Was man nicht dabei hat, kann auch nicht abhanden kommen!*

Autoeinbrüche sind in Großstädten keine Seltenheit, zumeist haben es die Diebe nur auf das Autoradio oder den Recorder abgesehen. Viele Palermitaner laufen mit ihrem durch zwei Handgriffe ausbaubaren Gerät in den Straßen herum – auch keine Antwort! Lassen Sie nichts im Auto liegen und öffnen Sie das selbstverständlich leere Handschuhfach zur allgemeinen Einsicht, dann wird auch kein ärgerlicher Glasbruch entstehen.

Die Lenkradsäulen vieler PKW's sind nachts mit einer Stahlkette gesichert, nach meinem Eindruck aus übertriebenem Sicherheitsbedürfnis. Interesse werden vermutlich nur Edelkarossen wecken: Die gehören besser in die Garage des jeweiligen Hotels. Hingegen ist das Abmontieren der Autoreifen schon seit Jahren *out*.

## Öffnungszeiten

■ **Geschäfte:** Mo bis Sa 9–13 und 16–19.30 Uhr. Werktags ein Nachmittag zu.

■ **Apotheken:** 8.30–13 Uhr, 16.30–20 Uhr, sommertags eine halbe

Stunde früher. Nachtdienste in den größeren Städten.

■ **Post:** Mo bis Sa 8.30−14 Uhr. Sa nachmittags und am letzten Tag im Monat geschlossen.

■ **Banken:** Mo bis Fr 8.35−13.35 Uhr, 15−16 Uhr.

■ **Bars:** 7−23 Uhr, manchmal Mittagspause. Ein Tag pro Woche geschlossen.

■ **Restaurants:**  12−15  Uhr, 19−0.00 Uhr. Wöchentlicher Ruhetag. Im Winter abends oft 19−22 Uhr.

■ **Museen:** wenn nicht anders angegeben 9−14 Uhr, 16−19 Uhr. So 9−13 Uhr. Mo meist zu. So und feiertags stets freier Eintritt in staatlichen Museen.

■ **Tankstellen:** an Autobahnen rund um die Uhr. Sonst wie Geschäfte.

■ **Archäologische Freiflächen:** 9 Uhr bis eine Stunde vor Sonnenuntergang. Neu: Auch Mo geöffnet.

■ **Kirchen:**  9−12 Uhr,  teils auch 16−19 Uhr. Während der Messen keine Besichtigung.

## Badestrände

Sizilien besitzt mehr als 1000 km Küste. Zahllose Strände, Sand- und Felsbadebuchten stehen zur Auswahl. Generell positiv zu beurteilen ist die Wasserqualität rund um die Liparischen Inseln, Ustica, Favignana, Pantelleria und die Pelagischen Inseln.

Das Baden im Stretto di Messina ist aus naheliegenden Gründen keine Freude und teils auch gefährlich. Die wichtigsten Strände auf dem Festland liegen im Bereich des Ionischen Meeres zwischen **Santa Teresa di Riva** und **Taormina** und bis **Acireale** und **Acitrezza** an der sogenannten Zyklopenküste. Dort häufen sich Felsstrände. Nicht zu empfehlen sind die Strände nahe und vor allem südlich von Catania (**Lido di Plaia** bis **Bartoli**).

Der **Golf von Augusta** ist tabu, da es sich um ein Industriegebiet größten Ausmaßes handelt. Wer steigt schon gern direkt neben einer Ölraffinerie ins Wasser.

Südlich Siracusa ist der **Lido di Arenella** bis zum **Capo Ognina** o.k., der Abschnitt **Fontane Bianche** wird zwar mit viel Aufwand zum Tourismusgebiet ausgebaut, bietet aber magere Strandqualitäten und wird zudem von den Rückständen aus dem Golf von Augusta heimgesucht.

Die Strände an der Afrikanischen Küste sind generell besser und vor allem sandreicher, ob nun an der **Plaia di Marina di Ragusa**, am Strand von **Modica Marina**, in **Camerina** oder **Scoglitti**. Nahe **Gela** liegen aber einige saubere Plätzchen.

Die Einzugsbereiche der Häfen von Licata, Porto Empedoclé, Mazara del Vallo und Marsala sollten gemieden werden. Hingegen kann man in und bei **Marina di Palma, San Leone**, am **Lido Rossello**, in **Marina Siculiana, Eraclea Minoa**, in **Sciacca Terme, Marinella** (bei Selinunt), **Tre Fontane** und am **Lido Ponticello** gute bis sehr gute Bademöglichkeiten vorfinden. Zwischen Marsala und Trapani sind nur die **Isole dello Stagnone** wirklich zu empfehlen. Nördlich Trapani beginnen infrastrukturell gut ausgebaute Badestrände in teils traumhafter Lage bis hinauf nach **San Vito lo Capo**.

Im **Golfo di Castellammare** beginnt bereits das Naherholungsgebiet der Palermitaner. Unter der Woche dürften die Sandstrände von **Scopello** über **Castellammare** bis hinauf nach **Terrasini** nicht so überlaufen sein.

Im Bereich **Isola delle Femmine** ist das Wasser noch klar, was man vom darauffolgenden **Golfo di Palermo** nicht im geringsten behaupten kann. Zwar schwören die Palermitaner auf ihr **Mondello**, jedoch fahren viele nur noch zum Eis-essen und flirten dorthin. Bis nach **Bagheria** und sogar **Termini Imerese** stehen Hinweis- und Badeverbotsschilder, denen man erhöhte Beachtung schenken sollte, auch wenn bei 40 Grad Celsius das kühle Naß mehr als lockt.

Kurz vor Cefalù kommt die Badewelt wieder in Ordnung, der **Lido di Cefalù** ist gerümpelfrei begehbar, da eine Strandkommission für die Sauberkeit garantiert.

Bis zum **Capo d'Orlando** kann man in zahllosen kleinen Badebuchten mehr als nur eine Handtuchbreite Platz finden. **Gioiosa Marina**, **Marina di Patti** und der Abschnitt von Tindari bis Barcellona sind halbwegs zufriedenstellend. Milazzo selbst ist nur auf der östlichen Seite des Landsporns zum **Capo di Milazzo** empfehlenswert. Ab **Rometta Marea** bieten sich immer wieder Möglichkeiten bis zum **Torre Faro (Sindaro Marina, Capo Rasocolmo, Aquarone, Lido di Mortelle)**.

■ **Tauchen:** Zentrum der Tauchaktivitäten ist **Ustica**, nicht nur wegen der jährlichen Tauchfestivals. Auch **Pantelleria** und **Lampedusa** bieten Tauchschulen und gute bis sehr gute Unterwassermöglichkeiten. Unterwasserarchäologen und Wracktaucher finden ihre Basis in **Giardini Naxos**. Eigentlich wird in Sizilien rund um die Küste, vor allem an den felsigen Abschnitten, geschnorchelt (ideal die Liparischen Inseln) und gegründelt. Selbst an entlegensten Stränden kann – wie mir geschehen – plötzlich ein Kapitän Nemo mit der Harpune im Anschlag an der Wasseroberfläche auftauchen und an den Strand watscheln. Weitere Infos in den jeweiligen Kapiteln.

## Feste und Feiertage

■ **Gesetzlich:** 1.1.; Ostermontag; 25.4. (Tag der Befreiung vom Faschismus); 1.5. (Tag der Arbeit); erster Junisonntag (Gründung der Republik); Pfingstmontag; 15.8. (Mariä Himmelfahrt); 1.11. (Allerheiligen und Feiertag der nationalen Einheit); 8.12. (Mariä Empfängnis); Weihnachten.

■ **Frühjahr:** Folklore-Spezialisten werden zur Karwoche nach Sizilien reisen. In zahlreichen Gemeinden leben Feste nach uralten Riten auf. Caltanissetta feiert die ganze Woche hindurch. Am Mittwoch stehen die Prozession der *königlichen Maestranz* und die Parade der *Vare*, volkstümlicher Figuren, auf dem Programm. Am Gründonnerstag findet ein Platzkonzert statt, bei dem die Vare nochmals zu sehen sind. Die Karfreitagsprozession des schwarzen (!)

Christus beginnt am Spätnachmittag. Der Ostersamstag ist dem Passionsspiel vorbehalten (am Abend). Die Ostermesse schließt die Festivitäten ab (Infos unter Tel. 0934/210 89). Berühmt, aber überlaufen sind die „Veranstaltungen" in **Enna** und **Trapáni**. In den Dörfern der Nebrodi werden noch urtümliche Sitten praktiziert. In **Piana degli Albanesi** wird nach byzantinischem Ritus gefeiert. Die in Gewänder aus dem 15. Jh. gekleideten Frauen verteilen rote Ostereier an die Gäste (Infos: Tel.091/857 10 43). Der Teufel spielt auf Siziliens Osterfesten eine berüchtigte Rolle. In **Adrano** führt Luzifer fünf Getreue zum wortgewaltigen Gefecht gegen die Engelsheerschar, die von einem Kind symbolisiert wird. Natürlich gewinnt das unschuldige Gute. (Infos zur *Diavolata e Angelicata* unter Tel. 095/68 18 53. In **Prizzi** vandalisieren Gruppen junger Männer als tanzende Teufel durch die Straßen. Erst ein Trupp Engel beendet die lautstarke Seelenfängerei (Hinweise unter Tel. 091/81 10 45). Am Ostersonntag sollte man nach **San Biagio Platani** zur *Festa dei Archi* eilen. Der auferstandene Christus wird über einen kilometerlangen Blumencorso getragen. In der Rechten hält er ein Büschel Getreideähren.

Patronatsfeste wie das von *San Giorgio* (23.4.; Tip: **Ragusa – Ibla**) oder *San Nicola* (5.5.) sind weitverbreitet. In der Nacht zum und am 1. Mai feiert ganz Sizilien. Am 15.6. schwenkt die Bevölkerung von **Mascalucia** in der Provinz Catania weiße Taschentücher, während das Antlitz des Dorfpatrons San Vito enthüllt wird (Hinweise zum Messbeginn unter Tel. 095/612 112).

■ **Sommer: Aci Trezza** an der Zyklopenküste feiert Ende Juni sein Schwertfischfest zu Ehren San Giovannis. Seine Statue wird in einem Lichtermeer, das Blumen und Tiere darstellt, durch die Straßen getragen. Dann geht es aber erst richtig los (Tel. 095/636 468).

In der zweiten Juliwoche feiert **Palermo** sein berühmtes *U festinu* zu Ehren Santa Rosalias. Den Abschluß des Festino bildet ein grandioses Feuerwerk (Infos Tel. 091/586 122). Zur Festa di San Giacomo (23.–25. Juli) schmückt **Caltagirone** die Freitreppe zu Santa Maria del Monte mit jährlich wechselnden Dekorationen (Tips unter Tel. 0933/216 22).

Mitte August locken **Piazza Armerina** mit dem Palio der Normannen (Tel. 0935/680 744) und Messina mit dem Fest der „Giganten" (Tel. 090/293 35 41). Seit den Anfängen des Barock wird den mystischen Stadtgründern *Cam* und *Rea*, andere sprechen von Tyche und Agathodaimon, gedacht. Für das Volk reiten indes *Mata e Grifone* auf hölzernen Pferden. In **Caltagirone** wird die alljährliche Büßerprozession am 15.8. abgehalten. Auf Knien wird zur Madonna del Monte gerutscht.

Während am 4.9. die Palermitaner zur Grotta di Santa Rosalia am Monte Pellegrino aufbrechen, ist am 8.9. die schwarze Madonna von **Tindari** Ziel der Gläubigen.

■ **Herbst:** Ende September wartet **Mezzoiuso** nahe Palermo mit der *Cun-*

*nutta* auf. Reich geschmückte Pferde ziehen durch die Gassen (Tel. 091/ 820 32 37). Nach den zahllosen Erntedank- und Weinfesten meldet sich der Feuergott Anfang November und fordert in **Sant'Alfio** bei Catania seinen Tribut. Allerdings wird mehr dem Dorfheiligen als dem antiken Gott für die Rettung vor den Lavaströmen gedankt.

Am 8.12. meldet sich Mezzoiuso erneut mit dem Nikolausfest. An die Gläubigen werden die *Panuzze*, dünne Brotscheiben mit dem Antlitz des Heiligen, verteilt. Nur wenig später wird der Heiligen Lucia in **Belpasso** bei Catania gedacht. Spektakulär ist die Enthüllung der Weihnachtskrippe mit uralten Figuren (Tel. 095/912 220). Einen Tag später ist auch **Siracusa** an der Reihe. Unter großem Pomp wird die silberne Statue Santa Lucias durch die Straßen zur Kirche gleichen Namens getragen. 8 Tage später geht es retour in den Dom (Tel. 0931/676 07).

■ **Winter:** Sehr traditionelle Weihnachten feiert **Calatabianco** in der Provinz Catania. Während der Heiligen Nacht finden eine Taschenlampenprozession und allerhand andere Aktivitäten statt (weitere Tips unter Tel. 095/645 229). Das Silvesterfeuerwerk von **Taormina** lockt viele Gäste an.

Das Dreikönigsfest (Epiphanias) führt in die Enclaven der Albaner. Nach den alten Riten werden in **Piana delgi Albanesi** die Orangen geweiht und dann verteilt (Tel. 091/857 10 43); in **Mezzoiuso** wird der überragenden Bedeutung des Wassers gedacht. Mitte

Januar steht in **Aci Castello** die Festa di San Mauro an. Luftballons steigen auf, während der „junge Mann", wie ihn die Küstenstädter nennen, durch die Straßen getragen wird (Tel. 095/636 074). Einige Tage später findet im nahen **Aci Reale** die Feier zu Ehren des Hl. Sebastian statt. Die Gläubigen tragen ihren silbernen *Rizzareddu* barfuß durch die Stadt und verhüllen ihre Gesichter hinter bunten Tüchern.

Jährlicher Höhepunkt in **Catania** ist die Festa di Sant'Agata vom 3.–5.2. Weißgekleidete Männer asten mit der schweren Statue durch die Stadt, dazu wird inbrünstig gesungen, während Feuerwerkskörper explodieren.

Anfang Februar lockt **Agrigento** mit dem einwöchigen Mandelblütenfest (Veranstaltungshinweise Tel. 0922/203 91). Eine Parade, bei der auch die buntbemalten sizilianischen Karren zu sehen sind. Feuerwerk und Platzkonzerte läuten den Frühling ein.

Der prächtige, blumenübersäte Karneval von **Aci Reale** ist in ganz Italien berühmt (Tel. 095/604 521).

Weitere Angaben und Tips finden sich in den jeweiligen Ortskapiteln.

## Essen

Nicht immer war Siziliens Tafel so reichgedeckt wie heute. Die alten Griechen waren genügsam und speisten sehr einfach. Die Römer hatten aber mit derlei Abstinentem nichts mehr im Sinn. Lukullisches mußte her. Die Zutaten kamen aus Sizilien, vernascht wurde solchermaßen Opulentes aber in Rom. Die Legionäre löffelten tagein tagaus ihren *Farro e aglio*, das aus dem Hochland von Enna stammende Getreidemehl mit Knoblauch. Er machte satt, schützte vor Malaria und gilt als Vorläufer der heutigen *Pasta con aglio e olio*, oder, wie die Sizilianer sagen:„ Pasta con agghiu e ogghiu". Erst mit den Arabern zogen neue Düfte ins Land. Gewürze, Südfrüchte, Mandeln und gefüllte Fleischgerichte sind bis heute Hauptbestandteile der vielgerühmten *Cucina siciliana*. Würden die Restaurants nur halb so einfallsreich auftischen wie die Wirte der spanischen Epoche, um kulinarische Höhepunkte wäre einem nicht bange. So muß man darauf hoffen, mal privat eingeladen zu werden, um die großartigen Gerichte der Sizilianer kennenzulernen. Vielfach sind die Speisekarten italienisiert und „genormt wie in der Planwirtschaft".

■ **Aperitif:** Was in Rest-Italien der Amaro, ist auf Sizilien der eher bittere *Averna*, mit dem man ein gutes Menue einleitet. Noch stilsicherer ist der Griff zu einem Gläschen *Marsala Soleras*, ein Spitzenprodukt (siehe „Weine"). Auf einen *Spuntino*, also!

■ **Antipasti:** Neben verschiedenen herkömmlichen Salaten ist der *insalata d'arance* ein typisch sizilianisches Entrée. Die mit Öl, Zitronensaft, Salz und Pfeffer gewürzten Orangenfilets schmecken vorzüglich. An der Küste lockt eine Platte mit pikant gewürzten Meeresfrüchten. Im Bergland bilden Schinken und Salami, eingelegte Pilze und andere Spezereien einen guten Sockel für stundenlanges Schmausen.

Der selbst zusammengestellte Antipasto vom Augenfang, dem Restaurantbuffet, muß übrigens nicht teuer sein.

■ **Pizze:** Glaubt man kritischen Gourmets, sind die *Disci* aus dem Forno heute Hauptnahrungsmitttel der Sizilianer, die auch die Erfindung für sich reklamieren. Napoli hat da sicher auch ein Wörtchen mitzureden. Typischer sind die traditionellen Teigwaren: In Palermo sollte man Panelle oder die *Sfincione palermitano* (mit Sardellen) probieren. Westsizilien wartet mit der *Rianata* (Unmengen Oregano) und dem *Cabucio* auf (schmeckt nur sehr heiß, dann mit Tomaten, Sardinen, Oregano). In Catania kann die *Scacciata* mit Blumenkohl, Oliven, Sardinen, Knoblauch und Primosale-Käse gefüllt sein, dann schmeckt sie am Besten. O.K. sind auch die mit Ricotta gefüllten *Crespelle* in den Friggitorie. Rund um Caltanissetta werden die *Fuate* gebacken (mit reichlich Knofel, Tomaten, Pecorino-Käse und Oregano). Der *Sfincione* von Agrigento basiert auf Kartoffeln, schwarzen Oliven und Parmesan-Käse. Ragusa kennt das *U Pastizzu* (mit Schweinefleisch, Ricotta, Spinat oder Artischokken gefüllt). Herzhafte eingelegte Tomaten versprechen die *M'panate siracusane*.

■ **Primo Piatto:** Die Alltagsküche Siziliens, das sich im Gegensatz zu den aufdringlichen Forderungen mancher Kellner nie mit vielgängigen Leckerbissen abgegeben hat.

Stets wurde Wert auf den kleinen lokalen Unterschied bei den *Salse* und deren Dreingaben gelegt. In Siracusa ißt man gerne *alla stemperata* (mit Oliven, Knoblauch, Karotten, Kapern, Sesam, Minzeblättern und Essig zubereitet). Rund um Enna bilden Tomaten, Knoblauch und Zwiebeln die Ingredienzen für eine gelungene Pasta-Sauce. In Catania ist *Pasta alla Norma* fällig. Komponist Bellini stand Pate für das Ouevre aus Tomaten, Auberginen, Basilikum, Knoblauch und Ricotta, zu dem dann *Macceroni*, eine wirkliche sizilianische Errungenschaft mit Patentaussichten, gereicht werden. *Alla Messinese* (mit Basilikum, Knoblauch, Tomaten) ist auch die tintenschwarze Pasta *col nero delle seppie* oder die Pasta mit Schwertfisch und Minze. Eine Delikatesse ist die *Pasta 'ncaciata* (mit Tomaten, Caciocavallo-Käse, Hackfleisch, Mortadella, Salami, Eiern, Auberginen, Pecorino-Käse und einem kräftigen Schuß Weißwein. Palermo verwöhnt den Gast mit dem duftenden Klassiker *Pasta con le sarde* (mit Sardellen, wildem Fenchelsamen und Pinienkernen). Urtypisch ist auch die *Lasagne con ragú e ricotta*. Trapánis Küche glänzt mit dem *Cuscusú*. Wer die arabische Spezialität schon gekostet hat, sollte unbedingt auch *alla Trapanese* essen gehen. Mandeln, Tomaten, Knoblauch und Basilikum lösen ungeahnte Gaumenfreuden aus.

■ **Secondo:** Rustikal und sehr heimisch muten die Gerichte des Landesinneren an. *Coniglio ad agrodolce* (Kaninchen mit Kapern, Sesam, Tomaten, Karotten, Zwiebeln, Oliven etc.), Lammkoteletts vom Holzkohlegrill,

Deftiges vom Rind wie die *Involtini di vitello*, die mit Basilikum und Schinken gefüllten Rouladen. *Salcicce al ragú*, die typischen Würstchen, sind ihres Fettgehaltes wegen nicht jedermanns Sache.

In Trapáni muß man nicht Fisch essen. Zur Osterzeit empfiehlt sich ein *Capretto con le mandorle*, ein Zicklein in schmackhafter Sauce. Ansonsten regiert Thunfisch (*Tonno*, sehr gut *alla putanesca*), roh, gebraten, gewickelt, oder eingelegt die Speisekarte. Stock- (*pesce stocco*) und Schwertfisch (*pesce spada*) bilden das grätenreiche Rückgrat der Küche am Stretto di Messina. *Alla ghiotta* (mit Zwiebeln, Oliven, Kapern, Sesam, Tomaten und verschiedenen geraspelten Käsesorten) ist letzterer ebenso eine Delikatesse wie einfachst in Petersilie und Knoblauch gebraten. Siracusas Köche bestehen auch bei Meeresfrüchten auf die lokale Zubereitung: *alla stemperata*. Eine Alternative sind die Fischsuppen, auch für den Geldbeutel. Die durch französische und englische Elemente erweiterte reiche palermitanische Küche wartet mit dem *Falsomagro* oder Braciolone auf. *Farsumagru* ist ein wohlschmeckender gefüllter Kalbsrollbraten und hat nichts mit „falschem Hasen", eher etwas mit der Französischen Farce zu tun. Ein geflügeltes *Sformato di Pollo* könnte ebenso die Bestellung krönen wie die ausgezeichneten *Spiedini fritti*, die auch in den billigeren Friggitorie zu haben sind. Fischen sollte man vor der Bestellung tief in die Augen sehen, um frische Ware zu erhalten. Dann aber sind gefüllte Sardinen (*Beccaficu*) oder auch eine Schwertfischroulade (Braccioli oder Involtini) ein Genuß.

■ **Contorni:** Nicht die *melanzane*, die Auberginen, sind das ursprünglichste der sizilianischen Gemüsesorten. Die *Fava*, die gemeine Saubohne, darf diesen hehren Titel für sich in Anspruch nehmen. Roh und gekocht, frisch oder getrocknet bereichert sie als Beilage, auf paste und Suppen Gerichte wie die berühmte *Mazzu* Innersiziliens. Mit Erbsen und Artischocken vermengt ergibt sie die Spezialität der *Fritelle*. Die legendäre *Caponata* basiert auf Auberginen, wird aber variantenreich angeboten. In den Bergen sollte man *Olive con la mollica* ordern (mit Minze, Petersilie, Knoblauch und Zwiebeln). Auch Pilzgerichte (*Funghi in tegame*, funghi al forno) sind sehr schmackhaft. In Westsizilien gibt es auch mal einen *Insalata turca*, der mit Zwiebeln, Kartoffeln, Auberginen, Paprika, Tomaten und Knoblauch herzhaft mundet.

■ **Snacks:** Palermo ist ein Paradies für Schnellimbissfreunde. Berühmt-berüchtigt sind die Pannelari ambulanti, die fliegenden Händler, die auf die Schnelle die *Panelle* zubereiten. Neben dieser Spezialität aus frittiertem Kichererbsenmehl (*Farina di ceci*) verkaufen die *Friggitorie*, frittiertes Gemüse (Broccoli, Artischocken, Auberginen), Kartoffelkroketten (*Cazzilli*) und jede Menge Gerichte *alla pastella* (z.B. Sardinen). Die *Arancine di riso* finden sich überall auf der Insel. In den Focaccerie Palermos werden die sog. *Guastedde* angeboten, gefüllte Panini mit Milz-

oder Lungenscheibchen. Sie gibt es „nubile" (noch ledig) oder „sposato", d.h., nur mit Milz (dann im Dialekt „pane ca' meusa"), oder aber mit frischem Ricotta oder Caciocavallo-Käse. Die „Arme Leute-Küche" kennt natürlich auch die bauchblähende *Trippa* (Kutteln) oder die *Caldume*, einen Eintopf aus verschiedenen Innereien. Bei den *Polipari* kann man krakenhafte Meeresfrüchte erstehen. Gut riechen auch die *Stigghiole*, doch sollte man vom Genuß des Lammgerichtes Abstand nehmen.

Donaldeskes Fast Food findet der weniger Ambitionierte überall. Allerdings: „Meat means murder", lautet seit einiger Zeit die Graffitti-Parole umweltbewußter Mitbürger... Tip: In den zentral gelegenen Cafés um die Mittagszeit nach den örtlichen Spezialitäten Ausschau halten! Die basieren meist auf Gemüse, sind billig und schmecken vorzüglich.

■ **„Mozzarella":** Ein Käse packt aus! Im Untersuchungsgefängnis von Palermo sitzt seit Dezember 1989 nach dem Kronzeugen Tomaso Buscetta, der die Maxiprozesse auslöste, ein zweiter hochrangiger Mafioso, der den Behörden zuarbeitet. Allerdings ist dieser kein Käsehändler, sondern Drogenchemiker: *Marino Mannoia*, Deckname Mozzarella, kassierte jahrelang pro hergestelltes Kilo Heroin 7000 DM. Jetzt belastet er mehr als 100 Personen. Er führte die Polizei zu den Gräbern von über 40 Toten, die im Autobahnbeton bei Palermo verbuddelt sind, und gab zu Protokoll, die Mafia gehe nunmehr dazu über, Leichen nach Folterungen mittels Säurebädern verschwinden zu lassen. Untersuchungsrichter Falcone notierte Aussagen zu 45 Mordfällen, neue Erkenntnisse zum Fall „dalla Chiesa" und hob einige Heroinraffinierien aus.

Der umgehend aktivierte, bis ins Mark getroffene mafiose Untergrund revanchierte sich mit der Ermordung der Mutter, der Schwester und der Tante Mannoias, ließ aber seine Geliebte am Leben. Trotz des Frauenmassakers will Mannoia nicht schweigen oder gar weich werden wie der Deutschen liebster italienischer Büffelkäse. Weitere pikante Enthüllungen sind zu erwarten. Bis dahin: Die grandiose Palette sizilianischer Käsesorten löst mehr Appetit aus!

■ **Süßes und Eis:** Siziliens Konditoren brauchen weltweit keinen Vergleich zu scheuen. Was aus Mehl, Ricotta, Mandeln, getrockneten Früchten, Pistazien, Honig und Nüssen alles zu kreieren ist, beweisen tagtäglich die Zuckerbäcker der Insel. Die lange Konditortradition basiert auf vier Wurzeln: Neben den Arabern, die als „Urheber" der kandierten Früchte gewaltigen Anteil an der berühmten *Cassata siciliana* (die beste ist die *palermitana*), den *Cassatedde* und den *Connoli* haben (sie sind heute das ganze Jahr über erhältlich, gehören aber eigentlich zum Osterfest), besteht eine lange bäuerliche Tradition des Inlandes, die sich durch weniger formvollendete, aber wohlschmeckende Produkte auszeichnet. Ein gutes Beispiel dafür sind die *Sfince* und der *Sfoglio*, den man am besten in den Mado-

nie (Polizzi Generosa) probieren sollte.

Dritte Quelle der Gaumenpracht sind die katholischen Klöster, die seit Jahrhunderten in Klausurtagungen an neuen Leckereien herumbasteln. Der Frauenkonvent in Palma di Montechiaro ist dafür ebenso berühmt wie das altehrwürdige Martorana-Kloster in Palermo. Der einzigartige *Trionfo di gola*, der „Triumph des Gaumens", ist bis heute ein nur hinter den verschwiegenen Klostermauern zu habender Beweis (lange Vorbestellungslisten). Überhaupt sind Süßigkeiten ohne religiösen und sozialen Hintergrund nicht zu denken. Die Ergebnisse mönchischen Köchelns, ob nun knochenharte Biscotti oder cremige Ricotta-Röllchen, spielten und spielen eine feste Rolle im Kirchenkalender. Auch manch vorchristlicher Brauch lebt hierin fort: So hilft die während der St.Lucia-Feste hergestellte *Cuccia* (mit Getreidemehl, Sahne, Ricotta und Schokolade) genauso gegen den „bösen Blick" wie das rote Bändchen, das die Zuckerstangen ziert. Früher fand frau es in den Zuckertüten, die sie als Wöchnerin nach der Erstgeburt eines männlichen (!) Nachkommen von der Familie erhielt. Am 2.11., Allerseelen, zieren traditionell die *Pupi di zucchero* die Eßzimmerkommode. Während die Püppchen in früheren Tagen häufig Ritter, Burgdamen und tapfere Musketiere darstellten, machen heute in den Vitrinen eher klebrigsüße Mikky-Mäuse, Donald Ducks Eindruck auf die Kinder. Das Fest der Toten,an dem die verstorbenen Ahnen teilnehmen sollen, ist übrigens eher ein Freuden- als ein Trauerfest.

Vierte Quelle sind – vier Schweizer Herren, die sich um die Jahrhundertwende auf die Reise nach Palermo machten: Die Schlagsahnemagier Caflisch (die Enkel zaubern bis heute in Palermos via Libertá), Caviezel, Rageth und Koch bescherten den Sizilianern die hohe Kunst der Kalorienbomber-Herstellung. Der Erfolg war so groß, daß heute von einer sizilianisch-schweizerischen Tradition gesprochen werden muß.

Natürlich hat jede Region **ihre** Spezialität, ob das nun der *Riso nero* von Messina ist (mit Schokolade/Kakao, Reis, gerösteten Mandeln, Vanille und Milch), der palermitanische *Gelo di mellone* (aus roten Melonen, mit Jasmingeschmack) oder der Zahnbrecher *Torrone* aus der Provinz Caltanissetta. Orte wie Villalba mit den *Arancine con amarena*) pflegen ihre lokale Tradition. Den kulinarischen Gipfel erklimmt Módica mit seinen *M'panatiglie*: Da auch die Armen einmal in den Genuß der süßen Pracht gelangen wollten, wurde flugs das erste handliche Fertigmenue der Geschichte komponiert: Mehl, Eier, Zucker, Marsala, Mandeln, Nüsse, Schokolade, Puderzucker, etc. und – Kalbfleisch (!!!) gelangen gleichzeitig in den Magen!!!

## Trinken

■ **Antialkoholisch:** Sizilien ist Oase für Fruchtsaftenthusiasten. Keine Bar, in der nicht eine frischausgepreßte *Spremuta d'arance* zu einem äußerst günstigen Preis serviert wird. Die *Granita siciliana* basiert ebenfalls auf frischen Südfrüchten und unterscheidet sich schon allein aus diesem Grunde von blassen norditalienischen Nachahmungen. Sie ist ein perfekter Durstlöscher. Bekömmlicher als Eis, das man nach dem Kriterium *artigianale* auswählen sollte (auf die Werbung achten), sind ein *Thé* oder *Caffé freddo*.

■ **Weine:** Sizilien ist einer der größten Weinproduzenten Italiens. Leider geht häufig Quantität vor Qualität. Dies trotz der experimentierfreudigen Winzer in den Laboratorien von **Canicattí**, die ganz Italien mit neuen Weinstöcken und Rebsorten versorgen. Nur wenige „Sizilianer" erreichen DOC-Qualität, jedoch sollte man auf die regionale Weinprämierung („Q" = Qualita) achten. Weinkäufer finden das breitgefächertste Angebot in der **Enoteca Miceli** in Palermo.

Bekanntestes Produkt ist weder ein üppiger Roter, noch ein lieblicher Weißer, sondern der *Marsala*. Dem normalen Marsala, der als Koch- und Dessertwein seit 200 Jahren Anerkennung findet, wird gerne Süßwein (*Sifone*) oder Most (*Cotto*) beigemengt, was in den letzten Jahren nicht gerade Begeisterungsstürme ausgelöst hat. Weniger likörartig und fruchtiger ist der Marsala Vergine bzw. *Marsala Soleras* (18 %), ein rassiger Aperitif von Weltformat. Der Stravecchio oder Riserva („over 20 years old") kann indes die Reisekasse sprengen.

Das größte Weinanbaugebiet liegt rund um **Alcamo**. Die dort reifenden trockenen Weißen wie der *Rapitalà* oder der *Rincione-Papè* (aus Calatafimi) finden das Wohlwollen internationaler Weintester. Auch in deutschen Ladenregalen zu finden ist der *Corvo* des Duca di Salaparuta. Er stammt aus **Casteldaccia**, die Trauben werden jedoch auf der ganzen Insel gelesen. Vollmundiger als der Weiße ist der *Corvo rosso* mit gleichbleibend guter Qualität. Der in Innersizilien gewonnene *Donnafugata* ist trotz seines literarischen Namens eher etwas für Leute, die einen leichten Roten wünschen. Schwer zu finden ist der sehr gute Rote aus **Torre Faro** bei Messina. Seine Produktion ist kontingentiert, was der Qualität zugute kommt.

Die Osthänge der **Ätna** liefern sonnenverwöhnten *Etna rosso, rosato* und *bianco*. Hauptverkaufsorte: *Linguaglossa* und **Villagrande.**

Eine Gaumenfreude ist der in **Naro** bei Agrigento hergestellte *Steri.* Die Riserva speciale kann sich ohne weiteres mit mittelitaliensichen Spitzenprodukten messen.

Von den Äolischen Inseln stammt der *Malvasia delle Lipari.* Die Weininsel **Salina** ist allein deshalb einen Ausflug wert. **Pantelleria** besitzt mit dem *Moscato* einen Wein der absoluten Spitzenklasse. Aber Vorsicht beim Genuß! Schon der „normale" schleppt 12,5 % Alkohol mit sich herum. Als *Passito* übersteigt er locker die 20 %-Hürde...

■ **Tip:** Weithin unterbewertet ist der Südosten Siziliens. Der *Rosso di Menfi* ist ebenso gehaltvoll wie der in **Comisó** erzeugte *Cerasuolo di Vittoria.* Auch der *Eloro di Casale* hält mit... Das aktuellste Kunstprodukt ist der *Libecchio* aus **Menfi.** Im Preis – Qualitätsvergleich schneidet er überdurchschnittlich gut ab.

# Anreise

## Mit dem Flugzeug

Sizilien besitzt mit Palermo und Catania zwei internationale Flughäfen, die einen regelmäßigem Flugbetrieb mit der Bundesrepublik und der Schweiz unterhalten. Ein Rückflugticket schlägt derzeit mit ca. 700 DM zu Buche, viele Charterflieger bieten aber Flugscheine zu Dumping-Preisen um 450 DM an. Auch „stand by" lohnt! Abflughäfen in der BRD sind Köln, Stuttgart, München und Berlin. Von Berlin-Schönefeld bietet die DDR-Fluggesellschaft Interflug billige Verbindungen. Die **Allitalia** fliegt zweimal wöchentlich von Ost-Berlin nach Rom oder Mailand.

■ **Tip:** Besonders preiswert sind die Flüge der sog. **Linea Verde**, der grünen Linie. Hinter diesem Namen verbirgt sich schlicht der jeweils erste und letzte Flug pro Tag von Rom, Mailand oder Bologna nach Palermo. Ein One way-Ticket kostet kaum mehr als 120 DM.

Seit Mitte 1989 versucht die private sizilianische Fluggesellschaft **LAS**, die Preise der Allitalia zu brechen. Sofort vermutete jeder hinter der Finanzierungsgesellschaft aus Palermo die Mafia, die mit vermeintlichen Bruchmaschinen Geld verdienen wolle. Der Flugzeugpark entpuppte sich aber als ultramodern, eine Auflage der zuständigen Sicherheitskommission. Dennoch mußte das Unterfangen direkt nach dem Jungfernflug vorerst eingemottet

werden, da die Behörden den Betrieb wegen Mängeln im Cockpit und fehlenden Ruhezeiten der Piloten unterbanden. Falls bald ein zweiter Versuch gestartet wird, bietet sich all denjenigen eine günstige Gelegenheit, die in Norditalien oder an der Schweizer Grenze einen Zwischenstopp einlegen wollen.

■ **Airport-Shuttle:** Die Flughäfen Palermo-Punta Raísi und Catania-Fontanarossa sind mit den Stadtzentren durch einen City-Bus verbunden, der in Palermo sowohl am *Teatro Politeama* als auch am Hauptbahnhof hält. Endstation in Catania ist die *stazione centrale*, der Hauptbahnhof.

## Mit dem Schiff

Eine durchaus zu erwägende Alternative stellen die Fährverbindungen von Genua und Livorno oder weiter südlich von Neapel nach Palermo dar. Wer will, kann sogar eine „Kreuzfahrt" via Korsika und Sardinien unternehmen. Autoreisende ersparen sich den Streß der 1500 km Fahrt bis nach Messina und können mit Volldampf in den Urlaub starten. Rechnet man Kosten für Benzin, Übernachtung und Verpflegung mit ein, ist die Anreise per Schiff nicht teurer. In der Nebensaison kann man die staatlich subventionierten Tarife der Privatreedereien in Anspruch nehmen. Die machen das Schiff konkurrenzlos zum Auto.

■ **Infos:** Reederei Tirrenia, in der Bundesrepublik Tel. 069/730 47 56; in Italien 0039/10/269 81. Reederei Grandi Traghetti, in der BRD

Tel. 069/156 63 44; in Italien
Tel. 0039/10/589 331.

■ **Fahrplanhinweise und Preise:**

*Genua – Palermo*
Die Reedereien **Tirrenia**, **Grandi Traget-
ti** und **SI.RE.MAR.** bieten ganzjährig
Passagen an. Die Fahrzeit beträgt je
nach Wetterlage um 22 Stunden.

■ **Tirrenia**, Stazione Marittima, Ponte Colombo, Genua, sowie Palermo,
via Roma 385 (Ticketoffice). In der
Haupt- und Nebensaison viermal wöchentlich mit der M/ Flaminia, der M/
Clodia, der M/ Emilia und der M/
Nomentana; jeweils Di, Do, Sa und So
ab Genua; Mo, Mi, Fr und So ab Palermo. Abfahrtzeiten: ab Genua 13.00
Uhr, ab Palermo 16.00 Uhr. Autofahrer müssen zwei Stunden vor Abfahrt
an der Hafenpier sein.

Buchungen über Reisebüros und im
jeweiligen Hafenbüro der Tirrenia
(günstiger als von Deutschland aus).
Vorbestellungen kosten 4000 Lire pro
Passagier, 2500 Lire pro Motorrad und
7500 Lire pro Auto oder Wohnmobil.
Die Passagekosten sind nach Größe der
Autos gestaffelt und liegen beispielsweise für einen VW Golf bei 132 000 Lire
(ein Weg). In der Hauptsaison kann
der Fährpreis auf 200 000 Lire steigen.
Für eine Zwei-Bett-Kabine werden pro
Person 140 000 Lire fällig. Die Reise
im Schlafsessel (*poltrone*) liegt bei
80 000 Lire, also ca. 115 DM, für Nichtmotorisierte ein günstiges Angebot.

■ **Grandi Traghetti**, Reedereibüro Palermo in der via Mariano Stabile 179.
Mo (18.00 Uhr), Mi (24.00 Uhr) Sa

(11.00 Uhr) ab Genua, Di (21.00 Uhr),
Fr (7.30 Uhr), So (15.00 Uhr) ab Palermo. Die Tarife liegen einiges höher als
bei der Tirrenia (152 000 Lire für die
Zweibettkabine, 176 000 Lire für den
PKW), können dafür aber als Endprei-
se für die **Hin- und Rückfahrt** betrachtet werden.

■ **Tips:** Wer nicht im August reist und
ein Retourticket gebucht hat, sollte unbedingt im Reedereibüro der Gesellschaft in Palermo vorbeischauen. Bei
Vorlage des Personalausweises und des
Tickets werden jedem Passagier, der
einen PKW mit sich führt, 50 Prozent
der Gesamtpassagekosten rückerstat-
tet. Bedingung: Mindestaufenthalt von
7 Tagen in Sizilien in der Zeit vom 1.1.
bis 31.7 sowie 1.9. bis 31.12. Dies Angebot bietet auch die Tirrenia.

Die Reederei **SI.RE.MAR.** offeriert
Gleiches wie die Tirrenia. Die Einschiffung (*imbarcazione*) ab Livorno lohnt
finanziell kaum, die Fahrtdauer redu-
ziert sich aber auf 18 Std.

*Neapel – Palermo*
■ **Tirrenia**, Büro an den Kaianlagen
im Passagierhafen von Neapel sowie
Buchungen in Reisebüros. Das ganze
Jahr über tägliche Verbindung. Schnellste Fahrzeit ca. 10 Std. Abfahrtzeiten:
ab Neapel 20.30 Uhr, ab Palermo
20.30 Uhr.

Kosten für die einfache Fahrt: Mittel-
klasseauto 85 100 Lire (Nebensaison),
121 000 Lire (Juli/Aug.); Kabinenplatz
ab 55 000 Lire, Schlafsessel 46 600 Lire). Die Palermitaner machen von der
Fährverbindung regen Gebrauch, so

daß sich die frühzeitige Buchung empfiehlt. Der Trip ist allemal kostengünstiger als die langwierige und ebenso teure
Autobahnstrecke.

■ **Tip:** Wer „low budget" reist, sollte
warten, bis der letzte Platz auf einem
Poltrone verkauft ist. Dann werden
Deckplätze (*Posti ponte*) zu niedrige-
ren Preisen angeboten, was in der warmen Jahreszeit kein großes Problem
darstellt.

*Neapel – Catania – Siracusa – Malta*
Die **Tirrenia** befährt diese Route drei-
mal wöchentlich mit Zwischenstopp in
Reggio di Calabria. Fährschiff ist die
*Espresso Venezia*, die die Gesamtstrek-
ke nach Malta in 25 Std. zurücklegt.
Abfahrt Neapel 20.30 Uhr (Do, So,
Mo), Rückfahrt Siracusa 15.30 Uhr
(Mo, Mi, Sa). Die Preise für die Strek-
ke Neapel – Catania/Siracusa sind mit
denen nach Palermo nahezu identisch.
One way nach Malta kostet ca.
120 DM.

*Neapel – Stromboli – Lipari
– Milazzo*
■ **SI.RE.MAR., c/ Agenzia C. Ge-
novese,** via Agostino Depretis 78,
80 133 Neapel, Tel. 081/551 21 12/13.
Dreimal wöchentlich (Di, Do, Sa 21
Uhr ab Neapel; Mo, Mi, Fr 7 Uhr ab
Milazzo) auch Autotransporte nach Si-
zilien. Kein Ausschiffen von PKW auf
Stromboli und Panarea.
Preise: Schlafsessel ca. 40 000 Lire,
Auto ab 90 000 Lire.
Zentrale Telefonbuchungen:
■ **SNAV,** Tel. 090/77 75. Nur Trag-

flügelboote, kein Stopp in Ginostra/
Stromboli.
■ **SI.RE.MAR.,** Tel. 090/981 21 93.

*Villa San Giovanni – Messina*
Die Verbindung über den **Stretto di
Messina** ist die kostengünstigste nach
Sizilien. Neben der billigeren Fährlinie
der **Ferrovie dello Stato (FS),** der ital.
Eisenbahn, bieten zahlreiche private
Reeder ihre Dienste an. Der Preis pro
Überfahrt beträgt für einen Mittelklas-
se-PKW 19 000 Lire. Passagiere zahlen
für die 35 Min. Überfahrt 600 Lire.
Hin- und Rückfahrt sollten gleichzeitig
gebucht werden, dann wird es billiger.
Weitere Überfahrtmöglichkeiten beste-
hen ab Reggio (siehe auch „Inselverbin-
dungen").

## Mit der Eisenbahn

Die staatlichen italienischen Eisenbah-
nen **FS** bieten günstigste Verbindungen
nach Sizilien an. Neben den regelmäßi-
gen internationalen Zugverbindungen
von Basel oder München aus werden
insbesondere zu Feiertagen Sonderzü-
ge, z.B. von Stuttgart oder Dortmund,
bereitgestellt, die in einem Rutsch bis
nach Agrigento oder Palermo fahren.
Die Preise für ein Zugticket von München nach Neapel fallen mit etwas über
100 DM niedrig aus. Die Linie Neapel
– Siracusa schlägt sich mit ca.
45 000 Lire (60 DM) nieder.

■ **Tip:** Es ist billiger, gleich bis Trapani oder Agrigento zu lösen. Die **FS**
bietet interessante Wochen-, Vierzehn-
tages- oder Monatstickets für all diejenigen, die per Zug durch Italien und auf

Sizilien herumreisen möchte. Das ist günstiger.Außerdem gelten natürlich die Vergünstigungen der *U – 26 – Generation*.

## Mit dem Bus

„Alternative" Reiseveranstalter und der **Europabus** (z.b. von München) bieten Bustransfers nach Italien an. So kostet z.b. das Ticket Berlin – Roma knapp 130 DM pro Fahrt. Eine lohnende Geschichte also für alle mit schmaler Reisebörse, die trotzdem nicht trampen oder per Zug fahren wollen. Reguläre Busverbindungen sind auch von den italienischen Gastarbeiterzentren wie Stuttgart oder München eingerichtet. Fahrtbeginn ist jeweils ab den örtlichen zentralen Busbahnhöfen.

## Mit dem eigenen Auto

■ **Von der Schweiz:** Route über Como – Milano – Parma – Modena – Bologna – Firenze – Roma – Napoli – Cosenza nach Villa San Giovanni. Gesamtlänge: ca.1350 km.

■ **Via Brenner-Paß:** Bozen (Bolzano) – Verona – Modena – Bologna und wie oben auf der *autostrada del sole* weiter gen Süden; Strecke: 1470 km.

Für die Anreise nach Sizilien sind mindestens zwei Tage einzuplanen. Unterwegs lohnen erlebnisreiche Stopps, z.B. in **Tivoli, Palestrina, Pompeji, Amalfi, Montecassino** oder am **Lago Negro**. Dort warten touristische Sehenswürdigkeiten, die eine Pause reizvoll machen.

■ **Tips:** Für alle, die in einem Rutsch ankommen wollen: Der Autobahnabschnitt Rom – Neapel hält mit Baustellen permanent in Atem, so daß Rasen nicht nur unmöglich, sondern auch gefährlich wird. Mit Radarkontrollen ist insbesondere an Autobahndreiecken zu rechnen. Mißtrauen Sie den fliegenden Händlern an den Raststätten, Sie wären nicht der erste, der über den Semmel barbiert wird. Der Ankauf von Billigartikeln wie etwa Taschentüchern etc. an den Mautstellen ist hingegen erwägenswert, da diese Einnahmequelle für die meist jugendlichen Verkäufer die einzige Lebensgrundlage darstellt.

Ab **Salerno** entfallen die Autobahngebühren.

■ **Benzingutscheine:** Können von Mai bis Sept. an den Raststätten **S.Nicola Ovest** (an der A 2, 3 km nach der Ausfahrt Caserta Nord) und **Galdo Ovest** (an der A 3, 1 km nach der Abfahrt Lauria Süd) gegen Coupons eingetauscht werden.

Auf Sizilien können Sie u.a. bei den jeweiligen Automobilklubs von Palermo, Agrigento, Caltanissetta, Gela, Catania, Enna, Messina, Ragusa, Modica, Vittoria, Siracusa, Marsala, Acireale und Trapani ihre Bons eintauschen. Die Adressen sind in den Scheckheften aufgelistet.

■ **Tip:** Scheckheft und Bons stets getrennt aufbewahren, die Gutscheine sind begehrtes Diebesgut!

# Unterwegs

## Per Schiff

■ **Äolische Inseln:** Verbindungen von Neapel, Milazzo, Messina, Capo d'Orlando, Cefalù, Palermo und den beiden kalabrischen Häfen Vibo Valentia und Reggio di Calabria. Wichtigste und kostengünstigste Häfen:

*Milazzo:*
Autofähren verkehren nur zwischen Milazzo und Lipari oder im Direktverkehr mit Napoli. Buchungen der Fährgesellschaft **SNAV** (Tragflügelboote) am Molo Luigi Rizzo, Tel. 928 45 09. Tickets der **SI.RE.MAR.** (Aliscafi, Fähren und Autotraghetti) erhält man in der Agenzia Alliatour, via dei Mille, Tel. 928 32 42, Tel. 928 40 91 (Autofähre).

*Messina:*
Die Ablegestelle der Aliscafi ist an der *Banchina Navi Crocieristi* zu finden. Die Autofähren mit Stopp in Lipari legen an der Pier der **FS** ab.

## Island Hopping auf den Äolischen Inseln

■ **Vulcano:** Täglich ab Milazzo, Capo d'Orlando, Messina, Cefalù usw. Ankunft im Hafen von Porto Levante. Weiterfahrt nach Lipari mehrmals täglich, Fahrtzeit 20 Min.

■ **Lipari:** Zentraler Hafen der Inselgruppe, zwei Anlegestellen. Festlandverbindung mit Messina, Milazzo und Reggio di C. Direktverbindungen nach Vulcano, Panarea und Salina mit dem Aliscafo; Direktverbindungen mit der Fähre auch nach Filicudi.

■ **Salina:** Direktverbindungen per Tragflügelboot und Fähre nach Filicudi, Panarea und Lipari von den Häfen S. Marina Salina und Rinella.

■ **Panarea:** Direktverbindungen mit Stromboli, Salina und Lipari vom Hafen S. Pietro.

■ **Stromboli:** Festlandverbindungen mit Neapel, Vibo Valentia, Villa San Giovanni, Messina und Milazzo. Direktverbindung nach Panarea. Das Ausschiffen in ein kleineres Ruderboot ist vor Ginostra obligatorisch.

■ **Filicudi:** Direktverbindungen mit Alicudi und Salina von Filicudi Porto.

■ **Alicudi:** Festlandverbindung mit Palermo und Cefalú. Direktverbindung nur mit Filicudi.

## Weitere Verbindungen

*Ägadische Inseln:*
**Favignana** wird täglich von Trapáni und Marsala aus angelaufen. Mit der **SNAV** dauert die Fahrt ca. 20 Min. Weiterfahrten nach **Levanzo** möglich. Nach **Marettimo** werden Bootsausflüge von Favignana angeboten. Auskünfte und Abfahrtzeiten der Hauptlinien **SI.RE.MAR.** und den **Traghetti delle isole** sind an den Buchungsbüros im Hafen von Trapani (via Staiti, Molo Sanitá) ausgehängt.

In Marsala bedient die Privatreederei **Torrente & Carriglio** die Linie nach Favignana. Abfahrt am Molo Dogana, Infos unter Tel. 0923/93 60 90.

*Pelagische Inseln:*

**Linosa** und **Lampedusa** erreicht man am besten von **Porto Empédocle**, den Hafen bei Agrigento. Täglich legen Schiffe zu den beiden Inseln ab. Von Trapani und Marsala ist die Anreise via Pantelleria möglich (SI.RE.MAR).

■ **Tip:** Den Trip auf die drei Inseln als eine kleine Kreuzfahrt planen! Da die Fähren vorzugsweise nachts fahren, steht jeweils ein Tagesaufenthalt zur freien Verfügung.

*Pantelleria:*

Täglich Verbindungen mit Pantelleria-Porto von Porto Empédocle (Agrigento) und Trapáni aus. Schnellste Verbindung:

■ **SNAV,** Tragflügelboote, Mai und Okt. Mo, Do, Sa; Juni bis Sept. Di, Do und Sa jeweils 15.30 Uhr. Rückfahrt nach Trapani jeweils 9.55 Uhr am Di, Fr und So (Mai u. Okt.) sowie Do und So (Juni bis Sept.).

*Ustica:*

■ **SI.RE.MAR,** Palermo, Ticketverkauf Piazza Vito Longo, Tel. 844 90 02.
Fähren und Tragflügelboote (*aliscafi*). Die Überfahrt dauert 2 3/ Std. mit dem Motorschiff, 1 1/ Std. mit dem Aliscafo. Abfahrt vom Molo Vitt. Veneto in Palermo, Ankunft im neuen Hafen von Ustica an der Ostküste.

■ **SNAV,** Palermo, Tickets via S.Bartolomeo, Tel. 844 90 77.
Angaben wie oben. Außerdem ist Ustica von **Trapáni** mit der Linie Trapani – Ustica – Neapel erreichbar.

*Malta:*

Verbindungen bestehen ab Catania, Siracusa und Pozzallo an der Südostspitze Siziliens:

■ **S.E.S. Catamaran,** Virtu Rapid Ferries Limited, Juli bis Sept. Fr und So. Abfahrt vom Hafenkai Molo Zanagora am Foro Vitt. Emanuele auf der Halbinsel Ortygia. Ankunft in Gozo sowie im Hafen von Msida, Anlegestelle Sa Maison, zwischen Valletta und Sliema.

Das kürzlich in Dienst gestellte Tragflügelboot, ein Ankauf aus Norwegen, gilt als schnellstes der Welt und bewältigt die Strecke in 90 Minuten.

Nach Pozzalo verkehren die Tragflügelboote von April bis Okt. jeweils Mi und Do, in der HS auch So. Preise: Hin- und Rück um 100 DM, Bustransfer inkl. Autofähren fahren täglich den größten Naturhafen des Mittelmeeres. Weiterfahrt von Malta auch nach Marseille (mit der M.S. Pinto) und Tunesien (Kelibia) möglich.

*Tunesien:*

Tunis und die Ruinen von Karthago sind sowohl von Trapáni als auch von Palermo bequem erreichbar. Allerdings ist die Fahrt ab Trapáni erheblich kostengünstiger. Neben der Direktlinie nach Tunis existiert eine weitere Überfahrtmöglichkeit via Pantelleria nach **Kelibia** mit Anschluß nach Malta. Abfahrtzeiten siehe „Pantelleria".

■ **Tirrenia,** Trapáni – Tunis, jeden Dienstag 9.00 Uhr ab Trapáni, Ankunft 16.30 Uhr. Rückfahrt Mi 20.00 Uhr ab Tunis, Ankunft Trapani Do

6.00 Uhr. Preise: Ein Schlafsessel kostet derzeit um die 60 000 Lire. Bei Beachtung der Sonderangebote sind günstigere Tarife möglich (Passage auf dem Oberdeck).

■ **SNAV,** Trapáni-Pantelleria-Kelibia, 5 Std. Fahrtdauer. Kelibia kommt von Pantelleria aus nach etwas mehr als einer Stunde in Sicht.

*Sardinien*
Cagliari auf Sardinien wird von Palermo aus angelaufen. Einschiffung in Palermo an der Stazione Marittima auf dem Molo Vitt. Veneto. Fährgesellschaft ist die Tirrenia, die dieses „Husarenstück" das ganze Jahr über in 13 Stunden schafft. Abfahrtszeit: So 19 Uhr. Kosten: 26 500 Lire für den Schlafsessel. Ab Trapani ist die nächtliche Überfahrt nach Cagliari günstiger und um etwa 2 Stunden kürzer...

Weiterfahrt ab Cagliari nach Neapel, von Nordsardinien aus auch nach Civitavecchia, Livorno und Genua! Man kann auch nach Korsika weiterschippern und dann nach Marseille oder Genua, Elba und Piombino übersetzen.

## Reisen per Flugzeug

Wer es eilig hat, kann Siziliens Inseln per Jet bereisen. Rundflüge und Mehrfachtickets werden kostengünstig angeboten. Flughäfen:

■ **Aerostazione „V.Florio",** Trapani – Birgi, Infos Tel. 0923/84 12 22.
Übrigens: Sizilien-Tourist Franz Josef Strauß selig besuchte tatsächlich das Flughafengelände, um sich einen topographischen Überblick über das Gelände zu verschaffen, von dem aus eine der blutigsten Schlachten des Zweiten Weltkriegs um die Lufthoheit über der Straße von Sizilien geschlagen wurde. Der Altphilologe schätzte neben antiken Trümmerhaufen vor allem Kriegsschauplätze des 20. Jahrhunderts, denen er seine Urlaubszeit widmete – ein seltsames „Hobby".

■ **Aeroporto Pantelleria – Margana,** Loc. Margana.
Täglich Flugpaare mit Trapani – Birgi und Palermo – Punta Raísi.

■ **Aeroporto dello Stretto,** Messina/ Reggio di Calabria, Tel.0965/32 01 62.
Zwar auf dem Festland in Reggio, aber mit Bus/Schiff-Shuttle nach Messina (25 Min.) ausgestattet. Verbindungen auf den italienischen Stiefel.

■ **Aeroporto Civile Fontanarossa,** Catania, Tel. 095/34 09 37. Wichtigster Tourismusflughafen der Insel. City-Bus zum Bahnhof von Catania. Nach Siracusa fährt die Busgesellschaft SAIS. Abfahrt in Siracusa an der via Trieste 28. Niederlassungen aller großen Mietwagen-Unternehmen.

■ **Aeroporto Punta Raísi,** ca. 35 km von Palermo. Tel. 091/591 698. Bustransfer bis spät in die Nacht ins Stadtzentrum. Unzählige Mietwagenunternehmen. Haltestellen am Teatro Politeama und am Hauptbahnhof.

■ **Cómiso:** Der Flughafen wird rein militärisch genutzt.

■ **Lampedusa:** kleiner Flughafen, im Hochsommer täglich Verbindungen mit Palermo. Tel. 970 006.

## Reisen per Eisenbahn

■ **Eisenbahnnetz:** gut ausgebaut! Die Hauptlinien werden mehrmals täglich befahren. Die Preise sind erschwinglich, so daß sich ein gemütlicher Tagesausflug per Bahn ins Landesinnere anbietet. Die Strecke von Palermo nach Agrigento ist häufig wegen Ausbesserungsarbeiten unterbrochen und muß dann ab ca. Campofranco per Bus fortgesetzt werden. Ein Erlebnis besonderer Art, da der Bummelzug wie häufig im Landesinneren an einem Bahnhof auf freier Strecke hält. Besonders zu empfehlen ist die Eisenbahnlinie rund um den Ätna, die *Circumetnea* (Infos im Kap. „Ätna").

■ **Tempo:** Ein gewisses Ärgernis stellen die außergewöhnlich langen Zugtransferzeiten von und nach Rom dar. Daß die Strecke auch schneller zu bewältigen ist, beweist täglich der sogenannte „Parlamentarierexpress", eine Art Intercity, allerdings für Gutbetuchte. Er führt nur Waggons der Ersten Klasse mit sich und ist erheblich teurer, bewältigt aber die Entfernung mühelos in weit kürzerer Zeit.

■ **Liegewagen:** Auch die gute alte FS kommt nicht ohne Mafiaskandal aus. Dies bewies der letztjährige Korruptionsfall um die sog. *„goldenen Bettlaken"*. Die italienische Schlafwagengesellschaft hatte einen Großauftrag zur Auswechslung der maroden Kuscheltextilien ausgeschrieben, aber: Nach und nach sprangen alle Bewerber ab. Übrig blieb ein kalabrisches Unternehmen, das vom bis dahin unbescholtenen Beschaffungsdirektor der Bahn protegiert worden sein soll. Dies alles wäre nicht so schlimm gewesen, hätten die dann angekauften Laken wenigstens etwas getaugt. Aber: Sie zerissen. Unter großem Getöse und Gelächter mußte der arme Direktor die Koffer packen und schläft nun wieder in Reggio di Calabria anstatt in seiner römischen Dienstwohnung.

## Reisen per Bus

Die Flotten der sizilianischen Busunternehmer sind hochmodern ausgerüstet, so daß ein bequemes Fortkommen garantiert ist. Die Tarife sind nach wie vor günstig. Vorsicht bei Ausflügen in Bergdörfer! Meist sind nur ein sehr früher Vormittagsbus sowie ein Retourbus gegen 17 Uhr eingerichtet. Wer früher zurück will, muß Autostoppen oder ein Taxi nehmen, das auch nicht immer zur Stelle ist. Einige wichtige Busbahnhöfe sind:

*Trapáni:*

■ **Segesta,** nach Palermo ab Piazza Marina, Auskunft Tel. 0923/273 97.

■ **S.Lumia – A.,** nach Agrigento ab Piazza Marina, Auskunft Tel. 204 14.,

■ **A.S.T.,** ins Landesinnere ab Piazza Malta, Auskunft Tel. 216 41.

*Messina:*

■ **Stazione Centrale,** piazza Roma/via I Settembre, zwischen Hafen und Eisenbahnstation. *Giunta Bus* bedient Milazzo, *S.A.I.S.* fährt nach Rom, Taormina und zum Flughafen von Catania, *A.S.T.* und *Meo* versorgen das Landesinnere. Nähere Angaben siehe Kap. „Messina".

*Enna:*
Alle Buslinien fahren am Busbahnhof an der **Piazza A.Scelfo** ab. Infos unter Tel. 219 02. Er liegt im oberen Enna und nicht am Bahnhof der FS! Wichtiger Verkehrsknotenpunkt zwischen Catania und Palermo.

*Siracusa:*
Der Bus zum Flughafen Fontanarossa bei Catania wird von der S.A.I.S. bedient. Abfahrt: via Trieste. Die Linie *Bozzanca* fährt ab Piazza Marconi von Ortigia in die nähere Umgebung und das Landesinnere.

*Agrigento:*
Verbindungen mit Palermo, Trapani, Enna und Gela/Ragusa vom Hauptbahnhofsvorplatz.

*Palermo:*
Unterschiedlich. Siehe Kap. „Reisen ins Umland von Palermo".

## Reisen mit eigenem PKW

Die Straßen auf Sizilien sind in ausgezeichnetem Zustand. Nur die Küstenstraße von Cefalù nach Rocca ist durch LKW-Verkehr notorisch verstopft. Mit Verzögerungen muß gerechnet werden. Das Fahren in Großstädten wie Palermo oder Catania ist zu bestimmten Tageszeiten eine Herausforderung der dritten Art, die schnell die Nerven strapazieren kann.

■ **Einige Tips:** Die Rush-hours (7.30–9.30 Uhr sowie 18.30–20.30 Uhr) meiden. Sinnvoll ist die Ausnutzung der Mittagszeit (13.30–15.30 Uhr), in der der sonst so pulsierende Verkehr erlahmt. Sogar Sightseeing-Touren per PKW sind dann möglich. Tanken Sie immer ausreichend, wenn Sie ins Gebirge fahren. Reparaturwerkstätten sind in allen größeren Zentren vorhanden.

■ **Mietwagen:** In allen größeren Orten, an den Flughäfen und in Touristenzentren Leihe möglich, aber nicht ganz billig. In Frage kommen die günstigeren Wochenendtarife. Zu viert ist der Spaß dann bezahlbar. Am günstigsten ist die Vorableihe von Deutschland oder der Schweiz aus. Die internationalen Mietwagengesellschaften gewähren preiswerte Tarife, die Mietwagen warten am Flughafen oder vor dem Hotel.

# Mafia

*„La Mafia non esiste!" (Cicero, „pro domo suo")* − Die Mafia existiert nicht! (Graffitti an einer Hauswand in Trapani)

Der im November 1989 verstorbene sizilianische Autor *Leonardo Sciascia* hat es publiziert und sich außerordentlichen Ärger eingehandelt: Kein Autor oder Journalist, der etwas auf sich halte, versäume es, über die „Mafia" zu schreiben, um sich so „in weißer Weste" zu profilieren. Mühelos sei über ein Gewitter zu lamentieren, das nur aus der Ferne drohe...

Grundsätzlich ist zwar besser über das zu schweigen, worüber man nicht reden kann! Die *Omerta* aber, die sizilianische Spezialität des Nichts-hören-nichts-sehen-nichts-sprechen wird der Philosoph Wittgenstein nicht im Sinn gehabt haben.

Der telegene Dauerbrenner „Mafia", abendfüllendes „Puschenkino" á la Hitchcock, lockt Millionen TV-Zuschauer an. Sorgen und Nöte des Michele Placido als einsamer *Commissario Catani* fordern zum Mitleiden auf, wenn dieser *„Allein gegen die Mafia"* ein verzweifeltes, aber stets abenteuerliches, an Affairen und Bleikugeln reiches Leben zu führen scheint. Allenthalben herrscht Erleichterung und Absolution, wenn er der raffgierigen Krake „Organisiertes Verbrechen" in Gestalt des mephistophelischen *Tano* einen Tentakel abzwackt... Jedoch: Die Jagd nach dem gottähnlichen Oberboß, dem Grande Mafioso, einer unbezwingbaren Inkarnation aus Beelzebub, Marlon Brando und Lee Iaccocca, scheitert stets − Fortsetzung folgt, denn „Mafia missen müssen macht mörderisch melancholisch"...

Eine gern spöttisch gestellte Standardfrage an Sizilienbesucher richtet sich auf die Anzahl der wirklich „miterlebten" Leichen. Mindestens ein schwerbeladener, rumpelnder Leichenwagen in den Straßen Palermos muß dann her, will die Sensationslust der Daheimgebliebenen halbwegs befriedigt sein. Sowieso spannender sind der *live* erlebte Schußwechsel auf einer Hauptpiazza oder ein „richtiger" Mord in einem Zentrum mafiosen Werkelns.

Erlebnisse, bei denen sich Außenstehende tatsächlich „zu Tode amüsieren" können, sind äußerst selten. Von all diesen vielversprechenden Abenteuern ist der Tourist perfekt abgeschottet. Seine Sinne registrieren maximal die nimmermüden, amerikanisch klingenden Polizeisirenen in den Straßenschluchten, Zeitungsnotizen, Fernsehbilder oder Menschenaufläufe. Der Rest ist Phantasie, Spekulation und − Ärger über hohe Restaurantpreise, die garantiert ein fieser Gamaschenträger ausgeheckt hat.

Das frei erfundene Statement des „Urhebers" Cicero, seinerzeit immerhin ein absolut unbestechlicher römischen Prokurator auf der Suche nach in Sizilien veruntreuten Geldern, ist besonders für diejenigen eine „Gemeinheit", die sich mit dem Bild des gütigen, aber hinterhältigen „Paten aus Corleone" angefreundet haben. Auch „Aufgeklärte", die gerade erst die tölpelhaften sexuellen Attacken des armen, unfreiwillig mafiosen Filmhelden *„Mimi, Metallarbeiter, in seiner Ehre gekränkt!"* belächelt haben, müssen sich von der Fellini-Schülerin Lina Wertmüller aufs Kreuz gelegt fühlen. Lustig, urkomisch und grotesk – Sizilien heute sieht anders aus.

Mafiaforscher Dagobert Lindlau weiß seit Jahren: Die eigentümliche Familienidylle der Zelluloidfassung von Mario Puczos „Paten" rührte keinen mehr als die berüchtigten New Yorker Mafia-Bosse selbst. So weinselig und „herzensmild" hatten sie sich nicht in Erinnerung! Ist die Blutspur der legendären **Cosa Nostra** also nur Fiktion?

## „Ablssus Abissum invocat" – der Abgrund ruft den Abgrund!

*Von Steuereintreibern, Wasserbaronen, Spekulanten und Drogenpäpsten...*
Manch ein Historiker datiert die Ursprünge der Mafia auf das 13. Jh. zurück. Dies mag gesamthistorisch bedeutsam sein, von der „ehrenwerten Gesellschaft" im modernen Sinne spricht man jedoch erst seit 200 Jahren, seit Männercliquen im Dienste der sizilianischen Latifundienbesitzer mit äußerst ruppigem Auftreten deren Pachtgebühren eintrieben. Auch sonst sorgten sie „erfolgreich" für die Aufrechterhaltung der öffentlichen Ordnung im Adelsinteresse. Nationalistisch eingestellt wearen sie allerdings auch. Dies beweist der berüchtigte italienische Abkürzungsfimmel: **Mafia = M.A.F.I.A. = „Morte Alle Franconia Italia Anela"**! Die Cosa Nostra, nichts anderes als eine Maskeraden-Metapher?

Das Schutzgeldeintreiben sollen sie bis heute nicht lassen. Dies stellt der Kalabrese **Pino Arlacchi**, ein Soziologie-Professor fest, der in seinen Publikationen (z.B. *„Mafiose Ethik und der Geist des Kapitalismus"*, unbedingt lesenswert!) den Ursprüngen der Mafia bis zu den gegenwärtigen Formen auf den Grund geht.

Jene „ehrenwerten Gesellen", die sich um die Jahrhundertwende mit einem eisernen Korsett an Verhaltenskodexen ausstatteten, um dann als Menschen Erster Klasse zu protegieren und mäzenieren, ließen nie Zweifel an den tatsächlichen Tatmotiven aufkommen: Damals hatten sie sich längst aus der Bevormundung des schläfrigen Adels befreit und kontrollierten ihn. Einträgliche Erwerbszweige, die mit der Industrialisierung Siziliens einhergingen, sicherten ihnen Sozialstatus und Macht, die in den zwanziger Jahren vielfach als hochfeudal beschrieben wurde. Sagenumwobenes aber, das ein „Robin Hood-Image" verdient hätte, ist kaum zu vermelden. Stets beruhten die berühmten „Gefälligkeiten" der Cosa Nostra auf Leistung und Gegenleistung.

Keine Legende sind die *Wasserbarone von Catania*: Der italienische Staat soll zu Beginn dieses Jahrhunderts schlichtweg „vergessen" haben, die wichtigste Lebensgrundlage aller, die Wasserwirtschaft, zu verstaatlichen. So begaben sich die Sizilianer, ob brunnenlose Pächter, abhängige Industriezweige oder bevölkerungsreiche Städte, in die Hände der Privatinvestoren. Zwar verbesserten Wasserleitungs- und Talsperrenbau die Versorgunglage, aber jeder (politische) Gegner konnte am abgesperrten Hahn „verdursten"...

Glaubt man Unverbesserlichen, existierte die Mafia während des Faschismus (1923–43) nicht. Wie das? Mussolinis Statthalter in Palermo scheute keinen spektakulären Auftritt, um den örtlichen Honoratioren mitzuteilen, er selbst sei im Zweifelsfall als Obermafioso zu betrachten. „Legal – illegal – ganz egal!" Rechtstaatlichkeit, Gesetz und Bürgerrechte blieben zugunsten der Schwarzhemden auf der Strecke. Im übrigen schlug die große Stunde der amerikanischen „Tochterfirma" um Al Capone, Lucky Luciano und die anderen vorwiegend aus der Provinz Caltanissetta stammenden Mafiosi. Es herrschte Prohibitionskrieg.

Die Landung der Amerikaner, Chicagos Leute sollen ihre Hände sehr im Spiel gehabt haben, änderte das sizilianische Leben gewaltig. Endgültig perdu war jener Idealtypus des umherflanierenden Dorfpatriarchen, der ausschließlich für die gemeinsamen Interessen der Mannesmut-Fraktion lebte. Zwar hatten die Alten bei der Neugestaltung der politischen Landschaft ein geschicktes Händchen bewiesen, der legendäre Chefbuchhalter der amerikanischen Mafia, das heutige Yuppie-Idol Meyer-

Lanski, zog von Neapel aus die Fäden des interkontinentalen Geschäftes. Aber: Der american way of life forderte Autos, Villen und Swimming Pools als neue Indikatoren sozialen Ansehens. Das ehrenwerte Techtelmechtel zur Stabilisierung des alten Sizilien blieb auf der Strecke. Das alte Sozialgefüge wankte, als die hungernden Sizilianer resignierten und nach Argentinien, den U.S.A. oder Australien emigrierten. Es fehlte an Nachwuchs und Arbeitskräften. Auch die alte Drohung, Sizilien politisch vom Stiefel zu trennen, versandete und brachte keine neuen Gelder. Zudem: Die Landbevölkerung hatte in vielen Orten das alte System gekippt, verlangte nach den überfälligen, von Mussolini versprochenen Bodenreformen und lief in Scharen zur Kommunistischen Partei Italiens über.

## Fanfaren für Fanfani – aus dem Leben der DC

Mitte der Fünfziger Jahre suchte die traditionell stärkste politische Kraft Siziliens, die *democrazia cristiana*, die auseinanderdriftenden Kräfte in den Griff zu bekommen. Auch der Mafia wurde ein fester Platz beim Wiederaufbau der Region eingeräumt. Mit dem *de Gaspari-Gesetz* sollte die unzufriedene Landbevölkerung endlich auch an Wohlstand und Fortschritt teilhaben. Denn: *Zwar kam laut Gebrüder Rosi „Christus bis Eboli", Napoleon jedoch nur bis Rom!* Das Dekret des Korsen nach Umverteilung des Landbesitzes, ein Produkt der französischen Revolution, blieb in Süditalien folgenlos. Kein Garibaldi hatte am uralten Latifundiensystem gerüttelt. 1955, ökonomisch unsinnig wie historisch überholt – hemmte es den neupropagierten Fortschritt. Resultat: Auch die neuerliche Gesetzesinitative klappte wie vieles im Süden nicht. Stets ergab sich ein juristisches Hintertürchen, daß die Aufrechterhaltung der alten Besitzverhältnisse besiegelte. Brachland wurde verteilt, Brunnen, Bäche und Boden blieben in der Hand der alten Herren. Ganze Landstriche verödeten – keine Spur von Wirtschaftswunder.

Sizilien erlebte den großen Aufbruch zum *zio* in Amerika. Wer keinen reichen Onkel hatte, wanderte in Richtung Arbeitsmarkt Norditalien und Nordeuropa ab. Der bürokratische Apparat indes blähte sich auf. Zigtausend neue Verwaltungsstellen wurden geschaffen, die, ganz traditionell, weniger nach Qualifikation als aufgrund von Beziehungen besetzt wurden.

Heute werden über **90 %** aller öffentlichen Stellen auf Sizilien nicht über Ausschreibungen, sondern durch Bestellung vergeben: ein Umstand, der Korruption und Klientelismus fördert. Das Zahlen von Schmiergeldern, der *tangenzialismo*, ist „offenes Geheimnis".

Das Bau- und Transportwesen, die zentralen Wirtschaftszweige im Wiederaufbau, wurden binnen kurzem von wenigen „Familienfirmen" kontrolliert, die den Kuchen an staatlichen Subventionen unter sich aufteilten. Immerhin hatte diese Politik insofern Erfolg, als die Mordrate auf der Insel

weit zurückging. Ende der sechziger Jahre kam eine parlamentarische Untersuchungskommission aus Rom gar zu dem Schluß, die Mafia sei nurmehr ein marginales Problem, das mit der Entwicklung der Volkswirtschaft von selbst verschwinde. Dies war – ein Trugschluß.

## Drogenmarkt

In den siebziger Jahre drängten neue Erwerbszweige auf den Markt, die Mafia erhielt durch die Zerschlagung der sog. **French Connection** in Marseille enormen Auftrieb. Chemiker und Investoren des internationalen Drogenhandels wanderten nach Palermo und Neapel ab und verschafften dem bis dato eher unbedeutenden Heroinhandel von der Insel aus eine Weltmarktstellung. Urplötzlich ging es nicht mehr um Kleingeld, Milliarden Dollar waren im Spiel.

Die mit relativ normalen Gewinnmargen operierenden mafiosen Kleingruppen rückten zu mächtigen Finanzgruppen auf, die mit Riesenprofiten jonglieren lernten. Unzählige Banken wurden aus dem Boden gestampft, deren einzige Aufgabe es war, illegale Gelder durch heftiges Zirkulieren am Fiskus vorbei „reinzuwaschen" und dem legalen Geldkreislauf zuzuführen. Die alte Ordnung innerhalb der *cosche*, deren nur jeweils 15 bis 20 Mitglieder streng festgelegte Territorien kontrollierten, zerbrach. Jedes Mittel zum Gelderwerb war recht. Nicht im Drogenhandel aktive „Familien" suchten durch Menschenraub die Kassen zu füllen. Das Lösegeld aus der spektakulären Entführung des jungen Paul Getty III. – sein abgeschnittenes Ohr zierte weltweit alle Titelseiten – sorgte mitnichten für die sorgenfreie Pension einiger Krimineller. Eine Armada von Lastwagen wurde gekauft, um das Transportwesen einer gesamten Region (Kalabrien) zu monopolisieren...

## Die neue Mafia – Geld stinkt doch

Dieser mafiose Unternehmer neuen Schlages beherrschte die Mafia der achtziger und neunziger Jahre. Ob nun auf EG-Musterfarmen in der Landwirtschaft, dem Transport- und Bauwesen, im Drogenhandel oder in der Tourismusindustrie: Die stets hochtechnologisierten Firmen arbeiten konkurrenzlos unter dauernder Umgehung der von anderen Unternehmen zu zahlenden Sozialleistungen. Althergebracht: Die hohen Gewinne werden durch Bedrohung oder gar Mord garantiert – ein computerisierter, sozialdarwinistischer Steinzeitkapitalismus.

Das schier unerschöpfliche Reservoir arbeitsloser Jugendlicher aus den Trabantensiedlungen der Hafenstädte stellt jedoch nur noch selten den benötigten Nachwuchs: Trickbetrügereien oder Handtaschendiebstähle als Aufmerksamkeit erregende Karrierestationen sind out. Abitur und Banklehre gehören die Zukunft. Allein daraus ergibt sich die enorme gesamtgesellschaftliche Bedeutung der illegalen Schattenwirtschaft in Italien. Der offenkundige

„Staat im Staat" geriet kürzlich zum Medienspektakel, als ausgerechnet der rechtsgerichteten MSI nahestehende Rentner und Pensionäre die Staatskasse aufforderten, ihnen monatlich „sauberes" Geld auszuhändigen. „Schmutzig" erwirtschaftete Lire sollten nicht in ihr Portemonnaie. Sie erhielten Recht. Armer Staat: Zwar stinken Geldscheine nach Auskunft von Geldtransportfahrern in großen Mengen erbärmlich, als Kriterium zur Aussortierung dürfte dies sicher nicht genügen...

## La Cupola mafiosa – juristisch nicht existent!

Als der Ex-Mafioso *Tommaso Buscetta* zum staatlichen Anti-Mafia Pool überlief und als geschützter Kronzeuge sein Geständnis zu Protokoll gab, wurden bis zu 500 Personen gleichzeitig vor Palermos Gerichtshof angeklagt. Die Maxiprozesse brachten tausende Jahre Knast für die überführten untergeordneten Mafiosi, die veröffentlichte Meinung atmete auf. Es fehlte aber die große Abrechnung mit den Drahtziehern und Hintermännern, eben den Paten. Noch waren keine Schuldigen für die Ermordung des römischen Parlamentariers *Pio de la Torre* (1982) gefunden, er hatte ein effektives Antimafiagesetz ausgearbeitet. Auch der Tod *Rosario Di Salvos* war ungesühnt. Vor allem die bis ins lezte Detail geplante „Hinrichtung" des Generals *Alberto dalla Chiesa*, der vorher fünf Attentate der Roten Brigaden überlebt hatte, erregte die Gemüter. Als oberster Mafiajäger nach

Palermo entsandt, fiel er nach wenigen Amtstagen einem Attentat zum Opfer.

Das Prozeßergebnis, die revidierten Urteile wurden 1989 gefällt, war niederschmetternd. *La cupola mafiosa*, die Mafiakuppel, verließ nach dem Urteilsspruch unbestraft den Gerichtssaal. Richter *Prinzivalli* konnte den Beschuldigten keine direkte Tatbeteiligung nachweisen, zudem ist die Mitgliedschaft in einer mafiosen Verbindung nach italienischem Recht kein Delikt.

Dem formaljuristisch höchst korrekten Urteil folgte ein Aufschrei der Empörung. Was dem Faß den Boden ausschlug, war die *sentenza assoluta*, der **Freispruch** von aller Schuld. Das Gericht entschied nicht einmal „mangels Beweisen". Die angeklagten Mannen um die graue Eminenz, *Papa Michele Greco* aus Corleone, strahlten über beide Backen. Die Mafiakuppel, vom Kronzeugen Buscetta detailliert beschrieben und mit Namen benannt, entpuppte sich als juristisches Luftschloß: *„La mafia? Inesistente!"*

Polizeibeamten, Untersuchungsrichtern und Staatsanwälten, die mit ihren Familien seit Jahren „den Kopf hinhalten" müssen, war dies zuviel. Sie ließen sich versetzen oder pensionieren. Viele Sizilianer ballen heute ohnmächtig (heimlich) die Faust. Die Hoffnungen auf die EG-Einigung 1992, von der mehr ausländischer Druck auf die italienische Regierung zur Beseitigung der Mißstände erwartet wurde, erfüllten sich nicht. Bleibt der Ruf nach einer neuen „politischen Kultur", deren Entstehen in Palermo wieder Mut macht.

# Geschichte

■ **Vorgeschichte:** Älteste Spuren menschlicher Besiedelung wurden an der afrikanischen Küste rund um Agrigento gefunden. Die herkömmliche Geschichtsschreibung läßt die Besiedelung jedoch in der Altsteinzeit beginnen (ab 10 000 v.Chr.; Wandmalereien und Ritzzeichnungen in der **Grotta del Genovese** auf Levanzo und der **Addáura-Grotte** bei Palermo). Siedlungsformen mit agrarischer Lebensweise (**ab 5000 v.Chr.**) und eigenständigen Kulturleistungen (Keramiken) wurden in **Stentinello** nahe Siracusa entdeckt. Die archäologischen Funde führten zur Namensgebung dieser Epoche (*Stentinello-Kultur*). Frappant ist die Übereinstimmung der Keramikmotive mit dem Kult der Großen Mutergöttin, der im nahen Malta zentrale Bedeutung hatte.

■ **Mythisches Trinacria:** Mit der **Diana-Kultur** (Ausgrabungen in Lipari-Stadt) beginnt die Blütezeit der Äolischen Inseln. Die homerischen „Inseln der Winde" sind der dominierende Handelsplatz im westlichen Mittelmeer (Obsidian-Handel). Blütezeit des matriarchalen Kultes mit Errichtung mächtiger Megalith-Tempel (Malta, Gozo; älter als die Pyramiden). Herausragende kulturelle Zeichen: augenähnliche Spiralornamente, Dolmen, verzierte „pilzförmige" Altäre, etc. Spuren wurden auch auf Sizilien gefunden.

Mit dem Beginn der Metallgewinnung (Kupfer, Bronze) wird Sizilien wichtiges Zentrum zwischen den Abbaugebieten Elba, Sardinien, Südfrankreich und später England (Zinn). Einflüsse des Vorderen Orients beweist die Begräbniskultur. Die Inselvölker entwickeln sich rascher als die Urbewohner des sizilianischen Festlandes, die nach späteren griechischen Mythen die *Kyklopen* sind.

Der Zuzug der *Sikaner* (aus Spanien?) wird schon von den griechischen Geschichtsschreibern erwähnt: Das mythische *Trinakria* ist geboren. Die Kontakte zur Mykene-Kultur in der Ägäis werden intensiviert, Funde in Lipari und **Thapsos** (nördlich Siracusa) belegen dies. Um **Castellúccio** (zwischen Noto und Ragusa) entsteht eine eigenständige Festlandkultur.

■ **Die ersten Griechen:** Die Ankunft kretischer Seefahrer belegt der *Daidalos-Mythos*. Der Baumeister des Labyrinth des Minotauros „flog" nach dem Absturz seines Sohnes *Ikaros* via Süditalien nach Sizilien. **Sant Angelo Muxáro** bei Agrigento mit der vorgelagerten Hafenstadt **Heraclea Minoa** gilt als Schauplatz des Todes des kretischen Königs Minos. Der war dem gefragten Architekten wutentbrannt auf den Fersen, da dieser seiner Gattin zu einer sodomistischen Liaison mit einem Stier verholfen hatte. Siziliens raffinierte Damenwelt verbrühte den Gehörnten in der Badewanne.

Mit dem Ende der Bronzezeit (**ab 1200 v.Chr.**) beginnen im gesamten Mittelmeerraum Völkerwanderungen. Kleinasiatische Völker (die Elymer) und Bergvölker vom italienischen Stiefel (u.a. Sikuler) erobern Sizilien. Dies ist die Ursache für den Niedergang der Hochkultur von Lipari und die ersten Küstenorte. Die bis heute typischen wehrhaften Bergsiedlungen im Landesinneren entstehen. Die bedeutendsten Überreste sind die Ruinen und Höhlen von **Pantàlica**, Funde bei Caltanissetta, **Morgantina** und Caltagirone.

■ **10.–9. Jh. v.Chr.:** Die Sikuler regieren Siziliens Osten, Sikaner und *Elymer* den Westen. Letzteres „Seefahrervolk" kontrolliert von **Erice** und **Segesta** aus das Umland. Nach Homers *Ilias* und Vergils *Aenäis* sollen die überlebenden Bewohner der verloren Schlacht um Troia (**um 1200 v.Chr.**) hierher geflüchtet sein. Die spätere Feindschaft zu den griechischen Kolonisten sowie das Paktieren mit Rom scheinen dies zu belegen. Ihr der *Aphrodite* geweihtes Heiligtum in Erice wird von Seefahrern des gesamten Mittelmeerraums besucht.diese Umbruchzeit bildet den Hintergrund der griechischen Heldensagen. „Halbgott" *Herkules* vollbringt eine seiner Aufgaben auf Sizilien, um unsterblich zu werden: Er fängt den sagenumwobenen Stier aus der Herde des *Geryoneos*. Nach der wilden Hatz entlang der Nordküste werden die Beschützer des Stierkultes (die Elymer) unterworfen. Bevor der Übermann Sizilien verläßt, opfert er an der uralten Kultstätte, der **Fonte Ciane** bei Siracusa. Diese Pionierleistung ermöglicht die späteren griechischen Stadtgründungen, wie sie auch in der Odyssee beschrieben sind.

■ **Ab 900 v.Chr.:** Schon vor den Griechen trieben die von der syrischen Küste stammenden Phönizier Handel auf Sizilien. Vom Operationszentrum **Karthago** aus gründen sie Vorposten wie **Mozia** bei Marsala, **Palermo** (Panormos = großer Hafen) und **Solunt**. Die orientalischen *Baal-* und *Astarte-Kulte* verlangen die rituelle Tötung von erstgeborenen Kindern. Europa kommt mit Schrift- und Zahlzeichen in Berührung.

## Antikes Trinacria

■ **Ab 735 v.Chr.:** Ionier aus Chalkis (Kalkidier), aus Milet an der östlichen Ägäisküste, Korinther und Siedler von Rhodos gründen Niederlassungen entlang der sog. „Ionischen" Küste. Die ältesten: **Naxos** (Giardini Naxos) und Siracusa. Außerdem: Zancle/Messina (730 v.Chr.). Megara Hyblea (728 v. Chr.), Leontinoi/Lentini (729 v.Chr.), Katane/Catania (724 v.Chr.), My Lai/Milazzo (716 v.Chr.).

Der militärische Charakter der Kolonisation wird schon an der Architektur der Siedlungen erkennbar (Schachbrettmuster). Die Ausnahme: Megara H. (Freundschaftspakt mit Pantàlica). Demeter- und später vor allem Artemis- und Athenekulte bestimmen das religiöse Leben der kriegerischen Invasoren.

■ **Olympischer Geist:** Nach der Devise „Schneller – höher – stärker" wird das Mutterland Griechenland „überrundet". Die Tempel nehmen monumentale Ausmaße an, die nach Westen expandierenden Kolonien werden reich. **Gela** (seit 688 v.Chr.) und Selinunt (628 v.Chr.) im Süden, Himera (648 v.Chr.) und später Segesta im Norden dienen als Militärlager gegen die phönizischen Karthager.

Der Krieg ist „Vater aller Dinge". Die griech. Stadtstaaten werden tyrannisch, selten demokratisch regiert: Ihr Reichtum basiert auf der Ausbeutung der *Heloten*, der Besitzlosen, und der Sklaven (unterworfene Stämme, Kriegsgefangene). Frauen haben im öffentlichen Leben keinen Platz und gehören an den Herd.

■ **480 v.Chr.:** Antiker Weltkrieg! Höhepunkt der griechischen Macht im Mittelmeer (Magna Graeca)! In der Schlacht von **Himera** (bei Termini Imerese) wird das mit den Persern verbündete phönizische Heer vernichtet. Fast gleichzeitig unterliegt der Perserkönig *Xerxes* den Athenern in der Seeschlacht von *Salamis*. Gewaltige Tempelbauten in *Akragas* (Agrigento, seit 580 v.Chr.) durch karthagische Kriegsgefangene.

■ **474 v.Chr.:** Nach der Seeschlacht vor **Cumae** (474 v.Chr.) werden die Etrusker zurückgedrängt, das westliche Mittelmeer gehört den griechischen Kolonisten. Siracusa blüht auf und wird zur kulturellen Metropole. Das „goldene Zeitalter" beginnt. In Akragas führt der Philosoph *Empedokles* ein ein gottähnliches Leben. Der Philosoph *Platon* eilt 100 Jahre später in die Metropole Siracusa, wo er günstigere Voraussetzungen zur Revolutionierung des Gemeinwesens vermutet.

Verfeinerte Metallbearbeitung und der Beginn der Bildhauerei sind Ergebnisse des kulturellen Aufbruchs. In den Sakralräumen stehen den überdimensionalen, steinernen männlichen Nakkedeis *(Kouroi)* ebenso junge, aber züchtigst gekleidete weibliche Kultfiguren *(Koren)* gegenüber. Erste Abspaltungsversuche von Athen kommen auf.

■ **413 v.Chr.:** Niederlage der Athener zu Lande und zu Wasser (im Hafen von Siracusa). Tausende Kriegsgefangene verrichten jahrelang Zwangsarbeit in den *Latomie*, den Steinbrüchen. Siracusa wird mächtigste Stadt im Mittelmeer. In den nächsten Jahrhunderten wird die Einwohnerzahl auf über eine Million steigen.

■ **409 – 405 v.Chr.:** Großoffensive der Karthager führt zur Eroberung Siziliens. Nur Siracusa kann sich durch den Bau gewaltiger Befestigungsanlagen *(Dionysische Mauer, Castello Eurialo)* halten. Selinunt und Himera werden zerstört.

■ **bis 386 v.Chr.:** Rückeroberung Siziliens durch Siracusa. Zweite Blüte der griechischen Kolonien. Der Herrschaft der Despoten Dionysos „Eins und Zwei" folgt *Timoleon*, der nach erneuter Bekämpfung der Karthager die demokratische Ordnung in Siracusa wiederaufleben läßt. Er galt als intelligentester Herrscher der Stadt.

■ **307 v.Chr.:** Durch Geheimpakt mit Karthago gelangt *Agathokles* als Tyrann an die Macht und regiert Siracusa 19 Jahre lang.

■ **Ab 282 v.Chr.:** Angriff Roms auf die griechischen Kolonien in Unteritalien. *Pyrrhus von Epirus* eilt verwandtschaftlich verbunden zur Hilfe und schlägt die Tiberstädter unter großen

Verlusten ("Pyrrhus"Sieg). Er erobert Sizilien von den Karthagern und kehrt als ohnmächtiger "Sieger ohne Heer" in die Heimat zurück.

- **274−215 v.Chr.:** Mit **Hieron II.** von Siracusa beginnt die Zeit größter Machtentfaltung für die Hafenstadt am ionischen Meer. Der kulturelle und religiöse Bruch mit der alten Götterwelt schlägt in eine erneute Rehellenisierung um. Allerorten werden Theater gebaut. Aber: Die strategische Machtposition als Zünglein an der Waage zwischen Karthago und dem Newcomer Rom wird durch leichtsinnige Vertragspolitik verspielt.

## Rom ante portas

- **260−241 v.Chr.:** Die alten Verbündeten Karthago und Rom überwerfen sich. Der erste Punischer Krieg wird nach wechselhaftem Hin und Her zugunsten Roms entschieden. Sizilien wird erste römische Provinz, Siracusa bleibt freie Stadt.
- **218−201 v.Chr.:** Im zweiter Punischen Kireg steht *Hannibal* vor den Toren Roms. Nach schwersten militärischen Niederlagen Roms verbündet sich Siracusa mit Karthago und fällt **212** nur durch Verrat an die Römer. Die Erfindungen des Festungsbauers und Meisters der Hebelgesetze, *Archimedes*, nützen nichts.
- **ab 201 v.Chr.:** Die Kontrolle der größten Getreidevörrate im Mittelmeerraum (Sizilien als Kornkammer Roms) ermöglicht den rasanten Aufstieg der Tiberstadt. Die rücksichtslose Ausbeutung auf den riesigen Feudallatifundien

in der Provinz führt zu den ersten beiden Sklavenkriegen (136−131 v.Chr.; 104−101 v.Chr.) in der Geschichte der *urbs*. Einzelne Städte behalten einen privilegierten Status (z.B. Taormina).

- **Nach der Zeitenwende:** Die römische Herrschaft, am bezeichnendsten in der Anlage von Garnisonen (z.B. **Palermo**), in der Villenarchitektur (**Villa Casale, Villa Tellaro**) und in der Anlage von Thermen wiederzuerkennen, dauert bis ins 4. Jh. n. Chr. an. Die Christianisierung der Insel beginnt von Siracusa aus (Paulusreise nach Rom), das neben Alexandria, Rom und Konstantinopel zum wichtigsten Bischofsitz der Urkirche aufsteigt. Aufnahme insbesondere der griechischen weiblichen Gottheiten in die christliche Heilslehre. Märtyrerinnen (S.Agata, S.Lucia, S. Brigida etc.) übernehmen deren Aufgaben und Feiertage. Der Marienkult steht in direkter Folge der auf Sizilien verehrten griechischen und römischen Göttinnen.

## Byzantiner und Araber

Ostrom (Byzanz) übernimmt nach dem Fall Roms durch die Vandalen (seit 440 in Sizilien) und der Herrschaft der Ostgoten (582) das "Thema Sizilien".

- **827 n.Chr.:** Mauren und Araber erobern von Tunis/Karthago aus Sizilien. Palermo wird zur Hauptstadt der Aghlabiden-, später der Fatimidenherrscher. Niedergang Siracusas. Weitgreifende Bodenreformen, die Abschaffung der Latifundienrechte, Einführung der hochintensiven, aber erfolgreicheren Parzellenwirtschaft. Die Kultivierung von Brachland, Einführung neuer landwirtschaftlicher Methoden (Terrassenfeldanbau) und ausgeklügelte Bewässerungssysteme demonstrieren den überlegenen Wissensstand der arabischen Welt. Sizilien erlebt eine Phase der Regeneration und wird zum *Arkadien*: Zitronen- und Apfelsinenbäume machen es zum Land Goethes.

Die Wiederaufnahme der Lektüre der im orthodoxen, starren Christentum verpönten Schriften der klassischen griechischen Philosophie (Aristoteles) und die allgemeine Religionsfreiheit führen zum Wissenstransfer zwischen Orient und Okzident. Algebra und Geometrie werden eingeführt, die Architektur revolutioniert. In der Blütezeit stehen 160 meist private Moscheen in Palermo, das neben Cordoba, Kairo und Kairouan (Tunesien) zum Zentrum des islamischen Weltreichs aufrückt. Gehandelt wird von Spanien bis zum Nildelta, Sizilien ist die reichste Region des Islam.

Neue Qualitäten auch im Kriegshandwerk: Während Ostrom und westliche Sieger Tributgelder verlangen, wissen die islamischen Herrscher um die Bedeutung des geschriebenen Wortes: Sie fordern von den „christlichen *Barbaren*" die Herausgabe der Bibliotheken! Eine Verwaltungsreform teilt die Insel in drei Provinzen: **Val Demone**, **Val di Mazara** und **Val di Noto**. Die christliche Enclave **Rometta** (Provinz Messina) verschanzt sich fast hundert Jahre, ehe es an die Araber fällt.

## Normannen und Staufer

■ **ab 1059:** Im Auftrag des Vatikan erobern die Normannen *Robert Guiscard* und *Roger* Sizilien von Messina (1061) aus. Sprachwurzeln im geographischen Dreieck Messina – Enna – Piazza Armerina erinnern bis heute an diese Phase. Mönche des aus Ägypten stammenden ältesten christlichen Ordens der Basilianer gründen neue Klöster. Die Einnahme Palermos ist Höhepunkt der Okkupation, die **1091** beendet ist. Die Araber werden unter Sicherung der wichtigsten Hafenstädte im Lande toleriert.

■ **1130:** *Roger II.*, seit **1112** Herrscher, wird zum König Siziliens gekrönt. Der umfassende Transfer des islamischen Kulturgutes in das abendländische Denken beginnt. Sizilien rückt zu Europas wirtschaftlichem und kulturellem Zentrum auf. Handelsniederlassungen aus Pisa und Genua in der Metropole Palermo. Die kulturelle Verschmelzung „kulminiert" unter *Wilhelm I.* im Bau der Kathedrale von **Monreale**. Die Entwicklung der Renaissance in Ober- und Mittelitalien ist undenkbar ohne die neue, mathematisch berechenbare Architekturkunst und verbesserte Handwerkskünste.

Innenpolitisch führt die enge Verflechtung zwischen König und Kirche zur schleichenden Wiedereinführung der Latifundienwirtschaft (Ländereien gehen an die Klöster).

Außenpolitisch führt der Eroberungszug der Hohenstaufen in Italien (*Lothar II., Friedrich Barbarossa*) zum Niedergang. Querelen mit dem Papst.

■ **1191:** Nach dem Tode des letzten Normannenkönigs Wilhelm II. erhält das staufische Königshaus durch glückliche Heiratspolitik Siziliens Krone. Die Folgewirren überleben weder *Tankred von Lecce* noch Heinrich III. Heinrich VI. (seit 1194/95 König) stirbt vor Verwirklichung eines geeinten Reiches. Seine Gattin Konstanze, die normannische Thronerbin, übernimmt die Regentschaft, der Papst die Erziehung des unmündigen Thronfolgers.

■ **1210:** *Sic transit stupor mundi!* Dieser Sohn ist der spätere Stauferkaiser *Friedrich II.* (das Staunen der Welt). Erstmals wird das Heilige Römische Reich deutscher Nation von Unteritalien aus regiert. Bis dato hatte das Veto des von Konkurrenten umzingelten Papstes, der selbst nach der Weltherrschaft strebte, eine Einigung zwischen Nord- und Südeuropa verhindert. Friedrich, kurzzeitig auch stolzer König von Jerusalem (5. Kreuzzug), der trotz seiner Erziehung starke, islamfreundliche Akzente in die Politik einfließen läßt, wird wegen seiner rationalen Machtpolitk neuer Qualität zweimal gebannt. Die Natur (Falken, Adler) wird absolutes Maß des politischen Handelns. Trotz guter Kontakte nach Nordafrika wird die Vertreibung der Araber aus Sizilien fortgesetzt (Sarazenenkriege), die letzten Bastionen (Agrigento, Sciacca) werden geräumt. Unruhe löst die Entmachtung des Landadels zugunsten der kaiserlichen Zentralgewalt aus. Friedrich II. führt das erste perfekte totalitäre Staatssystem der Neuzeit ein. Von Enna aus nach militärgeographischen Erwägungen angelegte Befestigungsanlagen kontrollieren Sizilien, Augusta und Gela werden neugegründet. Der erste, alle Weltsprachen beherrschende und mit allen Kulturen vertraute Kosmopolit geht als eiskalter Machtpolitiker in die Annalen ein.

■ **1250:** Friedrichs Tod hinterläßt ein politisches Scherbengericht und die ungeklärte Thronfolge. Das Landesinnere verödet, die Sarazenenkriege trieben die Bevölkerung an die Küste. Die Zwischenkönige (Konrad) danken ab, das Kind Konradin, wird auf Befehl *Karl von Anjous* hingerichtet. Das Stauferhaus verliert die Kaiserkrone.

■ **1266:** Karl von Anjous erhält durch Paktieren mit der französischen Krone und dem Papst Sizilien als Lehen. Nach 16 Jahren endet das unrühmliche Gastspiel!

■ **31.3.1282: Sizilianische Vesper.** Osterverschwörung und Aufstand der Bevölkerung von Palermo während des traditionellen Volksfestes. Ca. 2000 Tote! Vertreibung der verhaßten Franzosen, die sich in abgelegene Bergdörfer (Gangi, Sperlinga, Troina, Caltabellotta) retten.

## Das spanische Haus Aragon

■ **1282:** Der Aragonese Peter III., verheiratet mit einer Staufertochter, erhält durch Erbfolge Sizilien. Das Haus Aragon und Spanien dominieren die Mittelmeerinsel die folgenden vier Jahrhunderte. Erneuerung der Feudalrechte und des Latifundiensystemes, Herrschaft von Adel (in Palermo) und Klerus (in Catania).

■ **Ab 1412:** Ausdehnung der Macht auf Unteritalien bis nach Neapel. Sizilien erhält den Status eines Vizekönigreichs (**1415**). Der Florentiner Clan der **Medici** sichert sich als Gegenleistung für die Beleihung des Zehnten (Steuer) von päpstlicher Seite das uneingeschränkte Monopol zum Alaun-Abbau auf der Insel Vulcano. Er steigt zum ersten Großkonzern Europas auf.

■ **1479:** Nach der Vereinigung der Königshäuser Aragon und Kastilien (Ferdinand II. und Isabella) wird Sizilien Vizekönigreich. Mit Antonello da Messina erlebt es eine kurze Blüte der Renaissance-Malerei.

■ **Ab dem 16. Jh.:** Befestigung der Hafenstädte gegen europäische Konkurrenz und Piraten. Aufschwung im Städtebau: Errichtung von Palästen (Bagheria, Catania) und neuen Handelszentren (Trapáni). Der Feudaladel erhält die uneingeschränkten Nutzungsrechte seiner Besitztümer.

Folge: Aufblühen der Residenzstädte, völlige Verarmung des Landesinneren. Im Zuge der osmanischen Balkaninvasion flüchten Albaner nach Sizilien, die sich im Hinterland von Palermo und bei Caltagirone niederlassen.

■ **1516–1713:** Sizilien wird direkt von Spanien regiert. Ständige militärische Konflikte mit der türkischen Flotte und sog. arabischen Freibeutern. Malteserritter, Genuesen und Messinesen (teils im Auftrag Frankreichs, alle mit päpstlichem Freibrief zur Sklavenjagd auf die Ungläubigen ausgestattet)

kreuzen vor der Küste. 1566 endet die Belagerung Maltas durch osmanische Truppen im Desaster. Die Galeeren des Johanniterordens erobern die Seehoheit, die mit der Seeschlacht von Lépanto 1571 im Verein mit Venedig gesichert wird. Tunis und Algier werden von Palermo aus erobert. Siziliens Orte besitzen vorwiegend militärischen Charakter. Die innerstädtische Architektur wird mit dem Bau von Durchgangsstraßen für das Militär revolutioniert (Palermo: via Maqueda und via Toledo). Schwere Hungersnöte und Epidemien führen zu mehreren Volksaufständen.

Der durch die ständigen Kriege in die Höhe schnellende Getreidepreis führt zur Wiederentdeckung des Landesinneren. Mit der *Licenzia Populandi* verfügen Adel und Klerus die zwangsweise Umsiedlung der Bevölkerung in neue ländliche Siedlungen. Die Zahl der auf dem Reißbrett entstandenen Orte erhöht sich durch den Ätnaausbruch **1669** und das katastrophale Erdbeben von **1693**. In der Araberzeit entstandene schmale Gassen und Winkel verschwinden fast gänzlich aus der dörflichen Architektur. Das neue **Noto** ist das „Prachtjuwel" des sizilianischen Barock. Die Bevölkerung feierte den Wiederaufbau keineswegs euphorisch. Landenteignungen und schwer rückzahlbare Kredite sorgten für Zündstoff.

## Die Bourbonen

■ **1735:** Nach kurzem Regiment des Herzogtums Savoyen und des Habsburger Könighauses fällt Sizilien an das

Haus Bourbon. Der Haß auf die Fremdherrschaft steigert sich durch die durch Einigung des **Königreiches beider Sizilien (1816)**. Schwere Hungersnöte in den ersten beiden Jahrzehnten des 19. Jh.

■ **1821:** Volksaufstand in Palermo wird niedergeschlagen. Anhänger Napoleons fordern die Einführung von Reformen.

■ **1848:** *Francesco Crispi* führt den Aufstand zur bürgerlichen Revolution an, Messina hatte sich schon 1847 erhoben. Bis zum Herbst erobert „Re Bomba" (Bombenkönig) Ferdinand II. die Insel zurück.

■ **1860:** Ein erster Volksaufstand in Palermo schlägt fehl.

■ **11.5.1860:** *Guiseppe Garibaldi* landet nach Absprache mit dem Piemontesen Graf Camillo Cavour in Marsala. Mit 1000 Soldaten, den legendären rot hemdigen *mille*, erobert er Süditalien. Erst die Unterstützung des Industriekapitals (Clan der Florio) macht den furiosen Ritt möglich. Bei **Calatafimi** und nahe Milazzo Siege über das bourbonische Heer, das kapituliert ! Die Bauern fordern die versprochene Bodenreform und eignen sich Land an. Niederschlagung dieser als konterrevolutionär gebrandmarkten Aufstände durch Garibaldi. Bei einer Volksabstimmung fordern die Sizilianer (vielfach Analphabeten) „hundertprozentig" den italienischen Nationalstaat.

■ **1865:** Sitz des neuen Königs Vittorio Emanuele wird Florenz.

## Industrialisierung

■ **im 19. Jh:** Die völlig verarmte Landbevölkerung arbeitet auf Tagelöhnerbasis in der wenig ertragreichen Landwirtschaft. Eines der schwärzesten Kapitel: Die Arbeit in den Schwefelminen! Sizilien besitzt das Weltmonopol in Sachen Sulfat. Bevölkerungsexplosion in den Städten (Verslumung der Peripherien von Catania und Palermo). Erste Auswandererwellen nach Nord- und Südamerika. Bürgerliche Reformer verschwinden lebenslänglich in den berüchtigten Inselgefängnissen (z.B. Favignana).

Die hitzige Industrialisierung zur Erringung des europäischen Niveaus führt zu völligem Raubbau an Mensch und Natur. Die Armut der Pachtbauern führt zum Aufblühen des Menschenhandels, der bis in die Zwanziger Jahre dieses Jahrhunderts eine Alltagserscheinung ist. Vor allem Kinder (Mädchen) werden nach Nordafrika und Südamerika verkauft, wo „Bedarf" existiert.

Banden und Brigantentrupps sichern das Latifundiensystem gegen Landlose und Pächter. Aus diesen wird sich die Mafia bilden. In diese Phase fällt das Robin Hood-Image der *Cosa Nostra*, die vermeintlich allgemeine Ansprüche gegen die Landlords durchsetzt.

■ **Jahrhundertende:** Ministerpräsident Crispi will Italien zu imperialer Macht führen. Das starke Nordsüd-Gefälle auf dem Stiefel führt zu bis heute aktuellen Ressentiments.

Um 1890 beginnen sich die Schwefelgrubenarbeiter Siziliens zu organisieren. Aus diesen Bündnissen entstehen die *fas-*

*ci italiani*, die sich später zur PSI, zur sozialistischen Partei zusammenschließen. Auf Anhieb erringt sie große Wahlerfolge. Viele Sizilianer finden in der Anarcho-syndikalistischen Bewegung ihr politisches Zuhause.

## 20. Jahrhundert

■ **Beginn:** Sizilien lebt im Spannungsfeld zwischen sozialdemokratisch/sozialistischen Erneuerungskräften und dem streng klerikal geprägten katholischen Konservativismus. Attentate auf Repräsentanten der Monarchie gehen auf das Konto sizilianischer Anarchisten. Spaltung der sozialistischen Bewegung in rechtsgerichtete Faschisten (Mussolini) und Kommunisten.

**Dez. 1908:** Erdbeben von Messina. Mehr als 80 000 Menschen sterben. In der größten Auswandererwelle der Inselgeschichte verläßt mehr als ein Viertel der Bevölkerung das Land. Die Intellektuellen haben Sizilien den Rücken gekehrt und leben in Norditalien, als der erste Weltkrieg losbricht. Cosa Nostra und Adel kontrollieren Sizilien.

■ **1918/19:** Gravierende Hungersnot als Kriegsfolge. Massenexodus vor allem in die U.S.A. So entsteht der „Onkel in Amerika". Höhepunkt der mafiosen Macht.

■ **1922–1943:** Faschismus auf Sizilien. Modifizierung der mafiosen Methoden im Staatsinteresse Mussolinis. Der lokale Einfluß der Ehrenwerten sinkt zugunsten der neuen Herren aus Rom, die rigoros ihre Klientel bedienen. Die Verklärung des Faschismus als mafiafreie Zeit beruht auf faktischer

Gesetzlosigkeit („Gefängnis Sizilien").

Um die Unterstützung der süditalienischen Landbevölkerung zu erhalten, verspricht der den Zweiten Weltkrieg planende Mussolini die längst überfällige Agrarreform. Die murrenden Landarbeiter lenken ein.

■ **1940:** Kriegseintritt Italiens. Schwere Kämpfe im Kanal von Sizilien. Bombardierung Maltas durch die deutsche und italienische Luftwaffe. Alliierte Truppen attackieren Pantelleria zur Sicherung des maltesischen „Flugzeugträgers".

■ **10.7.43:** Landung der 8. Britischen Armee bei Pachino (Stoß Richtung Siracusa) sowie der Amerikaner in Licata, Gela und Marina di Ragusa. Schwere Kämpfe bei Adrano.

■ **17.8.43:** Sizilien ist erobert, Waffenstillstand von **Cassibile** (südlich Siracusa). Einsetzung kommissarischer Bürgermeister in den wichtigsten Orten durch die Alliierten, denen mafiose Kreise in den Staaten eine Liste „vertrauenswürdiger" Personen zugespielt haben sollen. Gegenleistung: Unterstützung der amerikanischen Invasion.

■ **Kriegsende:** Abschaffung der Monarchie. Sizilien wird Region der Republik Italien. Babyboom. Die sozialen Spannungen verschärfen sich, es kommt zu Aufständen in Sizilien und Kalabrien. Das Brigantentum lebt wieder auf (Seperatismusbewegung, Salvatore Giuliano). Viele Dörfer erklären sich unabhängig und vollziehen eigenhändig die Bodenreform, die Landbevölkerung votiert mehrheitlich kommunistisch und ist teils bewaffnet.

*Moderne Skulptur an der Küste: „Ikarus-Lava-Engel"?* ▶

Die erste Nachkriegsregierung unter *de Gaspari* stellt die alte Ordnung auch mit Waffengewalt wieder her und löst durch Konzessionen Teile der Forderungen ein. Italiens Nahrungsmittelversorgung muß gesichert werden.

■ **Ab 1950:** Bis heute stellt die DC (Democrazia Christiana) in Rom wie im Regionalparlament von Palermo die Regierung. Die Amerikanisierung der siziliansichen Gesellschaft verspricht das Ende der Mafia. Viele um die Agrarreform betrogene Pächter und Arbeitslose wandern aus. Der Industrieboom in Norditalien führt zur Abwanderung der Arbeitskräfte.

Klientelismus und Korruption führen zur Cliquenwirtschaft. Den Staatsapparat in Palermo kontrollieren wenige, teils mafiose Gruppen. Gigantische Industrieprojekte in Küstennähe bringen kaum Erfolg. Weitere Abwanderung. Ende der Sechziger Jahre ist die Mordquote auf Sizilien gegen Null gesunken, eine Regierungskommssion postuliert das Ende der Mafia.

■ **Ende der Sechziger:** Beginn des Drogenhandels. Die Vernichtung der **French Connection** (Marseille) verlagert den Markt nach Palermo. Die Mafia übernimmt mit der „Pizza-Connection" die internationale Regie.

■ **Jan. 1968:** Erdbeben im Belice-Tal, dessen Ausläufer Palermo erreichen: Nach Aufgabe der zerstörten Altstadtbezirke entstehen die wildwuchernden *Villagi delle case sociale*, Trabantenstädte ohne Infrastruktur. Die „Bronx Palermos" gilt als unerschöpfliches Rekrutierungsreservoir der Mafia.

Hunderte von Bankgründungen ermöglichen das Reinwaschen schmutziger Gelder.

■ **Historischer Kompromiß:** Die innere Krise Italiens führt in den siebziger Jahren zum Ausgleich zwischen der DC und der PCI, den beiden größten Volksparteien. Der von Ministerpräsident **Aldo Moro** angestrebte Schulterschluß zwischen Links und Rechts endete mit seiner Ermordung, die den **Roten Brigaden** angelastet wird. Die Rolle der Mafia sowie rechtsnationaler Kreise ist unaufgeklärt.

■ **Ab 1980:** Der Parlamentsabgeordnete **della Torre** legt einen Bericht zur Bekämpfung der neuen mafiosen Strukturen vor. Er wird ermordet. General **Alberto dalla Chiesa**, oberster Terroristenfahnder Italiens und zur Mafiabekämpfung nach Palermo entsand, überlebt keine 14 Tage. Sohn **Nando dalla Chiesa** macht in einem Buch die Hauptdrahtzieher in Palermo **und** Rom aus.

Das Wiederaufleben mafioser Kriege um das Ergattern riesiger Industrieaufträge führt zu Hunderten von Toten. Gleichzeitig verlagert sich die Drogenproblematik: Die Konsumenten werden jünger, Achtjährige handeln oder brauchen Heroin.

Hauptorte mafiosen Werkelns: Gela (Serie von Morden um das GIGAS-Projekt), Reggio di Calabria, Catania und Palermo.Mächtigste Paten im Hintergrund sollen heute die Greco-Familie und der neue Macher, der Corleonese *Salvatore Reina* sein.

■ **1988:** Neben ungeheuren Investitionen in der Tourismusbranche setzt Sizilien auf High-Tech-Industrie und Computerisierung. Seit der Landflucht in den Fünfziger Jahren verwaistes Akkerland wird mit Unterstützung des EG-Strukturfonds von Kooperativen neubestellt. Der *Turismo Verde* in Kombination mit der Ansiedlung von Kleinbetrieben (nach dem Vorbild alternativer Projekte) dient vornehmlich der Bekämpfung der Jugendarbeitslosigkeit. Die **Cassa per il Mezzogiorno** versucht seit 40 Jahren, die ökonomischen Gegensätze zwischen Nord- und Süditalien zu mildern. Hilfe ist aus dem Milliardentopf kaum zu erwarten. Zu unübersichtlich ist die Verteilung der Gelder.

■ **Sept. 89:** Nach verschiedenen kleineren Ausbrüchen in den letzten Jahren grummelt und qualmt der Ätna aufs Neue.

■ **Herbst 89:** Ein im WM-Stadion von Palermo installiertes Baugerüst stürzt ein, 6 Arbeiter sterben. Ein weiterer Turm fällt wenig später in sich zusammen. Hintergrund: Beide Gerüste wurden manipuliert. Die Baumafia soll bei der Vergabe der Aufträge nicht berücksichtigt worden sein...

■ **Feb. 1990:** Im Hafen von Castellammare del Golfo entern Polizeikräfte einen kolumbianischen Frachter und finden 600 kg Kokain, das für den europäischen Markt bestimmt ist. Palermos Drogenfahnder müssen die Landkarte des größten Wirtschaftszweiges der Welt, des Drogenmarktes, neu schreiben. Die Cosa Nostra kontrolliert heute den Dreieckshandel Kolumbien – Sizilien – U.S.A.

■ **Buchtip:** Geschichte Siziliens und der Sizilianer, Beck-Verlag, München 1989 (39,80 DM). Im renommierten Münchner Verlag erschienene komprimierte Fassung der dickleibigen dreibändigen englischen Originalausgabe der Autoren Finley, Smith und Duggan. Lesenswert! Besondere Berücksichtigung findet der Zusammenhang fortschreitende Armut und landschaftliche Verödung als Folge feudalistischer Politik...

# Messina und die Monti Peloritani

■ **Chronik:** Messina, das Tor zu Sizilien, schaut seiner geographischen Lage wegen auf eine unheilvolle Vergangenheit zurück. Hier, wo sich der **Stretto** zu *Charibdis* und *Scylla* hin verengt, haben Naturkatastrophen, aber auch manche zerstörerische Soldatesca das Stadtbild gezeichnet.

An der sichelförmigen Hafenmole grüßt die vor dem **Forte San Salvatore** plazierte goldglänzende Statue der segensreichen *Madonnina* alle Ankömmlinge mit einem huldvollen *VOS ET IPSAM CIVITATEM BENEDICIMUS*, doch alle inbrünstige Frömmigkeit hat den Messinesen wenig genutzt. Vollends aus den Fugen geriet die Stadt 1908, als ein Beben die meisten Gebäude dem Erdboden gleichmachte. So nimmt es nicht Wunder, daß niemand gern in Messina verweilt, auch die Messinesen nicht. Lange vor dieser Katastrophe flüchteten sie vor den Arabern nach **Rometta**, um dort das Christentum tapfer zu verteidigen, Messina wurde damals für 100 Jahre zu einem bloßen Beobachtungsposten degradiert.

Das heutige Messina hat viel vom im 16. Jh. mühsam angesammelten Glanz eingebüßt. Damals wickelte die wichtige Hafenmetropole jede Menge Güter ab, die Stadt florierte. Messinas Stern sank allerdings rapide nach dem mißglückten Aufstand 1674–78 gegen die Spanier. Als Folge des dreisten Abspaltungsversuchs, immerhin hätte man fast die Hauptstadtwürde des *Königreichs beider Sizilien* erlangt, wurden Tausende aus der Stadt verbannt, die Einwohnerzahl sank von stolzen 100 000 auf kaum mehr als 40 000. Ratten schleppten quietschfidele Flöhe an Land, die von Messina aus für Pestepidemien in ganz Europa sorgten. So mancher brave Fischer entdeckte seine Leidenschaft für die Piraterie, die im Verein mit den Malteser Johanniterrittern dem „Sensenmann" reichlich Arbeit bescherte. Als sich Messinas Bürger halbwegs wieder eingerichtet hatten, schwappte das See- und Erdbeben von 1783 von Reggio Calabria aus über den Stretto: Alles war wieder dahin!

■ **J. W. Goethe** war wenig beeindruckt vom Hafenstädtchen und schiffte sich rasch nach Napoli aus. Insbesondere die zwei abgründig werkelnden Sirenen enttäuschten ihn maßlos. Den Stretto hatte sich der Dichter „irgendwie" *höher* vorgestellt. Anderslautende begeisterte Reisebeschreibungen kamen ihm „spanisch" vor, er erlebte die Meerenge vor allem *breit*. Statt über den Poetenstand zu lamentieren, der „nur zu gern übertreibe", hätte der Geheimrat besser einen Ausflug zum **Santuario della Madonna di Antennamare** unternehmen sollen. Dort, auf dem Kamm der Monti Peloritani (1128 m hoch, ca. 10 km südlich M.), wäre ihm der Stretto erinnerungsträchtig *schmal* erschienen.

■ **Goethe jun.:** Des Genies lebenslängliches Andenken an Siziliens Zitronenblüte! Zurück in Weimar bändelte das Dichtergenie stante pedes mit einer 23-jährigen, immerfort tanzenden Schönheit an: *Christiane Vulpius*. Von den in Italien neuentdeckten persönlichen Freiheiten inspiriert, setzte sich Johann über alle Konventionen hinweg und „schenkte" ihr ein „Kind der Liebe", jedoch ohne Trauschein. Sohn *August* hatte es im Schatten seines übermächtigen Vaters nie leicht, obwohl er fleißig arbeitete. Immer wieder schlug er in Weimars anrüchigen Kneipen über die Stränge, was Zeitgenossen als unschön vermerkten. Da er auch Auerbachs Keller in Leipzig nicht schätzte, wurde Gevatter Johann grantig. Er bugsierte den 39-jährigen *Gustl von Goethe* in eine Kutsche, um ihn auf faustische Fährten gen Sizilien zu schicken. Im gleichen Alter war er 40 Jahre zuvor selbst gereist. Gustls Karma wollte es anders, er sah Arkadien nie: In Rom ereilte ihn das Ende durch einen Hirnschlag...

■ **Besichtigen:** Die Bombenschäden des Zweiten Weltkriegs sind zwar weitgehend beseitigt. Dennoch ist das Sightseeing in weniger als einem halben Tag zu bewältigen. Da ist vor allem der **Dom**, dessen Baubeginn auf 1197 zurückdatiert. Nach jahrhundertelangen Umbauten steht er heute wieder im alten Kleid da. Die Architekten quält seit langem ein „Türmchenproblem", regelmäßig stürzte etwas ein, wurde abgerissen, verdoppelt oder umgebaut. Der jetzige 60 m hohe **Campanile** stammt aus der Aera Mussolini. Er beherbergt die größte mechanische und astronomische Uhr der Welt und ein Figurenspiel. Im Domneren ist besonders die gesichtslose byzantinische *Madonna mit Kind* erwähnenswert: Aus ikonographischen Gründen besteht sie nur aus einem vergoldeten Umhang, dem *manta d'oro*. Ausgestellt ist eine Kopie, das Original wird nur zu hohen kirchlichen Anlässen vorgezeigt. Vor dem Dom ist der **Orion-Brunnen** Zentrum des Interesses. Orion gilt als mythischer Gründer der städtischen Urzelle *Zancle*, die ab 730 v.Chr. als griechische Kolonie Erwähnung fand. Nicht übersehen werden sollten die aus normannischen Rechristianisierungsversuchen resultierende Kirche **S.Annunciata dei Catalani** an der gleichnamigen Piazza, Justizpalast und Universität an der Piazza Maurolico, sowie die Kathedrale S. Salvatore.

Heimische Gefühle weckt die strenge Gotik des Kirchenportals von **S. Maria degli Alemanni**. Vorhandene Schäden gehen auf den Zweiten Weltkrieg und die Engländer zurück, die den Bau lange als Pulverkammer nutzten. Der **Neptunsbrunnen** symbolisiert den Stretto: Der Meergott hält Scylla und Charybdis im Zaum. Nur die Scylla-Figur ist authentisch, die zwei anderen sind Kopien. Ein Spaziergang zum **Monte di Pietà** und zur Kirche **Santa Maria di Pietà** verschafft einen guten Überblick über Messina. Den besten Eindruck gewinnt man allerdings vom Meer aus: bei der An- und Abreise!

Kulturell Interessierte treffen sich abends im Theater, z.B. ins **Teatro Vittorio Emanuele** an dei via Garibaldi (Tel. 582 33/4). Das dem Hause angeschlossene **Ridotto Laudamo** an

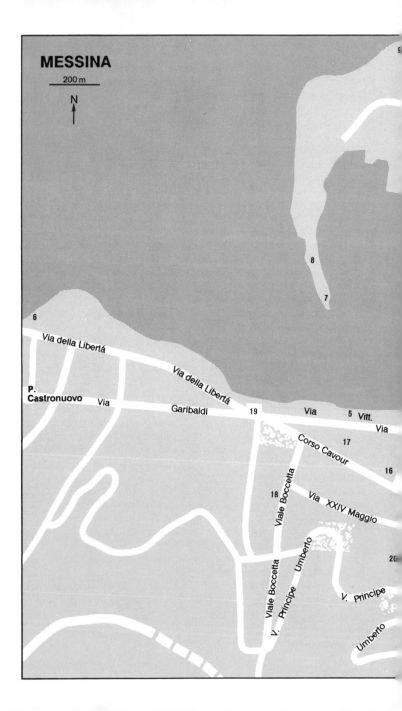

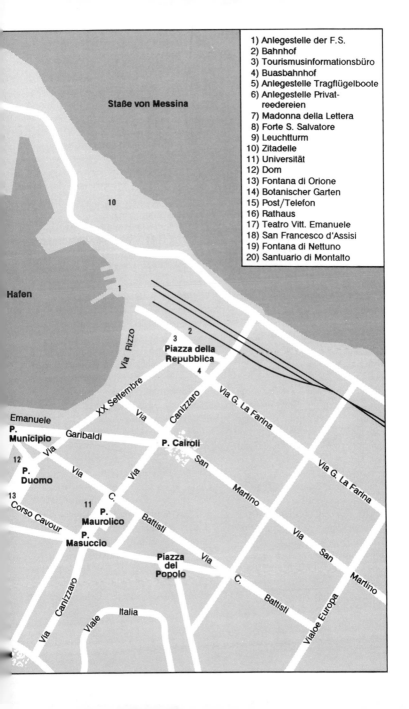

1) Anlegestelle der F.S.
2) Bahnhof
3) Tourismusinformationsbüro
4) Buasbahnhof
5) Anlegestelle Tragflügelboote
6) Anlegestelle Privat-
   reedereien
7) Madonna della Lettera
8) Forte S. Salvatore
9) Leuchtturm
10) Zitadelle
11) Universität
12) Dom
13) Fontana di Orione
14) Botanischer Garten
15) Post/Telefon
16) Rathaus
17) Teatro Vitt. Emanuele
18) San Francesco d'Assisi
19) Fontana di Nettuno
20) Santuario di Montalto

Staße von Messina

Hafen

10

Via Rizzo

1

2

3
**Piazza della
Repubblica**

4

XX Settembre

Via

Via Canizzaro

Via G. La Farina

Emanuele

**P.
Municipio**

Garibaldi

Via

**P. Cairoli**

San

Via G. La Farina

12

**P.
Duomo**

Via

Via

Martino

13

Corso Cavour

11

**P.
Maurolico**

C.

Battisti

**P.
Masuccio**

**Piazza
del
Popolo**

Via

Via

San

Martino

C.

Via Canizzaro

Viale    Italia

Battisti

Viale Europa

der Piazza Bellini reserviert unter Tel. 52 841 Karten. Das **Teatro Carlino** liegt an der via Palermo (Tel. 409 35). Nicht nur Kindern wird das **Aquario Villa Mazzini** (Tel. 488 97) Freude bereiten. Es ist Di, Do und So von 9−13 Uhr geöffnet.

■ **In der Nähe:** Die Ruine der **Badiazza** (Santa Maria della Valle) etwas außerhalb Messina könnte ebenso auf dem Besuchsprogramm stehen wie das stadtauswärts, hinter dem Messegelände in Richtung **Capo Peloro** liegende **Museo Regionale** (viale della Libertà 465, Tel. 658 605; 9−14, Di, Do und Sa auch 15.30−18.30 Uhr). Es zeigt in Saal 4 ein Werk des Renaissancemalers *Antonello da Messina*, des größten Sohnes der Stadt. Auch *Michelangelo Caravaggio* ist mit zwei Arbeiten vertreten. Ansonsten findet sich in den Räumlichkeiten all das, was aus dem Schutt der Jahrhunderte geborgen werden konnte. Das bedeutendste Kunstwerk dürften indes die zwei *Bronzeriesen von Riace* sein, die im **Museo Nazionale** in **Reggio di Calabria** ausgestellt sind. Sie wurden vor gar nicht langer Zeit vom Meeresgrund gefischt, wo sie weit über 2000 Jahre lang ihren Frieden hatten.

■ **Kanalarbeiten:** Sollte das gigantomanische Projekt der **Pylonbrücke** über den Stretto realisiert werden, bedeutet dies schwere Zeiten für die Provinzhauptstadt. Das seit Jahren fertiggeplante kilometerlange Betongebilde stößt nach wie vor auf heftigen Widerstand von Fachleuten, die lieber einen noch teureren Tunnel oder weiterhin Fährverkehr in dieser seismisch hochgefährdeten Zone möchten. Die Zukunft ist düster: Die immensen Investitionskosten werden sich durch saftige Brückenzölle rasch amortisieren. Niemand wird in Messina auch nur auf einen *caffé* stoppen, die Hafenkais können eingemottet werden.

## Nordwestlich Messinas

Nicht die gefahrvollen Untiefen und Strudel der homerischen Sirenen wekken im äußersten Zipfel des sizilianischen Festlandes das Interesse. Viel attraktiver ist der Schwertfischfang, der am und im Stretto in seiner klassischen Form betrieben wird.

■ **„Torrita":** Die typischen, in Küstennähe dümpelnden zweimastigen Mittelmeertrawler, die sogenannten *Feluken* mit den in den Wellen schwankenden hohen Aluminiumaufbauten und bis zu dreißig Meter über die Reeling ragenden Harpunierauslegern, ankern in vielen kleinen Häfen, z. B. in **Torre Faro**. Die Jagd beginnt Ende Mai, wenn die Schwertfische paarungsselig durch den Stretto ziehen, Während der Ausguck die Wasseroberfläche mustert und die Prachtexemplare erspäht, liegt der Harpunier auf der Lauer. Er ist darauf bedacht, zuerst die Weibchen zu erlegen. Trifft er vorschnell das Männchen, verschwindet die „klügere" Dame. Der streng monogam lebende Gevatter Schwertfisch bleibt jedoch seiner Gattin treu bis in den Tod. Der Ausleger an den Feluken ist übrigens vonnöten, weil der *pesce spada*, die Zierde jeder Speisekarte, dem

Motorengeräusch und dem Schatten der Schiffe zu entfliehen trachtet. Er ist sehr vorsichtig.

Die große Zeit des Schwertfischfangs in Hemingway-Manier scheint leider vorüber. Die gefangenen Exemplare werden immer kleiner. Sizilianische Großfangflotten fischen heute in der Ägäis die Bestände ab. Die lokalen Fischer beschränken sich häufig auf den Fang des leichtgewichtigen *pesce della spadola*, der dann wohlsortiert am Hafenbecken zu erstehen ist.

■ **Delphine:** Eine Schweinerei besonderer Art ist der Fischfang mit kilometerlangen Schleppnetzen. Er findet nicht nur in Japan, sondern neuerdings auch im Mittelmeer statt. Alles, was schwimmt, wird der Rendite wegen abgefischt, und das sind nicht nur „Nutzfische". Unzählige Delphine verenden, weil sie von der lebensrettenden Luft abgeschnitten werden. Die Kadaver werden mit Steinen beschwert wieder über Bord geworfen. Dies geschieht heimlich, da das Töten von Delphinen seit alters her verboten ist. Nicht nur die mediterrane Urmutter, die Große Göttin, der das „Schwein der Meere" (griech.: *delphinos*) heilig war, würde sich im Grabe herumdrehen. Die Empörung über diese Abschlachtung der menschenfreundlichen Flipper ist enorm, getan hat sich gegen diese Praxis trotz Protesten des WWF aber noch nichts. Bleibt zu hoffen, daß die Fischbestände durch schonendere Methoden wie die Torrita erhalten bleiben. Sie ist eine größere Touristenattraktion als die *Mattanza*, der blutige Thunfischfang.

Wahrscheinlich hilft nur ein Radikalrezept gegen die fortschreitende Vernichtung der Meeresfauna. Die Preise für das Lieblingsgericht aller Touristen müßten gewaltig steigen, um die Fangquoten senken zu können.

■ **Sehenswertes:** Wer zum Leuchtturm von Torre Faro hinausfährt, wird die modernen Wahrzeichen zu beiden Seiten der Meerenge von Scylla und Charybdis, die zwei über 200 m hohen rotweißen Stahlgiganten sofort erkennen. Sie dienen zum Stromtransfer zwischen Sizilien und Kalabrien. Die beiden Seen von Ganzirri, der **Pantano Grande** und der **Pantano Piccolo**, werden zur Fischzucht genutzt und sind über Kanäle mit dem Meer verbunden. Am Strand von **Mortelle del Tirreno** kann man den Kurzausflug mit einem Bad abschließen.

■ **Mythos:** Besondere Bedeutung genießt die Geschichte des im 12. Jh. in Messina geboren *Cola pesce*. Er wohnte in Torre Faro und soll in perfekter Symbiose mit dem Meer gelebt haben. Halb Mensch, halb Fisch, tauchte er nicht nur wie ein junger Gott, er sprach auch mit allerlei Meergetier und verstand die Delphine. Das war dem Normannenkönig Roger II. zuviel, er wollte sich selbst vom legendären Ruf des „Unterwasserkönigs" überzeugen. Nach zwei Kostproben des Könnens verschwand Cola ein drittes Mal in der Tiefe, um dem zweifelnden Herrscher den Beweis für seine Behauptung zu liefern, Sizilien stehe auf nur drei gigantischen Säulen, von denen nurmehr eine gänzlich intakt sei. Das ehrwürdige Trinacria werde bald im Meer versinken. Zwar tauchte der Sportsmann nicht wieder auf, jedoch stieg ein glimmendes Stück Holz an die Meeroberfläche, der Nachweis für die Existenz eines „Glutofens" unter dem Ätna war erbracht. Seither soll Cola pesce in seliger Eintracht mit Flora und Fauna der Meere die bröckelnde Säule Siziliens dank seiner titanischen Kräfte aufrecht halten. Roger II. indes gründete sofort die erste europäische Taucherschule der Neuzeit.

Der Stretto ist bis heute ein beliebtes Tauchrevier; so auch für einen Italiener, der hier seit zwanzig Jahren weltrekordverdächtiges Tieftauchen ohne Sauerstoffgerät praktiziert. Der „Reinhold Messner der Tiefe" hat es bis auf fast 100 m (!) geschafft, ohne in den Strudeln und Untiefen von Scylla und Charybdis verschollen zu sein.

■ **Ausflüge:** In die Monti Peloritani und Nebrodi! Entweder über **Colle San Rizzo** zum Santuario Antennamare oder über **Villafranca** ins Bergdorf **Rometta**. Dort steht die älteste Basilianerkirche der Insel. Weiterfahrt vorbei am Castello di Venetico nach **Roccavaldina** mit der eindrucksvollen mittelalterlichen Apotheke an der Piazza Umberto I. Auch ein Abstecher ins hübsche **Monforte San Giorgio** sollte zeitlich möglich sein.

## Übernachten

Niemand übernachtet gern in der lauten City. Wen es hierher verschlägt:

■ **Milano**°°, via dei Verdi 65, Tel. 772 078. 29 Zimmer, DZ ab 36 000 Li-

re. Der Nachtportier erwartet auch Spätankömmlinge in altehrwürdigem Ambiente.

■ **Monza**°°, viale San Martino 63, Tel. 773 755. 58 Zimmer, DZ ab 28 000 Lire. Steril, nur zum Übernachten. Liegt zentral.

■ **Roma**°, Piazza Duomo 3, Tel. 675 566. 12 Zimmer, DZ ab 14 100 Lire.

■ **Mirage**°, via N.Scotto 1, Tel. 293 88 44. 12 Zimmer, 2 Duschen, DZ ab 22 900 Lire. Preiswerte Alternative.

■ **Bellavista**°, via Giordano Bruno 66, Tel. 774 960. Einfachste Locanda, 10 Zimmer, ab 13 000 Lire.

■ **Donato**°, nördlich Messina in Ganzirri, via Caratozzolo 8, Tel. 393 150. 5 Zimmer, nur DZ, ab 14 200 Lire.

■ **Taormina**°, via Solferino 9, Tel. 675 412. Locanda, EZ 7800 Lire, DZ 15 000 Lire.

Geradezu spottbillig ist die Locanda **Europa**. Jedoch wage ich keinen Tip hinsichtlich der Qualität. Ein Dutzend Private bieten *Affitacamere* an. Die Preise liegen um 20 000 Lire das DZ, die Nacht. Liste im Infobüro in Messina. Das direkt am Bahnhof liegende **Moderno Terminus**°° ist mit 45 500 Lire das DZ etwas teuer.

*Außerhalb Messina in Küstennähe:*

■ **Al Carlton**°, Messina – Gampilieri Marina, KM 16 an der SS 114, Tel. 810 511. 10 Zimmer, DZ ab 15 000 Lire. Mit Bar/Restaurant und kleinem Park. Parkplatz vor der Tür.

■ **Faro Hotel**°°, Messina – Lido Mortelle, in Torre Faro, via Circuito,

Tel. 090/321 762. DZ ab 44 700 Lire. Mit Bar/Restaurant, Parkplatz.

■ **Terme Germani Marino fu Guiseppe°**, Alí Terme, via Roma 25, Tel. 0942/715 031. 31 Zimmer, DZ ab 19 800 Lire. Thermalkuren möglich. Bar/Restaurant, Strandnähe.

■ **Tirreno°°**, Monforte San Giorgio, via Provinciale, Tel. 090/993 10 64. 22 Zimmer mit Dusche/Bad, DZ ab 28 000 Lire. Parkplatz, Bar/Restaurant, Heizung!

■ **Camping Il Peloritano°**, Messina, Ortsteil Rodia Tarantonio, Tel. 844 057. 15.5. bis 15.10. geöffnet. Einfach, dafür aber nahe bei Buslinie 28 ab Messina.

■ **Ostello Sant'Agata**, Alí, Piazza Spirito Santo. Mai bis Oktober, Bett 6 000 Lire. Jugendherberge.

■ **Camping Forza d'Agro Mare°**, Forza d'Agro, Ortsteil Buzzurratti, Tel. 0942/364 18. 1.6.– 15.9. geöffnet.

## Busverbindungen

■ **S.A.I.S.**, Piazza della Repubblica 6, Tel. 090/771 914. Am Zugbahnhof.

Der Schnellbus *Dionisio* der S.A.I.S. verbindet täglich Messina mit Siracusa sowie Rom. Abfahrt nach Süden ab Messina 17 Uhr, nach Rom ab 11.15 Uhr. Daneben existieren normale Busverbindungen entlang dem Ionischen und Tyrrhenischen Meer (z.B. Taormina) nach Catania und Palermo.

■ **Giuntabus,** via Terranova 8, Tel. 090/773 782.

Täglich (auch So) zwischen 5.45 Uhr und 19 Uhr Verbindungen mit **Milaz-**zo. Täglich Verbindung vom **Flughafen Catania** zu den Äolischen Inseln (Milazzo Hafen): ab Catania 15.30 Uhr; ab Milazzo Porto 8.30 Uhr.

■ **Cavalieri**, via I. Settembre 137, Tel. 090/771 938. Täglich Verbindungen mit dem Flughafen von **Reggio di Calabria**. Abfahrt ab Piazza Duomo und Piazza della Repubblica.

Lokale Privatlinien ins Hinterland fahren hauptsächlich von und rund um die **Piazza Cavallotti** ab. Wichtige Verbindungen unterhält die *A.S.T.* (nach **Floresta** ab Provinciale /viale San Martino; nach **Novara di Sicilia** ab P.d. Repubblica/via S.M. Alemanna; **Patti** und **Tindari** ab Provinciale/viale San Martino), die Linie *Campagna & Ciccolo* ab via Solferino 24 nach **Rometta**, *Camarda & Drago* ab Piazza Cavallotti nach **Sant' Agata di Militello**, sowie die *S.T.A.T.* ab Piazza Cavalotti nach **Savoca**. Stadtbusse fahren nach Torre Faro und Ganzirri.

## Essen

*Alla messinese* essen ist mehr als ein kulinarischer Tip (siehe Kap. „Küche"). Neben vielen einfachen Trattorien im Zentrum gilt **Alberto** in der via Ghibellina 95 (Tel. 090/710 711) als ausgesprochene Gourmetempfehlung. Konkurrenzlos phantastisch sind die Antipasti, z.B. aus rohem Fisch mit Kräutern. Das sizilianische Sushi-Gericht bestellt man als *Carpaccio di pesce alle erbette*. Panzerotti agli scampi und ein Stockfisch-Gericht sind den tiefen Griff in die Börse absolut wert.

## Nützliche Hinweise

■ **Notruf:** Tel. 113, Tel. 112 (Carabinieri).

■ **Autounfall:** Tel. 771 000 (vigili urbani).

■ **Erste Hilfe:** Tel. 363 615 (Ospedale Santa Margherita, viale della Libertá).

■ **Zugauskunft:** Tel. 775 234/5.

■ **Schiffstickets:** Tel. 364 044 (SNAV, via Cortina del Porto); Tel. 444 16 (Covemar, via Placida 13); Tel. 451 83 (Caronte, viale Libertà); Tel. 775 234/ (F.S., Stazione Marittima).

■ **A.C.I.,** via Luciano Manara 125, Tel. 090/330 31.

Für alle, die noch ihre Benzingutscheine umtauschen müssen. Nahe der Schiffsanlegestelle.

*Blick auf Hafen und Straße von Messina.*

# Von Messina zur Zyklopenküste

## Taormina

Das absolute Touristenzentrum Siziliens macht seit 150 Jahren Urlauber „glücklich". Der ehemalige Winterkurort englischer Touristen wird heute das ganze Jahr über von Urlauberlawinen überrollt. Hauptsehenswürdigkeit: das berühmte, in die Hänge unterhalb des **Monte Tauro** eingebettete **Teatro Greco**! Es gilt als schönste Bühne der Welt. Die Theaterkulisse, das Naturpanorama, ist tatsächlich einzigartig: tiefblaues Meer, grünbewachsene, blühende Hänge und der alles dominierende, schneebedeckte Ätna! Jeder ambitionierte Regieassistent will hier mal inszenieren. Aber auch Leonard Bernstein jettet, wie 1989 geschehen, mit dem Nachwuchsorchester des Schleswig Holstein-Festivals zur Stippvisite. Taormina, daß ist ein Tummelplatz der künstlerischen Weltelite, die sich hier ein Stelldichein gibt.

### Anreise

- ■ **Zug:** Bahnhof Taormina – Giardini.
- ■ **Bus:** Pendelverkehr vom Bahnhof zum Busbahnhof in Taormina. Vor der Besichtigung steht allerdings der Spaziergang hinauf ins Zentrum. Buslinien entlang der SS 114 zu den Stränden bis Letojanni und Giardini Naxos.
- ■ **Auto:** Autobahn Messina – Catania; Ausfahrt Taormina. In den Gassen Taorminas ist Parken mehr als nur Glücksache. Die Hauptstraßen Taorminas sind flaniergerecht zu Fußgängerzonen umfunktioniert. Unterhalb parken und zu Fuß gehen!
- ■ **Seilbahn:** Von Taormina-Mazzaro zur via Pirandello unterhalb der Porta Messina. Funktioniert selten.
- ■ **Tip am Rande:** Mittwochs anreisen, um das Marktspektakel am Parcheggio Lumbi mitzuerleben.

### Sehenswertes

- ■ **Teatro Greco:** an der via Teatro Greco, Di bis So 9 – 18 Uhr, 2000 Lire Eintritt. Besuch am besten frühmorgens; man sollte sich in Taormina antyzyklisch zum Strom der Pauschaltouristen bewegen. Zur frühen Morgenstunde ist die Sicht auf den Ätna am besten, Schulklassen und die Hundertschaften Busausflügler versperren noch nicht die Sicht. Am Eingang ist ein kleines Antiquarium mit einer Apollo-Statue zu besichtigen.

### Information

- ■ **Taormina Arte,** 98039 Taormina, via Pirandello 31, Tel. 0942/211 42. Von Juni bis Sept. finden alljährlich Festivals statt. Musikinteressierte sollten Karten vorbestellen und sich über Programme und Preise informieren.
- ■ **A.A.S.T.,** im Palazzo Corvaja (einen Blick hineinwerfen!), Piazza Santa Caterina, Tel. 0942/232 43.

Stadtpläne (umsonst), Hotel- und Pensionslisten, Informationen zu Badestränden und Wasserski, Autoverleih etc. Infos zu den sakralen Festen, die vor allem an Karfreitag (Prozession) und zu Silvester (Feuerwerk) Besucherströme auslösen.

■ **Ufficio Turistico**, via S.Maria dei Greci, Tel. 0942/234 48. Zweigstelle mit gleichen Dienstleistungen, Hotelbuchungen etc.

## Bummel

Von der Piazza Vittorio Emanuele mit dem **Palazzo Corvaja**, dem neuen Kongresszentrum und dem Teatro Comunale geht es zum Flanieren auf den attraktiven Corso Umberto. Wären da nicht die Renommierläden und Souvenirgeschäfte, Fast food-Imbisse und Edelrestaurants, alles wäre doppelt so angenehm. Aber Taormina ist ein mondäner Kurort und Zentrum des Massentourismus zugleich. Es hat den Preis dafür längst und gern entrichtet. In den Schaufenstern der Pasticcerie finden sich denn auch einzigartige Touristenknüller wie die pechschwarze, lavaähnliche *Carbone di zucchero* („Zukkerkohle") oder *Focacce* in allen (un-) möglichen Variationen. Wer noch keine Ritterrüstung zu Hause hat, kann sich hier eindecken, und: „*Man sprikt Deuts!"*

Tatsächlich haben sich viele Deutschsprachige in T. niedergelassen oder eingeheiratet, der Traumblick auf die Kaps um Taormina, die **Isola Bella**, oder die **Baia delle Sirene** ist eine Attraktion.

Ob man nun an der Piazza IX Aprile mit der St. Agostino-Kirche (sehenswerte Stadtbibliothek), dem Uhrenturm und der Kirche San Guiseppe eine Pause einlegt und die Aussicht genießt, erst die Reste der römischen Stadtmauer an der via Naumachia aufsucht oder an den rankengeschmückten Hausfassaden vorbei zum Domplatz mit der Kathedrale **San Nicoló** spaziert: Ein einladendes *Café Wunderbar* (Treffpunkt, weil zentral gelegen) mit sonnenüberfluteter Terrasse findet sich allemal.

Unbedingt zu empfehlen sind die Seitengassen abseits der Hauptrennbahn. Man sollte sich ruhig ein wenig „verirren", um Eindrücke des unaufdringlicheren Charmes der Kleinstadt zu erhaschen. Es hat palmengesäumte und blumengeschmückte kleine Piazette, an denen die Palazzi aus dem Frühbarock stehen, die von den Touristen nur zufällig wahrgenommen werden, oder den Park der **Villa Comunale**. Auch ein Spaziergang rund um den zum Fünfstern-Hotel umfunktionierten Dominikanerkonvent lohnt. Das Innere kann nur der zahlende Hotelgast besichtigen. Taorminas Atmosphäre lockt zweimal: frühmorgens und spätabends. Auf das Timing kommt es an.

## Ausflüge

■ **Castelmola:** Der Abstecher ins 5 km oberhalb Taormina gelegene 1000 Seelen-Nest ist etwas für diejenigen, die sich zur Mittagszeit auf einer der Aussichtsterrassen der Cafés entspannen, ein Buch lesen, vom Mandelkuchen naschen oder dem Ortspriester beim heimlichen Aufhängen der Wäsche zusehen

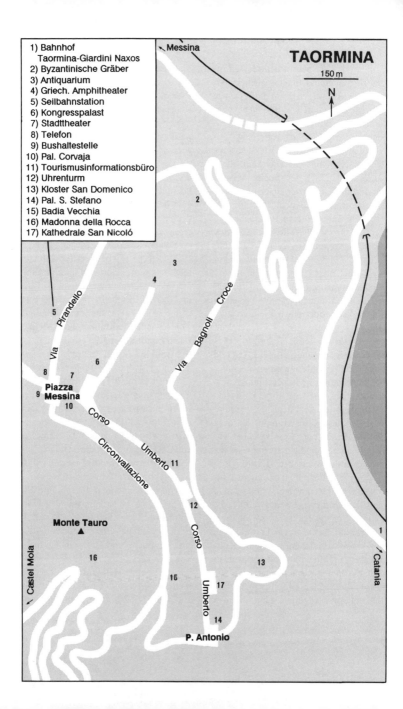

## TAORMINA

150 m

N

1) Bahnhof
   Taormina-Giardini Naxos
2) Byzantinische Gräber
3) Antiquarium
4) Griech. Amphitheater
5) Seilbahnstation
6) Kongresspalast
7) Stadttheater
8) Telefon
9) Bushaltestelle
10) Pal. Corvaja
11) Tourismusinformationsbüro
12) Uhrenturm
13) Kloster San Domenico
14) Pal. S. Stefano
15) Badia Vecchia
16) Madonna della Rocca
17) Kathedrale San Nicoló

Messina

Via Prandello

Via Bagnoli Croce

Piazza
Messina

Corso Umberto

Circonvallazione

Monte Tauro

Castel Mola

Corso Umberto

P. Antonio

Calania

wollen. Das Treiben in den Gassen indes ist manchmal unter jeglichem Niveau. Dafür sorgen Einheimische wie Touristen, die einen Lavaaschenbecher kaufen und unbedingt den legendären, klebrigsüßen *Vino di mandorla*, den Mandelwein, in noch so brütender Hitze probieren müssen. Das kann nicht gut gehen, und das geht auch nicht gut! Immerhin: Ein Spaziergang zum Castello hinauf, die Aussicht insbesondere von den eingerichteten Parkfächen an der Zufahrtsstraße, oder, noch besser, ein Blick von den Terrasen der Restaurants *Il Maniero* oder des *Panorama di Sicilia* (beliebtes Hotel!) versöhnen.

■ **Tagestourtip:** Nichtmotorisierte sollten sich zusammentun und für einen Tag ein Auto oder einen Kleinbus mieten. Zu viert muß das nicht teuer sein. Das zerklüftete Bergland der **Monti Peloritani** mit den ländlichen Dörfern und ungewohnten Alltagsszenerien lohnt die Ausgabe. Auf Motorradfahrer warten übrigens genügend Kurven.

Ringsum versteckt liegende, verschlafene Bergnester wie **Mongiuffi, Rocca fiorita, Antillo** oder **Casalvecchio Siculo** bezeugen noch die ursprüngliche Lebensform der Menschen, die vom Tourismus nicht unbedingt zu ihrem Nutzen nach und nach vereinnahmt worden sind. Durch diesen Prozeß wurden die ökonomischen Strukturen so sehr verändert, daß heute nurmehr wenige in diesen teils ärmlichen, aber immer pittoresken und niemals gottverlassenen Orten Arbeit finden. Kinder, die noch immer die tief katholisch geprägte Erziehung erhalten, tollen in ihren weißen

und blauen Schulkleidern durch die Gassen. Die münden stets auf eine kleinen Piazza, an der uralte Kirchen und Klöster stehen.

Wer in der *Dorfbar* von Casalvecchio pausiert, wird, gemessen an der umliegenden Architektur der Häuser, vom dort präsentierten Reichtum geradezu erschlagen. Alles in dieser Bar ist aus hochglanzpoliertem Marmor, die Regale der Glasvitrine biegen sich unter der Last pampelmusengroßer Profiteróles, Windbeutel und anderen Leckereien. Welche der vorwiegend von der Waldwirtschaft lebenden Einwohnern dies alles vernaschen und bezahlen sollen, bleibt rätselhaft. Außerdem: Gast und vor allem Gästin „gastieren" zum kleinen Snack. Das nicht angekündigte Theater läßt alle Männer, vom Methusalem bis zu denen, die es einmal noch werden müssen, in heller Aufregung zusammenströmen.

Wem das nicht Herzensanliegen genug ist: Der Panoramablick von der Hauptpiazza des Dorfes ist durchaus überwältigend.

Nur wenige Kilometer landeinwärts von Casalvecchio liegt die Basilianerkirche **San Pietro e Paolo**. Die eigenwillige Architektur der Mönche dieses aus Ägypten stammenden ältesten christlichen Ordens − er kam mit den Normannen nach Sizilien und rechristianisierte mit Kirchengründungen von Messina aus das Inland − ist ein Tip nicht nur für Kunstliebhaber. Heute wirkt das wechselnde Helldunkel der Fassade mehr als verwunschen, auch wenn das zubetonierte Flußtal des Agró die landschaftliche Schönheit stört.

■ **Savoca:** Zum oberhalb **Santa Teresa** liegenden Dorf fahren Busse von Messina und Taormina – Mazzaró (über Santa Teresa di Riva). In dem auf zwei Hügeln thronenden Dorf will zuerst einmal die Aussicht ihren Tribut, sodann fällt der Blick auf die ausdrucksstarke Bronzebüste an der schattigen Piazza, hinter der die in praller Sonne liegende *Bar Vitelli* lockt. Wer die nicht immer gutgelaunte alte Patronin kennengelernt hat, spaziere sodann durch die wenigen Gassen hinter dem Café zur Dorfkirche hinauf. Dort hegt und pflegt ein noch recht junger Kaplan die Anlagen. Ihn hat es, welch Kummer, durch göttlich allzu göttliche Fügung hierher verschlagen. Er kann jedoch mit einer besonderen Attraktion aufwarten:

In der Krypta der Kirche, die man nur nach intensivem Klopfen und Schellen vormittags bis 12 Uhr sowie nachmittags ab 16.30 – 17.30 Uhr mit ihm besichtigen kann, harren vielleicht ein Dutzend Mumien seit 200 Jahren auf die Ewigkeit. Sie sind, was ihre Kleidung betrifft, in besserem Zustand als die Pendants im Kapuzinerkloster von Palermo und stehen in ihren Nischen zwar vornüber gebeugt, jedoch tapfer aufrecht nebeneinander. Zum Mißvergnügen des Geistlichen haben „Vandalen", wie er sie nennt, vor einigen Jahren den Frieden der Gruft gestört und den eingefallenen Mumiengesichtern ein grellgrün leuchtendes Mahnmal auf Stirn und Kluft appliziert. Man versucht seitdem ergebnislos, die zu unfreiwilligen Punkern degradierten ehemaligen Dorfadeligen mit allen möglichen Tricks vom Lack zu entblättern. Der durch die Todesstarre und die anschließende Konservierung entstandenen außergewöhnlichen Mimik der Leichen tut dies keinen Abbruch.

So des Italienischen mächtig, kann man gemütlich mit dem Geistlichen über lokale Histörchen plaudern und seiner Theorie zu Kultur, Mode und morbidem Lebensgefühl des Spätbarock lauschen. Die Kunst des Einbalsamierens und die intensive Bemühung um die kostspielige Aufrechterhaltung der leblosen Körperhülle war aus Spanien herübergeschwappt. Die Spanier wiederum hatten die Technik in Mittelamerika erlernt, wo sie bis zur Ankunft der Pizarro & Co. praktiziert wurde: ein Kulturschluß besonderer Bedeutung. Wie auch für Palermo gilt: Ein wenig Vorbereitung auf den Besuch ist sinnvoll! Mit mir fahrende Tramper waren nach der überraschenden Konfrontation mit dem Tod äußerst irritiert. Die Frage, ob Kinder so etwas sehen sollten, ist Ansichtssache.

Nach der Besichtigung bittet der gastfreundliche Kaplan in aller Demut um eine kleine Spende, die er zur Veröffentlichung seines längst fertiggestellten Buches über das Phänomen der Mumifizierung auf Sizilien verwenden wird. Zwar haben ihn schon alle möglichen Medienmänner besucht und interviewt, die versprochene Unterstützung blieb aber aus.

Nicht mehr sammeln brauchen die Wiederaufbauförderer der Häuserzeilen in Richtung Normannenkastell. In Savoca entsteht offensichtlich ein zweites Taormina, mit romantischen Rückzugsmöglichkeiten für all diejenigen, die über das nötige Pekuniäre verfügen. Savoca ist in vielfacher Hinsicht Taormina ebenbürtig, sogar ruhiger. In einigen Jahren wird das einstige arabische *Kalat Zabut*, der Holunderfelsen, eine neue Hochburg des Tourismus sein.

■ **Küste:** Die **Isola Bella** muß man selbstverständlich aus der Nähe gesehen haben. Strand und Baden lohnen aber nicht, zum Eiland besteht Zutrittsverbot. Hingegen sind Bootsausflüge zu den Grotten am **Capo S. Andrea** möglich (auch von Mazzaro). Die meisten Strandabschnitte gehören Hotels. Für die *stabilmenti* wird Eintritt fällig (Lido Spisone, Lido Mazzeo). Freizugänglich und besser ist der Sandstrand (schmal, aber lang) in Letojanni.

## Übernachten

Es hat mehr als hundert Übernachtungsmöglichkeiten vor allem in Mehrstern-Hotels. Generell liegen die Preise in den Alberghi noch hoch (ab 35 000 Lire). Hingegen kann man äußerst preiswert in den Locande und Privatpensionen (insg. 26) nächtigen. Listen (auch von möblierten Zimmern und Appartementwohnungen) liegen in den Tourismusbüros aus. Die Preise bewegen sich zwischen 20 bis 26 000 Lire. Nachteil: Häufig herrscht der Zwang zur Vollpension. In der Hauptsaison ist die Anmiete von mindestens einer Woche Pflicht.

■ **Miramare**°°°°, via Guardiola 27, Tel. 0942/234 01. 15.3. bis 7.11., 15.12. bis 31.1. geöffnet. 49 Betten mit Bad/Dusche. EZ 65 000 Lire, DZ 100 000 Lire.

Eigener Parkplatz. Fahrstuhl und beheizte Räumlichkeiten. Bar, Restaurant, Schwimmbad, Tennisplatz, aller Komfort. Haustiere werden an der Rezeption nicht zurückgewiesen. Hoteleigener Autoservice zum Bahnhof.

■ **Palazzo Vecchio**°°, Salita Ciampoli 9, Tel. 230 33. 15.3. bis 30.11.; 31 Zimmer mit Bad/Dusche. EZ 14−19 500 Lire, DZ 30−35 000 Lire.

Bezahlbare Romantik für alle, die mal in einem alten Palazzo übernachten wollen. Und: Es hat eine Hausbar.

■ **Bel Soggiorno**°°°, via Pirandello 60, Tel. 233 42. Ganzjährig geöffnet. 19 Betten, 10 mit Bad. EZ ab 26 000 Lire, DZ ab 40 000 Lire.

Bar/Restaurant, eigener Parkplatz und hübsche Gartenanlage. Behindertengerecht. Haustiere sind willkommen. Hier steigen häufig Reisegruppen ab.

■ **Diana**°, via di Giovanni 6, Tel. 238 98. Winzige Locanda mit gerade 4 Betten. DZ 13 100 Lire.

Wenn man auf Komfort verzichten und trotzdem im Zentrum wohnen möchte.

■ **Internazionale**°, Corso Umberto 19, Tel. 230 32. 17 Zimmer. EZ ab 18 800 Lire, DZ ab 36 200 Lire.

Für alle, die den Taorminern beim allabendlichen Corso zuschauen möchten. Im gleichen Gebäude ist die kleine Pension **Friuli**° (schlichter, aber etwas billiger). Dort wird nur Frühstück gereicht, während im Internazionale zur Vollpension (ca. 50 000 Lire) geläutet wird.

■ **Trinacria°**, Corso Umberto 99, Tel.
237 23. Ganzjährig; nur 4 Zimmer mit
Bad, EZ 29 700 Lire, DZ 36 200 Lire.
Zentrale Lage, klein und gemütlich.
Kein Pensionszwang.

■ **Inn Piero°**, via Pirandello 20, Tel.
231 39. Ganzjährig geöffnet. 11 Zimmer mit Bad/Dusche. EZ zwischen
13 300 und 22 200 Lire, DZ ab 20 DM,
DZ zwischen 16 700 und 36 200 Lire.
Mit Bar/Pensionsbetrieb. Im Winter
wird geheizt.

■ **Villa Schuler°°**, Piazetta Bastione
16, Tel. 234 81. 27 Zimmer mit Du-
sche/Bad, EZ 12–27 000 Lire, DZ
19–47 900 Lire. Kein Pensionszwang.
Mit Hausgarage, Parkanlage, Bar. Von
einer deutschsprachigen Familie geführt. Eine Empfehlung von Agata Rus-
cica und Angela Barbagallo, den Be-
gründerinnen verschiedenr Frauenkol-
lektive in Catania und Siracusa. Weitere Tips zu ganz Italien im lesenswerten
Reisewälzer „Italien für Frauen", Verlag Frauenoffensive, München.

Weitere günstige Alberghi/Locande
sind das **Horizon Jolie°** und die **Villa
Pompei°** in der via Bagnoli Croci.
Dort besteht kein Pensionszwang (DZ
ab 25 000 Lire).

*Castelmola:*

■ **Villa Regina°**, Punta San Giorgio,
Tel. 0942/282 89. 10 Zimmer mit Bad.
Das DZ ist ab 25 000 Lire zu haben.
Eine Alternative im Schwalbennest
über Taormina. Fernsicht-Süchtige ge-
hen natürlich ins erwähnte **Panorama
di Sicilia°°** in der via de Gaspari 44:
DZ ca. 45 DM.

*Taormina-Mare:*
Natürlich hat es auch in Strandnähe
Dutzende ultrakomfortable Spitzenho-
tels. Entlang der via Nazionale finden
sich in **Mazzarò** einige günstige Al-
berghi und die Möglichkeit, möblierte
Zimmer zu mieten (zum Beispiel in der
Nr. 240 und 242).

■ **Maison Jolie°**, T.-Mazzaro, via
Nazionale, Tel. 233 70. 6 Zimmer, nur
DZ (ab 23 500 Lire). Vollpension ab
47 000 Lire.
Es hat, für Spätankömmlinge und
Nachtschwärmer wichtig, einen Nacht-
portier. Außerdem gibt es eine kleine
Gartenanlage.

■ **Truglio,** T.-Mazzeo, via Minghetti
26, Tel. 366 89. EZ knapp unter 20
DM, DZ ca. 35 DM.
Für alle, die es nahe zum Lido Mazzeo
haben möchten. *Maria Concetta* bereitet auch ein Frühstück.

*Letojanni*

■ **Da Nino°**, via Rizzo 29,
Tel. 361 47. DZ ab 20 000 Lire.
Günstigste Übernachtungsmöglichkeit
im Badeort.

## Camping

■ **Eurocamping Marmaruca°°°**, Letojanni, Ortsteil Marmaruca, via IV
Novembre, Tel. 0942/366 76. Ganzjährig geöffnet. Einkaufsmöglichkeit,
im Hochsommer auch anderer Komfort.
Was den ADAC bewegt, diesen Platz
zu empfehlen, ist unerklärlich. Ich ver-
leihe ihm die goldene Campingzitrone
1990! Nicht nur, daß die SS 114 an ihm

vorbeiführt, nein, auch Autobahn und Eisenbahnbrücke schwingen sich über ihn. Wer bei dem Lärm seine Ruhe finden will, bleibt absolut schleierhaft. Außerdem: **Camping Internazionale°°**, etwas weiter Richtung Messina.

■ **Camping San Leo°**, Taormina, Capo Taormina (ca 2 km vom Bahnhof), Tel. 0942/246 58. Ganzjährig geöffnet.
Nur 10 000 qm große Anlage, aber beliebter Traveller-Treffpunkt.

## Essen und Trinken

Wirklich Empfehlenswertes in Taormina zu finden, ist viel verlangt. Entweder trifft es den Geldbeutel hart bis unerträglich, oder man geht dem Touristennepp in die Falle. Mit einem Touristenmenue jedenfalls kommt man nicht weit. Das taugt nix! Am besten sucht man sich eine Pizzeria oder unscheinbarere Trattoria in den Seitenstraßen, am besten in der *via San Pancrazio*. Wer exzellent und ohne bajuwarische Gesänge speisen möchte, fährt sowieso an die Küste (siehe unten).

■ **L'Anfora**, Salita Dente 5, Tel. 246 47.
Urteilen Sie selbst! Unbedingt die Speisekarte beachten.

■ **Grotta di Ulisse**, Salita Dente 3, Tel. 233 94.
Gleich nebenan. Nach einem frugalen Mal kann man gleich sitzenbleiben. Weiter geht es mit live music.

■ **Mamma Rosa**, via Naumachia 10, Tel. 243 61.

■ **Trattoria da Franco**, via Jallia Bassa 34, Tel. 252 90.

■ **Piccolo Mondo**, via San Pancrazio 18, Tel. 243 22.
Pizzen, Pizzen, Pizzen.

■ **Time Out**, via San Pancrazio 18, Tel. 245 60.
Die Paninothek für zwischendurch.

*Castelmola*

■ **Terrazza Auteri**, via Madonna della Scala, Tel. 282 19.
Gemütliche Aussichtsterrasse, auf der stets eine kühle Brise weht, sowie schummrige Bar. Exzellenter Kuchen. Gut für eine längere Mittagspause unterm Sonnenschirm.

■ **Il Faro**, Castelmola-Petralia, an der via rotabile Castelmola, Tel. 281 93. Mi geschlossen.
Hoch über allem Ungemach, dazu auf einer Terrasse mit Meeresblick, dies alles in rustikaler Atmosphäre zu vernünftigen Preisen. Menue ca. 35 DM, ein echter Tip.

*Taormina-Mare*

■ **Trattoria Elisabetta, Lido Isola Bella, Tel. 237 70.** Auch Albergo (°).
Vom einfachen Snack bis hin zum Komplettmenue ist preislich alles sehr o.k. Einfacher Landwein, ebenfalls günstig. Mein Tip der Aussicht auf die Bucht und der freundlichen Besitzer wegen.

■ **Angelo al Mare**, Mazzaro, via Nazionale, Tel. 230 04. Im Winter zu.
Man bestellt (auf der Veranda sitzen!) am besten edle Fischgerichte, z.B. *Tagliolini all'aragosta*, Bandnudeln mit Langusten, die wunderbar zum Meeresrauschen aus der gegenüberliegenden

Bucht passen. Menue 50 DM.

*Letojanni*

Die Bars rund um den Marktplatz sind empfehlbar. Das Ristorante **La Perla** ist ein wertguter Touristenfänger, aber nicht toll. Weiter strandaufwärts liegt eine Trattoria, die von einem Deutsch sprechenden Ehepaar geführt wird (zivile Preise). Zwar kommen abends auch die Bustouristen, aber die Atmosphäre ist entspannt. Draußen kann man gemütlicher sitzen.

## Nachtleben

In Castelmola bietet sich die Discothek **La Caverna** an der via Porta Mola an (Tel. 282 20). In Taormina warten 9 weitere Discos. Zentrum des Orkans ist die via Pancrazio mit dem **Tiffany Club** und dem **Septimo**. An der via Pirandello lockt das **Tout va**. Direkt am Dom hat sich der Nachtclub **L'Ombrello** eingerichtet, während es dem Gast im **Lanterna** an der via Giordano Bruno hoffentlich nicht so heiß wird wie einst dem armen Nolaner auf dem Scheiterhaufen in Rom.

## Sonstiges

■ **Taxiruf:** Tel. 238 00 (Taormina), Tel. 511 50 (Bahnhofstation Taormina –Giardini).

■ **Post:** Piazza Medaglia d'Oro (Taormina), via Nazinale 200 (Mazzaro), via de Gaspari (Castelmola).

■ **Telefon:** via San Pancrazio 6 (dort auch Autoverleih AVIS), sowie an der Piazza Santa Caterina. In Castelmola in der via Cisterna.

■ **Wasserski:** Water Ski Club, Taormina–Villagonia, via Nazionale, Tel. 522 83.

## Alcantara-Schlucht

Der Besuch des Canyons gehört zum Pflichtprogramm jeder Sizilienrundreise. Den einstigen Freak-Treffpunkt erreicht man per Auto über die SS 185, dann ist der Weg auf der Landstraße Richtung Randazzo ausgeschildert. Busse pendeln von Giardini und Taormina aus. Am großflächigen Parkplatz, stets voller Reisegruppen, hat sich eine Bar mit Videogames, Kinderbelustigung etc. installiert und ein wahres Mini-Disneyland eröffnet, das eines der „letzten Abenteuer der Menscheit" apostrophiert. Vorbei ists mit der Flußidylle, es geht per Fahrstuhl zum Schafott: Es heißt, abwärts in den Talgrund, und zwar für 2000 Lire (Retourticket)! Wer zudem in die Höllenfluten der *Gole dell' Alcantara* (arab. = Brücke) steigen möchte, kann sich bis zum Gesäß in Gummistiefel quetschen (5000 Lire) oder sich eine Gummilatzhose verpassen lassen (8000 Lire).

Wem das alles zu blöd ist, der gehe zurück zur Landstraße und biege rechts ab. Vom nächsten Abzweig spazieren die Gewieften gemütlich zu Flußbett und Schlucht. Nicht wenige wählen diese Variante. Am Kiesufer vor den zu Orgelpfeifen aufgetürmten Basaltfelsen scheiden sich erneut die Geister. Erobert man mit oder ohne Kamera das Naturschauspiel, nackt oder im geleasten Gummipräservativ, das vor den 12 Grad Celsius kalten Fluten schützt?

Die Kamerafrage ist rasch geklärt, es geht ums Erleben und nicht ums Erinnern, oder? Und: Wer bis zum Ende der Schlucht will, dem nützt auch keine Gummihose. Da heißt es schwimmen, um den anderen Ausstieg (dort soll ein Seil baumeln) und vor allem die Kaskaden zu erreichen.

■ **Für Vulkanologen:** Die phantastischen Lavabasaltformen der Schlucht entstammen dem Ausbruch des **Moio**, eines Seitenkraters und (vielleicht) Vorläufers des Ätna, der dies Werk der wie Kaleidoskop gebrochenen Säulentürme schon im Vorquartär vollendete.

■ **Tip:** Das einstige Aussteigerparadies hat viel an Attraktion eingebüßt, alle Rückzugsmöglichkeiten sind dahin. Bleibt für Einsamkeit und basic live Suchende die Höhlenwelt von **Pantalica** in der weitaus spektakuläreren Anapo-Schlucht.

## Giardini Naxos

Die älteste aller griechischen Kolonien auf Sizilien – sie wurde schon 734 v. Chr. von Euböa aus besiedelt – ist heute mit der Schwesterstadt Taormina *der* Badeort Siziliens. Er sei nur denen angeraten, die auf normale touristische Annehmlichkeiten incl. Sport und Nachtleben nicht verzichten wollen. Nur soviel: Es hat mehr als eine Disko hier, noch dazu über 40 Restaurants, Bungalow- und Appartementsiedlungen, usw. Beton läßt grüßen. Das haben sich die ersten Kolonisatoren wahrlich anders gedacht.

■ **Capo Schisó:** Auf den Ruinen und Gräbern aus der Prähistorie und Bron-

zezeit errichteten die Kolonialgriechen eine von wehrhaften Mauern umfaßte Stadtanlage, die hauptsächlich auf die religiöse „Versorgung" der umliegenden Kolonien ausgerichtet war. Nicht umsonst stand hier ein Apollon-Tempel, den aufzusuchen vor einer Reise zum Orakel nach Delphi obligatorisch war. Denn mit den Hüterinnen und Hütern des matriachalen, erst später zum patriarchalen Sonnenkult wechselnden Tempelbezirks hatte es in Naxos allerhand auf sich. Dies kann man in der **Zona Archeologica** überprüfen. Das Gelände erreicht man am besten über die via Naxos und die via Stracina durch die sog. *Porta Ovest*. Es ist von 9 Uhr bis eine Stunde vor Sonnenuntergang zugänglich. Der Eintritt ist frei. Am sinnvollsten geht man zu Fuß, da der Weg vom Museum (vorher besichtigen, siehe weiter unten) durch komplizierte Einbahnstraßen geregelt ist.

Zu beiden Seiten der Straße fanden Ausgrabungen statt. Orientierungshilfe bietet der **St.Venera-Bach** bis zur antiken Stadtmauer am Meer, wo sich auch das religiöse Areal befindet. Ein Aphrodite-Tempel beherrschte die schachbrettartig zur See hin gebaute Gemeinde, so glauben es wenigstens die Archäologen und Schriftforscher. Mitten im Sakralbereich wurden jedoch auch drei unterschiedlich große Ofenanlagen entdeckt, die zum Keramikbrennen und auch als **Metallschmelze** genutzt wurden.

■ **Mythologie:** Die Tatsache der mindestens gleichzeitig mit der Stadtgründung entstandenen Öfen zu Füßen

---

*Alcantara-Schlucht: Das einstige Aussteigerparadies ist heute Muß-Ziel der Reisegruppen – trotz der zwölf Grad Wasserkälte.* ▶

des Ätna, der als Sitz des Feuergottes *Hephaistos* galt, läßt zahlreiche Spekulationen über das wirkliche Siedlungsmotiv der Griechen an der „ionischen" Küste zu. Neben der exponierten geographischen Lage, fast alle Handelswege im westlichen Mitelmeer führten durch den *Stretto*, überliefert Homer einen weiteren Grund:

Der Troia-Sieger und Pferdenarr *Odysseus* soll in diesem Küstenabschnitt dem Zyklopen *Poliphem* begegnet sein, jenem Hünen, der so hinterlistig vom rastlosen Irrfahrer aufs Kreuz gelegt wurde. Dieser einäugige Bewohner der Hänge des Ätna, er könnte für die Zunft der *Schmiede* stehen, die hier in der Nähe ihres Hauptgottes ihr priesterliches Handwerk verrichteten. Der heimatlose Krieger hat also kein Ungeheuer besucht, viel eher die Arbeitsplätze derjenigen, die das der Erde entzogene Metall aus Elba, Spanien oder gar England unter strikter Observanz und Einhaltung von Opferhandlungen zu Waren, Kriegsmaterial, Opfergefäßen und Gesetzestafeln umformten. Dieser Prozeß war insofern eine sakrale Handlung, als das Metall als lebendig und noch im Werden angesehen wurde. Es der Erde zu entreißen und für menschliche Zwecke zwischen Hammer und Amboß zu bearbeiten, war eindeutiger Frevel. Ergo mußte geopfert werden, um den Zorn der Götterwelt zu besänftigen. Die Einäugigkeit des Zyklopen hingegen erklärt sich aus einer sinnvollen Vorsichtsmaßnahme aller Schmiede. Da Schutzbrillen in der Antike unbekannt waren, trugen sie seit jeher

Augenklappen, um so einen Augapfel vor Altersermüdung und Funkenflug zu schützen. So jedenfalls interpretierte dies *Robert Ranke-Graves*. Mir scheint, eine sehr einleuchtende Erklärung! Zu überprüfen ist das natürlich nicht.

■ **Museum:** Das Museo Archeologico am Lungomare Naxos gewährt werktags von 9–14 Uhr, So und feiertags 9–13 Uhr tieferen Einblick, der Eintritt ist frei. Gute Parkmöglichkeiten.

Zahllose, leider wenig sinnvoll zusammengestellte Exponate, die zusätzlich Hinweise auf die Schmiedekultur rund um den Ätna liefern könnten. Vorgriechische Metallfunde gibt es reichlich.

Ein Spaziergang zur äußersten Spitze des Kaps mit der weithin sichtbaren, hochmodernen *Nike-Statue*, eine Schmiedearbeit, deren Silhouette den Blick auf Meer, Himmel und das gegenüberliegende Festland verbindet und perfekt zusammenwirken läßt, entschädigt für manch lange Nase im Museum. An der via Calcidice Euboea, wo das Kunstwerk steht, befindet sich übrigens auch eine **Tauchschule**.

■ **Informationen:** Die A.A.S.T. residiert in der via Tysandros 76, direkt am Meer. Auskünfte über Ausflugsangebote, Sportmöglichkeiten, Nachtleben, Hotelreservierung, Zimmernachweis auch unter Tel. 0942/51 000.

■ **Wassersport:** Giardini ist Zentrum der Wracktaucher, die sich alljährlich zu Kongressen und Exkursionen treffen. Neben der Tauschule hat es zudem den **Circolo Nautico Teocle** (via Umberto 148, Tel. 519 13). Freunde gleitender Bretter wenden sich an **Wind Surf** an der Piazza S.Pancrazio (Tel. 512 20).

■ **Sport:** Tennisplätze stehen im **Tennis Club Alcantara** an der via Nazionale (Tel. 52 720) und auf dem **Campo Tennis Municipale** an der via Teocle zur Verfügung. Reitausflüge am Ätna bietet das **Maneggio** des Naxos Horse Club (via Nazionale 182) an.

■ **Autovermietung:** Etna Rent in der via Dalmazia 12 (Tel. 519 72) sowie bei Franco Nunzio (Rent a car) in der via Oleandri 26 (Tel. 510 94). Außerdem: Interrent und Sicil by car.

## Giardini by night

Natürlich bieten unzählige, auch gute Hotels ihre Dienstleistungen an. Dennoch möchte ich den Ort nicht unbedingt empfehlen. Wer komfortabel schlafen will und nicht auf den Preis achtet, begibt sich in die via Calcide Euboea, wo das **Kalos**°°° und das **Arathena Rocks**°°° liegen. Dort sind alle Unterhaltungsmöglichkeiten gegeben. Die Liste der Zwei- und Einstern-Alberghi ist unendlich, der Service in den Betonburgen jedoch häufig gleich... Besser weiterfahren und nördlich „zuschlagen". Für alle mit Kleingeld, die bleiben müssen oder wollen:

■ **Il Pescatore**°, via Naxos 96, Tel. 512 47. April bis Sept.; 13 Zimmer, DZ ca. 30 DM. Sehr einfache Locanda. Pensionsmöglichkeit.

■ **Roma**°, via Roma 21, Tel. 521 37. 4 Zimmer, DZ ca. 20 000 Lire. Locanda.

■ **Camping Maretna**°, Ortsteil Cre-

tazzi, Tel. 0942/527 94. 15.3. bis 15.10. geöffnet.
Sehr einfache Anlage.

■ **Camping Castello di San Marco**°°, Calatabiano, Tel. 095/641 181. Nur wenige Km südlich Taormina. Strandnah im Grünen; ergo: ein Tip!

8 Diskotheken und unzählige Bars füllen den Abend mit dem nötigen Geräuschpegel. Gern wird im etwas außerhalb liegenden **Lady Godiva** an der via Stracina geschwoft, aber auch das **Taitù** in der via Vulcano hat seine Lambada-Fans...

# Zitronenriviera und Zyklopenküste

Der Name dieses Küstenabschnittes bezieht sich auf die ausgedehnten Südfruchtplantagen entlang der Lavaküste von **Pozillo** bis zum **Capo Molini**. Darauf schließt sich die Zyklopenküste an. Das Meer ist an dieser Stelle ideal für Sporttaucher und Schnorchler, die fischreiche Gründe vorfinden.

## Acireale

Der mondäne Kurort (50 000 Einw.) besitzt seinen guten Ruf aufgrund der **Thermen von S.Venera** (Bahnhofsnähe). Sie locken seit 1927 Jahr für Jahr Hunderttausende Besucher an. Eine Reihe sehenswerter Baudenkmäler (z.B. die Basilika S. Peter und Paul) warten auf die Besichtigung. Der Hauptort an der Küste hat an der Last des Tourismus- und Souvenirgeschäftes zu tragen, ist aber einen Stopp wert. Zwischen Piazza Duomo und Piazza Indirizzo schlägt das Herz der Stadt, die während eines Spaziergangs kennengelernt werden sollte. Wer zur Weihnachtszeit auf Sizilien ist, kann bis zur **Lavagrotte** an der Ecke via Aquila/via Regina Margherita laufen und sich die mit riesigen Figuren aufgebaute Krippe ansehen. Die Italiener mögen so etwas. Berühmt ist Acireale auch durch seinen Karneval, der als

„schönster Italiens" gilt. Neben Palermo und Siracusa ist Acireale auch ein Zentrum des Marionettentheaters, das nach dem allgemeinen Niedergang dieser Kunstform heute wieder gepflegt wird. Neben modernen Bauten und Edelhotels verdanken die Bürger dem Kurleben auch einige Grünflächen, die das Stadtbild auflockern. Sehenswert sind der **Belvedere** von Santa Caterina und der Stadtpark an der Piazza Indirizzo. Lohnend ist ein Ausflug (auch zu Fuß!) an die Küste ins Fischernest **Santa Maria della Scala,** wo es einen tollen Blick auf die **Timpa**, Felsküste hat.

## Transport

■ **Bus:** Die Küstenorte und die benachbarten Ortschaften bedient die A.S.T. Liniendienste ins Hinterland, zum **Ätna** und zu den zahlreichen Marienwallfahrtstätten (beispielsweise zur **Madonna von Valverde**) organisieren Zappala & Torrisi, Acireale, via O.Scionti, Tel. 764 71 39.

■ **Auto:** Die Autobahn ist zwar kostenpflichtig, man kommt aber bedeutend schneller vorwärts. Wer von hier aus zum Ätna möchte, wird sich wegen der vielen Umleitungen leicht verfahren.

## Sonstiges

■ **Information:** Die Azienda Autonoma della Stazione Di Cura, 95024 Acireale, Corso Umberto 179, Tel. 095/604 521, erteilt sämtliche notwendigen Infos zur Zitronenriviera, zu Festen, Sportmöglichkeiten, Kongressen und kulturellen Veranstaltungen.

■ **Sightseeing:** Das Museo Archeologico in der via Marchese di San Giuliano, Tel. 604 480, besitzt eine Gemäldegalerie und eine Bibliothek. Ritter, Rüstung und Ruinen, Hauen und Stechen, „echtes" Filmblut, halbierte Körper und jede Menge „wahre Liebe" offeriert die Kooperative des Marionettentheaters „E.Macri'" in der via Alessi 13. Vorbestellen kann man unter Tel. 606 272. Wer einen Blick ins Kurhaus der bahnhofsnahen Thermen von S. Venera werfen möchte, kann dies in der via delle Terme 61 tun. Unter Tel. 601 508 gibt es Kurtips und Veranstaltungshinweise.

■ **Erdbebenwarnung:** Furchtsame Geister können sich an das Seismographische Observatorium in Acireale wenden. Anruf genügt: Unter Tel. 891 555 weiß man im Falle eines Falles, so wird gemunkelt, schon Stunden vor verheerenden Erdstößen Bescheid.

## Ausflüge

■ **Aci Castello:** Wer mit dem Auto unterwegs ist, wird die zersiedelnde und unsinnige Straßenführung in diesem Küstenabschnitt als abschreckend empfinden, sollte aber einer Stippvisite im schönsten all der „Acis" an der Zyklopenküste aufgeschlossen gegenüberstehen. Das aus Lavagestein auf schwarzem Fels erbaute **Fort** wurde 1076 unter den Normannen begonnen und vom Schwabenkaiser Friedrich vollendet. Das Drumherum ist durchaus idyllisch, vormittags gibt es einen Markt. An der Felsküste schnorcheln und tauchen urlaubende Meeresforscher. Von Aci C.

geht es geradewegs weiter nach **Ognina**, Dependance der reicheren Bürger vor den Toren Catanias. Dort liegt der „Hafen des Odysseus", der hier gelandet sein soll.

■ **Aci Trezza:** Ist vor allem durch den Roman *La Malavoglia* bekannt geworden, den Giovanni Verga schrieb und hier spielen läßt. Das Schicksal der Fischerfamilien hat sich indes weitgehend gewandelt: Weniger der Fisch- als der Touristenfang bestimmen den Alltag. Rund um die **Isole dei Ciclopi**, die ihres Naturreichtums wegen unter Naturschutz stehen, hat sich die stetig wachsende Infrastruktur des Massentourismus angesiedelt. Jeder will die **Scogli dei Ciclopi**, die weithin sichtbar aus dem Meer ragenden Felsnadeln sehen, die der Sage nach vom brüllenden und fluchenden Poliphem dem flüchtenden Odysseus hinterhergeschleudert wurden. Der größte dieser Basaltblöcke ist über 70 Meter hoch, da ist es mit titanischer Riesenkraft allein auch nicht getan. Einleuchtender: Der Ätna war vor Urzeiten am Werke...

## Übernachten

Da die Zyklopenküste vorzugsweise mit teuren Dreistern-Hotels aufwartet, empfiehlt sich Camping oder Übernachten in den Dörfern an den Ätnahängen bzw. in Catania, das direkt „vor der Tür" liegt. Nur das abbröckelnde **Hotel Pattis**° offeriert halbwegs vernünftige Preise.

■ **Camping Alyag**°°°, Acireale, Ortsteil Pozzillo, via Altarellazzo, Tel. 095/871 666.

■ **Camping La Timpa**°°, Acireale, Ortsteil Santa Maria della Scala, via Floristella 23, Tel. 095/606 432.
Bietet sich abends auch wegen der Restaurants an. Gut für Kurzspaziergänge entlang der Felsküste.

■ **Camping Panorama**°°, Acireale, via S.Caterina 55, Tel. 095/605 987.

■ **Camping Galatea**°°, Aci Castello – Aci Trezza, direkt am Meer, Tel. 095/271 026.

## Restaurants

In Acireale sollte man folgende Gastronomie probieren:

■ **Al Mulino,** Ortsteil S.Maria della Scala, via Mulino, Tel. 891 790. Mi geschlossen, im Februar Jahresferien.
Das Vorzeigerestaurant von Acireale im vorgelagerten Fischerdörfchen. S. Maria besitzt mit dem **Da Carmelo** und dem **Don Giovanni,** beide in der via Scalo Grande, zwei weitere typische Gaststätten. Natürlich dominieren Fischspezialitäten die Speisekarte.

Auch am Capo Mulini wird der hungrige Gast schnell fündig, dort liegen das **Don Saro** und das **La Conchiglia.** Urig geht es auch im **Barcaccia,** dem „Bötchen" zu (via Marina 15, Tel. 877 275). Außerdem:

■ **Trattoria dei Pescatori,** Acireale, Ortsteil S. Tecla, via Argenta, Tel. 604 430. Ein von Deutschen innigst geliebtes „Fischerwirtshaus".

■ **All'Antica Osteria,** via Carpinati 34, Tel. 605 756.

■ **La Fornace,** Acireale – Stazzo, via Terre Liberate 68, Tel. 764 10 86.
Im „Ofen" garen natürlich Pizze.

■ **La Traversa,** via Tono 29, Tel. 607 566.
Gemütliches Speisen unterm Querbalken. Natürlich auch Pizzen.

# Catania

Die zweitgrößte Stadt Siziliens (ca. 380 000 Einw.) ist das „Aushängeschild" der Insel, leider auch in negativer Hinsicht. Mindestens 100 Morde pro Jahr lassen unangenehm aufhorchen. Kein Tag, an dem nicht eine Schreckensmeldung die nächste jagt: Catania, das scheint noch immer das stillstehende antiquierte Sozialgefüge des letzten Jahrhunderts zu sein, in dem das Klima für blühende mafiose Aktivitäten besonders gut geschürt werden kann. Eigentlich würden viele einen Bogen um die Hafenstadt am Fuße des Ätna machen, welche auch die **Piana di Catania** dominiert.

Die Touristen packen gern alle gehegten und gepflegten Vorurteile aus, man grenzt sich ab. Die Ursache: der wichtige Flughafen **Catania-Fontanarossa**, auf dem die meisten eintreffen. Aber, und dies ist ein entlastendes Indiz, Catania besitzt neben Palermo das wohl quirligste Stadtleben. Dies ist eben nicht ausschließlich von blutigen Rache- und Beutefeldzügen konkurrierender Banden bestimmt. Die Stadt ist auch keine gigantische Müllkippe. Um es im Ostberliner Jargon zu benennen: Es ist alles „stinomäßig", eben stinknormal in Catania. Die Universitätsstadt ist trotz schlechter Karrierechancen vor allem für Studenten so attraktiv, daß viele nicht mit Rom oder Mailand tauschen möchten.

## Anreise

■ **Auto:** Nur für diejenigen, die sich ganz bestimmt nicht stressen lassen. An- wie Abreise sollten in der ruhigeren Mittagszeit erfolgen. Das dieselgeschwängerte Stoßstangengeschiebe muß man übrigens nicht als verkehrsplanerische Fehlleistung einstufen. Das Straßennetz Catanias ist von einem ausgeklügelten Einbahnstraßensystem durchzogen, das, bei guter Ortskenntnis ein durchaus rasches Fortkommen ermöglicht. Fremde sollten dennoch möglichst rasch parken, am besten außerhalb des historischen Stadtkerns. Die Parkplätze werden zumeist bewacht. Viele (manchmal selbsternannte) Parkplatzwächter verlangen den Autoschlüssel, um die Stoßstange an Stoßstange stehenden Wagen bei Bedarf umparken zu können. Den sollte man allerdings weniger aus mangelndem Vertrauen als aus folgendem Grunde **nicht** aushändigen: Zumeist sind diese Wächter nur bis 14 Uhr anwesend. Ergo wird es schwer, die Schlüssel vor dem nächsten Morgen zurück zu ergattern.

■ **Zug und Bus:** Der Anreisende wird vor allem den Wildwuchs der wahrlich nicht animierenden Vorstadtsiedlungen Catanias zur Kenntnis nehmen, eine Scheußlichkeit, mit der Catania seit 150 Jahren leben muß. Busbahnhöfe sind an der Piazza Bellini (S.A.I.S., A.S.T.) und am HBF (A.S.T.; Ätna-Linie). Neben dem Hauptbahnhof sind die Haltestellen der **Circumetnea**, der Ätnaeisenbahn, am Hafen und am Corso Italia wichtige Orientierungspunkte.

◀ *Der Name „Zitronenriviera" leitet sich von den unzähligen Südfruchtplantagen zwischen Pozillo und Capo Molini ab.*

■ **Circumetnea,** Catania, via Caronda 352a, Tel. 316 942. Infos über Zug- und Busdienste dieser Gesellschaft (**Etna**). Busse zum Ätna fahren von der **Autostazione Etna** an der via Rocca Romana sowie, für den Traveller einfacher, vom **HBF** ab. Außerdem: Ins Hinterland und nach Südosten.

■ **Bus-Shuttle zum Flughafen:** Ist vom HBF eingerichtet. Von Catania – Fontanarossa fahren auch Schnellbusse der **Giuntabus** (15.30 Uhr) nach Milazzo (Stop in Messina), mit anschließender direkter Schiffsverbindung zu den Liparischen Inseln.

Auskünfte Über Abfahrtsorte und Uhrzeiten der Busse in die Umgebung Catanias geben:

■ **A.S.T.,** Catania, via S.G. La Rena 25, Tel. 347 330.
Bedient die Küstenstraße nach Messina.

■ **S.A.I.S.,** Catania, Piazza Bellini 41, am Teatro Massimo, Tel. 316 942.
Nach Palermo, Messina, Siracusa, Rom...

Weitere Infos siehe „Reisen auf der Insel".

## Leben mit dem Ätna

■ **Katastrophen:** Die Geschichte der in der Antike (729 v.Chr.) als *Katane* von den Griechen gegründeten Stadt ist aufs engste verknüpft mit dem Ätna, der das Schicksal der Menschen hier bestimmt. Der fruchtbare Lavaboden ist Ursache des landwirtschaftlichen Reichtums der Umgebung, der Vulkanauswurf war stets Baumaterial für sakrale und profane Gebäude (Dom, röm. Amphitheater, Barockpaläste, etc.) in der Stadt. Andererseits ist Catanias Liste der „Weltuntergänge", die durch die geologische Situation rund um den Ätna ausgelöst wurden, unendlich lang. Zweimal (123 v.Chr.; 1693) wurde Catania von Erdbeben vollständig zerstört. In die Dutzende gehen die Bedrohungen durch Lavaströme, von denen die von 1318 und 1669 jeweils nur knapp im Norden (Richtung Ognina) und Süden (heute noch in Resten an der via Plebiscito und am **Castello Ursino** zu sehen) das Stadtzentrum verfehlten. Der gewaltigste Ausbruch schob sich 1669 als eisenrot glühende Walze in einer mächtigen Schneise in die Stadt und bescherte den Catanesen einen neuen Hafen. Die ins Meer fließende Lava degradierte das monströse Schwabenfort Friedrichs II., das **Castello Ursino**, zur Inlandfeste.

## Sehenswertes

■ **Museo Comunale,** im Castello Ursino, zur Zeit wegen Renovierung zu. Öffnung ist ab 1990 zu erwarten.
Austellung in 18 Sälen; Kunstgegenstände aus den Sammlungen der Benediktiner und Adelsfamilien, die vor 55 Jahren ihre Paläste entrümpeln ließen. Die größte Stauferburg Siziliens ist wie das berühmte Pendant, das Oktaeder des „Jagdschlosses" Castel del Monte in Apulien, nach esoterisch-mythischen Erwägungen in Richtung Vorderer Orient ausgerichtet. So war er eben, der alte Staufer: machtbewußt rational und okkult zugleich.

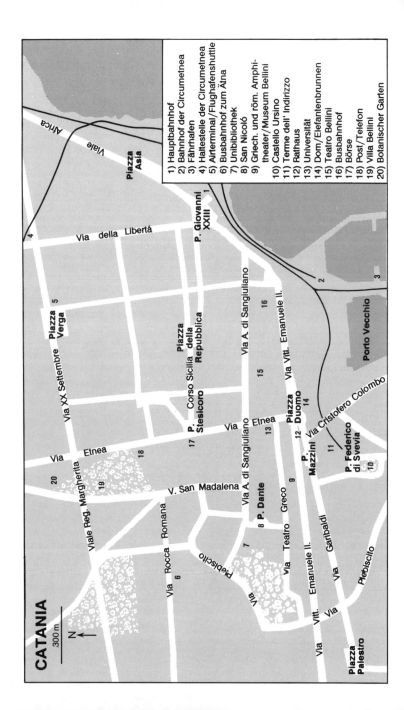

# CATANIA

300 m

N

**Legend:**

1) Hauptbahnhof
2) Bahnhof der Circumetnea
3) Fährhafen
4) Haltestelle der Circumetnea
5) Airterminal/Flughafenshuttle
6) Busbahnhof zum Ätna
7) Unibibliothek
8) San Nicoló
9) Griech. und röm. Amphi-theater/Museum Bellini
10) Castello Ursino
11) Terme dell' Indirizzo
12) Rathaus
13) Universität
14) Dom/Elefantenbrunnen
15) Teatro Bellini
16) Busbahnhof
17) Börse
18) Post/Telefon
19) Villa Bellini
20) Botanischer Garten

**Street and place labels:**

Viale Africa
Piazza Asia
Via della Libertá
P. Giovanni XXIII
Piazza Verga
Via XX Settembre
Piazza della Republica
Corso Sicilia
P. Stesicoro
Via Etnea
Via A. di Sangiuliano
Via Vitt. Emanuele II.
Porto Vecchio
Piazza Duomo
P. Mazzini
Via Cristofero Colombo
P. Federico di Svevia
Viale Reg. Margherita
Via Etnea
V. San Madalena
Via A. di Sangiuliano
Via Teatro Greco
P. Dante
Via Rocca Romana
V. le Plebiscito
Via Garibaldi
Via Vitt. Emanuele II.
Via Plebiscito
Piazza Palestro

■ **Dom S.Agata:** Trotz der Zerstörungen wurde Catania stets wiederaufgebaut, die Trümmer der apokalypti-
schen Infernos wurden in die neue Architektur integriert. Zu sehen ist dies nicht
nur an der Fassade der Hauptkirche
Catanias, die im antiken Stadtzentrum
über den uralten Thermen (es finden
sich mehrere in der Stadt) von Roger I.
als Wehrkirche errichtet wurde. Der
Dom ist der Schutzheiligen Catanias
geweiht, die einige Jahrhunderte nach
Christus die Bevölkerung vor einer Pest-
epidemie bewahrt haben soll.

■ **Elefantenbrunnen:** Die berühmte
*Fontana dell'Elefante* ist das unumstrit-
tene Wahrzeichen der Stadt. Die künst-
lerische Gestaltung gilt als Schlüssel
zum besseren Verständnis der Stadtkul-
tur. Das in römischer Zeit angefertigte,
kulleräugig dreinschauende Lavatier
steht auf einem Sockel, dessen Reliefs
die Catania speisenden Flüsse darstellen. Überragt wird das trompetende
Monsterchen von einem ägptischen
Obelisken, den die ollen Römer am Nil
klauten. Mit seinem Double (heute im
Castello Ursino) diente er einst als Zierde und Zielmarkierung für allerlei (un)
sportliche Aktivitäten im römischen
Forum (heute Reste an der Piazza Pan-
taleone). Überragt wird die Hierogly-
phen-Säule von den Insignien der Stadtheiligen Santa Agata.

Das witziges Konglomerat antiker
Trümmer, die nach dem Erdboden
1669 aus dem Schutt gefischt und
1736 aufeinandergestapelt wurden, ist
das bedeutendste Stadtsymbol: Feuer
und Wasser werden von imperialen
menschlichen Kräften gebändigt, die
wiederum der gottgefälligen Religion
Tribut zollen müssen! Zwar stimmen
die Proportionen nicht sonderlich über-
ein, das Ganze wird außerdem von allerdings wohlmeinenden *vigili* argusäugig
bewacht. Aber: Das stimmungsvolle
Stadtdenkmal ist den Catanesen lieb
und teuer! Ihren urkomischen Dick-
häuter nennen sie fast zärtlich *Liotru*,
und der ist sakrosankt.

■ **Kirche San Nicoló:** Nach dem Abzug der Römer, die von hier aus Sizilien
eroberten (263 v.Chr., zu Beginn des 2.
Punischen Krieges) und fast 600 Jahre
die Geschicke der Stadt bestimmten, erlebte Catania unter den Arabern eine
Blüte sondergleichen. Die neuen Herren leiteten eine Agrarrevolution ein:
Neue Bewässerungssysteme, die Urbar-
machung der Schwemmlandebene der
Piana, die Einführung der Parzellenwirtschaft etc., erzeugten ungeahnten
Reichtum. Erst die Eroberung durch
Normannen und Staufer brachte den
Umschwung.

Von da an lenkte nur noch einer die
Geschicke der Stadt, der **Benediktiner-
orden:** Nahe seinem Kloster (heute Uni-
fakultät) entstand diese größte Stadtkirche, der Monumentalbau an der *Piazza
Dante.* Im Kirchenschiff aus dem 16.
Jh. finden heute Ausgrabungen statt,
es gibt (noch) nicht viel zu sehen. Die
Wiedereinführung der Latifundienwirtschaft durch den Klerus von Catania im
13. und 14. Jh. wird von vielen Histori-
kern als Wurzel und Beginn des Mafia-
tums betrachtet: Der unbewirtschaftete
Boden lag brach, das Umland verkam,

die enteignete Landbevölkerung siechte, zog bettelnd und hungernd nach Catania – und betete.

■ **Paläste:** Die Naturkatastrophen des 17. Jh. gaben Catania den Rest, kaum mehr als 10 000 Einwohner lebten 1710 in der Stadt. Die wurde zwar „mit dem Lineal" wiederaufgebaut und allerlei Barockpaläste und Kirchen entstanden, die gottgefällige Planung der Stadtarchitektur erschöpfte sich aber und versiegte an der antiken Stadtmauer. Davor lebten die Menschen in Angst vor Hunger, Krankheit und Tod. Die Scharen geflohener Landpächter blieben außer acht. Die Vorortbevölkerung wurstelte sich durch und lebte von der Wollverarbeitung und dem Schwefelhafen mehr schlecht als recht. Die Paläste an den Hauptachsen Catanias sind ein Ergebnis dieser Stadtpolitik und erinnern heute in ihrem abblätternden Glanz daran (siehe Stadtplan)... Ein Blick auf die spätbarocke *Piazza Mazzini* lohnt immerhin, die via Crociferi gilt als schönste Straße der Stadt.

■ **Casa Verga,** via Sant' Anna /via Garibaldi, Mo bis Sa 9–13 Uhr.
Die Zustände im Catania der letzten zwei Jahrhunderte beschrieb *Giovanni Verga* mehr als einmal eindrucksvoll. Sein Wohn- und Sterbehaus ist heute als Musentempel hergerichtet. Bücher und alles, was ein erfülltes Schriftstellerleben ausmacht, sind zu besichtigen. Nahebei steht übrigens eine Kopie des berühmten „fliegenden Hauses" von Loreto (in den Marken), das bekanntlich auf Engelsflügeln aus dem Heiligen Land in einer Nacht- und Nebelaktion herbeigeschafft worden sein soll. Wie sich die **Santa Casa di Loreto** auch noch nach Catania verirren konnte, bleibt ein unergründliches Geheimnis der sehr religiösen Stadtväter.

■ **Hafenviertel:** Spannender und erlebnisreicher ist der Besuch der **Pescheria** mit den zahllosen Marktständen und fliegenden Händlern. Es wird zurecht mit der Vucciria in Palermo verglichen. Nicht zu fassen: Die Eisenbahnführung entlang des Hafenbeckens schneidet die Catanesen seit mehr als 100 Jahren vom direkten Zugang zum Meer ab – eine städteplanerische „Delikatesse". Stadtbesucher müssen sich schon auf die Aussichtsterrasse an der *Piazza dei Martiri* mit der S.Agata-Statue bemühen, um einen Rundblick zu erhaschen. ■ **Essen:** Touristisch ist dies, weil etwas abgelegen, ein Fiasko, zumal an der *via Vitt. Emanuele* unzählige Cafés und Bars liegen, die zweimal täglich frische Leckereien und warme Snacks anbieten. Dorthin und in die Eisdielen zieht es weitaus eher. Das Hafenviertel selbst quillt über mit guten bis sehr guten einfachen Trattorien. Also: Vor Ort entscheiden! Ein Tip für Frauen ist das **Cafè „Le Lune"** in der via Corridoni 24b (Tel. 336 731). Die Frauenkneipe ist eine gute Anlaufstelle für Tips etc.

■ **Teatro Romano,** Eingang via Vitt. Emanuele, Mo bis So 8.30–13.30 Uhr, Eintritt frei.
Der Besuch des römischen Theaters und des sog. **Odeon,** das einst als Probebühne diente, bereitet weniger Kopfzerbrechen. Die besondere Atmosphäre

rührt aus der einzigartigen Lage: Das Theater ist umzingelt von Wohnhäusern, von deren Balkonen das Wasser aus der Wäsche tropft. Eine spontane Vorstellung in fellinesker Manier wäre für Besucher genau das Richtige...; man kann sich ein solches Spektakel gut vorstellen.

Rund um das Odeon werkeln ständig Catanias Architekturstudenten. Die fröhlichen Erstsemester sind mit Bandmaß, Faden und Lot dem historischen Grundriß auf der Spur. In den freigelegten, kühlen Gewölbegängen kann man eine gemütliche Pause einlegen, der Straßenlärm bleibt vor der Eingangstür.

■ **Museo Belliniano,** Piazza San Francesco 3, Mo bis Sa 9 – 13, So und feiertags 9 – 12.30 Uhr. Gleich neben dem Teatro Romano.

Das Museum ist dem „größten Sohn der Stadt" gewidmet. Sammlung von Partituren, Büsten, Manuskripten, Rezensionen etc.; vor dem Eingang die obligate Bellini-Statue.

Dem musikalischen Tausendsassa begegnet man auch im berühmten **Teatro Massimo Bellini** an der gleichnamigen Piazza. Auf der Bühne, so wird überliefert, stampften einst leibhaftige Elefanten. Dies suggerieren jedenfalls die Theaterdekoration und die zum Kauf angebotenen Postkarten. Wer das Glück hat, Tickets zu einer Vorstellung zu erhalten, sollte die Chance unbedingt nutzen.

■ **Villa Bellini, via Etnea:** Die öffentlichen Gärten der **Villa Bellini** sind auf einem Spaziergang entlang der Hauptachse der Stadt, der ins Landesinnere führenden *via Etnea* erreichbar. An der *Piazza Stesicoro* gammeln die Rudimente des einst zweitgrößten Amphitheaters der Antike vor sich hin.

■ **Weitere Kirchen:** Nicht weit entfernt stehen die Kirchen **S.Agata al carcere** und **Sant Agata la Vetere,** die Reliquien der Stadtheiligen und vor allem Votivgaben aufbewahren. Wer einmal das Feuerwerk am 3. Februar und die anschließenden zweitägigen Feierlichkeiten miterlebt hat, wird verstehen, daß diese Form religiöser Inbrunst in Catania „sein muß", nicht nur der Benediktinertradition wegen.

## Sonstiges

■ **Magier und Exorzisten:** In Catania ist der „kulturelle Kampf zwischen Gut und Böse" derzeit voll im Gange. Zwar suchen Gläubige ihr Heil in der Beichte zur Stadtheiligen. Deren Statue wird alljährlich in atemberaubendem Tempo von schwitzenden, weißgekleideten Männern durch die City geschleppt. Was passiert jedoch, wenn das schwergewichtige Holzgerüst in einer zu schnell angegangenen Kurve umkippt? Dann wenden sich selbst die ehrwürdigen Honoratioren der Stadt dem abgründigen Okkultismus zu, um dem Unheil, das nunmehr zweifelsfrei der Stadt droht, zu entfliehen.

Die kleinen Alltagssorgen und Nöte der Catanesen finden indes eine andere Adresse: Wunderheiler und Magier haben Hochkonjunktur und werben mit Aufklebern und Plakaten an jeder Bushaltestelle. Sie scheuen nicht davor zurück, auch einmal einen satten Exorzismus vorzunehmen. Goethe, und alle, die einen faustischen Pakt mit dem Teufel erfüllen müssen, werden verstehen, daß, „wer *A* sagt, auch *B* meinen muß!

Ob solche Praktiken das antike kratzfüßige Universum der *Belzebù, Adramelec, Aguaresso, Andusciasso, Ammone, Asmodeo, Astarotte, Abracasso, Behemot, Belfagor* oder all die anderen Teufelchen der Neuzeit sonderlich beeindrucken wird, bleibt Geheimnis Umberto Ecos und der Foucault' schen *Pendler* zwischen Wahn und Wirklichkeit.

■ **Botanischer Garten:** Mo bis Sa 8 – 13 Uhr, Eingang in der via Longo. Für Leute mit viel Zeit und Lust auf Grünes.

■ **Museo Geologico,** Corso Italia 55, im Palazzo delle Scienze, Mo bis Sa 9 – 14 Uhr.
Mineralogische und vulkanologische Abteilung für Liebhaber des Feuers.

Infos

■ **A.P.T.,** Largo Paisiello 5, Tel. 095/312 124. Hauptbüro.

■ **Ufficio Informazioni,** Hauptbahnhof, Tel. 095/341 900.
Nebenstelle mit gleichem Service.

■ **Ufficio Informazioni,** Flughafen Fontanarossa, Tel. 095/531 625.
Unabdingbar für alle frisch ankommenden Flugreisenden, die Material benötigen.

## Übernachten

Die Übernachtungspreise bewegen sich auf hohem, nicht unbedingt sizilianischem Niveau. Allerdings kann man auch in Catania für wenig Geld in einem Einstern-Albergo nächtigen. Tip: Nicht in die Außenbezirke ausweichen, da ist es zu unsicher.

■ **Europensione°°,** Piazza dei Martiri 8, Tel. 095/531 152. 10 Zimmer; EZ 10 – 14 000 Lire, DZ ab 20 000 Lire. Mit Garage, Vollpension. Zimmerservice und Transportservice etc.

■ **San Domenico°°,** via Cifali 76/b, Tel. 438 527. 17 Zimmer, teils mit Bad und Dusche. EZ ab 15 000 Lire, DZ ab 23 700 Lire. Eine Empfehlung der catanischen Frauengruppe „Le Papesse". Die Hohenpriesterinnen (bezeichnen sich nach der Tarotkarte) weisen die Pension als vertrauenswürdig und sicher aus.

■ **Royal°°,** via A: di Sangiuliano 337, Tel. 312 108. 9 Zimmer mit Bad. EZ 18 600 Lire, DZ 31 900 Lire. Mit Garage und hauseigenem Parkplatz, Bar/ Restaurant und schöner Aussicht.

■ **Moderno°°,** via Alessi 9, Tel. 326 250, 325 309. 47 Zimmer, teils Bad/Dusche. EZ 20 900 – 37 000 Lire, DZ ab 51 700 Lire. Mit Bar und auch Fahrstuhl.

■ **Ferrara°,** via Umberto 66, Tel. 316 000. 24 Zimmer. EZ 13 000 Lire, DZ 24 900 Lire. VP 35 000 Lire.

■ **Peloro°,** via Paternó 12, Tel. 326 490. 29 Zimmer, jedoch nur 2 mit Dusche. Billiglocanda (DZ 11 300 Lire).

■ **Roma°,** viale Libertà 63, Tel.

534 911. 10 Zimmer. EZ 13 200 Lire, DZ 24 400 Lire. Billigalbergo ohne weiteren Service.

■ **Rubens°**, via Etnea 196, Tel. 317 073. 8 Zimmer, Fahrstuhl. DZ 21 900 Lire.

■ **Savona°**, via Vitt. Emanuele 210, Tel. 326 982. 25 Zimmer, teils mit Dusche; DZ ab 21 100 Lire.

■ **Sangiorgi°**, via A. di Sangiuliano 237, Tel. 320 641. 46 Zimmer, allerdings schlechte sanitäre Versorgung (nur 2 Bäder, 3 Duschen. EZ 18 800 Lire, DZ max. 32 900 Lire). Vorteil 1: liegt im Zentrum nahe dem Domplatz. Vorteil 2: hauseigene Garage! Mit Bar. Nahebei liegt das **Centrale Europa°**, via Vitt. Emanuele 167, Tel. 340 271.

■ **Camping Ionio°°**, Catania – Ognina, via Villini a Mare 2, Tel. 491 139, 492 277; 1.4.–31.12. Die 12 000 qm große Anlage liegt direkt am Meer (privater Felsstrand). Mit Restaurant, Pizzeria, Take away, aber keinen heißen Duschen.

## Ausflüge rund um den Ätna

### Anreise

■ **Zug, Bus:** Mit der **Circumetnea** von Catania in einer Halbtagestour einmal um den Ätna. Stops im schon dreimal wiederaufgebauten **Belpasso**, in **Paternó**, **Adrano**, **Randazzo** oder **Linguaglossa**. Letztere Stadt ist als alternative Einstiegsmöglichkeit sinnvoll. Weitere Infos siehe Kap. „Catania". Busse der **Etna-Linie**.

■ **Auto:** SS 575, SS 284. Schöner ist das Herumkurven (Motorrad-Eldorado!) auf den untergeordneten Landstraßen. Karte im Maßstab 1:100 000 kaufen (*Etna e Dintorni*) und ab auf die Schleichwege!

## Sehenswertes

■ **Belpasso:** Hieß früher Malpasso. Nach verschiedenen Katastrophen griff man zum letzten Mittel, der Namensänderung. Seither geht es vor- und aufwärts: vor allem zur *Madonna delle rocce*, der Hauptattraktion des Ortes. An dieser Stelle soll dem 16-jährigen Rosario Toscano die Gottesmutter erschienen sein. Da dies erst vor kurzem passierte, strömen seither an jedem Ersten des Monats Gottesfürchtige hierher, um sonntags Schlag Zwölf die Wiederkehr Mariens zu erleben. Allerlei Prophezeiungen kursieren, und zwar folgenreich: So mancher vom Glauben Überwältigte fällt unverzüglich in Ohnmacht. Es herrscht ein unglaublicher Trubel.

■ **Paternó:** Hat als rasch wachsendes ländliches Zentrum außer der gut erhaltenen Normannenfeste jede Menge Orangenhaine zu bieten. Diese ist derzeit nicht zu besichtigen, weil in Kürze – ein Museum eröffnet werden soll.

■ **Adrano:** Wenige Kilometer vor der Stadt liegen die Ruinen der alten Sikulersiedlung **Mendolito**, die vermutlich nach der Griechengründung *Adranon* zerstört wurde. Viele der Funde im Museum von Siracusa stammen aus dieser Gegend, die wegen ihrer wichtigen militärgeographischen Lage auch

Schauplatz des ersten Sklavenkrieges der römischen Geschichte war (136 bis 132 v.Chr.). Bis zu 200 000 Sklaven unter der Führung des Syrers *Eunus* hatten die Latifundien der Kornkammer Roms, die fruchtbaren Hochebenen um Enna und das Land bis nach Taormina, in ihre Gewalt gebracht. Die Römer siegten erst nach heftigen Gemetzeln. 20 000 Gefangene wurden kurzerhand gekreuzigt. Auch im Zweiten Weltkrieg fanden hier heftige Kämpfe statt. Neben diversen Kirchen (z.B. **S. Salvatore**), Klöstern (**S.Lucia**) und dem Teatro Bellini dominiert das quadratisch angelegte, dunkle Normannenkastell das Stadtbild. Es ist auch Sitz des Stadtmuseums. Das **Museo Archeologico** an der *Piazza Umberto I.* hat Di bis Sa 8.30 – 13.30 Uhr, sowie So und feiertags 8.30 – 12 Uhr geöffnet. Es beherbergt auch eine Gemäldesammlung sowie eine kunsthandwerkliche Abteilung. Diverse Archive sind im ehrwürdigen Klotz untergebracht. Nahebei: das älteste Solarkraftwerk auf dem europäischen Kontinent.

■ **Bronte:** Etwa 10 km außerhalb liegt die **Abbazia di Maniace.** Sie ist wegen Renovierungsarbeiten bis auf Kirche und Klostergarten nicht zu besichtigen.

■ **Randazzo:** Hat sich noch den mittelalterlichen Stadtkern bewahrt. Neben der Kirche San Martino und dem Museum Vagliasindi sollte man Ausschau nach Pistazienprodukten halten, die hier und um Bronte geerntet werden.

■ **Roccella Valdemone:** Liegt nur wenige Kilomter nördlich Randazzo, kurz vor **Moio Alcantara** biegt man links

ab. Das Dorf genießt auf Sizilien einen besonderen Ruf. Hier ist seit Urzeiten nichts Kriminelles passiert. Dies soll den örtlichen Carabinieri nicht gefallen, da sie sich nicht profilieren können, lästert die Presse. Soziologen sind schon herbeigeeilt, denn: Was nicht ist, darf auch nicht sein. Ergebnis: Ein frustrierter Polizist soll einen Diebstahl aus seinem Auto vorgetäuscht haben, um wenigstens einmal im Leben der aufregenden Gangsterjagd nachgehen zu können...

# Der Ätna

„Nun ja, ein Loch ist ein Loch ist ein Loch...," brummte der altersweise Wirt des **Rifugio Sapienza** auf meine Frage, ob denn der Blick in den 200 m tiefen Gipfelkrater lohne. Er sei schon mehrfach oben gewesen, die letzten Jahre allerdings nicht mehr, wozu auch. Vukanismus schreckt ihn wie viele Sizilianer nicht, eher schon Erdbeben und, bei weitem schlimmer, Seebeben. Die können gewaltigen Schaden anrichten. Er vertraut im übrigen den Geologen, die sich tagtäglich dem Ätna nähern müssen.

Den Touristenscharen, die busweise von Taormina und Catania hierher gekarrt werden, ist dies Vergnügen allerdings rigoros verboten. Die Bergführer haben strikte Anweisung, niemanden auf den Gipfel zu begleiten. Trotzdem: Das Verbot reizt Urlauber stets aufs Neue. So gibt es Unfälle und Tote. Dabei hat der Ätna nicht nur beim Wirt ein gutes Image: Wenn beide beständig vor sich hinrummeln, ist die Welt in Ordnung.

Sollte der Hausberg sein Rumoren einstellen, wäre dies fatal: Über kurz oder lang ist dann mit einer größeren Eruption zu rechnen. Die im tiefen Erdinneren brodelnde, aufgestaute Magmamasse muß sich zwangsläufig einen Weg bahnen muß. Neapels **Vesuv** etwa gilt als „bösartig", da er sich nur alle hundert Jubeljahre meldet, dann allerdings mit Wucht. Das 3323 m hohe Ungetüm (mal mehr, mal weniger) des *Mongibello*, wie der Ätna in Sizilien liebevoll genannt wird, ist hingegen von seismographischen und sonstwie computergestützten Untersuchungsinstrumenten umzingelt. Jeder Rülpser wird notiert, anschließend hagelt es Diplomarbeiten angehender Akademiker, Fernsehbilder rasen um die Welt und es regnet prophylaktische Notstandsverordnungen der Bürokraten. Mediengerecht aufbereitet rückt man dem widerspenstigen Feuergott zu Leibe.

Trotz aller Wissenschaft: Besucher sollten den leichten Rückenschauer beim Besteigen oder Befahren des Ätna-Gipfels ruhig zur Kenntnis nehmen und die „göttlichen Kräfte" des größten europäischen Festlandvulkans anerkennen. Wer will schon diese einzigartige existentielle Erfahrung missen.

■ **Verhaltensregeln:** Vorsicht ist immer geboten. Zwar „tötet" der Ätna „nur Touristen", wie Einheimische frotzeln, dies stimmt aber in der langen Geschichte des Vulkans nicht. Die Gefahr geht normalerweise auch nicht von umherfliegenden heißen Lavabrocken aus, sondern von Schwefelgasen, die urplötzlich aus Erdspalten aufsteigen können. Noch im September 1989 hat es einen 25jährigen Deutschen erwischt, der in eine solche „atemberaubende Falle" tappte und starb. 1979 verschied eine größere Reisegruppe auf dieselbe Weise. Auch der weise Rat mancher Bergführer, immer mit dem Wind im Rücken zu spazieren, nützt in der Gipfelregion wenig. Dort dreht der

*Der Ätna im Sommer- und Winterkleid* ▶

Wind sehr rasch, schon ist das Malheur da. Also: Umsicht ist angebracht.

■ **Letzte Eruptionen:** Bedrohlich! Seit 1989 verschlechtert sich die Situation an den Nordosthängen des Ätna in Richtung **Milo, Fornazzo** und **S.Alfio.** Ein zäher Lavastrom aus einem Nebenkrater steht kurz vor der Haustür. Nach Südosten in Richtung **Pedara** und **S.Alfio** (der Kapelle) sieht es noch gefährlicher aus: Die **dort** aufgebrochene, mehrere Meter breite und tiefe Erdspalte zieht sich von 2600 m bis auf fast 1500 m hinab, hat Straßen und Mauern locker geknackt und hält Wissenschaft und Presse in Atem. Bricht die nach zahllosen Erdstößen nur notdürftig zusammenhaltende Erdkruste endgültig auf, wird die Lava unter ungeheurem Druck **am tiefsten Punkt** hervorschießen und unter großem Spektakel Pedara oder **Zafferana Etnea** unter sich begraben. Sensationstourismus hin oder her, man wird mehr vom Ätna haben, wenn man sich ihm derzeit vom Südosten her via Rifugio Sapienza nähert. Dort sind die nötigen aktuellen Informationen einzuholen, die insbesondere für Bergwanderer unerläßlich sind.

■ **Piazzale Funivia, Südostseite:** *Tand, Tand, ist das Gebilde von Menschenhand!* Als man Ende der siebziger Jahre mit dem Bau der *Funivia,* der Seilbahn begann, sprachen Tourismusexperten von „prächtigen Aussichten": Abertausende sollten im Minutentakt hinauf zur Bergstation **Montagnola** gehievt und von dortaus weiter per Jeep an den Krater gekarrt werden. Da spielte der sonst gutmütige Feuerspeier

nicht mit: Nur zwei Jahre nach der Eröffnung vernichtete eine Lavawalze **genau** die Stahlträgertrasse und endete erst an der Rückfront des Rifugio Sapienza. Eine dort angebrachte Markierung sowie die nicht renovierten Gebäudeteile erinnern an das funkensprühende Schauspiel. Die „Berge in Flammen" waren bis nach Catania zu sehen. Hinter dem Rifugio treffen sich Hundertschaften Rheumakranker zum Aufwärmen an der noch heißen Lava aus dem Jahre 1985. Ein Hinweisschild („Hier noch 1 A warme Lava") versperrt die Sicht: Das wäre nun wirklich nicht nötig gewesen.

■ **Vor dem Aufstieg:** Nötig ist hingegen, sich unbedingt vor dem Erklimmen des Ätna zu informieren, z.B. im Rifugio Sapienza oder wie folgt:

■ **SITAS,** Piazza Vitt. Emanuele 45, Nicolosi, Tel. 911 141/2.
Die Mitarbeiter der Seilbahngesellschaft sind stets auf dem Laufenden.

■ **Aufstieg Südostseite:** Möglich, daß aufgrund der aktuellen Lage der Fahrbetrieb eingestellt ist. Geröllmassen sollen die schwarzgraue Staubpiste versperren. An der Kasse der Seibahnstation sind 28 000 Lire zu berappen. 1500 Lire sind für die Leihe von gefütterten Anoraks, Bergschuhen oder Gummistiefeln fällig. Das ist angesichts der Höhe, des Windes und des ständig in der Luft schwebenden Staubes ratsam. Die Staubpartikel sind denn auch ein weiterer Grund, sich den Aufstieg zu Fuß gut zu überlegen. Auf dem recht anstrengenden Weg, 1000 Höhenmeter sind zu überwinden, trocknet die Kehle aus. Ursache sind die unerträglichen Staubfahnen der hinauf und hinunter rasenden LKW-Jeeps! Wichtig: Genug Flüssiges mitzunehmen...

Intelligent ist folgende Lösung: Hinauffahren, um dann einen zweistündigen Spaziergang bergab zu unternehmen! So werden zwar auch die 40 Mark fällig, aber unter den gegebenen Bedingungen ist dies ein sinnvoller Kompromiß zwischen Erlebnis und Service. Nebenbei: Eine Dusche ist anschließend so oder so fällig.

■ **Tip:** Aufstieg am besten früh morgens und bei Westwind beginnen, denn die Gipfelregion ist ein wertguter Wolkenfänger. Auf halbem Wege, in 2644 m Höhe, legen Schaffner und Begleiter der Touri-Jeeps eine Pause ein. Man kann durch die erstarrten bizarren Lavatürme wandern und dann einen Blick ins **Innere des Lavastroms** werfen. Mittels eines laut röhrenden Dieselmotors wird eine unterirdische Beleuchtung in Gang gesetzt, die die Begehung eines der zahlosen Tunnel und Kanäle unter der Lavadecke erlaubt. Dies hat ein wenig vom Einstieg in die Unterwelt, die naturwissenschaftliche Begründung der „Sensation" ist jedoch recht einfach: Während die außen fließende Lava an der Oberfläche erstarrt und erkaltet, rutscht das glühende Gestein im Inneren des Stroms weiter talwärts. So entstehen nach Versiegen des Stroms kilometerlange Röhren. Der Ätna ähnelt unterirdisch einem Kaninchenbau oder Beijings „Verbotener Stadt", die Mao aus Furcht vor einem Atomkrieg untertunneln ließ.

■ **Gipfel:** Erklärtes Wanderziel ist nicht der Zentralkrater, sondern das **Osservatorio Torre del Filosofo** in knapp 3000 m Höhe. Dort kauern die wirklichen Helden des Ätna, die Bergwarte. Sie harren im eisigen Wind aus und behalten die Schlunde ständig im Auge. Benannt ist das mittlerweile notdürftig wiederaufgebaute Gebäude nach *Empedokles von Agrigento*, welcher der Sage nach im Hauptkrater seinen Freitod suchte. Wahrscheinlicher ist, daß dem nimmermüden praktischen Philosophen die Bezwingung des Feuers in seiner Sammlung und Analyse der Wechselwirkungen der Grundelemente des Lebens fehlte. So soll er die Winde gezähmt, unreines, Krankeiten erregendes Wasser durch Zuführung anderer Bäche und Flüsse (Erhöhung der Fließgeschwindigkeit!) in sauberes verwandelt haben.... Immerhin webt und rankt sich seither Legendäres um den gottähnlich verehrten Denkerguru. Wer dort oben ist, sollte, so möglich, einige Meter absteigen und einen Blick in das über 1000 m abfallende Talrund des **Valle del Bove** riskieren – ein überwältigender Anblick. Das „Tal des Ochsen" ist allerdings absolut tabu für Wanderer oder Abenteurer. Da hinein wagen sich nicht mal Ortskundige. Beim Anblick dieser Urlandschaft kann man darüber sinnieren, daß sich Sizilien seit mehr als 500 000 Jahren zentimeterweise auf Afrika zubewegt, sich dabei noch im Uhrzeigersinn dreht.

## An- und Abreise

■ **Bus:** Linienverkehr ab Catania-HBF, letzte Rückfahrt von der Piazza Funivia gegen 16 Uhr.

■ **Auto:** Ist manchmal etwas verzwickt, da der Weg durch Straßensperren ständig verändert wird. Ist man erst einmal via **Trecastagni** oder **Nicolosi** auf der *strada etnea*, ist der Rest problemlos: Diese schlängelt sich in Autobahnbreite die Ätnahänge hinauf. Man passiert die verschiedenen Kultur- und Naturzonen sowie Lavaschneisen einstiger Ausbrüche.

## Auf dem Weg

■ **Tip:** Das Museo Vulcanico Etneo in **Nicolosi**, via delle Quercia 5, Tel. 095/914 206.

Lavafunde von über 100 verschiedenen Eruptionen, Mineralien, Dokumentation und Einführung in den Vulkanismus. Highlights sind die *Pila*, ein Waschbecken aus Lavagestein, jede Menge famose Lavaaschenbecher, ungewöhnlich geformte „Lavabomben" sowie phototechnische Impressionen des Lebens mit der Lava rund um den Ätna.

■ **Achtung:** Zwar wird auf den fruchtbaren Lavaböden am Ätna viermal im Jahr geerntet, aber: Hände weg von am Straßenrand wachsenden Südfrüchten, besonders den geschätzten Zitronen im Straßengraben! Trotz des Ertragreichtums werden die Obstbäume und Früchte generell gespritzt und müssen nach der Ernte „dekontaminiert" werden, ehe sie genießbar sind. Im vorzufindenden Zustand stellen sie tatsäch-

lich eine Lebensgefahr dar, wie eine Unzahl von Schildern korrekterweise mitteilen.

■ **Hinweis:** Nach Passieren der Baumgrenze und der letzten Wochendhäuser der Catanesen rückt der Gipfel trotzdem nur langsam näher. Daher: Erst einmal Augen auf wegen der internationalen Gilde der Motorradfahrer, die alle einmal (viel zu) rasch rund um den Ätna müssen, sonst fehlt ihnen der Urlaubshöhepunkt.

Mancher Blick *zurück* klärt eine Besonderheit des Ätna: seine zahlreichen am Bergsockel entstandenen Nebenkrater. Nur selten bombadiert der Berg seine Umgebung aus dem Hauptkrater.

■ **Spaziergänge:** Vom Rifugio Sapienza sieht man talwärts sehr gut die im Frühjahr grün zugewachsene Kratergruppe der **Monti Rossi**. Sie entstanden nach der gewaltigen Eruption von 1669, als die Lavawalze sich 15 Kilometer bis nach Catania und ins Meer hineinschob. Die direkt am Parkplatz liegenden **Silvestri-Krater** entstanden erst 1892. Mit etwas Kondition sind sie in einer kleinen Rundtour (incl. Abstieg zum Kratergrund) „bezwingbar".

■ **Ätna by night:** Der Ortsverband des italienischen Alpenvereins, der CAI Nicolosi, veranstaltet regelmäßig ab dem Rifugio Sapienza Nachttouren. Abfahrt: ca. 2.30–3.00 Uhr. Erst nach dem spektakulären Sonnenaufgang am Gipfel erfolgt die Rückkehr!!!

# Übernachten

*Südostseite:*

■ **Rifugio Sapienza**, Nicolosi, an der Piazzale Funivia in 1910 m Höhe, Tel. 095/911 062.

Die Übernachtung kostet ca. 20 DM pro Person und ist besonders für Nichtmotorisierte eine Empfehlung, um früh am Morgen auf den Gipfel zu gelangen. Abends wird es bitterkalt; manchmal streikt die Wasserversorgung. Im Hause: Bar, Tabak, Fernsehen, Souvenirs... und Restaurant (siehe unten)!

■ **Camping Etna**°°, Nicolosi, via Goethe, Tel. 095/914 309. Nächstgelegener Campingplatz in erträglicher, wärmender Höhe.

■ **Belvedere**°, Nicolosi, via Etna 110, Tel. 095/911 406. 9 Zimmer. EZ 6800 Lire, DZ 11 400 Lire. VP 30 000 Lire. Mit Bar, gutem Restaurant, Garage.

■ **Monti Rossi**°, Nicolosi, via Etna 179, Tel. 095/911 000. An der Auffahrtstraße zur Piazzale Funivia. Nur 1.3. bis 31.10. 12 Zimmer, Restaurant/Bar, Garage, Garten.

■ **Biancaneve**°°°, Nicolosi, via Etnea 163, Tel. 095/911 194. 69 Zimmer mit Dusche. Hausgarage, Parkplatz, Bar/Restaurant, Tennisplatz, Swimming Pool. Weitere Dreistern-Hotels in Nicolosi und Pedara.

■ **Sicilia**°°, Paternó, via Vitt. Emanuele 391, Tel. 095/841 700. 24 Zimmer. EZ 18 000 Lire, DZ mit Bad 39 800 Lire. Mit Garage, Bar/Restaurant und Zimmerservice. Nachtportier!

■ **Madonna degli Ulivi**°°, Trecastagni

–Viagrande, via Umberto 266, Tel. 095/614 177. 54 Zimmer mit Dusche, EZ 16 000 Lire, DZ 27 000 Lire. Mit VP pro Nase 43 000 Lire.

Eigener Parkplatz, im Grünen, mit Restaurant, Swimming Pool, Tennisplatz.

■ **Airone**°°°, Zafferanea Etnea, via Cassone 67, Tel. 095/708 19 87. 41 Zimmer mit Bad. EZ 21 900 Lire, DZ 36 400 Lire.

Aller Service. Bar/Restaurant, Diskothek, Parkanlage, Garage, Swimming Pool, TV etc. Gleiches Preis/Qualitätsverhältnis im **Primavera dell'Etna**, Ortsteil Cassone, Tel. 095/708 23 48.

■ **Villa Margherita**°°, Zaff. Etnea, via Garibaldi 209, Tel. 095/951 16 52. 10 Zimmer. Privatpension.

Klein, aber fein.

*Nordostseite:*

■ **Linguaglossa:** Die von Taormina einsehbare Flanke des Ätna ist – ein beliebtes **Skigebiet**. Vom Ort (Name möglicherweise von *lingua grossa*, der großen Lavazunge, die einst hier endete) fährt oder geht man (autostppen!) auf der via Mareneve in Richtung **Pineta di Linguaglossa**, einem einzigartigen Pinienwald (ca. 10 km). Ihm schließen sich die **Pineta Ragabo** und schließlich der **Piano Provenzana** an. Lavafelder säumen die Ebene. Von hier aus fahren im Sommer umgebaute Jeeps bis auf 2900 m Höhe. Mehrere Skilifte sind eingerichtet, die 1 km lange Abfahrten von 2350 auf 1800 m ermöglichen. In Linguaglossa ist ein kleines Mineralienmuseum, das man in der via Roma

135–137 findet. Übernachtungsmöglichkeiten:

■ **Happy Day**°°, Linguaglossa, via Mareneve 9, Tel. 095/643 484. 14 Zimmer mit Dusche/Bad. EZ ab 27 000 Lire, DZ ab 36 300 Lire. Parkplatz, Bar/Restaurant, „Lesesaal", Kleiderreinigung!! Na, denn...

■ **Centrale**°°, Linguaglossa, Piazza Municipio 4, Tel. 095/643 548. 8 Zimmer, auch Duschen und Bad. EZ 12 000, DZ 19 900 Lire. Auch Restaurationsbetrieb.

■ **Clan dei Ragazzi**°, Linguaglossa, Ortsteil Pineta Ragabo, ca. 4 km von L. auf dem **Piano Provenzana** im Pinienwald von Linguaglossa, Tel. 095/643 611. Das Albergo wird auch für Jugendkongresse etc. genützt und kann belegt sein. Je nach Situation am Ätna kann man auch im Hotel **Betulle** sowie in den Unterkünften des CAI (**Rifugio Conti, Citelli**) unterkommen. Todsicher nicht im **Rifugio Milo** oder **Rifugio Menza**.

■ **Camping Mareneve**°°, Milo, Piano Grande, Tel. 095/951 396. Ist o.k. Aber: Übernachtungen in Milo und San Alfio können der Ereignisse von 1989 wegen unmöglich sein!

■ **Agip Motel Scrivano**°°, Randazzo, an der SS 120, Kilometer 184,950/via Regina Margherita, Tel. 095/921 126. 15 Zimmer mit Dusche. EZ 19 300 Lire, DZ 33 700 Lire. Bewachter Parkplatz, Bar und Restaurant. Funktionale Herberge; günstiger „Stützpunkt" für alle, die Anschlußtouren ins Bergland planen.

## Restaurants

■ **Piazzale Funivia:** Im Rifugio Sapienza sowie in den umliegenden Bars und Trattorien (Esagonale, Corsaro, Terazza dell'Etna etc.) abends kein Problem. Man sollte dem Hüttenwirt des Sapienza eine Chance geben, seine Kunst auszuprobieren. Insbesondere die Lammkoteletts, höchstpersönlich auf seinem hauseigenen (Vulkan?)-Grill zubereitet, sind erste Klasse. Auf der Piazza sind (durchaus preiswert) rare Honigsorten wie Zitronenblüten- oder Pistazienhonig aus häuslicher Produktion zu erstehen. Der junge Verkäufer hat sich erst kürzlich selbständig gemacht und zieht das Leben am Ätna jedem besser bezahlten Job in Catania vor. Eine Kostprobe gibt es gratis. Weitere Verkaufsstände, auch für Ätna-Wein, an der via Etnea.

■ **Nordostseite:** Im Pineta di Linguaglossa bieten die Wirtshäuser Da Filippo (Bosco Ragabo, Tel. 643 015) und das Gatto Blu an der via Mareneve 21 (Tel. 643 637) ihre Dienste an. In Randazzo, Zafferana, Milo, Paternó und Nicolosi finden sich zudem jede Menge Pizzerien und Trattorien.

# Siracusa

*Einen Tag ohne Sonne gibt es in Syrakus nicht!* (Cicero)
120 000 Einwohner wohnen in der attraktivsten und am wenigsten hektischen aller sizilianischen Küstenstädte. Man sollte sich drei Tage Zeit nehmen, um die bedeutendsten Sehenswürdigkeiten und ein wenig vom Lebensgefühl der Siracusaner kennenzulernen. Die Stadtanlage ist überschaubar, alles ist gut erreichbar. Siracusa erwartet in der Zukunft mehr Touristen. Bisher kommen vorwiegend Engländer und Franzosen.

## Ursprünge

Schon vor den Korinthern, die 734 v. Chr. hier landeten, war **Ortygia**, die Landzunge am Ionischen Meer besiedelt. Rund um die **Fonte Aretusa** haben sich seit 3500 Jahren Menschen niedergelassen, um in Schatten dieser Überfluß symbolisierenden, animierenden Laune der Natur zu leben. Die Süßwasserquelle entspringt nur einen Steinwurf weit vom Meer. Ihren Namen verdankt sie der Nymphe *Arethusa*, einer mythischen Erscheinung der Göttin *Artemis*: Ortygia war dieser Göttin, der späteren römischen Jagdgöttin Diana, geweiht. Bis auf den heutigen Tag huldigen die allerdings recht unwissenden Teenies und Twens den um den Quellteich rankenden Mythos. Allabendlich knüpfen sie bei laufenden Mofamotoren und chaotischem Entengeschnatter erste zarte Liebesbande zum anderen Geschlecht. Auch die täglich anrückenden Brautpaare spielen mit: Ein Hochzeitsfoto vor der mit Papyrusstauden und Rosenranken geschmückten Anlage ist obligatorisch. Angesichts der todernst dreinblickenden Brautzeugen beschleicht den Zuschauer gelegentlich ein ungutes Gefühl: Sollten hier etwa Menschen „auf die Galeere" geschickt werden?

Ortygia (ital. *Ortigia*) war und ist ein religiöses Zentrum. Der heutige **Dom** ruht auf den Rudimenten vorgeschichtlicher Kultstätten, auf denen wiederum die Griechen bauten. Die Säulen des antiken *Athene-Tempels* ragen zwar schief und krumm empor, aber sie tragen, im Kirchenschiff eindrucksvoll sichtbar, souverän den Sakralbau. Der große natürliche Hafen an der militärstrategisch geschützten Halbinsel, vielleicht aber auch die Nähe zum maltesischen **Gozo**, haben die Gründung Siracusas begünstigt. Auf der Nachbarinsel Maltas, etymologisch vielleicht *Ogygia*, eine der fünf oder sechs in der Antike so bezeichneten heiligen Priesterinneninseln im Mittelmeer, schwang zu Homers Zeiten die betörende Nymphe *Kallypso* ihr „Logo", die Doppelaxt: ein Zeichen matriachalischer Kulte wie die Verehrung der „Schweine", der Delphine (griech. „Schweine des Meeres"), und der heiligen Zahlen *5* und *13* (Mondzyklen).

In der Antike entwickelte sich Siracusa zur größten Stadt des Mittelmeerraumes, mehr als eine Millionen Einwohner drängelten sich hinter den Stadtmauern. An der Stadtgeschichte ist die Kolonisierung Siziliens exemplarisch nachvollziehbar. Sie weist erstaunliche Parallelen zur neuzeitlichen Eroberung Amerikas auf: Einmal den starren religiösen und sozialen Konventionen des Mutterlandes Griechenland entronnen, entwickelten die Emigranten das typische Eroberbewußtsein. Die neuen Herren Süditaliens, *Trinacrias*, und des gesamten westlichen Mittelmeers standen unter dem Einfluß einer „Denen werden wir es schon zeigen!"-Mentalität, die in ungeheurem Reichtum, größeren Tempeln und Heiligtümern kulminierte, wie sie selbst Athen nie geschaffen hatte. Die Abnabelung vom Mutterland war nur eine Frage der Zeit. Sie begann nach dem Schicksalsjahr 480 v.Chr., als Kolonialgriechen (gegen die Karthager in Himera) und Athener (gegen die Perser in der Schlacht von Salamis) die größte imperiale Macht im Mittelmeer erreicht hatten. Die endgültige Sezession erfolgte 408 v.Chr. mit der Niederlage Athens zu Lande und zu Wasser, als über 200 Schiffe der im Hafen von Siracusa ankernden Flotte versenkt wurden.

## Sehenswertes

■ **Parco monumentale**, im Ortsteil Neàpoli, Haupteingang Largo Anfiteatro, über die viale Teocrito und die viale Augusto, Tel. 0931/605 10; täglich 9 Uhr bis eine Std. vor Sonnenuntergang. Eintritt zu den Latomie 2000 Lire, Kartenverkauf endet 1 Std. vor Schließung. Am Eingang Verkauf von Nippes und Kitsch, im Park ein Restaurant mit *Bar del Teatro* (nicht zu teuer). Nachts ist der Park schön ausgeleuchtet.

In der wichtigsten archäologischen Zone von Siracusa kann man in den **Latomie del Paradiso**, den gewaltigen Tuffsteinbrüchen, nachempfinden, wie es den tausenden Athenern erging, die hier bei Wasser und Brot jahrelang in Fronarbeit das gigantische Loch und damit ihr Grab buddelten. Wo heute Zitronenbäume blühen und Touristen in der von Menschenhand geschaffenen Grotte des **Ohr des Dyonisos** gröhlend die Akustik testen, wurde einst barbarisch gestorben, wie Athens Geschichtsschreiber empört berichteten. Ein anderes „Denkmal" dieses antiken Gefangenencamps, die **Grotte der Seiler**, ist nach dem Berufsstand benannt, der in ihr bis vor 100 Jahren Schifftaue zwirbelte und die Kühle, Höhe und Länge der Höhle zur Seilproduktion ausnutzte. Die künstlichen Höhlen wurden unter Nutzung der Wasserkraft geschaffen. Wasser wurde gestaut und brach so das Felsgestein heraus. Der Zugang zu den Grotten wie auch zu den weiter nördlich liegenden Steinbrüchen und Nekropolen ist wegen Steinschlaggefahr untersagt. Das Areal ist abgesperrt, Baugerüste lassen auf Renovierungsarbeiten schließen.

Die Macht des unter dem Tyrannen Dyonisos I. aufgestiegenen Siracusa ist am **Ara di Ierone**, dem Altar und Opfertisch des Despoten Hieron II., zu ermessen: Er war fast ganze 200 Meter lang und diente kultischen Festen der Stadtgemeinde. Die finden – mittlerweile in

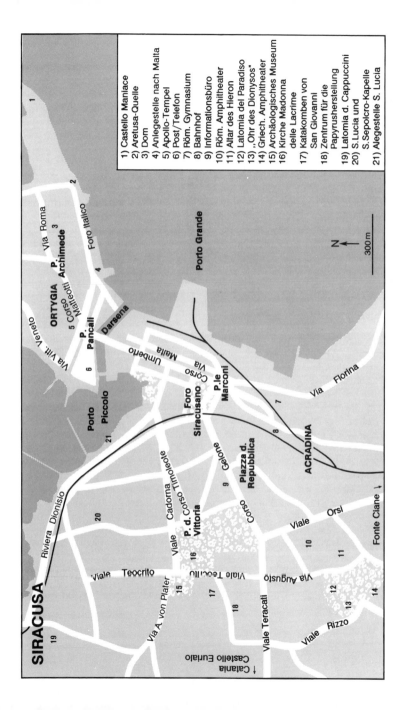

# SIRACUSA

**Legende:**

1) Castello Maniace
2) Aretusa-Quelle
3) Dom
4) Anlegestelle nach Malta
5) Apollo-Tempel
6) Post/Telefon
7) Röm. Gymnasium
8) Bahnhof
9) Informationsbüro
10) Röm. Amphitheater
11) Altar des Hieron
12) Latomia del Paradiso
13) „Ohr des Dionysos"
14) Griech. Amphitheater
15) Archäologisches Museum
16) Kirche Madonna
    delle Lacrime
17) Katakomben von
    San Giovanni
18) Zentrum für die
    Papyrusherstellung
19) Latomia d. Cappuccini
20) S. Lucia und
    S.Sepolcro-Kapelle
21) Alegestelle S. Lucia

N ← 300 m

ORTYGIA
Via Roma
Via Vitt. Veneto
Corso Matteotti
P. Archimede
P. Pancali
Foro Italico
Darsena
Corso Umberto
Via Malta
Foro Siracusano
P.le Marconi
Porto Piccolo
Porto Grande
Via Florina
Riviera Dionisio
Viale Cadorna
Viale Timoleole
P. d. Corso Vittoria
Gelone
Piazza d. Repubblica
ACRADINA
Corso
Viale Orsi
Fonte Ciane
Via A. von Plater
Viale Teocrito
Viale Teocrito
Viale Augusto
Viale Teracati
Viale Rizzo
↑ Catania  Castello Eurialo

populär – profanisierter Form – auch heute wieder statt.

Auch das monumentale, in den Fels gehauene **Teatro Greco**, das griechische Tragödientheater, sucht nicht nur der Ausmaße wegen Vergleichbares. Auf den blanken Steinen, die sich im Sommer gehörig aufheizen, rutschten die alten Griechen unruhig auf den Pobacken und lauschten den ersten, (noch) heiligen Dramen des *Aischylos*, *Sophokles* oder *Euripides*. Als den Zuschauern die endlosen Elegien zu langweilig wurden, bescherten die Siracusaner der Nachwelt die Geburt der Komödie. Ein riesiges Zeltdach schützte die 20 – 30 000 Besucher vor Wind und Wetter. Die oberhalb liegenden, in den Fels gehauenen Aquädukte mit den Brunnenanlagen (heute kein Trinkwasser!), gepflasterte Zufahrtswege usw. schufen die allseits gewünschte Bequemlichkeit. Das staunende Athen und der Vordere Orient kopierten die neue Kultur alsbald.

Eingedenk dieser Theatertradition läßt die heutige Stadtverwaltung die Heldenepen der Antike an alter Stelle während eines **Sommerfestivals** wiederauferstehen. Es findet 1990 und danach alle zwei Jahre statt. Am Rande: Die oberhalb des Theaters in den Tuff „eingefrästen" rätselhaften Karrenspuren stammen nicht, wie häufig vermutet, von Kutschen, mit denen Siracusas griechische und später römische Oberschicht zum Theater fuhr! In den letzten zwei Jahrhunderten ließ eine örtliche Grafenfamilie die antiken Aquädukte umfunktionieren und betrieb damit Mühlen, die rund ums Rund klapperten. Getreidewagen gravierten diese Episode auf ewig in den Untergrund ein.

Wer von so viel Theater nicht bedient ist, wandle unter Palmen, Pinien und Zypressen weiter zum **Teatro Romano**. Es liegt gleich „um die Ecke" und stammt aus der Spätzeit des Römischen Imperiums.

■ **Nuovo Museo Archeologico Regionale „Paolo Orsi",** viale Teocrito 66, Tel. 662 22; werktags 9 – 14, feiertags 9 – 13 Uhr; 2000 Lire Eintritt, Fotografierverbot. Eines der schönsten Antikenmuseen Europas, 1988 im Park der ehem. *Villa Landolina* als hypermoderner Betonbau fertiggestellt.

Auf 9000 qm Fläche wird ein Großteil der fast 20 000 Exponate präsentiert. Ein Besuch ist sehr zu empfehlen, da die Ausstellung unter museumspädagogischen Gesichtspunkten sinnvoll zusammengestellt ist und allerneueste Medientechnik nutzt. Die Besichtigung der drei Sektoren A (Vorgeschichte, sehenswert!), B (Siracusa und Megara Hyblaea), und C (Kolonien von Siracusa sowie Funde aus Agrigento und Gela) erfolgt im „Einbahnstraßenverkehr": Wer sich auf einen Rundgang einläßt, kann nicht mehr zurück. Ob man will oder nicht, die optimal „aufbereitete" Chronologie der Geschichtsreminiszenzen muß durchlaufen werden. Hinter jedem Pfeiler lauert ein Museumswärter („Non toccare!"), der höflich den Weg zurück in die Gegenwart bestimmt.

Für Besucher mit wenig Zeit ist Sektor B ist der interessanteste Abschnitt. Im Eingangsbereich steht die sog. *Ve-*

*nere Landolina*, auch Venere Anadyomene genannt, plaziert. Sie ist das offizielle Prunkstück der Sammlung: die römische Kopie eines griechischen Originals aus dem 2. Jh. vor. Chr. Auf dem Rundgang fallen die unzähligen Demeter-Darstellungen auf, die vor allem im **Demetertempel** entdeckt wurden, als das Santuario della Madonnina ausgewertet wurde. Tausende dieser Votivgaben (*ex votos*) – eine gleicht der anderen – liefern den Nachweis, daß schon zur damaligen Zeit wie in Taranto/Apulien eine florierende, hochgradig arbeitsteilige Manufaktur für sakrale und funerale Kultgegenstände existiert haben muß. Die Modelle des Athenaions- und des Apollo-Tempels von Ortygia veranschaulichen präzise die griechische Architektur. Selbst der goldene Sonnenschild der Athene über dem Hauptportal wurde nicht vergessen. Außerdem: grimmige Gorgonenhäupter mit Spiralornamenten, Vasen, Grabamphoren (Kindergräber), Urnen in der typischen schwarzroten Keramik, Reiterdarstellungen und eine enthauptete Kalksteinstatue der sitzenden *Dea Madre*, der Großen Muttergöttin, mit zwei Kleinkindern im Arm. Sie entstand im 6. Jh. v.Chr. und wurde in der Nekropolis von Megara Hyblaea entdeckt.

Informativ sind auch die leider nur in geringer Zahl erhaltenen, in Bronze- und Eisenbänder eingearbeiteten Gesetzestexte und Verträge der alten Griechen. Die enorme kultische Bedeutung des Metalls wird an den eingravierten Danksagungen an die Götter deutlich.

Die rostenden Bänder erlauben aber auch einen Einblick in die damaligen banalen Alltagsprobleme. Da mußten 10 Bürgen her, um ein Haus für 40 Talente kaufen zu können, oder die Prämie für einen Sikulerskalp wurde neu festgelegt. Die Sikuler galten lange Zeit als Menschen niederen Ranges und wurden niedergemetzelt wie die Indianer. Unwillkürlich denkt man an das griechische Sparta, dessen Jünglinge nur dann frohlockend das gemachte Ehebett besteigen durften, wenn sie ihre Männlichkeit durch die Tötung eines „Barbaren" bewiesen hatten – dort zumindest war jeder Soldat ein potentieller Mörder. Später, in der kulturellen Blüte, wurde das lustvolle Morden mit 6 Talenten Strafe belegt, nun ja...

■ **Unbeschreiblich weiblich:** Die absolute Zweitrangigkeit der Frau blieb erhalten; sie spielte zwar im religiösen, nie aber im öffentlichen Leben der Griechen eine Rolle. Man/frau schließlich „zur Erheiterung der Götter". Etwaige Relikte bekämpft erfolgreich heute die örtliche Frauengruppe Siracusas, an deren Spitze die stellvertretende Bürgermeisterin steht. Eine Frauenleitstelle sorgt heute für gebührende Öffentlichkeit. Touristinnen sollen demnächst in einem eigens errichteten Frauenhotel die „Stadt der Frauen" kennenlernen. Infos erhält man über „Le Papesse" in der via Veneto 13 (Tel. 69 320).

■ **Informationsmaterial:** Ein deutschsprachiger Katalog, dessen Unsumme der Eindrücke später zu rekapitulieren wäre, existiert leider nicht. Besser das

Tourismusbüro aufsuchen, dort gibt es seit neuestem eine englischsprachige Broschüre. Dafür werben Plakate für eine Multimedia-Show im Audienzsaal des Museums. Eine Übersetzung des italienischen Textes ins Deutsche oder Englische fehlt auch hier. Dennoch: Allenfalls Palermo oder Agrigento besitzen eine gleichrangige Sammlung, von der Präsentation her braucht Museumsdirektor *Guiseppe Voza* keine europäische Konkurrenz zu fürchten. Er vergleicht das Museum mit einem die Geschichte auffächernden Prisma und rät, sich Zeit zu nehmen und auch einmal einen Blick auf die geometrischen Ritzzeichnungen in der Abteilung Urgeschichte zu werfen.

■ **Park der Villa Landolina:** Ist ein archäologisches Trümmerfeld und, wie die ganze Stadt, von unterirdischen Nekropolen durchlöchert wie Schweizer Käse. Hier ruht der Dichterfürst *August von Platen*: Seine romantisch verklärten, heute schwülstig wirkenden Elaborate zieren noch immer zahllose Marmorplatten an Häusern und Ruinen in ganz Italien.

■ **Santuario della Madonnina:** Die direkt gegenüber liegende riesige Betonrotunde ist das neue Wahrzeichen der Stadt. Das halbfertige Nachkriegsprodukt geht auf ein Ereignis aus dem Jahre 1953 zurück. Seither hält es katholische Pilger aus aller Welt in Atem. Zu jener Zeit aber geschah es, daß ein Bildnis der Jungfrau Maria vier Tage lang bitterlich „weinte", und das im Himmelfahrtsmonat August. Zudem hagelte es Zeichen und Wunder, was

bei der phänomenalen Marienverehrung der Sizilianer automatisch zur Errichtung dieses alle urbanen Dimensionen und jeden architektonischen Stil sprengenden Baus von 80 Metern Höhe und 90 Metern Durchmesser führte. Das Bild der Tränenmadonna (*Madonna delle Lacrime*) wird in einem Reliquienschrein im Kircheninneren aufbewahrt. Der Eingang erfolgt von der *Piazza della Vittoria* aus. Den direkten Kontakt „nach oben" gewährt die Lichtkuppel.

■ **Kulturpause:** Wem die Sinne schwinden und die Füße lahmen, sollte erst einmal in der *Mocambo-Bar* relaxen. Nahe der via Teocrito warten schließlich noch mehr Sehenswürdigkeiten. Angeboten werden vorzügliche warme Snacks und Pastas (ab 11.30 Uhr, nochmals frisch gegen 16.15 Uhr), es wird auch Eis serviert.

■ **Centro del Papiro,** via San Metodio 1/3, Tel. 0931/329 16. Mo bis Sa 9–13, 14–17 Uhr. Das kunsthandwerkliche Aushängeschild Siracusas. Das kostspielige Schreib- und Malpapier hier und nicht in den Läden am archäologischen Museum kaufen! *Angello Cardello*, Leiter des Zentrums, bemüht sich, dem Besucher die Herstellung des reizvollen Mitbringsels zu demonstrieren. Die Papyrusproduktion wird in Siracusa seit mehr als 2000 Jahren praktiziert. Leider orientiert man sich heute ausschließlich am ägyptischen Vorbild, eine Referenz, die sich in Hieroglyphen und Pharaonendarstellungen auf den Geschenkartikeln (ab 5000 Lire) niederschlägt. Die für den

Verkauf ebenso interessanten „blanken" Bögen rücken ins Präsentations-
abseits. Das beste Rohpapier ist meiner
Ansicht nach das **X1**! Nur zur Orientierung: Der Preis beträgt pro Blatt im Format A5 10 000 Lire, im Format
A6 5000 Lire! Der unbemalte Papyrus
ist nicht durchweg erhältlich. Wer im
September in Siracusa ist, kommt gerade richtig zur Erntezeit, dann ist das
Lager voll. Zu anderen Zeiten muß
meistens bestellt werden. Dies wird
vom jungen Personal gerne akzeptiert.

Apropos kaufen: Die Juweliere der
Stadt bieten Reproduktionen antiker
Münzen an. Besonders britische Numis-
matiker sind auf der Hatz nach neuen,
echt falschen Exemplaren.

■ **Museo del Papiro:** Liegt am Ende
der Sackgasse, die vom Eingang zum
neuen archäologischen Museum an der
via Teocrito abgeht.

Das neugestaltete Museum wird in Zukunft ein echter Renner sein. Nur soviel
zur Papyrologie von Siracusa: Die
Staude stammt **nicht** vom Nil und bildet eine eigenständige botanische Art,
so daß von einer unabhängigen sizilianischen Kultur und Tradition der Papy-
rusverarbeitung auszugehen ist.

■ **Catacombe di S. Giovanni,** via San
Giovanni, 15.3. bis 14.11.:
9.30−12.30, 15−18.30 Uhr; 15.11. bis
14.3.: 9.30−12.30, 15−17 Uhr. Führungen vom 15.3. bis 14.11.: 10, 11, 12,
16, 17 und 18 Uhr; 15.11. − 14.3.: 10,
11 und 12 Uhr. Mi zu. Eintritt 2000 Lire. Vor den Ruinen der beim Erdbeben
von 1693 zerstörten Kirche **San Giovanni Evangelisti** rechts abbiegen und

an der von Mönchen bewachten Holz-
tür schellen.

Nach der Besichtigung der **Crypta di
San Marziano,** welcher der Sage nach
erster Bischof der Stadt war und hier
beerdigt sein soll, geht es treppab zu
den Wandelgängen der Katakomben.
Sie besitzen eine einzigartige Form, ver-
jüngen sich konisch zur Decke hin und
haben häufig eine Rundöffnung gen
Himmel. Ihr Ursprung geht auf die erste urchristliche Gemeinde in Siracusa
zurück, deren Gründerväter Petrus und
vor allem Paulus gewesen sein sollen.
Die Katakomben sind seit mehr als
1000 Jahren ausgeräumt: Erstens waren Priester auf der Suche nach Heili-
genreliquien, zweitens dürften auch
Grabräuber herumgeschändet haben.

Weitere, teils größere Katakomben
und Nekropolen finden sich z.B. hinter
der Kapuzinerkirche (im Besitz des
Staates, aber wegen Renovierung geschlossen; trotzdem schöner Blick über
den Hafen von der **Piazza dei Cappuccini**), nahe der Kirche **Santa Lucia,** die
der heutigen Stadtheiligen geweiht ist,
sowie der **San Sepolcro-Kapelle.** Santa
Lucia übernahm ab der Christianisierung die Aufgaben der antiken Arte-
mis/Diana, ihr wurden die gleichen Attribute zugesprochen. Zwei Stadtprozes-
sionen pro Jahr sorgen für den Traditi-
onserhalt und halten die geschichtliche
Kontinuität seit der Zeit der Großen
Göttin aufrecht.

■ **Ortigia:** Neben den verwinkelten
Gassen und den *Musts* Fonte Aretusa
und Barock-Dom warten weitere Highlights. Im **Antiquarium** am Domplatz

liegen die Reste des Artemistempels, der neben dem Athene-Tempel stand, und, Ausnahme auf Sizilien, in ionischem Stil errichtet wurde. Auch im **Palazzo del Municipio** wurden Steinquader verbaut. Der Rundgang (hübsche Innenhöfe und Piazette) endet unweigerlich vor der Landspitze mit dem **Castello di Maniace**, dessen Gelände aber militärisches Sperrgebiet ist. Die Anlage geht auf eine Initiative des Stauferkaisers Friedrich II. zurück, ist also im weitesten Sinne „schwäbischen Ursprungs".

■ **Tip:** Ortigia auch abends besuchen! Arethusa-Quelle, Domplatz und **Apollo-Tempel** werden angestrahlt, die Laternen tauchen die Gassen in unwirkliches Licht. Manche schwören auf Vollmond. Er kommt über der Quelle besonders intensiv zur Geltung und läßt vergessen, was tagsüber sichtbar wird: Die gesamte Landzunge wird renoviert und ist damit im Griff von Spekulationshaien. Dies interessiert die in den Gassen des arabischen Viertels tobenden Kinder nicht. Kleine Sensation am Rande: Auf Ortigia spielen die Mädchen Fußball, und die Jungs müssen das Leder wieder holen...

Kirchenfreunde werden auf ihre Kosten kommen: Eine ganze Reihe teils sehr alter Bauwerke mit wunderschönen Portalen sind zu entdecken, z.B. **San Martino**. Ein Spaziergang auf der *Passegiata Adorno* gehört ebenso zum Pflichtprogramm wie das Ausruhen an der *Piazza Archimede* mit dem **Palazzo Lanza** und der Besuch des **Museo Nazionale di Bellomo** in der via Capodieci

10 (Di bis Sa 9–14, So und feiertags 9–13 Uhr). Hauptsehenswürdigkeit der auch **Galleria Regionale** genannten Einrichtung ist ein Gemälde: Die „Verkündigung" Antonello da Messinas ist jedoch durch den Zahn der Zeit und eine mehr als mißlungene Restauration ziemlich ramponiert. Dennoch bleibt es neben dem „Bildnis eines Unbekannten" in Cefalú und dem palermitanischen Messinabild das bedeutendste Renaissance-Kunstwerk Siziliens. Auch Caravaggios „Begräbnis der heiligen Lucia" ist zu sehen. Die Räumlichkeiten werden regelmäßig für aktuelle Ausstellungen zu Schwerpunktthemen aus Kunst und Geschichte der Stadt genutzt.

■ **In der Stadt:** Das Grab des Archimedes (*Tomba di Archimede*) braucht niemand suchen! Das ist nur etwas für Touristen, die auf den Schabernak der Sirakusaner hereinfallen wollen. Der Welt berühmtester Badewannenwasserverdränger („Heureka!") und Champion der immer noch gültigen Hebelgesetze starb, nachdem er die römische Flotte mittels Spiegeln und gebündelter Sonnenenergie in Brand stecken ließ, zwar in Siracusa durch die Hand eines römischen Legionärs: Sein Grab ist jedoch nur Legende. Also: Man gehe dem alternativen Energieberater aus dem Licht und zerstöre seine Kreise nicht, die hatten immerhin zur Erkundung des Sonnenstandes gedient.

In Bahnhofsnähe befinden sich zudem noch das **Foro Siracusano**, die antike Agorá der Griechen, die dort bei Massenveranstaltungen sicher Platzangst bekommen haben dürften, sowie die Ruinen des römischen Gymnasiums (auch mit Teatro). Für Familien mit Kindern ist der Besuch des **Aquario tropico** und ein Blick auf den **Porto grande** mit Fähren und Frachtern eine willkommene Abwechslung.

## Informationen

■ **A.A.T.**, Ortigia, via Maestranza 33, Tel. 652 01 und 669 32.
Hält Broschüren, Stadtplan und Hotellisten bereit. Hinweise auf das Kuturprogramm der Stadt. Weitere Detail- und Hintergrundinfos bietet das vierzehntägig erscheinende Magazin *Pan* mit vielen nützlichen Hinweisen.

■ **E.P.T.**, via San Sebastiano 45, Tel. 677 10.
Nahe dem archäologischen Museum und dem Papyrus-Zentrum. Zuständig für Aktivitäten in der Provinz Siracusa. Ausflugtips.

■ **Ferien für Frauen:** Organisiert von der Frauenkooperative „Le Lune" und der „Rosa dei Venti" in Catania (via Corridoni 24b, Tel. 336 731, dort auch Frauenkneipe; zweite Adresse nur Tel. 461 485). Die „Papesse" geben aber auch Auskunft (Siracusa, via Veneto 13, Tel. 692 30). Die Mondinnen unterhalten das Feriendorf **Minareto** am Strand von Siracusa, der „Stadt der Frauen". Das gleichnamige Projekt will sich in Zukunft dem femininen Tourismus mit Stadtrundfahrten etc. widmen und veranstaltet z.B. Feriencamps im ehemaligen Waldenserkloster **Adelfia** nahe **Camerina**.

■ **Stadtrundfahrt:** Operazione „Sira-cusa per Te!" An der Hotelrezeption buchen! Ist **umsonst** und dauert einen Tag (8.45 – 19 Uhr) Jan., Feb. Juli, Aug., Nov. und Dez. an Di, Do und Sa; März, April, Mai, Juni, Sept. und Okt. nur Sa. Mit Besuch des Archäologischen Museums, Bootsfahrt durch den Porto Grande, etc. Weitere Infos: Tel. 0931/676 07 (Info-Büro in der via Sebastiano 43), oder Tel. 669 32 (in der via Maestranza 33).

## Transport

■ **Bus:** Es gibt Stadtbusse. Überland: Nichtmotorisierte können mit der S.A. I.S., via Trieste 28, auch Airport-Service nach Catania) und Bozzanca (Abfahrt Piazza XXV Aprile in Ortigia) das Umland erkunden.

■ **Schiff:** Am **Mòlo Zanagora** Infos und Tickets über die Fährlinien nach Malta. Das Tragflügelboot der **Virtu Rapid Ferries** schafft die Strecke in 90 Minuten. Ein Besuch **Vallettas** mit den an San Francisco erinnernden Straßen, den charakteristischen Holzbalkonen der Paläste und den gigantischen Befestigungsanlagen rund um den Grand Harbour ist sehr zu empfehlen, vor allem denen, die schon Ortigia schätzen gelernt hat. Die Schiffahrtsbüros der Linien Tirrenia und Mediterranea liegen in der viale Mazzini 4, respektive in der via Tisia 89.

■ **Zug:** Nach Noto/Ragusa sowie Augusta/Catania. Die Linie nach Pachino ist stillgelegt.

## Ausflüge

■ **Castello Eurialo,** viale Epípoli, 9 Uhr bis vor Sonnenuntergang.

Der Ausflug zum wenige Kilometer entfernten größten Fort der Antike lohnt vor allem der Aussicht wegen: Der Blick vom militärischen Schlüsselpunkt der Gegend ist grandios. Die Festung wurde im Zuge der Errichtung der gewaltigen Stadtmauer unter Dionysos I. (402–397 v.Chr.) errichtet. Hier treffen die insgesamt mehr als 20 km langen Mauerwerke zusammen. Die gesamte Wehranlage zum Schutz der fünf Stadtteile von Siracusa war ein Meisterwerk der Militärtechnik. Denn: Das Überwinden der Mauern allein hätte dem potentiellen Gegner nicht zum Sieg verholfen. Hatte er erst einmal dieses Kunststück vollbracht, sah er sich mit unzähligen Laufgräben und Irrgängen konfrontiert, die ihn, ortsunkundig, garantiert in eine mörderische Falle lockten.

■ **Fonte Ciane:** An der einige Kilometer außerhalb Siracusa liegende berühmte Quelle wachsen die Papyrusstauden meterhoch. Sie ist am besten per Auto von der Landstraße nach Canicattini zu erreichen. Hinweisschilder erleichtern die Orientierung. Die Zufahrt von der SS 115 in Richtung Avola ist schwieriger, da man sich leicht in den blühenden Zitronen- und Orangenhainen verirrt. Schöner ist ein Spaziergang! Auto hinter den Brücken über den **Anapo** und den **Ciane-Bach** parken und entlang der Weiden laufen. So ist die Quelle nicht zu verfehlen. Die reizvolle Landschaft zwischen den beiden Gewässern ist mittlerweile Naturschutzgebiet, vom Besucher wird entsprechendes Verhalten erwartet.

Zur Quelle gelangt man über einen mit Platten ausgelegten Weg, der unter Eichen an den Tümpel heranführt. Man kann, sollte aber nicht im Teich baden, um dem empfindlichen ökologischen Gefüge nicht zu schaden. Die Naherholung suchenden Wochenendurlauber sind da eh wenig zimperlich und hinterlassen ihre Abfälle inmitten der steinernen Zeugen der Antike. Der Nymphe wurde ein ähnliches Schicksal wie der Arethusa zuteil, als sie den Raub der Proserpina verhinderte und so den Göttern ins Handwerk pfuschte. Flugs verwandelte sie sich zur Quelle. Die Bedeutung der Ciane in der Antike bezeugt der überdimensionale Frauenkopf einer Statue, die hier gefunden wurde (jetzt im Archäologischen Museum von Siracusa). Auf dem Rückweg zur SS 115 passiert man die private Pferderennbahn der Stadt (lohnt nicht), um dann die Säulen des **Tempio di Giovo Olimpico** (Zeustempel) zu besuchen.

■ **Tip:** Ein besonderes Vergnügen ist eine Bootspartie vom Meer aus zur Fonte Ciane. Ruderboote legen von der Mole an der Porta Marina auf Ortigia ab.

## Übernachten

■ **Bellavista**°°°, via Dodoro Siculo4/ via Acradina 20, Tel. 0931/ 369 12. 49 Zimmer mit Dusche/Bad, EZ ab 21 000 Lire, DZ ab 34 000 Lire. Mit Restaurant, Fahrstuhl, Garten und Bar.

■ **Panorama**°°°, via Necropoli Grotticelle 33, Tel. 0931/321 22. 51 Zimmer, generell mit Dusche oder Bad. EZ 25–33 100 Lire, DZ 35–49 000 Lire. Bar, Nähe zum Parco Monumentale.

■ **Como**°°, Piazza Stazione 10, Tel. 0931/614 64. 10 Zimmer, davon 7 mit Dusche; EZ 20 000 Lire, DZ 27–34 700 Lire. In Bahnhofsnähe, mit Bar/Restaurant.

■ **Aretusa**°, via Crispi 75, Tel. 0931/650 20. 46 Zimmer. Am Bahnhof. EZ ab 10 400 Lire, DZ ab 20 100 Lire. Bar/Restaurantbetrieb, Vollpensionsmöglichkeit.

■ **Gran Bretagna**°, Ortigia, via Savoia 21, Tel. 0931/687 65. 12 Zimmer, 2 Duschen. EZ ab 12 000 Lire, DZ ab 25 100 Lire. Auch Restaurant.

■ **Centrale**°, Corso Umberto 10, Tel. 0931/605 28. 24 Zimmer, je 2 Duschen und Bäder. Neben dem **Milano**° am Corso Umberto 10 und dem **Pantheon** an der via Foro Siracusano 22 das günstigste Albergo der Stadt: EZ ab 11 000 Lire, DZ ab 21 900 Lire.

■ **Gelone**°, via Epicarmo 36, Tel. 0931/669 81. 15 Zimmer, 4 Duschen. Ebenfalls im Verhältnis sehr preiswert.

■ **Albergo per la Gioventú**, via Epípoli 45, Tel. 711 118. Die Jugendherberge ist mit Buslinie 11 in Richtung Castello Eurialo zu erreichen. Kosten: pro Nacht 7000 Lire, Halbpension 20 000 Lire, Vollpension 28 000 Lire.

*Camping:*

■ **Campeggio-Agriturismo,** Ortsteil Rinaura, Tel. 721 224. Ganzjährig geöffnet. Anfahrt: 4 km außerhalb Siracusa in Richtung Avola/Noto rechts ab von der SS 115 (Wegweiser). Am dortigen Abzweig Bushaltestelle. Einfach, mit tröpfelnden Duschen.

■ **Camping Fontane Bianche**°°°, Siracusa–Fontane Bianche, via dei Lidi 476, Tel. 790 333. 1.4.–15.10. geöffnet. Aller Service. Strand: 50 m über die Straße. Mit Restaurant, Pizzeria, Take Away, der Möglichkeit zum Segeln und einer Surfschule. Dennoch: Ich empfehle den Ferienort nicht. Er bietet genau das, was man eigentlich nicht sucht: Das Wasser ist durch die aus dem Golf von Augusta ein zweites Mal an die Küste treibenden Rückstände der Ölraffinerien verschmutzt, der Strand zugebaut und kaum zugänglich, Sportanlagen meist nur mit einer Hotelbuchung zu nutzen. Überdies dröhnt an Wochenenden unerträglicher Diskothekenlärm...

## Baden

Schönere **Badeplätze** sind der Sandstrand von **Miloca** und der **Lido di Arenella**. Der liegt zwar näher an Siracusa und damit auch Augusta, der weit vorrragende Landsporn der Maddalena-Halbinsel, vor den giftigen Abwässern geschützt. Einheimische jedenfalls versichern dies glaubhaft. Auf der Halbinsel liegt das Touristendorf **Il Faro** (Siracusa, Ortsteil Faro Castelluccio, Tel. 721 210). Von den Felsklippen ist die Aussicht über die Bucht von Siracusa und Ortigia überwältigend. Nördlich Siracusa liegt der Campingplatz **Happy Holiday**°°° (in Melilli, Tel. 959 059). Er besitzt alle Vorzüge wie Markt, Restaurant, Tennisplatz und Boccia-Bahn, liegt aber nicht direkt am Meer. Das macht aber am Golf von Augusta rein gar nichts.

## Restaurants

Fast alle Restaurants der Stadt befinden sich in Ortigia. Dies hat seinen Grund in der abendlichen Flaniersucht der Siracusaner, die nun mal zur Arethusa-Quelle und zurück *müssen*. Auch die Touristen haben für diese Zusammenballung gesorgt, preislich hat sich dies niedergeschlagen. Ein Blick in die Seitengassen oder das *Quartiere arabo* zwischen der viale delle Giudecca und dem Meer genügt aber: Dort öffnen einige einfache Familientrattorien. Z.B. die No Name-Trattoria in der via Crocifisso. Die Qualität ist gut, da kann man über die mit Resopal beschichteten Tische und Wände getrost hinwegsehen. Der eisgekühlte *Rosé* ist übrigens in ganz Siracusa der gleiche und: Größere Vielfalt der Meeresfauna, als die Fischer im Hafen anlanden, können auch Spitzenrestaurants nicht frisch auftischen. Traditionell wird der *pesce spada* gegrillt und in einer Sauce aus Knoblauch, Petersilie und Öl gereicht: eher deftig, aber ausgezeichnet. Zumeist kocht die Hausfrau, der Ehemann tut das Seinige dazu, um die Gäste zufriedenzustellen. Das klappt. An der Piazza Archimede kann man den Abend vor und in der **Bar Diana** bei einem Digestivo abschließen und wird rundum zufrieden ins Bett fallen.

■ **La Foglia**, Ortigia, via Capodieci 41, Di und So abends geschlossen. Kein Telefon für Reservierungen. Vegetarische und mediterrane Küche.

Nicoletta, die Wirtin dieser winzigen, aber exzellenten Trattoria bietet in äußerst behaglicher Atmosphäre eine unvergleichlich gute Küche. Ich war eigentlich „nur" eingekehrt, um endlich einen Teil der Gemüse und Gewürze Siziliens probieren zu können, die mir im Landesinneren und auf den Märkten aufgefallen, aber nie in noch so teuren Restaurants serviert wurden.

Tatsächlich stimmt hier alles. Es gibt vegetarische Gerichte als Komposition aus 15 verschiedenen Beilagen, aber auch Fisch und Fleischgerichte, denn ein rein vegetarischer Laden könnte in Siracusa nicht überleben. Dafür wird Schwertfisch vom feinsten geboten, *al minuto* gegrillt und mit wildem Fenchelsamen aromatisiert... Alle *paste* sind aus Bioprodukten hegestellt und hausgemacht: Der Geschmack ist nicht im geringsten zu vergleichen mit einer herkömmlichen Trattoria. Als Nachtisch wurde Schokoladenpudding in Rosenwasser geboten, der Mokka wurde stilecht gereicht. Selbst ein Grappa fand sich noch in der hintersten Ecke der Kommode: „ein Überbleibsel meines geschiedenen Mannes", wie die Mitvierzigerin vergnüglich grinsend mitteilte. Ihre Tochter, eine der ganz wenigen Post-Punkerinnen der Stadt, servierte in dieser Atmosphäre, die niemals Nepp oder Übervorteilung aufkommen ließ. Kurzum: mein **Restauranttip!**

■ **Vecchia Ortigia**, via Santa Teresa 12-18, Tel. 617 50. Die ganze Woche über von 12−14 und 19−0.30 Uhr.

Hausgemachte Pasta und Fischgerichte, Pizzen aus dem Holzkohleofen. Intime Atmosphäre in Meeresnähe. Vorbestellung angeraten.

■ **La Medusa,** Ortigia, Vicolo Zuccalá 9, Tel. 225 66.
Tunesische Küche, Couscous.

■ **Achille,** via Mirabella 22-24, Tel. 240 12. Spaghetteria und Trattoria.

■ **Il Capriccio,** via Maniace 7, Tel. 461 459. Spezialität: sizilianische Fischsuppe (*zuppa di pesce*), mit der man die Bestellung eines Komplettmenues perfekt umgeht.

■ **Mocambo Bar,** via Teocrito 94, Do zu. Siehe „Kulturpause".

## Hinterland

■ **Nekropolen von Pantálica:** Unbedingt einplanen! Auf der Spurensuche nach den Sikulern, deren Zeugnisse hier vorhanden sind, stellt Pantálica den herausragenden Höhepunkt dar. Für Nichtmotorisierte ist die Anfahrt beschwerlich, ab **Ferla** (Zufahrt via SS 124 besser) oder **Sortino** (verwirrende Hinweisschilder im Ort) muß per pedes gegangen werden.

Wer mehrtägige Aufenthalte plant, sollte sich vorher mit Lebensmitteln etc. eindecken. Pantálica hat eindeutig die Alcantara-Schlucht als Freak-Treffpunkt abgelöst. Es hat aber nie mehr als ein Dutzend Besucher gleichzeitg. Die spektakulären Felsschluchten des **Anapo** sind von mindestens 5000 Grabkammern und Höhlen durchlöchert. Wenn demnächst der Roman über die „Ruinen von Pantálica" von Vincenzo Consolo ins Deutsche übersetzt sein

wird, dürfte der große Run beginnen.

Am Fuße der Canyonfelsen siedelten von mindestens 1300 bis ca. 650 v.Chr. die von der ionischen Küste vertriebenen Sikuler. *Anaktoron,* der 3200 Jahre alte Fürstenpalast, legt bis heute Zeugnis dieser Zeit ab. Terrassenanlagen, ein später erbauter griechischer Tempel, vor allem aber die Landschaft, die tatsächlich *incantevole* ist, sind reizvoll genug, um eine Wanderung hinab und entlang des Anapo zu unternehmen. Nahebei liegen zahllose weitere Nekropolen, teils aus noch früheren Kulturen. Ein Reiseziel, das noch zu entdecken ist...

Wer weiter nach Palazzolo Acréide möchte oder von dort kommt, sollte einen Abstecher ins wenige Kilometer entfernte, grandios unterhalb des Monte Lauro (der Lorbeerberg ist mit 986 m der höchste Berg der Monti Iblei) kauernde **Buccheri** machen (zwei Kirchen, Lavabrunnen im Dorf).

■ **Vizzini:** Auf dem Weg hierher taucht zwischendurch jenseits der Tiefebene von Catania der Ätna auf. Manchmal scheint der Vulkan zu schweben! Dann ist nur sein umwölkter Gipfel zu erkennen, die Verbindung zum Erdinnern scheint zu fehlen. In der Bar an der Piazza Umberto, dem mittelalterlichen Dorfzentrum, können Deutsche ihre Dialektkenntnisse aufbessern: Die Familie hat jahrelang in Stoccarda (Stuttgart) gearbeitet. Auch die schwäbische Kehrwoche hat sich in der von Treppen nur so wimmelnden Berggemeinde (10 000 Einw.) durchgesetzt. Die Dorfkulisse wirkt am eindrucksvollsten von der Landstraße nach

Grammichele. Nur einen Kilometer außerhalb Vizzini liegt inmitten blühender Bergalmen einer der schönsten Aussichtspunkte des sizilianischen Berglandes. Man erkennt unterhalb des Kamms eine pittoreske bäuerliche Siedlung, Teil des alten Vizzini. Im Nordwesten fällt der barocke Stadtkern mit dem sog. Castello auf.

■ **Tip:** In Vizzini finden das ganze Jahr über ländliche Feste statt. Die Sizilianer kommen von weither, um hier einzukaufen (Käse, Lammfleisch, Kastanien etc.) oder rustikal und preiswert zu essen. In Kombination mit **Grammichele** (interessant die Hauptpiazza) und **Licodia Eubea** (in toller Lage, lange Mafiageschichte; der Friedhof ist das Spannendste, er wird von einer tiefroten, sehr arabisch wirkenden Kuppel dominiert.) Siehe auch Kap. „Ragusa", eine lohnende Halbtagestour!

■ **Rückfahrt via Francofonte:** Auf der SS 194 geht es bergab in Richtung **Piana di Catania**. Das von den Arabern urbar gemachte Tiefland verkam unter den Spaniern und war noch vor hundert Jahren ein gefürchtetes Malaria-Gebiet. Francofonte ist ein Landwirtschaftszentrum. Auch hier bestehen gute Einkaufsmöglichkeiten. **Lentini** ist Zentrum des Südfruchtanbaus, lockt aber auch mit den Überresten des antiken *Leontinoi*. Über **Agnone Bagni** sollte man nach **Brúcoli** fahren. Das hübsche Fischerdörfchen unterhalb des Monte Tauro lockt mit gemütlichen Tavernen. Es hat auch einen ganzjährig geöffneten Campingplatz mit Restaurant und Pizzeria an der **Baia del Si-**

**lenzio°°**, Ortsteil Campo Lato, Tel. 981 211. Abendspaziergänge in **Augusta** (Normannenkastell) oder ein frühmorgentlicher Besuch im Ruinenfeld von **Megara Hyblea** runden die Tour ab und führen zurück nach Siracusa.

■ **Palazzolo Acréide-Akrai,** Archäologische Zone, via Primosole, 9 bis eine Stunde vor Sonnenuntergang; Mo geschlossen, So und feiertags Eintritt frei. Beliebtestes Ausflugsziel der von Taormina und Siracusa anreisenden organisierten Gruppen. Vom Landesinneren sehen sie meist nur diesen Ort und die Villa Casale in Piazza Armerina. Grund der Stippvisite: Die Akropolis oberhalb der heutigen Stadt war ehedem Sommerresidenz der Herrscher von Siracusa.

Das Areal ist überschaubarer, eben ländlicher als in Siracusa. Der Blick vom winzigen Teatro Greco , das trotzdem 3000 Besucher faßte, ist den Eintrittsobolus wert, nicht aber den langen Anstieg, wenn dieser zu Fuß bewältigt werden muß. Insbesondere Siziliens Lehrer scheinen Freude daran zu haben, ihre Schulklassen dort hinaufzuscheuchen. Ansonsten: ein Stück der alten Kopfsteinpflaster-Straße, das *Bouleuterion* (kein antiker Bouleplatz, sondern Sitz der Ratsversammlung), die Grabkammern in der sog. *Intagliata*. Der Zugang zu ihnen erfolgt links vom Haupteingang.

■ **Palazzolo Acreide-Stadt:** Die Kleinstadt (10 000 Einwohner; mehrmals täglich Busse von und nach Siracusa) besitzt eine Reihe von Barockkunstwerken (S.Paolo, SS.Annunciata, Palazzo

Judica etc.), die aber alle reichlich heruntergekommen wirken. In den Bars an der via Garibaldi hocken einige fast schon zu fellineske Typen, die nur in Bewegung geraten, wenn reichgekleidete Damenwelt auf einen Aperitif hereinschneit. Am schönsten ist es auf den Piazze, wo man den alternden „Akreiden" beim gelangweilten Pensionärsdasein zuschauen kann. Jedes falsch parkende Auto verursacht einen hektischen Volksauflauf. Ich kann mir nicht helfen, dem Ort fehlt ein Stück jener Stimulanz, welche die nahebei liegenden Bergdörfer ausstrahlen.

■ **Rückweg nach Siracusa via Canicattini Bagni:** Der Ort ähnelt von der Landstraße her eher einer modernen „Boomtown", hat aber eine urgemütliche Dorfpiazza. Dort befindet sich sogar ein *Cafè Voltaire*. Seit den fünfziger Jahren haben sich in den Bergen ringsum viele Deutsche niedergelassen, da die alten Landhäuser und Bauernhöfe preiswert zu haben waren. Demnächst soll eine Tropfsteinhöhle, die **Grotta Monello**, dem Publikum zugänglich gemacht werden.

## Von Siracusa zum Capo Passero

Die Südspitze Siziliens bis zum Capo Passero (57 km entfernt) birgt einige Überraschungen. Zuerst einmal schließt man Bekanntschaft mit der fulminanten Architektur des sog. „sizilianischen Barocks". Dieser bis heute nicht recht anerkannte Kunststil entwickelte sich nach der Erdbebenkatastrophe von 1693, als Kirche und Adel nach neuen stadtplanerischen Ausdrucksformen suchten. Die in Sizilien stets tiefe Abneigung, auf alten Trümmern wiederaufzubauen, spielte beim Entstehungsprozeß eine entscheidende Rolle. Lieber bauten die Menschen gleich eine ganz neue Stadt, eben daneben – auf den nächstgelegenen Hügel. Schon die Griechen hatten solch radikale Erneuerungen (z.B. in Himera, Selinunt, etc.) praktiziert, Römer und Araber (in Agrigento) machten es ihnen nach. Hier geschah die städtebauliche Kur unter dem Edikt der Spanier. Erst im 20. Jahrhundert sind die Sizilianer erstmals selbst für diese Praxis verantwortlich (im Belice-Tal, nach dem Erdbeben von 1968).

Heutiges Ergebnis: Eine unendliche (Tor-)Tour für jene, die grünüberwachsene steinerne Relikte nicht missen möchten.

■ **Cassibile:** Erwachte nur einmal aus dem Dornröschenschlaf, als hier 1943 der Waffenstillstand zwischen Italienern und Alliierten geschlossen wurde. Das Dorf links und rechts der SS 115 ist ein Versorgungszentrum für die Feriensiedlungen an der Küste. Es gibt immerhin zwei Supermärkte, Bars und billige Pizzerie. Selten erwähnt werden die fünf Süßwasserseen der **Cavagrande di Cassibile**. Inmitten der steilabfallenden Flußschluchten des das Karstgebirge durchfließenden Cassibile-Flusses gedeihen Riesenfarne, Platanen und Oleander in allen Farbschattierungen. Ein Tip für Badefreunde, die mit der geschützten Natur umzugehen wissen.

■ **Avola:** Unauffälliges Landstädtchen. Erst ein Blick auf den Stadtplan oder eine Luftaufnahme verblüfft. Die Stadt ist auf dem Reißbrett entstanden. Resultat: Alles ist quadratisch. Die Piazza in der Mitte, vier Ausfallstraßen, noch einmal jeweils eine Piazza in jeder Himmelsrichtung – das wars. Ein Straßensechseck bündelt das Ganze, wir haben es mit einer Stadt in Kristallform zu tun. Das wirkt sehr militärisch und hatte sicher auch andere als architektonische Gründe. Solche geometrischen Grund- und Muster liegen fast sämtlichen Orten des äußersten Südostens zugrunde, die von der Naturkatastrophe am schwersten heimgesucht wurden. Manchmal wird auch variiert: Ob nun im oben erwähnten **Grammichele**, dessen wunderschöner Hauptplatz von vornherein seckseckig gestaltet wurde, oder in **Pachino**. In Avola lohnt ein Blick in die Stadtkirche an der Hauptpiazza. Im Innern hängt eine Fotoausstellung der letztjährigen Prozession. Wie alle anderen Neugründungen entstand die Neustadt nicht direkt am Meer. So gibt es als vorgelagerte Siedlungen den kleinen Hafen **Marina di Avola** und den **Lido**. Sie ähneln außerhalb der Hochsaison eher Geisterstädten...

*Come Gerani*

*Guarda:*
*la verità è corta*
*– ieri ti perdevi nel labirinto –*
*oggi, tu ed io,*
*brilliamo come gerani.*

(Schau: Die Wahrheit währt nicht lange! Gestern verlor ich Dich im Labyrinth! Heute leuchten Du und ich wie Geranien...
Poem der sizilianischen Autorin *Renuka* aus dem Gedichtband „Se fossi un poeta" (Mazzone editori, Palermo).

■ **Noto:** Besichtigungstip, spektakuläre Barockstadt! Zuerst ist die geographische Lage der Neustadt anzuführen: Hanglage – Meerblick! Mehr als 30 Kirchen, unzählige Paläste, ein grandioses Theater, verschwiegene Treppensteige. Dies alles wurde, so der Berghang keine statischen Einwände erhob, äußerst präzise wie nach dem Lineal errichtet. Folgender Plan wurde zugrunde gelegt: An der mittleren der drei Hauptstraßen stehen die bedeutendsten Kirchen, die Kathedrale **San Nicolò e San Corrado** (mit der gewaltigen Freitreppe und den beiden Zwillingstürmen), **San Francesco**, das Kloster **San Salvatore, San Domenico, San Michele Archangelo** . Vis-a-vis der Diözesanpalast, das Rathaus, das Theater, das ehemalige Jesuitenkolleg (heute Gymnasium) und natürlich das Bischofspalais. Fast alle reichgeschmückten und mit Putten und Friesen überladenen Paläste (z.B. der Villadorata) stehen ein „Stockwerk" höher, an der nächsten Stadtachse.

Kirchenbarock- und Rokokofreunde sind in den stillen Winkeln und Gassen Notos bestens aufgehoben. Architekturliebhaber werden in diesem aus dem Nichts gestampften theatralischen Fassadenwunder Muße finden.

An allen Gebäuden knabbern und nagen Wind und Wetter, der Putz bröckelt ab. Noto, dieses Relikt feudalen Lebensstils – es überragte noch im vorigen Jahrhundert Siracusa als Provinzhauptstadt – dämmert dahin. Gegen diesen Schlaf und die Stille, die vor allem im weiter oben liegenden Stadtteil auffällig wird, kämpft die Jugend außerhalb der zusammengeballten Frömmigkeits- und Machtarchitektur mit *Gettoblustern* an. Auf der Piazza am Ortseingang dröhnt beim An- und Verkauf von Musikkassetten den ganzen Tag über der neuste Hit. Im nahen Elektro-Fachgeschäft gegenüber kann man auch telefonieren.

Noto ist seit je erzkatholisch, zumindest nach außen hin. Hier wird noch traditionell gelebt, z. B. geheiratet, samstags, vorzugsweise in der Kirche San Francesco und unmittelbar nach dem Frühlingserwachen, wenn „Venus den Stier bei den Hörnern packt" (21.4 bis 20.5.)! Ansonsten hat die Stadt unter dem Wegzug eines Großteils der Bevölkerung arg gelitten. Dies können die Touristen ebensowenig wettmachen wie die Strafgefangenen, die im berüchtigten Gefängnis, einer ehemaligen Klosteranlage, untergebracht sind. Die hochmodernen, mit Panzerglas verspiegelten Wachttürme und die schwerbewaffneten Carabinieri an den Straßenecken rund um den Komplex liefern eigentümlichen Kontrast.

Alle Jahre locken besondere Festivitäten Menschenmassen nach Noto, z.B. zur *Festa della Primavera*, das am 2. oder 3. Maisonntag stattfindet. Ganze Straßenzüge sind mit Blumen geschückt, Mosaike aus Blütenblättern werden gelegt, und die gelbgold schimmernden Fassaden erhalten jenen Glanz zurück, den sich die Baumeister *Gagliardi* und *Sinatra* erträumt hatten. Vor allem aber wird der Geburtstag des Stadtpatrons San Corrado gefeiert, und das gleich an zwei Doppelfesten (19.2. und eine Woche darauf; letzter Sonntag im August und eine Woche später). Das Informationsbüro (**Ufficio Informazione Turistiche**) in der etwas abseits liegenden **Villa Ercole** hält Stadtpläne und Hochglanzfaltblätter bereit. Günstiger liegt das **Informationsbüro** unterhalb der Treppenanlage von San Domenico. Der freundliche junge *Assessore* hat viel Zeit und Freude, Noto den Besuchern näher zu bringen.

■ **Noto antica:** *Netum – „Ingeniosa Urbs numquam capta".* Die Inschrift über dem Torbogen zum alten Noto (sie stammt aber erst aus dem Jahre 1870) entdeckt man, wenn man über die SS 287 in Richtung Palazzolo Acreide fährt und dann links ab auf den Asphalt- und späteren Schotterweg abbiegt (ca. 7 km). Die Fahrt durch die ansteigende Hügellandschaft der **Monti Iblei** hält einige wunderschöne Landschaftsmotive bereit. Zudem läßt es sich am alten Stadttor oder an den Ruinen des Kastells prima picknicken. Die auf etwa 1 km verteilten Trümmer helfen, Noto unter verschiedenen Aspekten zu „beleuchten". Einmal zeigen sie die uralte Siedlungsform des schon in vorgeschichtlicher Zeit bedeutenden Noto auf, zweitens wird die Rolle der Stadt unter den Römern lebendig. Schließlich wird die Erinnerung an die Araber lebendig, die Noto zu einer der Hauptstädte ihres dreigeteilten Siziliens machten (Val di Noto).

Besonders sollte der einstigen ärmeren Bevölkerung Notos gedacht werden, die nach dem Terremoto 93 mit der Stärke 11 den verwüsteten Ort keineswegs verlassen wollte. Die Unannehmlichkeiten, weite Wege auf die Felder, fehlende Barschaft für neuen Landkauf, vor allem aber Enteignungsverfahren brachten die Bevölkerung auf die sprichwörtliche Palme. Erst durch diese juristischen Tricks wurde der gewaltige Bauboom möglich, der das Barockjuwel Noto zustandebrachte. Auch ein zur Schlichtung inszeniertes Plebiszit, das die Rückzugsbefürworter deutlich für sich entschieden, änderte nichts an den längst geschaffenen neuen Tatsachen. Adel und Klerus wohnten bereits in den neuen Palästen, und ohne deren Geld ging eben nichts...

■ **Rückfahrt von Noto:** Wer hier den Ausflug gen Süden beenden und wieder nach Siracusa will, sollte die Landstraße via **Testa d'Aqua** wählen. Wo Schafe und Kühe weiden, die Bauernhöfe wie ausgestorben in der Landschaft liegen und niemand unterwegs ist, hat sich auf der „Wasserkuppe" Siziliens eine Einrichtung etabliert, die ich eher in **Cómiso** vermutet hätte: Hier spielt das italienische Militär Alltagskrieg. Unaufhörlich kreisen Radarschirme. Synchron drehen sich computergesteuerte Lafetten, auf denen sich Kurz-, Mittel-

und Langstreckenraketen gen Himmel (und Lybien?) recken. Zäune und Wachttürme riegeln das Areal hermetisch ab. Touristen müssen das Fotografierverbot militärischer Anlagen beachten! Bezeichnenderweise wurde dieser Komplex in einer wirtschaftlich darbenden Zone errichtet: Eselskarren und 21. Jahrhundert.

Tip: Von Südwesten aus wirkt Palazzolo Acreide viel imposanter als von Siracusa!

■ **Baden:** Die Strände von Avola und Noto sind halbwegs gut. Hie und da steht eine verfallende Hotelruine, an der seit Jahrzehnten, meist ohne Baugenehmigung, gebastelt wird. Touristisch erschlossen ist das alles noch nicht. Im Sommer soll aber „die Hölle" los sein.

■ **Auf dem Weg:** Die Straße nach **Pachino**, 22 km entfernt, ist eine wahre Rennstrecke der Einheimischen, die schnellstmöglich ans Meer wollen. Autofahrer sollten sich nicht stören lassen und ein vernünftiges Tempo beibehalten. Entlang der stillgelegten Eisenbahnlinie mit teils verwunschen wirkenden alten Bahnhöfen und Unterführungen liegen einige interessante Besuchsziele. Z.B. die Ruinen von **Eloro**, zu denen sich kaum einmal jemand verirrt. Am besten gelangt man von **Noto Marina** dorthin (Wegweiser, nur per Auto zu erreichen). Ein zehn Meter hoher Turm, die *Colonna pizzuta*, bildet eine gute Orientierungshilfe, ehe die eigentliche Ruinenstadt über der Mündung des Tellaró-Flusses auftaucht. Landschaftlich ist das alles wunderschön, von den Trümmern geht jedoch wenig Reiz aus. Nur der still vor sich hindösende Parkwächter (manchmal gleich drei, die dann Karten spielen) versöhnt je nach Laune mit einer Alltagsanekdote. Das ganze Erdreich steckt noch voller unentdeckter antiker Relikte. Doch wer soll das alles ausbuddeln? Bleibt ein Abstecher auf die windumtosten Klippen und der Wunsch, in einer der zwei unterhalb liegenden verlassen Buchten zu baden.

■ **Villa Romana del Tellaro:** 2,5 km weiter, an der Landstraße Noto – Pachino. Kurz nach Überqueren des Tellaró-Flusses rechts abbiegen (Wegweiser), dann ca. 1 km den Hinweisschildern zu einer klassischen sizilianischen Fattoria folgen. Parken vor dem „Eingangsportal". Besichtigung: 8 Uhr bis eine Stunde vor Sonnenuntergang und nach Gusto der Kustoden; Eintritt frei. Die 1971 entdeckte Ausgrabungsstätte birgt einen vermutlich reicheren Mosaikschatz als die **Villa Casale** von Piazza Armerina. Die römische Villenanlage aus dem 4. Jh. n.Chr. liegt unter der gesamten Fattoria. Grinsend erzählen die vier gemütlich in der Kustodenecke hockenden Herren, daß ihnen noch der Gesamtabriß der Gebäude bevorstehe. Das Lachen beweist, wie genußvoll doch „Zerstörung" sein kann, insbesondere, wenn sie bezahlt wird. Dies macht der Staat, obschon sich das Gelände in Privatbesitz befindet. Er läßt auch die bisher zutage geförderten phantastischen Mosaiken restaurieren (z.Z. im Museum in Siracusa). Im winzigen Abstellraum auf der linken Hofsei-

te sind Fotos und Reproduktionen dieser Funde ausgestellt. Eine etwas stärkere Glühbirne würde allerdings größere Besucherfreuden auslösen. Beim Rundgang mit dem gemütlichen Alten wird triste Archäologie zum wirklichen Spaß! Den Blick zurück in die Vergangenheit ermöglicht ein Besen: fegend in die Römerzeit! Rasch den Sand zur Seite, und schon liegt ein Mosaik frei. Nur Sekundenbruchteile später ist alles wieder „beim Alten", denn Fotografieren oder ein langanhaltender sinnierender Blick sind untersagt. Das neue archeologische Aushängeschild Siziliens muß vor allzu neugierigen Blicken geschützt werden, denn es ist sicher nicht vor der Jahrtausendwende fertigrenoviert. Dann will der private Besitzer viel Geld verdienen! Bis dahin werden die „vier Musketiere" am Ende Europas Wache schieben, was ihnen einen ruhigen Lebensabend bescheren wird.

■ **Torre Vendícari:** Am verfallenen Bahnhof von **Roveto** lockt links der Straße ein Abstecher zur fruchtbaren Lagunen- und Moorlandschaft der **Pantani di Vendícari.** Inmitten blühenden wilden Wacholders liegen Kartoffelfelder und andere, hochintensiv genutzte Anbauflächen, die während der Erntezeit mit roten Plastikkörben übersät sind. Am Ende der Lagune liegen die Ruinen einer ehemaligen Thunfischfabrik und der normannische Wachtturm. Der Sandstrand lockt zum Baden, doch sollte dies mit Augenmaß geschehen. Im Interesse der seit kurzem zur international anerkannten Naturschutzzone erklärten einmaligen Landschaft sollte auf allzu exzessive Nutzung verzichtet werden. Es ist ein stiller Ort, eher etwas für Ornithologen, die hier unzählige Spezies beobachten können.

■ **Pachino:** Ist ein Ergebnis des *Terremoto novantatre* (1693), das 60 000 Menschen das Leben kostete. Der Ort ist **das** sizilianische Landwirtschaftszentrum. Es wird Wein kultiviert, in Hunderten weißgestrichener Treibhäuser gedeiht Gemüse (Tomaten), zudem werden Blumen gezüchtet.

■ **Capo Passero:** Kurz vor **Portopalo** ragt der charakteristische Leuchtturm empor. Wenige hundert Meter nördlich liegt das **Castello Tafuri** in Richtung der Feriensiedlung Marzamemi. Das Schloß ist ein Sammelsurium architektonischer Elemente; es entstand infolge eines „echt englischen" Spleens um die Jahrhundertwende. Kitsch oder nicht Kitsch, man lasse sich nicht von der Außendeko abhalten und genehmige sich einen *Prosecco* an der Hausbar. Gratis dazu gibt es den leicht morbide angehauchten Charme des *Clubs der Sizilianer* – eine Atmosphäre, die man mal geschnuppert haben muß. Der Blick von der Aussichtsterrasse auf die unterhalb liegende Felsbucht mit der **Isola del Capo Passero** und dem Wachtturm aus normannischer oder Johanniterzeit ist atemberaubend. Man entdeckt auch die alten Fischerhütten, die heute auch vermietet werden. ■ **Portopalo:** Großer Fischerei- und Jachthafen. „Angesagt" sind ein Spaziergang ans Ende der Mole sowie ein Schwätzchen in einer der Bars. Die Fischer haben seit neuestem die *Tonnara* wieder

zum Leben erweckt. Der traditionelle Thunfischfang in Form der *Mattanza* ist aber in erster Linie eine Touristenattraktion. Clevere Geschäftsleute haben den *Raìs*, den wissenden „Kapitän" des ganzen Unterfangens, kurzerhand aus Castellammare del Golfo importiert. Gefischt wird somit die *Andata* und nicht der *Ritorno*, was auch möglich wäre. Dahinter verbirgt sich nichts anderes als das Abfischen der Sizilien *im Uhrzeigersinn* umschwimmenden Thunfische. Das Fischen gegen den Uhrzeigersinn wäre ab der **Isola delle Correnti** möglich, wo die Strömungen von ionischem und afrikanischem Meer zusammentreffen. Ob die Touristen dies Spektakel hin- bzw. annehmen, das Tierschützer mit den blutigen Stierkämpfen Spaniens vergleichen, bleibt abzuwarten.

Mit der Fischerei am Kap war es in jüngster Zeit nicht sonderlich gut bestellt. Manche munkeln, die Sizilianer hätten auf offenem Meer die Fänge der Malteser aufgekauft und umgeladen. (Dies sehr zum Mißfallen des damals auf Malta regierenden Sozialisten *Dom Mintoff*. Der hatte Maltas Fischern zwar hohe Sozialleistungen, nicht aber einen vergleichbaren Ankaufpreis für den Fang zahlen wollen. Nun wird Malta konservativ regiert, die Sozialleistungen schrumpfen, aber der Fang wird besser entlohnt...)

■ **Rückweg:** Auf der Straße in Richtung Ispica und zurück zur SS 115 liegt kurz nach Pachino ein kleines Anwesen, auf dem **Alfons, il Mago** hofhält und residiert. Ob seine heilenden Kräfte aber gegen die mächtige Konkurrenz der Teufelsaustreiber von Catania oder des weltweit umherschweifenden Obergurus der Geheimwissenschaften, **Moses, Magier von Montecristo**, anzaubern können, bleibt fraglich. Letzterer zieht, unterstützt von Liveauftritten im privaten Canale Cinque des italienischen Fernsehens, durch die sizilianischen Lande und offeriert Amulette und Talismänner gegen allerlei: Gebrechen, Impotenz und Frigidität, das Böse an sich, Einsamkeit, Verzweiflung.

## Übernachten

■ **L'Ancora**°, Avola-Lido, via Lungomare 1, Tel.0931/822 875. Pension mit 11 Zimmern. EZ 13 400 Lire, DZ ab 20 800 Lire. Mit Vollpension pro Nase ab 45 000 Lire.

■ **Mignon**°, Avola, via Maugeri 37, Tel. 821 788. 7 Zimmer mit Dusche. EZ 15 900 Lire, DZ 25 900 Lire.

■ **Monte Lauro**°°°, Buccheri, via Cappello 62, Tel. 0931/873 174. 18 Zimmer mit Dusche/Bad, hervorragende Küche. EZ schon ab 16 600 Lire, DZ ab 28 300 Lire. Mit hauseigener Garage. Ein Tip.

■ **Stella**°, Noto, via Nuova Aurispa 58, Tel. 0931/835 695. 21 Zimmer, teils Bad/Dusche. EZ 11 900 Lire, DZ 24 300 Lire. Sehr einfach!

Das **Eloro**°°° am Lido di Noto, Ortsteil Eloro Pizzuta, ist eine Bettenburg mit über 200 Zimmern und auch nicht gerade billig. Dafür hat es Schwimmbad, Tennisplatz und Privatstrand. Günstiger ist die Pension **Ionio** an der viale Lido 1 (Tel. 812 040).

■ **Anapo**°, Palazzolo Acreide, Corso V. Emanuele 7, Tel. 0931/871 286. 7 Zimmer. Allein auf weiter Flur, ohne Alternative und ohne Service. DZ 21 400 Lire.

■ **La Conchiglietta**°°, Pachino-Marzamemi, via Regina Elena 46, Tel. 0931/841 191. 11 Zimmer, DZ 31 900 Lire. Pension, in zwei verschiedenen Häusern untergebracht. Mit Garage, Bar/Restaurant.

■ **Vittorio**°°, Portopalo di Capo Passero, via V. Emanuele, Tel. 0931/842 181. Alle 25 Zimmer mit Dusche, EZ ab 18 400, DZ ab 33 800 Lire.

■ **El Condor**°, Portopalo di Capo Passero, via V. Emanuele 38, Tel. 0931/842 016. 16 Zimmer. EZ ab 12 900, DZ ab 21 900 Lire. Mit Bar/Restaurant.

■ **Club Castello**, Portopalo di Capo Passero, Castello Tafuri, via Tonnara, Tel. 0931/842 025 oder 842 725. Nach einer Aufnahmegebühr von 50 000 Lire für das Kalenderjahr ist außerhalb der Sommermonate Juli und August ein Zimmer mit Bad für eine Woche ab 250 000 Lire zu haben. Aircondition, Piano Bar, Swimmingpool, Tennisplatz, Bootsausflügen...

*Camping:*

■ **Camping Pantanello**°°, Avola, Ortsteil Pantanello, via Lungomare, Tel. 823 275. Ganzjährig. 7500 qm große Anlage 100 Meter vom Meer, aber über die Straße. Versorgungsmöglichkeiten nur außerhalb der Anlage.

■ **Camping Paradiso del Mare**°, Avola, Contrada Gallina, via Fondo Lupo, Tel. 822 435. Im Winter Tel. 561 786. Ganzjährig.

Auch hier 7500 qm, allerdings mit Restaurant, Pizzeria. 100 Meter Zugang direkt zum Meer. Nächste Tankstelle 1,5 km entfernt.

■ **Camping Sabbiadoro**°°, Avola, Contrada Chiusa di Carlo, Tel. 822 415. Nur saisonal. Mit Kinderspielplatz, Sandstrand, Duschen, Markt, und Tanzvergnügen...

■ **Camping Il Forte**°°°, Pachino – Marzamemi, Contrada Spinazzo, Tel. 841 011, 841 132. Ganzjährig. Mit Restaurant, Self Service, Pizzeria und Take Away. 100 Meter zum Strand. Sporteinrichtungen, Kinderspielplatz; Gasflaschenwechsel.

■ **Camping Capo Passero**°°, Portopalo, Contrada Vigne Vecchie, Tel. 842 333. 1.4.–31.10. geöffnet.

Direkt am Meer. Haustiere nicht erlaubt. Kein Restaurant oder Einkaufsmöglichkeit, aber im Umkreis von 1000 Metern. Außerdem existiert ein Touristendorf gleichen Namens an der via Tagliamento 22, Tel. 842 499 mit hübschen weißen Häuschen.

■ **Captain**°, Portopalo, am Capo Isola delle Correnti, Tel. 842 595. 1.6.–30.9. geöffnet.

Schöne Lage, wenn auch etwas abgeschieden. Direkt am Meer. Nächste Tankstelle 8 km. Für Anspruchslose und Selbstversorger.

## Restaurants

■ **Trieste,** Noto, via Napoli 21, Tel. 835 495. Ristorante.

■ **Al Buco,** Noto, via Zanardelli 1, Tel. 838 339. Trattoria.

■ **Al Giglio,** Noto, via Fabrizi 9, Tel. 838 640. Trattoria.

In Pachino und Portopalo finden sich einige preiswerte Trattorien und Pizzerien, die sich auf die Zubereitung von Meeresfrüchten spezialisiert haben.

# Ragùsa und
# die Monti Iblei

■ **Ragùsa:** Die Provinzhauptstadt (70 000 Einwohner) wurde im 18. Jh. auf den beiden gegenüberliegenden Hügeln des antiken **Ibla** errichtet. Kathedrale, Rathaus, Paläste und Bürgerhäuser säumen aneinandergereiht die Hauptachsen *via Roma* und *Corso Italia*. Drei Brücken, der Ponte Nuovo, der Ponte dei Capuccini und die 1964 entstandene Betonkonstruktion des Ponte Papa Giovanni XXIII. verbinden den Stadtkern mit der heutigen Wohn- und Geschäftsstadt, die unter Mussolini ausgebaut wurde. Hier liegt auch der Bahnhof (an der Piazza del Popolo, dort Abfahrt/Ankunft der Busse). Eigentlich sind in diesen beiden Ragùsas nur der Stadtpark der **Villa Margherita** und das **Museo Archeologico Ibleo** in der via Natalelli einen Besuch wert (Abzweigung von der via Roma, Öffnungszeiten Di bis Sa 9 – 14, So und feiertags 9 – 13 Uhr). Es beherbergt umfangreiche Funde aus Camarina, Ibla, Ispica und dem Hinterland insbesondere aus der Bronzezeit.

Vorbei an den Geschäften der via Roma gelangt man zum Corso Vitt. Veneto. Nach einer Visite von Dom und Rathaus an der Piazza Mazzini ein Spaziergang den Corso Italia hinab, an **Santa Maria delle Scale** vorbei, im Zickzack bis zur Fegefeuer-Kirche (*del Purgatorio*) an der Piazza della Repu-blica empfehlenswert. Wer mag, kann auch die Scalinata Commendatore benutzen: 300 Stufen treiben einigen Schweiß!

■ **Ibla:** Der Ort lebt ganz im Zeichen des Stadtpatrons Sankt Georg, dessen Fest wie überall auf Sizilien am 23.4. mit großem Aufwand gefeiert wird. Dominiert wird die gemütliche Altstadt vom Dom San Giorgio mit neoklassizistischer Kuppel. Hinter dem Palazzo Donnafugata tauchen diverse *Circoli* und Bars auf, vor denen die Alten von Ibla das soziale Leben kontrollieren. Durch verwinkelte Gassenkommt man zum **Giardino Pubblico** mit den drei Kirchen **San Giorgio Vecchio** (Reste), **San Giacomo** und der **Chiesa dei Capuccini**. Die beiden imposanten Campanile sind die Hauptattraktion. Flieder, Palmen und Jasmin säumen die Doppelallee, Iblas Sonntagscorso schlechthin: Väter schieben ihre herausgeputzten Kinder vor sich her, die Damenwelt trägt Goldschmuck. Der Blick von den Mauerbalustraden auf die Halbziegeldächer der Unterstadt und das Umland ist phantastisch.

In und vor den Bars und Trattorien lockt eine Pause unter mittelalterlichen Torbögen, man kann recht günstig essen und trinken. Wer über Nacht bleibt, sollte sich nach dem Programm des winzigen Theaters **Il Pentagramma** in der via Tommaso 6 erkundigen, das allerdings nur unregelmäßig spielt. Das Repertoire umfaßt Werke von Pirandello, Tschechow: ein Ereignis in intimem Rahmen!

## Das Hinterland

■ **Küste:** Wer sich länger im Ragùsano aufhält, wird vermutlich hier Quartier nehmen, um Badespaß und Besichtigungstouren miteinander zu verbinden. Dies ist in **Marina di Ragùsa** (24 km entfernt) und **Camerina** auch in der Nebensaison möglich. Abends flanieren die Städter entlang des Lungamare, um dann in Großfamilienstärke in einer der Trattorien zu speisen und zu feiern. Fast food gibt es natürlich auch. Sogar an moderne Kunst in Form eines Betondenkmals wurde gedacht. Ein Blick auf die Autonummernschilder der herumreisenden, vermeintlich sizilianischen „Künstler", die den Kunst- und Kitschmarkt bei laut röhrenden Dieselaggregaten und Kunstlicht regelmäßig abwickeln, löst Schmunzeln aus: angegraute bundesdeutsche Aussteiger.

■ **Donnafugata:** für einen Abstecher auf dem Weg nach Marina, wo das berühmte Schloß zu besichtigen (auch spätnachmittags, anschließend dort speisen!) ist, in dessen Zimmer *Guiseppe Tommasi di Lampedusa* die Schicksale seiner Romanfiguren zusammenfädelte. Kostprobe seines in Kabbale und Liebe verwickelten jugendlichen Helden *Tankredi*: „Ich küsse allen kleinen Leopardinnen die Hand, vor allem Concetta!" (vgl. deutsche Ausgabe im Piper-Verlag, S. 111) Die Weiterfahrt zu den Nekropolen von Camarina und zum sehr touristischen Hafen von **Scoglitti** ist erwägenswert, empfehlenswert ist das weit reizvollere Fischerdörfchen **Grande Donnalucata** an der Küstenstraße Richtung **Scicli**.

■ **Scicli:** ein eher ländliches Städtchen, das vor allem wegen seiner bunten Märkte interessant ist. Man sollte also vormittags dorthin fahren. Den besten Blick über die Gesamtanlage der Stadt an den Karsthängen hat man vom Panoramapunkt des **Santuario Madonna dei Milici**. Auch von der sich aufwärts windenden Ausfallstraße nach Módica lohnt die Aussicht, insbesondere auf den riesigen, ineinander verschachtelten Friedhof.

■ **Módica:** Ist bei weitem lebhafter und erinnert mit ständigem Verkehrschaos fast an palermitanische Verhältnisse. Ursache ist die Lage von Ober- und Unterstadt. Die Hauptverkehrsader *via Umberto* teilt sich an der Piazza del Municipio, um den Häuserberg linker- wie rechterhand zu umrunden. Wer sich auf seine Schuhsohlen verläßt, wird den Rummel bald mögen. Denn es hat angenehme Winkel, nette Cafés mit tollen *Dolcezze* (englisches Teehaus in einem Hinterhof), und sogar eine *Humphry Bogart-Bar* an der Piazza Matteotti. Parken kann man dort auch, direkt vor der Carabinieri-Wache. Der Aufstieg zur Oberstadt, stets im Blickfeld die Glockentürme, führt vorbei an der Kirche **Santa Maria di Betlem** mit der Sakramentskapelle hinauf zur Kirche **San Giorgio** mit der mächtigen Freitreppe.

■ **Ispica:** Vor allem die Anfahrt dahin ist interessant, entlang der schroffabfallenden Kalksteinwände des gleichnamigen Flußtals verführt ständig zum Halten. Dutzende von Höhlen sind in den Stein gehauen, das Tal ist seit der

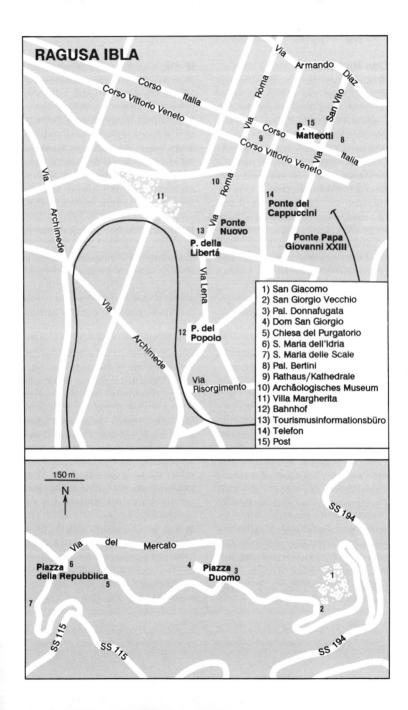

# RAGUSA IBLA

1) San Giacomo
2) San Giorgio Vecchio
3) Pal. Donnafugata
4) Dom San Giorgio
5) Chiesa del Purgatorio
6) S. Maria dell'Idria
7) S. Maria delle Scale
8) Pal. Bertini
9) Rathaus/Kathedrale
10) Archäologisches Museum
11) Villa Margherita
12) Bahnhof
13) Tourismusinformationsbüro
14) Telefon
15) Post

Steinzeit ohne Unterbrechung besiedelt. Auch heute haben sich viele Bewohner der Kleinstadt *ihre* Grotte zu allerlei Zwecken hergerichtet. Ob nun als Werkstätten, Schrottplätze, Weinlager oder Kleingartenschuppen: Das nicht gerade leicht begehbare Gelände wird alltäglich genutzt. Kultivierter dagegen die Ausgrabungen in archäologischen Zone des **Parco della Forza** im Ortsteil Spaccaforno (April bis Sept. 9–12, 15–18 Uhr, So und feiertags generell 8–14 Uhr; Okt. bis März 8.30–12, 14.30–16.30 Uhr): Grotten, Katakomben, ein Tunnel, der in den Fels führt (centoscale), Ruinen.

Aushängeschild der Stadt Ispica: die **Chiesa dell' Annunciata**! Die filmreife Kulisse ist ein Muß für jeden Kunstfreund. Die Fassade der allein stehende Campanile sowie die von Bäumen gesäumte Allee zur Kirche geben vor allem zur Mittagszeit gute Atmosphäre.

■ **Cava d'Ispica:** wenige Kilometer außerhalb Ispica in einmaliger Landschaft gelegen. Kilometerlang zieht der Ispica-Fluß seine Schleifen durch die Schluchten des Kalksteinmassivs der Monti Iblei. Die Grotten und Hänge waren seit der Steinzeit bis ins Spätmittelalter bewohnt. Zahllose Zeugen der Vergangenheit sind erhalten geblieben. Beeindruckend sind nicht die einzelnen Spuren, sondern der Gesamteindruck. Wer die architektonischen Überreste aufsucht, sollte gut zu Fuß sein. Entschädigt wird die Plackerei mit dem Blick auf byzantinische Mosaiken, Mauerreste. Seit 1980 wird dort gegraben. Hinweisschilder und das Tourismusbüro in Ispica geben Auskunft.

■ **Ausflug gen Norden: Chiaramonte Gulfi** unter den Felsen des Monte Arcebessi (668 m) erreicht man am schnellsten über die SS 514. Aus der Ferne ist das Stadtbild wenig ansprechend, zuviele häßliche Neubauten aus den sechziger und siebziger Jahren versperren die Sicht. Der mittelalterliche Stadtkern ist jedoch weitgehend renoviert und durchaus sehenswert. Vor der Abzweigung nach Chiaramonte liegt der **Santuario di Gulfi**, ein im 19. Jh. entstandenes Marienheiligtum mit der segensreichen „Madonna mit Kind". Am Ferragosto wird der Ort von Pilgerscharen quasi überrannt. Reizvoll ist auch die Weiterfahrt über **Licodia Eubea** nach Vizzini, den Geburtsort *Giovanni Vergas*. Das fruchtbare Ackerland rund um Ragùsa steigt allmählich an und wechselt urplötzlich zur wildromantischen Berglandschaft der Monti Iblei über.

■ **Caltagirone:** Über Grammichele (sechseckige Piazza) via SS 124 zu erreichen. Die Stadt macht einen eher heruntergekommenen Eindruck. Dafür sorgt das Grau in Grau der dichtgedrängt beieinander stehenden barocken Kirchen und Paläste. Städteplanerisch befreiend wirkt die gigantische Treppenanlage der vom Rathausplatz hinaufführenden **Scala Santa Maria del Monte**. Sie läßt ein wenig Licht und Luft in den Ort, und verleiht der Stadt Atmosphäre. Außer der Kirche Santa Maria steht in der Oberstadt die Patronatskirche Caltagirones, **San Giacomo**. Bedeutender sind die Kirchen der Unterstadt (vor allem die Jesuitenkirche und der Dom) sowie die **Galleria Don Sturzo**, ein ehemaliger Senatorenpalast, der nach einem kurzen Zwischenspiel als Theater heute als Ausstellungsfläche für Caltagirones berühmtestes Produkt, die Keramikarbeiten, dient. Mir hat Don Sturzos Lebenswerk wie auch die Keramik überhaupt nicht gefallen. Zu offensichtlich sind Exponate wie zum Verkauf angebotene Waren auf den gängigen Publikumsgeschmack ausgerichtet. Schönere Keramiken von der Bronzezeit bis zur Moderne finden sich im berühmten **Museo della Ceramica**. Immerhin gilt Caltagirone als bedeutende italienische Stadt für dieses Kunsthandwerk. Es liegt am anderen Ende der Stadt (entlang der Hauptachse, der *via Roma*, dann rechts ab zum 200 Meter entfernten Gebäude; Di bis Sa 9–14, So und feiertags 9–13 Uhr). Nach dem Museumsbesuch macht man am besten eine Pause im *Teatrino* im nahen Stadtpark.

■ **Vittória:** Den Rückweg nach Ragùsa sollten Motorisierte auf den schmalen Landstraßen zum Agrarzentrum inmitten blühender Olivenhaine und Weinpflanzungen unternehmen. Die Provinz Ragùsa liefert fast alles Frischgemüse auf Sizilien.

■ **Cómiso:** Der Protest der Friedensbewegung gegen die Stationierung der Pershing II-Raketen hat Cómiso europaweit bekannt gemacht. Ein wenig gleicht die Atmosphäre hier dem Schauplatz der legendären Filmreihe *Don Camillo und Peppone*. Rund um den Diana-Brunnen auf dem Hauptplatz am Rathauspalast wechseln sich

in reger Folge Kirchen, Paläste, Parteibüros und Cafés ab. Da eilen Politiker von Aperitif zu Aperitif.

Seit die Amerikaner als Konsequenz des Nato-Doppelbeschlusses und der Gipfeltreffen von Reykjavik und Washington die Verschrottung ihres Raketenarsenals in Angriff genommen haben, geht Angst um in Cómiso. Arbeitsplätze, Finanzhilfen, Geschäftskontakte in die U.S.A.: Ein Boom war prophezeiht worden. Während die Mitglieder der Friedensbewegung den völligen Abzug der Militärs fordern, um Südostsizilien auf eigene wirtschaftliche Füße zu stellen, plädieren andere für die gewinnbringende Nutzung des in die militärischen Anlagen investierten Kapitals. Amerikanische Firmen sollen zur Übernahme und Privatinvestitionen bewegt werden. Die US-Army würde das Flughafengelände am liebsten verkaufen. Wirklich haben will es jedoch niemand. Überdies droht die Stationierung der neuen F-16 Jets, die alle Sizilianer ablehnen. Tieffluglärm erregt mehr Unmut als nicht abgeschossene Atomraketen.

Die Mafia wiederum dürfte dem Ende des Traums vom Jahrhundertauftrag – hunderte Kilometer neuer Autobahnen waren auf Sizilien projektiert – enttäuscht nachtrauern: Nach Bekanntwerden des irrwitzigen Plans, die sensiblen Pershings auf Rädern durch Sizilien rollen zu lassen, um trickreich mit dem russischen Bären Versteck zu spielen, zeigten die Familien ihre Muskeln und rissen alle Bauaufträge an sich. Norditalienische Konkurrenten wurden mit Bombenanschlägen zur Raison gerufen, einheimische Bauunternehmen als Subunternehmer mit Teilaufträgen abgespeist. Parallel schnellten die Kosten je Autobahnkilometer in gigantische Höhen. Schließlich wurde der römische Senat aktiv: Die Perspektive, im Straßenverkehr herumgondelnde Atomraketen könnten auf stark erdbebengefährdetem Terrain verunfallen, behagte nicht. Schließlich gaben die davongaloppierenden Kosten den Ausschlag zur Beerdigung des Mammutplans. Nach diesem Schildbürgerstreich ist heute in Cómiso alles wie früher! Aber: An den ländlichen Schlaf der Gerechten mag sich niemand gewöhnen, der die Turbulenzen um die Kleinstadt und das öffentliche Interesse genossen hat. Ergo wird demnächst ein Entwicklungsplan aus Rom fällig, welcher der „frustrierten Bevölkerung" wieder auf die Beine helfen soll. Bis dahin aber werden die Rathaus- und Kirchturmuhren der Stadt, wie der Komiker Fernadel als Don Camillo es als Provinzposse vorexerziert hat, nach eigenen Gesetzen ticken! Ob sie nun vor oder nach gehen, revolutionäre Moskauer, kapitalistische New Yorker oder katholische Römische Zeit anzeigen: Der zu erwartende historische Kompromiß leuchtet schon jetzt tagtäglich vom Himmel! Der Lauf der Sonne − unbestechlicher Chronometer der Zukunft − ist klarer Favorit der örtlichen „Grünen"!

## Übernachten

■ **Tivoli**°°, Ragùsa, via G. D'Annunzio 60, Tel. 0932/248 85. 39 Zimmer mit Bad/Dusche; DZ 25 − 33 300 Lire. Mit Bar/Restaurant, Fahrstuhl und Garage; behindertengerecht. Das preisgünstigste Hotel in der Stadt. Zu empfehlen sind außerdem das **Montreal**°°° (via San Guiseppe 10, Tel. 211 33,gepflegter Komfort für knapp 50 000 Lire das DZ), und das **Mediterraneo**°°° (via Roma 189, Tel. 219 44, 128 Zimmer, DZ 35 − 44 000 Lire).

■ **Miramare**°°, Marina di Ragùsa, Lungomare A.Doria 32, Tel. 0932/390 84; 27 Zimmer, DZ mit Dusche 37 000 Lire. Strandhotel, auch mit Vollpension.

■ **Minerva**°°, Mόdica, Piazza Municipio, Tel. 0932/941 249. 14 Zimmer, teils mit Dusche/Bad. DZ mit Bad 15 − 21 900 Lire. Mit hauseigener Garage und Transportservice.

■ **Al Fungo**°°, Scicli-Donnalucata, viale delle Rose, Tel. 0932/937 575. 22 Zimmer mit Bad/Dusche. Bar, Restaurant, keine Vollpension. DZ mit Bad 31 500 Lire.

■ **Al Sorcio**°°, Scicli-Donnalucata, via della Repubblica 9, 0932/937 615. 22 Zimmer mit Bad/Dusche. Vollpension 50 − 55 000 Lire. DZ ab 36 400 Lire. Bar, Restaurant, Aufzug.

■ **Monteverde**°, Caltagirone, via delle Industrie 11, Tel. 0933/536 82. 8 Zimmer, DZ 38 000 Lire. Mit Parkplatz und Bar. Ausweichmöglichkeiten in Caltagirone im Luxushotel **Villa San Mauro** (DZ 78 000 Lire). Preisbewußte wohnen in der **Locanda Donato** (via Porto Salvo 22b, Tel. 25 684; DZ 19 000 Lire).

■ **Europensione**°°, Vittória-Scoglitti, via Napoli 100, Tel. 0932/980 287. 6 Zimmer mit Dusche. DZ 35 400 Lire. Garage, Bar/Restaurant, hoteleigener Busservice, Privatstrand!

■ **Oasi**°°, Vittória-Scoglitti, via Plebiscito 9b, Tel. 0932/980 457. 10 Zimmer, DZ ab 32 800 Lire. Weniger Service als in der Europensione, aber mit Garage.

■ **Camping „Baia del Sole"**°°°, Marina di Ragùsa, Tel. 0932/398 44. Ganzjährig geöffnet. Hat die ADAC-Empfehlung verdient.

■ **Camping „International"**°°°, Marina di Ragùsa, Tel. 0932/391 18. Ganzjährig; Einkaufsmöglichkeit, Ristorante/Pizzeria, Swimming Pool.

■ **Camping „Baia del Coralli"**°°°, Punta Braccetto, 4 km von Santa Croce Camarina, Tel. 0932/918 192. Ganzjährig geöffnet. Schattige Anlage direkt am Meer mit Restaurant, Self Service und Pizzeria (Außer Haus-Verkauf). Zahlreiche Sportmöglichkeiten, z.B. auch Schwimmkurse. Zelt 5000 Lire, Auto 3000 Lire, pro Person 3900 Lire.

## Essen

An der Küste sind die Restaurantpreise unangemessen hoch. Die Ragùsaner bevorzugen die günstigeren Pizzerie: So halten sie das traditionelle „Ausgehen am Wochenende" mit der Großfamilie aufrecht. Wein zur Pizza ist verpönt. Coca Cola und vor allem Bier sind der Renner. Eine Mode ist das Mixen des schweren Rotweins mit Cola, das überall an der Küste üblich ist. Dabei wird in der Fattoria *Avide* in Cómiso mit dem *Cerasuolo di Vittória* ein sizilianisches Spitzengewächs gekeltert, das seinen Weg bis in die bestsortierte Weinstube Norddeutschlands, zu Lehmitz nach Hamburg-Eimsbüttel gefunden hat. Fisch ist relativ teuer. Wer mobil ist, sollte in Ragùsa-Ibla, Grande Donnalucata oder Scicli sein Glück in einer einfacheren Trattoria versuchen. Das Preis-Leistungsverhältnis in Ragùsa Marina stimmt jedenfalls nicht. Generell gilt für alle Restaurants: samstags überfüllt! Feinschmecker bevorzugen folgende Etablissements:

■ **La Goletta**, S. Croce Camarina – Scoglitti, via Sorelle Arduino 8, Tel. 0932/980 879, Mi geschlossen. Menue ca. 30 000 Lire, gute Weinkarte.

■ **Le Gemelle**, Ragùsa, via Sant' Anna 89, Tel. 0932/279 65. Die Zwillinge Virginia und Guiseppina tischen auf. Berühmt sind vor allem die *antipasti*, *cernia imbottita al forno* (gefüllter Meerbarsch aus dem Ofen), Schwertfischrouladen und die *Cassata siciliana*. Menue ca. 30 000 Lire.

■ **La Calesa**, Vittória, Ortsteil La Calesa, Tel. 0932/993 567. Der Tip! Rustikale Atmosphäre, vieles vom Holzkohlengrill, und mit *ispirazione* zubereitet. Menue 20 000 Lire, lokale Weine.

## Golf von Gela

■ **Gela:** Die Hafenstadt ist laut, verschmutzt, und chronisch mit einem „Virus" infiziert. Hier stirbt sich's schneller als im übrigen Italien! Allein 1989 hauchten mindestens 64 durchaus nicht altersschwache Menschen unfreiwillig ihr Leben aus. Glaubt man der italienischen Presse, wird in Gela schon für ein Butterbrot gemordet. Ereignisse um das Milliardengrab des GIGAS-Staudammbau bei Gela sind äußerst unschön. Das ruft geradezu nach einem Besucherboykott, auch wenn die besterhaltenen griechischen Stadtmauern des Mittelmeerraums am **Capo Soprano** (im Parco Archeologico, via Scavone, Tel. 930 975; dort auch die ältesten griechischen Thermen auf italienischem Boden) außerhalb des permanenten innerstädtischen Kleinkriegs liegen. Wer mag da noch das Archäologische Museum (Corso Vitt. Emanuele 1, Tel. 912 626) oder die Grundmauern der antiken Akropolis besichtigen? Viele Einheimische, deren Vertrauen in die vom Staat juristisch bestens geschulten „Schiedsrichter" geschwunden ist, verlassen das sinkende Schiff. Die Gattin eines unbestechlichen Bauunternehmers, sie verlor Mann und Sohn beim Staudammprojekt, zog die Konsequenzen und siedelte mit den Töchtern nach Norditalien um. Arbeiter der Firma, die seinerzeit die Mörder ihres Chefs erkannt hatten, machten inzwischen selbst Bekanntschaft mit fliegendem Blei.

Neue Gesichter indes werden mißtrauisch begrüßt: Freunde wollten dort vor zwei Jahren ein Gelände für den Agriturismo herrichten. Schon nach wenigen Tagen klopften „hilfreiche Hände" an, um die Undurchführbarkeit dieses Planens unmißverständlich

klarzumachen. Tenor: Wer nicht für uns ist, muß gegen uns sein! Obschon Gela nach der Zerstörung durch die römischen Invasoren bereits eine Ruinenphase von fast 1500 Jahren durchmachen mußte, ehe der Stauferkaiser Friedrich II. als „Terranova", neues Land, wiedererstehen ließ, scheint der Hang zum Tyrranischen seit Mussollinis Rückbesinnung auf die glorreiche Tradition des griechischen Militärforts die Gemüter der Stadt zu bewegen.

Ein schmeichelhafteres Bild vermitteln die Feste. Ob zu San Guiseppe (19.3.), während der Karfreitagsprozession mit den traurig tristen Gesängen des *U Lamentu*, zur Barfußprozession rund um die Madonna delle Grazie (2.7.), zum *Paliu'a'ntinna* oder der *Cuccagna a mare*, dem fröhlichen Mastklettern im Meer, Gelas inbrünstige Folklore ist berühmt. Weitere Informationen erteilt das Tourismusbüro in der via Bresmes 104 (Tel. 913 788). Anschließend sind die bunten Faltblätter in der Miramare-Bar (via Bresmes 62, Tel. 911 311) höchst bequem zu studieren.

**Licata** ist in letzter Zeit ausgerechnet in den Hochglanzmagazinen ins Gerede gekommen: Die JournalistInnen des *Playboy*, der *Männer Vogue* und *Elle* berichteten genüßlich über den Erstlingsroman der zwanzigjährigen Literaturstudentin *Lara Cordella*, der als Ergebnis eines Schreibwettbewerbs im Mondadori-Verlag veröffentlicht wurde und zu Italiens Bücherhit 1989 avancierte (jetzt auch Deutsch im Fischer-Verlag).

*Volevo i pantaloni* − „Ich wollte (die) Hosen" − ist eine Bestandsaufnahme der Lebensumstände junger Sizilianerinnen und spielt in der Hafenstadt an der afrikanischen Küste. Die Story ist, wie die Autorin glaubhaft versichert, authentisch. Das keineswegs nur autobiographische Werk, es greift auch das feministische Modethema „Gewalt/ Vergewaltigung in der (Groß-)Familie" auf, löste heftige Reaktionen prominenter und weniger illustrer Bürger Licatas aus, die sich wiedererkannten und auf Schlips und Zehen getreten fühlten. Seine *pantaloni morti*, die toten Hosen, führte als erster der Bürgermeister vor, als er die „Nestbeschmutzerin" kompromißlos für „verrückt" erklärte. Der werten Frau Mama, sie ist im Roman mit der fast schon aphoristischen Bemerkung „Nur Männer und Huren tragen Hosen" verewigt, wurde nahegelegt, die „Hexe" und „ideologische Hure" doch einfach übers Knie zu legen und einzusperren.

Da das Herzensanliegen der Jungautorin aber dem dauerhaften Wie-wann-wo des Hosentragens gilt, ist mit einem neuen Opus zu rechnen, das bei weiterer Renitenz der tapferen Lara die selbstzufriedene Echauffiertheit und das Wohlwollen in den männerwogenden Redaktionen gefrieren lassen dürfte.

Ob sich zwischenzeitlich etwas Fortschrittliches in Licatas Männerwelt getan hat, ist an der Hauptpiazza del Progresso mit dem 1935 erbauten Rathaus zu erfahren. Gleich um die Ecke liegt das Städtische Museum mit unzähligen Funden aus der näheren Umgebung (9–14 Uhr geöffnet). Das Hafenbecken, vor fast 50 Jahren einmal Liegeplatz amerikanischer Marineeinheiten, wird heute nur noch von Fangbooten genutzt, die in scharfer Konkurrenz ums Überleben fischen. Kurzum: Mit Licatas Machos scheint es trotz der Chemiewerke abwärts zu gehen. Kürzlich ist auch noch die Tribüne des Fußballstadions eingestürzt...

## On the road

■ **Stopps:** Lohnen in **Butera** (guterhaltener arabisch-mittelalterlicher Ortskern) sowie im Agrarstädtchen **Mazzarino** (viele Kirchen, Paläste und Überreste aller antiken Epochen, am Monte Bubbonia und in Sofiana versammelt). Das küstennahe Feuchtbiotop rund um den **Lago Biviere** und der Diseuri-Stausee sind einen Abstecher wert. Busausflüge sind von Gela und Licata problemlos zu planen, es gibt auch eine Verbindung nach Piazza Armerina. Außerdem: Bahnhöfe in beiden Städten (Auskunft in Gela Tel. 911 701).

Eine Autovermietung findet sich in Gela an der via Verga 100 (Tel. 911 009).

■ **Tips:** Nahe der SS 115 liegen **Manfria** (Torre di Manfria aus dem 16. Jh., Nekropolen usw.) und **Falconara Sicula:** Neben dem Schloß auf dem meerumspülten Felsen (14. Jh., zu besichtigen) wartet ein ansehnlicher Sandstrand. Übernachten kann am **Europcamping „Due Rocce"°°°** (Tel. 946 964); mit Nachtclub, Disko, Bar, Duschen und Hotelbetrieb), der 1982 den begehrten „Camping-Oscar" ergatterte, sowie im **Lido Sorriso°°°**

(Juli bis Sept., DZ 24 500 Lire) und **Lido degli Angeli**°° (DZ ab 32 000 Lire), zwei kleine, angenehme Hotels.

■ **Essen:** In Gela liegen die besten Restaurants und Pizzerien am Lungomare (**Napoletana**, **Orchidea**) und in der via G.Cascino. Vorzeigerestaurant ist das **Gelone** an der Piazza Mattei (Tel. 913 254). Am Bahnhof hat es einen akzeptablen Self Service. Nahe der archäologischen Zone öffnet das **Scavone**. Am Lido Roccazelle köchelt **Tuccio**, während am Strand von Manfria **Zecovin** (Tel. 909 165) und das **Boomerang** um die Kundschaft buhlen.

■ **Baden:** Die Strände am Golf von Gela schätzten schon die amerikanischen Invasionstruppen im Jahre 1943, als sie hier landeten. Auch heute sind „Abwehrmaßnahmen" in Form der unsäglichen Stabilmenti Balneari zu überwinden, von denen in Gela und Umgebung neben dem Lido Eden (mit Disco) am Lungomare noch 5 weitere existieren. Am Lungomare entlang der via Mare ist der Zutritt aber erlaubt. Der Sandstrand hat eine erkleckliche Breite, so daß einem Sonnenbad mit Abkühlung nichts im Wege steht.

Schöner sind die freien Strände von Manfria (6 km von Gela), an der Punta Secca (4 km von Gela) und die Spiaggia di Roccazelle (5 km in Richtung Licata). Mein Tip: Falconara Sicula...

# Stadt und
# Provinz Enna

Die Provinz Enna ist eine der ärmsten Italiens. Mehr als ein Viertel der erwerbsfähigen Bevölkerung ist arbeitslos. Auch das Stadtbild spiegelt ein wenig diese Tristesse wieder. Zwar sollen viele Arbeitslose sogenannte „Doppelempfänger" sein, die neben dem äußerst niedrigen, schwarz erwirtschafteten Einkommen aus der Saisonarbeit den Grundsockel der staatlichen Arbeitslosenhilfe abschöpfen. Die aber beträgt maximal 3 Mill. Lire pro Jahr, was eher der bundesdeutschen Sozialhilfe entspricht und keine großen Sprünge erlaubt. Obwohl in der einstigen Kornkammer Roms, der Hochebene von Enna, auf riesigen Grundbesitzen bis heute fast zehn Prozent des gesamten italienischen Getreides produziert wird, liegen die Hektarerträge niedrig: Der Boden ist nach 2000 Jahren intensiver Nutzung ausgelaugt. Trotz der Talsperren erschwert der auftretende Wassermangel die Bewirtschaftung zusätzlich. In der Antike von Vorteil, hat die geographische Lage Ennas zum Niedergang der Provinz geführt. Notwendige Strukturreformen wie die Modernisierung der Landwirtschaft wurden in den fünfziger und sechziger Jahren zugunsten von Industrieansiedlungen an der Küste vernachlässigt. Die „Rache" folgte auf dem Fuße: Aus der uralten, reichen Inlandfestung, die unter Friedrich II. sogar Hauptstadtcharakter besaß, wurde ein Provinzstädtchen, in dem die Zeit stillsteht. Die Jugend will weg, die Alten sind Neuerungen gegenüber nicht offen.

## Sehenswertes

Der Stadtkern des 948 m hoch gelegenen Schwalbennestes, zwischen der Piazza Vittorio Emanuele und Piazza Mazzini, ist allein sehenswert. Die umliegende Landschaft braucht keine Vergleiche mit anderen Inselzonen zu scheuen. Die Schwesterstadt **Calascibetta**, deren prächtige Silhouette von verschiedenen Aussichtspunkten in Enna zu bewundern ist, verdient ebenfalls Interesse.

■ **Dom:** Kunsthistorisch und architektonisch herausragend! Im Innern beeindrucken insbesondere die mit Frauenköpfen und Brüsten geschmückte Kanzel und die Holzdecke.

■ **Castello di Lombardia:** von den Hohenstaufern wiederaufgebaute und verstärkte Normannenfeste mit dem **Torre Pisana** und dem **Torre della Zecca**, dem Münzturm. Das Kastell wird für bedeutende kulturelle Open Air-Veranstaltungen (Oper, Gesang, Instrumentalmusik) genutzt. Es ist über die via Roma zu erreichen. Ironie der Geschichte: Das reiche Sizilien war bis ins späte Mittelalter so attraktiv, daß Emmigranten aus ganz Italien auf die Insel strömten, die, von der Bevölkerung in Bausch und Bogen „Langobarden" (*Lombardi*) genannt wurden. Weit vor diesen Einwanderungswellen war das antike *Henna* besiedelt. Zeug-

◄ *Seit Lara Cordella ihren Erstling niederschrieb, ist nicht nur für die Alten an der Piazza Licitas das Nest beschmutzt.*

nis dieser unendlichen Geschichte legt der **Ceres-Tempel** ab, den man nach Durchqueren des Kastells besichtigen kann. *Ceres*, die griechische „Demeter", wachte als Göttin der Erde über das Gelingen des Ackerbaus.

Die exponierte Lage des Heiligtums erlaubt einen phantastischen Blick auf die umliegende Landschaft. Der zehn km entfernte **Lago Pergusa** soll sich der Sage nach mit den Tränen der um die geraubte *Proserpina* besorgten Muttergöttin gefüllt haben. Was mythologisch richtig und historisch verständlich erscheint, ist naturwissenschaftlich nicht haltbar: Der fast kreisrunde See liegt in einem erloschenen Urzeitvulkankegel. Heute umrundet ihn eine fast 5 km lange Autorennbahn, Ergebnis eines Mythos der Moderne.

■ **Torre Federico II:** Bekanntestes Wahrzeichen Ennas im Park an der *viale IV Novembre*, am anderen Ende der Stadt. Vom hier georteten geographischen Mittelpunkt Siziliens ließ das „Staunen der Welt" die Insel nicht nur verkehrstechnisch erschließen; Wachttürme in alle vier Himmelsrichtungen, wie mit dem Lineal auf einer Linie vom Capo Rama am Golf von Castellamare bis zum oktagonalen Turm des Castello Maniace auf Ortygia angeordnet, ermöglichten die rationelle Kontrolle des Reiches, zu dessen König er sich in Enna hatte ernennen lassen. Der Turm wirkt heute wenig spektakulär, zudem ist er verriegelt. Bleibt die Aussicht von der Terrasse und Friedrichs Faible für die Astronomie, die er vom Ausguck in der Turmspitze betrieb.

■ **Rund um die Uhr:** Wer Enna tagsüber besucht, wird sicher eine Pause in einem der Liberty-Cafés (z.B. Café Marro) einlegen, die in ihrem abblätternden Charme besonders anziehend wirken. Ein Spaziergang vorbei an der Kirche San Francesco zur Piazza Crispi und weiter hinauf zur Piazza Garibaldi, an der die Provinzpräfektur ihren Sitz hat, ist auch frühabends unterhaltsam. Abends und nachts zieht häufig Neben über Enna auf. Dann wirken die Straßen besonders schummrig, es kühlt aber auch empfindlich ab. In einer der guten Trattorien kann man gemütlichst essen und sinnierend in ein Glas einfachen Roten blicken.

■ **Museo Alessi,** via Roma, direkt am Dom, Di bis So 9 – 13 Uhr.

Stellt den Domschatz aus, dessen bedeutendstes Exponat die Madonnenkrone aus dem 17. Jh. ist. Hinzu kommen sakrale Gegenstände, eine Gemälde- und eine uninteressante Münzsammlung.

■ **Museo Archeologico Regionale,** Piazza Mazzini, Di bis Sa 9 – 13.30 und 15.30 – 18.30 Uhr, So und feiertags 9.30 – 12.30 Uhr.

Ist spannender und moderner als das Kirchenmuseum. Aber besser in Siracusa oder Palermo ins Museum!

## Sonstiges

■ **Infos:** Büro A.A.P.T. an der Piazza Garibaldi 1, Tel. 211 84. Infos über den Turismo Verde.

■ **Feste:** Wer um Ostern in Sizilien ist, sollte in der Karwoche (*settimana santa*) einen Abstecher nach Enna

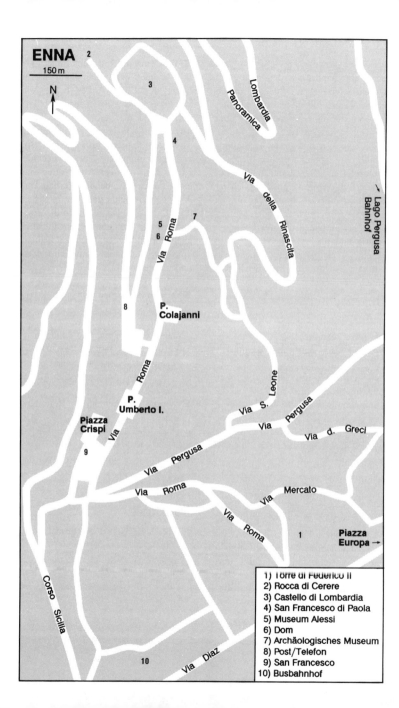

# ENNA

150 m

N

Lombardia
Panoramica

Via della Rinascita

Lago Pergusa
Bahnhof

Via Roma

P. Colajanni

P. Umberto I.

Piazza Crispi

Via S. Leone

Via Pergusa

Via d. Greci

Via

Via Roma

Via Pergusa

Via Mercato

Via Roma

Piazza Europa →

Corso Sicilia

Via Diaz

1) Torre di Federico II
2) Rocca di Cerere
3) Castello di Lombardia
4) San Francesco di Paola
5) Museum Alessi
6) Dom
7) Archäologisches Museum
8) Post/Telefon
9) San Francesco
10) Busbahnhof

machen. Von Palm- bis Ostersonntag finden täglich Veranstaltungen und Prozessionen statt, deren Höhepunkt die Karfreitagsprozession (Beginn 17.30 Uhr) ist. Männer aller Stadtteile versammeln sich in ihren *Confradias* (Bruderschaften) und ziehen vermummt in Gewändern und Hauben durch die Straßen. Eingeführt wurde dieser Ritus durch die Spanier, der Umzug ähnelt dem im andalusischen Sevilla. Nahe Enna finden in der Karwoche zahlreiche typisch lokale Veranstaltungen statt, deren Zeremoniell nicht immer den Ursprüngen des Christentums entstammt.

## Übernachten

■ **Grande Albergo Sicilia**°°°, Enna, Piazza Colajanni 5, Tel. 0935/216 44. 70 Zimmer, DZ 44 600 Lire. Bettenklotz für Übernachtungsprofis. Mit großem Parkplatz, Garage, Bar und einer Gartenanlage.

■ **Belvedere**°°, Enna, Piazza Crispi, Tel. 0935/210 20. Neu renoviert, aber unter Beibehaltung des Neoliberty-Ambiente.

■ **Tip:** Da in Enna-Alta, also auf dem Stadtberg, keine Billigpensionen vorhanden sind, ist hier kaum günstig zu übernachten. Privat und nicht ganz offiziell offeriert das zwergenhafte Wirtepaar der **Osteria**, die 100 m rechts ab von der Piazza Umberto liegt und mit einer deutlich sichtbaren Leuchtreklame wirbt, Zimmer um 20 000 Lire (aushandeln). Die Räumlichkeiten liegen aber in der via Roma jenseits der Piazza Matteotti. In der Osteria an der via

Agrippina bruzeln die beiden in der Garküche höchst leckere Speisen zusammen und kredenzen nebenbei ein guten Wein: Der *Libecchio Rosso*, Jahrgang 1986, wird für ganze 5600 Lire entkorkt. Der vor einiger Zeit verstorbene Maler und KPI-Aktivist *Renato Guttuso* entwarf übrigens das Weinetikett dieses Hauses.

Gute Ausweichmöglichkeiten bestehen am Lago Pergusa (Busverbindungen). Ungünstig ist dies nur für Nichtmotorisierte, die dort spätabends festhängen. Preiswerte Alternativen:

■ **La Pergola**°°, Lago Pergusa, via Nazionale 66, Tel. 0935/423 33. 14 Zimmer mit Dusche, DZ 25 500 Lire. Restaurant/Bar, Heizung! Am Seeufer. In unmittelbarer Nähe die Piscina Comunale, der Fußballplatz, Golf- und Tennisanlagen.

■ **Miralago**°, Lago Pergusa, Contrada Staglio, Tel. 0935/362 72. 16 Zimmer, auch mit Dusche, DZ ab 25 500 Lire. Einfach, aber funktionell. Von Enna kommend am Ortseingang.

■ **Achtung:** Der häufig auf Karten angegebene Campingplatz existiert nicht. Es handelt sich um ein *Villaggio Turistico*, wo schmucke Holzhütten angemietet werden können. Nicht ganz billig.

## Reisen in die Provinz

Zwar wollen viele Enna-Besucher sofort nach Piazza Armerina zur Besichtigung der **Villa Casale**, empfehlenswerter ist aber eine ausgiebige Tagestour in die Berge. Kurzbesucher mit wenig Zeit können auch vom etwas weiter entfernten **Centùripe** einen flüchtigen Eindruck vom Bergland gewinnen. Der „Balkon Siziliens" hat den Titel durchaus verdient. Busverbindungen existieren nach Nicosia, von dort geht es weiter nach Troina oder Gangi.

■ **Tour 1:** über Leonforte, Agira, Gagliano Castelferrato, Troina und Cerami nach Nicosia! Während in **Leonforte** eine besondere Blüte des sizilianischen Spätbarock, die in zahllosen Filmen verewigte, kunstvoll veredelte *Granfonte* (spektakuläre Viehtränke, 1651 errichtet) zu bewundern ist, um die sich Tausende von Schmeißfliegen scharen, fesselt in **Agira** der gesamte Stadtkomplex mit Kirchen und einem Kastell auf der Bergkuppe, entlang der sich das Häusermeer hinzieht. Ein Denkmal erinnert an den römischen Geschichtsschreiber *Diodorus*, der hier geboren sein soll und Agira eine lange vorgriechische Vergangenheit zuschrieb. Schon der abenteurliche Heroe *Herkules* soll sich hier umgetan haben.

Ab Agira folgt man dem Verlauf des Simeto-Flusses zu einer echten Entdeckung, **Gagliano Castelferrato**. Es klebt verträumt beidseits eines zerklüfteten Felsmassivs. Einen Spaziergang in den mittelalterlichen Gassen unternehmen! Die Bar im Ortskern liegt genau richtig für eine Verschnaufpause. So mancher Gast hat hier schon für eine Unterbrechung des Schulunterrichts gesorgt: Die aufgeregten Kinder wollen unbedingt die fremden Gäste inspizieren. War schon die Fahrt von Leonforte durch das Simeto-Tal voller landschaftlicher Schönhei-

ten, so beginnt ab Gagliano der besonders im Frühling farbenprächtige Gebirgsabschnitt:

Die Landstraße schlängelt sich stetig aufwärts bis ins höchstgelegene Bergdorf Siziliens, **Troina**. Almählniche Wiesen lösen die Wein-, Mandel- Oliven- und Obstkulturen ab. Auf ihnen stehen die *Pagghiari*, die typischen Schäferhütten. Das 1121 m hochgelegene Troina war stets ein militärgeographisch wichtiger Ort. Von hier eroberten die Normannen Sizilien. Schon die Auffahrt ins alte Troina − im Hintergrund die Kulisse des Ätna − ist ein Ereignis. Über die via Ruggero erobert man man nach vielem Kurbeln den Weg durch den Stadttorbogen und fädelt sich auf schmalsten Einbahnstraßen bis zur Piazza Conte Ruggero hinauf. Vom Aussichtspunkt liegt der Ätna zum Greifen nah. Linkerhand steht die adlergeschmückte, in fünf verschiedenen Epochen entstandene **Chiesa Madre** von Troina. Schon in byzantinischer Zeit befand sich hier ein Altarraum. Die Kirche ist zum Ärger der Barbesitzer an der Piazza nur mit etwas Glück zu besichtigen, wenn Pfarrer bzw. Kustode gerade anwesend sind oder nach großem Lärm im Dorf herangeschlurft kommen. Ein Rundgang um das Gebäude stellt aber auch zufrieden. In Troina scheint die heile Welt ein wenig aus den Fugen: Graffitti an der Wand der gegenüberliegenden Sparkasse kündigen „Bamboule" an. Von der Piazza sind unterhalb die längst zerstörten, uralten Kirchen- und Klosterruinen zu erkennen. Die einmalige Atmosphäre auf der viale Vitt. Emanuele ist nur zu Fuß einzufangen. Die sonntägliche Totenstille wird nur durch das Geräusch der eigenen Schritte auf dem gewölbten Kopfsteinpflaster unterbrochen. Abends dürfte es allerdings lebhafter zugehen. Ein Ausflug zum Staudamm des **Lago di Ancipa** (Wegweiser) könnte zusätzlich noch eingeschoben werden.

Die **SS 120** zwischen Troina und Polizzi Generosa gehört für mich zu den absoluten Musts einer Sizilienrundfahrt. Die Farben- und Formenpracht der Landschaft zwischen den Monti Erei und den Nebrodi respektive den Madonie ist einzigartig. Viehherden grasen am Fahrbahnrand, Schäfer ziehen mit ihren Herden über Land, und so mancher Sizilianer legt hier noch seinen Heimweg zu Fuß oder auf dem Maultier zurück. Troina ist eine gute Ausgangsposition für Bergwanderer, die über Gangi und Castelbuono eine Wochentour inmitten unberührter Natur erleben können. In den windgeschützten „Buchten" der Felswände liegen wunderschöne Bauernhöfe und Anwesen, die allseits beklagte Armut ist angesichts des Naturreichtums zumindest im Frühjahr kaum vorstellbar.

Im winzigen Bergdorf **Cerami** ist vor allem die **Chiesa del Carmine** mit dem schönen Platz sehenswert. Man sollte am Abzweig ins höhergelegene Capizzi (lohnt nicht) einige Kurven aufwärts fahren, um aus der Vogelperspektive die zu Füßen liegende Landschaft zu genießen.

Die Kleinstadt **Nicosia** ist für sich einen Halbtagesausflug wert. Viele versteckte Winkel, die Kathedrale, das Kastell, die Fassaden von San Biagio und Santa Maria Maggiore, die Treppenanlagen, eben die gesamte geschichtlich gewachsene Struktur der Stadt machen ihren Reiz aus. Wer zum Ortsausgang Richtung Enna gelangt, kann dort noch Höhlenwohnungen entdecken! Auch Spaziergänge rund um Nicosia lohnen. Einige aus der Landschaft ragende Felsbrocken lassen die spätromantische Stimmung eines *Caspar David Friedrich* aufkommen. Versteckt ducken sich kleine Pächterhütten und Ställe unter die einsam stehenden Bäume. Der sizilianische Graphiker *Aldo Sessa* hat diese nur noch selten anzutreffenden eigentümlichen Charakteristika des alten Sizilien in seinen Werken wiederaufleben lassen und modern adaptiert. Sizilien als „Garten des Mittelmeers", der Kampf der alten Mythen gegen die alltägliche Zerstörung durch die Wirklichkeit...

■ **Tour 2:** via Nicosia nach Sperlinga und Gangi. Das Bergnest **Sperlinga** macht durch zweierlei auf sich aufmerksam. Einmal ist da das gewaltige **Kastell** auf dem einem Schiffsbug ähnlichen Felsgrat, der Sperlinga dominiert. Es galt bis in die frühe Neuzeit als uneinnehmbar, später erlangte es als gefürchtetes Gefängnis makabre Berühmtheit. Wer durch die Gänge und Kasematten spaziert, in die in den Fels gehauenen Zisternen blickt oder den Versuch unternimmt, aus den teils noch mit Eisenringen ausgestatteten Kammern zu „flüchten", wird rasch feststellen, wie unsinnig ein solches Unternehmen war. Über eine äußerst schmale, in den Fels gehauene und über die Jahrhunderte ausgetretene Treppe gelangt man auf das windige „Oberdeck" des steinernen Kahns, von dem man hinunter auf Sperlinga schauen und mit etwas Phantasie die zweite Attraktion des Ortes entdecken kann.

Bis in die dreißiger Jahre dieses Jahrhunderts lebten die Dörfler wie eh und je: in Höhlenräumen. Ein Edikt Mussollinis, der verfügte, diese Art zu wohnen sei eines Italieners unwürdig, verlangte deren Räumung. Doch wohin ziehen? Rasch war Abhilfe geschaffen, indem sich die Bewohner des Dorfes höchst akzeptable Bürgerfassaden vor die löchrigen „Hauseingänge" mauerten. Damit war dem Fortschritt genüge getan, das Leben ging weiter. Einige dieser echten falschen Fassaden liegen an der Hauptstraße. Vom Kastell erkennt man die Rückfronten dieser Häuser und ihre mit dem Fels „zusammengewachsenen" Fundamente. In einer der drei Bars am Platze winkt eine Pause, aber: Das Auftauchen einer Frau in einem Lokal ist in Sperlinga noch immer eine soziale Revolution. Während die „alten Herren" beim Kartenspiel unter großem Halodri beschäftigt sind, hocken die *Nonne*, die Großmütter, auf Miniaturschemeln bzw. auf Treppenstufen vor den Hauseingängen und beäugen argwöhnisch das Treiben der Fremden auf der Straße. Damit die Kommunikation im Dorf funktioniert, unternehmen die verheirateten Frauen, wie fast überall im ländlichen Italien,

abends ihren gemeinsamen Spaziergang vor die Tore des Ortes, um all das zu klären, wozu die Männerwelt sowieso nicht kommt (oder in der Lage ist?).

Einige Kilometer vor **Gangi**, das schon in der Provinz Palermo liegt, zweigt eine Landstraße nach **Gangivecchio**, dem alten Gangi, ab. Im ehemaligen Benediktinerkloster, das den Siedlungskern bildet, sind heute vorwiegend Kunstgegenstände zu erwerben und – man kann dort gut und preiswert essen (siehe unten).

Das 1010 m hoch gelegene Gangi ist nur mühsam über die rund um den Ort verlaufenden Serpentinenstraßen zu erreichen. Auf der *Piazza Belvedere*, der Kirche wegen auch Piazza San Paolo genannt, muß man parken. Sonntags empfiehlt sich, schon frühzeitig nach einem Plätzchen Ausschau zu halten, denn Gangi ist bei den Palermitanern sehr beliebt. Über den Corso Umberto geht es dorfeinwärts an verschiedenen kleinen Palazzi und einfachen Häuschen vorbei zur *Piazza del Popolo*, die vom mächtigen *Torre Ventimiglia* überragt wird. Unter den Torbogen hindurch führt der Weg auf eine zweite Aussichtsterrasse, von der aus die mittelalterlichen Dächer der unterhalb gelegenen Ortsteile gut sichtbar werden. An der Piazza liegen zwei Bars, die sich Junge und Senioren einträchtig teilen. Piepende Videogames und röhrende Diskomusik bilden die Lärmkulisse, den lautesten Ton aber gibt in Gangi immer noch der Ortspfarrer an. Weder die Kirche noch naßkaltes Nieselwetter können die Mädchenwelt selbst in so abgelegenen Bergnestern davon abhalten, zum frühabendlichen Corso im kurzen Schwarzen zu erscheinen.

## Piazza Armerina

■ **Anfahrt:** Tagesausflug von Enna. Autofahrer sollten auf die Landstraße kurz vor dem Lago Pergusa abbiegen und die SS 561 meiden. Die Landschaft ist einmalig und entschädigt diejenigen, die von der perfekt restaurierten und neben den Kaiservillen von Tivoli bei Rom spektakulärsten Villenanlage des alten Roms, der Villa Casale, enttäuscht sein werden. Außerdem: Regelmäßiger täglicher Busverkehr von Enna nach Piazza Armerina.

■ **Villa Romana del Casale,** Piazza Armerina, Ortsteil „Philosophiana", ca. 5 km außerhalb Piazza Armerinas (Schilder beachten!); Bus oder Taxi für Nichtmotorisierte; täglich 9 Uhr bis eine Stunde vor Sonnenuntergang; Rauchverbot. Busparkplatz, Restaurant für Reisegruppen, Souvenirläden; Parkgebühr: 1000 Lire. Hochglanzbroschüre am Eingang für 8000 Lire.

Die berühmten Fußbodenmosaiken der Villa sind Pflichtprogramm jedes Sizilienbesuchers, also tummeln sich hier rund um die Uhr Kulturbeflissene. Somit gibt es auch keinen optimalen Besichtigungszeitpunkt. Fotofans sollten der grellen Mittagssonne ausweichen, da der Marmorfußboden die durch die Glaskuppeln einfallenden Lichtstrahlen zusätzlich reflektiert und die Farbkontraste abschwächt.

Die Privatwelt eines Armeegenerals, eines römischen Statthalters oder gar

Kaisers, der immer wieder zur Verzükkung der Damenwelt von cleveren Fremdenführern ins Gespräch gebracht wird, stammt aus der Zeit um 400 n. Chr, der letzten Phase des römischen Krieger- und Sklavenstaates in Sizilien. Eine Untersuchung der Mosaiken ergab dies, die berühmte Ausnahme bilden die „Bikini-Girls" in Raum 28: Sie sind aus byzantinischer Zeit, vielleicht erst im 7. Jahrhundert entstanden. Solch frivoles Treiben wäre den Römern denn doch zu gewagt erschienen, auch wenn den Mädels zur erotischen Abmilderung Bälle und andere Utensilien (Palmzweige etc.) in die Hände gelegt wurden. Eine Ecke des Mosaiks fehlt, deshalb wurde ein Teil des darunterliegenden älteren Fußbodens aufgedeckt. Vor diesem Abschnitt geht es am Swimming pool vorbei durch ein Dutzend Gesellschafts- und Wirtschaftsräume; besonders beeindrucken die außergewöhnlichen Jagdszenen mit exotischen Raubtieren. Die Mosaikkunst war eine Domäne der Nordafrikaner, die auch als Baumeister dieser Villa gelten. Die allegorischen Mythendarstellungen, z.B. die Opferung für die Jagdgöttin Diana, löst Achselzucken aus: Man sollte den Fremdenführern nicht generell Glauben schenken! Unzweideutig sind die Jagdszenen, putzige Elefanten oder ein angreifender Tiger! Abschluß des Rundgangs ist das Schlafgemach des Potentaten mit dem erotischen Techtelmechtel eines Paares, das in einer Art Medaillon eingefaßt ist. Der dauernd entstehende Rückstau beweist, daß ein schöner Rücken durchaus entzücken kann. Sinnvoll ist die zweimalige Besichtigung, da zu viele Besucher der Villa Casale einigen Glanz nehmen...

■ **Piazza Armerina – Stadt:** Hier fällt zunächst das mächtige Kriegerdenkmal an der *Piazza Generale Cascino* auf. Täuschend echt aussehende, fast lebensgroße metallene Gesellen robben einen Steinblock hinauf – ein Arrangement, das im Gedächtnis haften bleibt und zu mehrfachem Hinsehen animiert. Spektakulär ist der Aufstieg durch den mittelalterlichen Ortskern zu Dom und Domplatz, der häufig wie verwaist daliegt. Im kleinen Café del Duomo kann man sich stärken und die Ruhe genießen. Ein Abstecher zum **Castello Aragonese** könnte den Rundgang fortsetzen. Über die *Piazza Garibaldi* gelangt man vorbei am Rathaus, einigen Kirchen und Palästen zurück in die Innenstadt.

■ **Nahebei:** Archäologisch Interessierte fahren via **Aidone** nach **Morgantina**, sikulo-griechische Ruinenstadt mit Tempelbezirk und Theater. Wer nach Süden möchte, sollte überland durch Dörfer mit wohlklingenden Namen wie **Mirabella Imbáccari** und **San Michele in Ganzaria** nach Caltagirone fahren. Den Wäldern um Piazza Armerina schließen sich die fruchtbaren Gebite der römischen Kornkammer an, im „Mirabellendorf" herrscht derzeit ein regelrechter Bauboom. Zahlreiche ehemalige oder Noch-Gastarbeiter werkeln dort seit Jahr und Tag an ihrer neuen „alten Heimat". So mancher freundliche Schwatz ist an der Straße möglich, man blickt in gutgelaunte Gesichter, die sich über den Kontakt mit Deutschsprachigen freuen.

Westlich Piazza Armerina lohnt eine Rundtour via **Pietraperzía** (gute Weine) nach **Caltanissetta**. Die Provinzhauptstadt gilt, gleich Gela, als „Schleudersitz" für die staatlich bestellten Schiedsrichter im Rechtswesen. Der Karrierefahrstuhl führt entweder, wie in den letzten Jahren mehrfach geschehen, direkt in die Ewigkeit, oder, mit etwas Glück und guten Beziehungen, als notgedrungene „Beförderung" direkt nach Rom. Die einstige Arabersiedlung wurde im letzten Jahrhundert aufgrund der umliegenden Schwefelminen und dank niedrigster Löhne wohlhabend. Eine Reihe Paläste, der Dom **Santa Maria la Nova** und die Kirche **Santa Agata** zeugen von diesem kleinen Reichtum. Wer zur Osterzeit hier ist, sollte die Gründonnerstagsprozession miterleben und anschließend nach Enna fahren. Am Ortsausgang von Caltanissetta steht die Abtei **Santo Spirito** aus dem 11 Jh., ein sehenswerter Sakralbau, der von 8 – 12 und 16 – 18 Uhr zu besichtigen ist. Wo immer auf Sizilien tüchtig gebuddelt wird, kommt auch etwas ans Tageslicht: Während sich Historiker, Politiker und Juristen noch um die genaue Rekonstruktion der Mafiaverbrechen in der Stadt bemühen, können die archäologischen Maulwürfe ihre Spionageergebnisse schon vorzeigen: Das **Museo Civico** in der via Colajanni ist Di bis Sa 9 – 13.30 Uhr zugänglich

## Übernachten

- **Pineta**°°°, Nicosia, Ortsteil San Paolo, Nr. 35a, Tel. 647 012. 48 Zimmer mit Bad, DZ ab 43 400 Lire. Bar/Restaurant, Garage, Parkplatz, Fahrstuhl, Gesellschaftsräume, Garten, und – Radio auf dem Zimmer. Haustiere sind auch erlaubt.
- **Vigneta**°°, Nicosia, Ortsteil Vigneta, Contrada San Basilio, Tel. 0935/647 866. 10 Zimmer mit Dusche, DZ ca. 22 500 Lire. Auch Vollpension.
- **Patria**°, Nicosia, via Vitt. Emanuele 13, Tel. 0935/646 103. EZ ab 10 000 Lire, DZ ab 18 000 Lire. Vollpension 30 000 Lire. Noch günstiger ist das **Greca**° (via della Pace 5, Tel. 648 258, DZ 14 100 Lire). Der Komfort in den 8 Zimmern ist einfach.
- **Ariston**°, Valguarnera Caropepe, via Stazione 8, Tel. 0935/956 904. 10 Zimmer, DZ 16 – 18 500 Lire. Bar und Restaurant sind ebenso vorhanden wie Hausgarage.
- **Aurora**°, Agira, via Annunciata 6, Tel. 0935/691 547. EZ 8800, DZ 16 400 Lire. Nur zum Schlafen...
- **Castel Miralago**°°, Regalbuto, Contrada Petturuta, Tel. 0935/728 10. 12 Zimmer mit Dusche/Bad, DZ 24 800 Lire. Parkplatz, Bar/Restaurant.
- **Selene**°°°, Piazza Armerina, via Generale Gaeta 30, Tel. 0935/802 54. 42 Zimmer, DZ ca. 43 900 Lire. Auf gleichem Niveau liegt das **Park Hotel Paradiso** an der Contrada Ramaldo. Dort kostet das EZ 27 100 Lire.
- **Cittadella dell'Oasi**°°°, Troina, Ortsteil San Michele, Tel.

0935/653 966. DZ ca. 45 000 Lire. Großhotel mit über 100 Zimmern, Tennisplatz, Swimming Pool, Gartenanlage und Restaurant.

## Restaurants

Neben der schon erwähnten Osteria sind in Enna die typischen Trattorien **Sandokan** (viale Savoca, Tel. 255 96) und **San Gennaro** (Belvedere Marconi, Tel. 240 67) empfehlenswert. Auf dem Lande existieren Dutzende einfacher und typischer Trattorien, wie z.B. das **Torrisi** in Agira (via Morosini 8, Tel. 912 22). In Calascibetta hat das **La Brace** huldvolle Aufnahme in den Veronelli gefunden. Ein Menue kostet nicht mehr als 20 000 Lire, der Wein soll aber nicht so prächtig sein. Es liegt an SS 290 im Ortsteil Scalzati (Tel. 0935/332 30, Mo zu). Koch Filippo Rizzo bereitet exquisite *pasta incaciata*. Außerdem:

- **Da Arturo**, Leonforte, Piazza Tribuno 15.
- **Paravola**, Nicosia, Contrada Paravola, Tel. 468 38.
- **La Cirata**, Nicosia, Contrada Cirata, Tel. 470 95.
- **Gravagna**, Troina, via Agostino 10, Tel. 530 91.

In Piazza Armerina sollte man im **Santoro** an der Piazza Regionale Siciliana oder bei **Vincenzo Russo** an der Contrada Belia sein Glück versuchen.

- **Tip: Azienda Agricola Enzo Tornabene** in Gangivecchio, Tel.0921/448 04, in ehemaligem Benediktinerkloster. Vorbestellung angeraten, Menue ca. 20 000 Lire.

# Agrigento

Die Stadt gehört zu den Höhepunkten eines Sizilienaufenthaltes. Die Besucher reisen hauptsächlich des berühmten **Tals der Tempel** *(Valle dei Templi)* wegen an. Die dort zu findende Fülle architektonischer Relikte aus der griechischen Kolonialzeit und damit aus der Gründerzeit der damaligen Stadt *Akragas* (580 v.Chr.) besitzen Weltrang. Selbst in Griechenland ist nichts Vergleichbares zu finden. Ein Tip vorweg: Die antiken Tempelreste abends besuchen, wenn sie durch ausgeklügelte Lichttechnik bestrahlt werden – eine geglückte „Theaterstimmung". Ganz Verwegene schwören auf eine Besichtigung bei Voll- oder Neumond.

Bevor der Ankömmling einen Blick auf das weitläufige Trümmerensemble werfen kann, wird er zuerst das weithin sichtbare, auf einem Hügel thronende heutige Agrigento bemerken. Die Kulisse besitzt nicht zu Unrecht den Charme einer amerikanischen Stadt im Mittelwesten: zahllose Schnellstraßen, die abweisende Skyline der in den sechziger und siebziger Jahren errichteten Hochhäuser und Wohnviertel.

Tatsächlich leben in Agrigento nur ca. 55 000 Menschen. Wirft man einen Blick auf die Einkommens- und Beschäftigungsverhältnisse in der Stadt, fällt auf, daß weder besondere staatliche Subventionspolitk am Werke war, noch die Bürger des Ortes selbst diese Bautätigkeit erwirtschaftet haben

können. Zu Beginn der siebziger Jahre ging in Agrigento jene Lawine von Bankneugründungen los, deren Finanzwirbeleien die Polizei jahrelang beschäftigte. Inzwischen haben die Behörden fast resigniert.

Eine der bekanntesten zwielichtigen Persönlichkeiten, der Finanzmanager *Michele Sindona*, startete von Agrigento aus seine atemberaubende Karriere in die Höhen der italienischen Finanzaristokratie. Sie führte ihn bis in den Vatikan an die päpstliche Schatulle und ließ (nebenbei?) die Mafiagelder auf dem Finanzmarkt über die päpstliche Hausbank, den Banco Ambrosiano, hoffähig werden. Der Skandal flog auf, als Kirchen- und Bankerkreise sich mit einer unangenehmen Neuigkeit konfrontiert sahen: Der Heilige Stuhl war in Waffen- und Drogengeschäfte verwickelt. Der verhaftete Sindona starb wenig später unter höchst mysteriösen, aber medienwirksamen Umständen im Gefängnis – an einer Tasse vergiftetem Espresso...

Zurück zur Stadt, die seit 1923 ihren jetzigen Namen trägt, als Benito Mussolini im Zeichen seiner „Neugründung des römischen Imperiums" hunderte Ortschaften umbenannte und ihnen den vermeintlich römischen Namen verpaßte. Tatsächlich hieß die Stadt vorher *Girgenti*, eine Reminiszenz an die Araber, speziell an die *Berber*, die von 828 bis 1245 auf den Hügeln siedelten und immensen Einfluß auf die Entwicklung der Stadt nahmen. Die heutige Neustadt auf dem *Monte Girgenti* geht auf ihre Initiative zurück.

■ **Anreise:** Zugreisende sollten nicht zu früh aussteigen! Die **Stazione Agrigento Bassa** in der nördlich vorgelagerten Unterstadt ist zwar auch ganz hübsch, jedoch liegt die **Stazione Centrale** direkt im Zentrum an der *Piazza Marconi*. Dort ist auch der Busbahnhof. Manchmal ist sogar ein Parkplatz zu erwischen, der von den stets freundlichen Taxifahrern bewacht wird. Alternativen bieten sich in der via Acrone und der via Empédocle, jener nach dem vorsokratischen Philosophen benannten Straße, der die Stadt berühmt machte. Zwar sind nur wenige seiner Schriften im Original erhalten, dennoch läßt sich ein recht aussagekräftiges Bild dieses Mannes zusammenpuzzeln, den die damaligen Bewohner von *Akragas* hoch verehrten und gar zum Stadtoberhaupt machen wollten.

■ **Rätsel:** *Empedokles* dürfte den teils unglaublichen Geschichten zur Folge eher ein Guru als ein Philosoph gewesen sein. Aber, da wird der Denkfehler liegen, eben nur aus heutiger Sicht. Für die Römer nach der Zeitenwende, deren Modephilosoph er insbesondere in Liebesfragen war, sah die Sache anders aus. Sie schenkten seiner Lehre von den bipolaren, sich anziehenden und abstoßenden Kräften, die die Welt bewegen und zusammenhalten, ebensogroße Beachtung wie den sagenumwobenen Legenden über seine multitalentierte praktische Tätigkeit in der Stadt Akragas. So soll er z.B. die heftigen Fallwinde, die die Städter malträtierten, mittels Schläuchen aus Tierhäuten gezähmt haben. Dies dürfte bei Schirokko

ein grandios pfeifendes Tag- und Nachtkonzert verursacht haben und erinnert lebhaft an eine Eulenspiegelei.

Schon beim Aufgang zur **Piazza Aldo Moro** und zur **Piazza Vittorio Emanuele** ist die Lösung dieses Rätsels zu erwandern. Denn diese Plätze bestehen erst seit 100 Jahren. Damals ließen die Agrigentiner die seit der Antike existierende Bergmulde zwischen dem Monte Girgenti und den 351 m aufragenden Felsklotz des **Rupe Atenea**, auf dem einst die Akropolis stand, aufschütten.

Die Besonderheit dieser Mulde: Sie war vordem künstlich geschaffen worden, und zwar von – Empedokles, der die notleidenden Mitgriechen von den bestialischen, pestilenzartigen Gerüchen in ihrer Stadt befreite, indem er diese Senke ausheben ließ und so „Frischluft" zuführte. Die im Volksmund als *Apertura di Empédocle* bezeichnete Senke bescheinigt dem zum Lebensende hin gottähnlich verehrten Weisen zumindest eines: Er war kein Scharlatan!

■ **Monte Girgenti:** Die Piazza Aldo Moro bildet das pulsierende Herz Agrigentos. Neben dem unvermeidlichen Garibaldi-Denkmal fällt gleich die **Porta Atenea** auf, ein mittelalterliches Stadttor, das nach der Beseitigung der Mulde wiederaufgestellt wurde, durch die man zur Hauptachse der Stadt, der **via Atenea** gelangt. Rund um das Stadttor errichten täglich Buch- und Blumenhändler ihre Stände, Jung und Alt flaniert an den Geschäftsauslagen vorbei. Nur wenige Meter weiter, auf der linken Seite der via Atenea, liegt ein

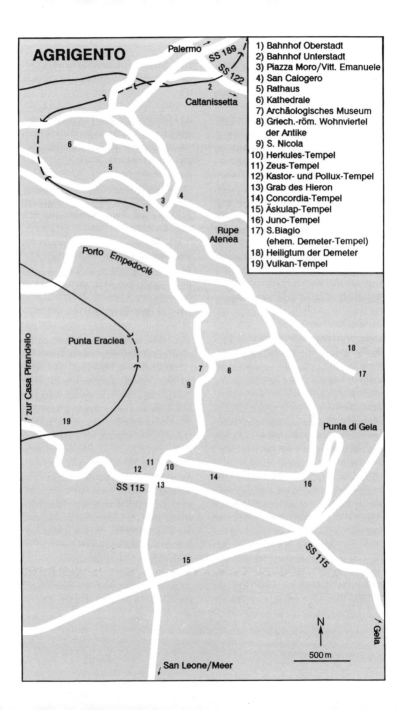

# AGRIGENTO

1) Bahnhof Oberstadt
2) Bahnhof Unterstadt
3) Piazza Moro/Vitt. Emanuele
4) San Calogero
5) Rathaus
6) Kathedrale
7) Archäologisches Museum
8) Griech.-röm. Wohnviertel
   der Antike
9) S. Nicola
10) Herkules-Tempel
11) Zeus-Tempel
12) Kastor- und Pollux-Tempel
13) Grab des Hieron
14) Concordia-Tempel
15) Äskulap-Tempel
16) Juno-Tempel
17) S. Biagio
    (ehem. Demeter-Tempel)
18) Heiligtum der Demeter
19) Vulkan-Tempel

Palermo

SS 189

SS 122

Caltanissetta

Rupe
Atenea

Porto Empedoclé

Punta Eraclea

zur Casa Pirandello

Punta di Gela

SS 115

SS 115

San Leone/Meer

Gela

N

500 m

*Fischgeschäft* mit stets prächtig dekorierter Auslage. Meist muß ein ausgewachsener Schwertfisch als Blickfang herhalten.

Im Stadtviertel sind die Klosterkirche **Santo Spirito**, die Fassaden des Rathauses und der örtlichen Handelskammer, sowie natürlich die Kathedrale mit der **San Gerlando-Kapelle** besichtigungswert. Ein Besuch des Diözesanmuseums sowie des **Museo civico** erledigt sich von selbst, da beide wegen Restaurierung und aus Sicherheitsgründen geschlossen sind. Die Hauptsehenswürdigkeiten wurden ausgelagert. 1966 wurde Agrigento von einem Erdrutsch heimgesucht, der sich nach Norden hin ausbreitete. Seither sind viele Häuser der Altstadt verlassen. Für die Anwohner war dies Naturereignis in letzter Anlaß, der Stadt den Rücken zu kehren. Vorbei an der **Biblioteca Luccessiana** könnte ein Besuch in der Kirche **Santa Maria dei Greci** den Rundgang abschließen. Sie wurde auf einem dorischen Tempel errichtet, dessen Grundmauern im Kircheninnern zu besichtigen sind. Man geht davon aus, daß ganz Agrigento ein Netz von teils zugeschütteten unterirdischen Gängen, Kanälen und Zisternen durchzieht, die schon von den Griechen angelegt worden waren und den Ruf als „Stadt der Ingenieure", mit perfekter Wasserversorgung, Aquädukten etc. mitbegründeten. So wird auch hier deutlich, daß die häufig den säbelrasselnden Römern zugeschriebene technische Entwicklung der antiken Welt eher auf die Griechen und die Etrusker zurückgeht, was die

tatsächliche Kultur- und Erfinderleistung der Tiberstädter nicht schmälern soll.

An die Piazza Moro zurückgekehrt, wartet die Kirche **San Calogero** auf Besucher. An der Hausnummer 5 liegt übrigens auch das **Informationsbüro** (Tel. 0922/204 54), das ausgezeichnetes Informationsmaterial und eine Liste von deutschsprachigen Fremdenführern bereithält, die Besuchern das Tal der Tempel wortgewaltig näherbringen wollen.

Wer die Bausünden der Agrigentiner höflich übersieht, hat von der *viale della Vittoria* abends einen schönen Ausblick auf das Tal.

## Im Tal der Tempel

■ **Parken:** Autofahrer können von Agrigento über die *via Crispi* und die *viale dei Templi* bis zum Parkplatz am *Herkules-Tempel* fahren. Allerdings werden selbsternannte jugendliche Parkplatzwächter (am weißen Käppi erkenntlich und stets Fußball spielend) darauf hinweisen, daß „für nichts Garantie übernommen wird". Für etwa *mille Lire* hingegen wird der teure Untersatz bei der Rückkehr, auf Ehrenwort, an seinem Platz stehen. Der Stadtverwaltung ist diese Form selbstverschaffter Dienstleistungsarbeit durchaus recht, da die Jugendarbeitslosigkeit hoch ist. Weitere Parkmöglichkeiten bestehen im übrigen gegenüber dem Archäologischen Museum.

Sinnvoller ist es, das Auto in Agrigento zu lassen und einen Spaziergang ins Tal hinab zu unternehmen. Zudem fahren Busse, die den Rückweg per pedes ersparen.

■ **Auf dem Weg:** Kurz nach dem Ortsausgang biegt man von der via Crispi links ab zum Tempel der Demeter, dem eine St. Blasius-Kapelle „aufgepfropft" wurde. Der Weg zum **Tempio di Demetra e Kore** ist ausgeschildert, das Areal (leider) eingezäunt. Gegenüber liegt der Friedhof von Agrigento. Nicht weit entfernt steht das **Santuario rupestre di Demetra**, der wohl älteste sakrale Ort von Akragas. Der erdverbundene, Leben spendende Demeterkult war der früheste der griechischen Kolonisten. Älteste Funde weisen auf das 8. Jh. v.Chr. Die Besichtigung ist von 9 Uhr bis eine Stunde vor Sonnenuntergang möglich. Sodann schließen sich die griechisch-römischen Befestigungsanlagen an. Sie wurden nur an jener Stelle errichtet, an der die Topographie der Landschaft keinen Schutz bot.

Zurück auf der via Crispi, folgt man dem Straßenverlauf rechts in die viale dei Templi und erreicht das **Quartiere ellenistico-romano**, die Überreste des griechisch-römischen Stadtviertels, das 100 Jahre nach der ersten Zerstörung Agrigentos durch die Karthager errichtet wurde und dann fast tausend Jahre bewohnt war. Typisch die streng geometrisch angelegten, rechtwinklig konzipierten Straßenzüge. Kurz danach weist ein Schild rechts ab zum **Ipogeo Giacatello**, einer unterirdischen Ausgrabungsstätte, in der Wissenschaftler jene berühmte Zisterne für die Wasser des noch berühmteren *Aquäduktes* vermuten.

■ **Museo Acheologico Regionale,** viale dei Templi, Di bis Sa 9–14, So und feiertags 9–13 Uhr. Mo zu. Gegenüber dem alten Stadtviertel. Stets von Besuchern belagert! Ist zweier Exponate wegen einen raschen Besuch wert. Der Rest ist wenig übersichtlich plaziert und nicht so informativ!

In der gewaltigen Halle 6 warten die *Riesen von Agrigento*, jene fast acht Meter hohen Atlanten aus dem später beschriebenen Zeus-Tempel, welche die Säulenhalle schmücken und die Konstruktion tragen helfen sollten. Ein *Teleman* wurde komplett wieder aufgerichtet und bietet, eingerahmt von den steinernen Köpfen seiner „Kollegen", einen imposanten Anblick. Das zweite herausragende Ausstellungsstück ist der *Ephebe von Agrigento*, eine Marmorskulptur aus dem 5. Jh. v. Chr. Zudem werden unzählige Votivgaben aus den Tempeln (z.B. Demeterfiguren, aus Ton gebrannt), Funde aus dem Stadtviertel sowie der näheren und weiterer Umgebung Agrigentos gezeigt.

Direkt an das archäologische Museum schließt das **Oratorium des Phalaris** mit einem kleinen Amphitheater an.

■ **S. Nicolà:** romanisch-gotischer Sakralbau aus dem 13. Jh., der auf den Fundamenten verschiedenster älterer Heiligtümer ruht. Man kann also feststellen, daß hier seit den Anfängen der Stadt vor 2500 Jahren kontinuierlich religiöse Zeremonien stattfinden. Im Innern steht der berühmte *Sarkophag der Phaidra.* Er stammt aus dem 2. Jh. n.Chr. und hat auf den vier Außenwänden das Thema der unglücklichen

Liebe Phaidras zum (beim Wagenrennen) verunglückten Hyppolytos zum Thema. Die sich anschließende Seitenkapelle ziert ein „magisches Dreieck mit Auge", jene wohlbekannte abstrakte Gottesdarstellung.

■ **Rast:** In der *Tempelbar* nahe dem Parkplatz auf der Piazzale dei Templi kann man gemütlich sitzen. *Al tavolo* wird es ein wenig teuer, *al banco* sind die Preise durchaus normal. Das ist in dieser konkurrenzlosen Lage nicht unbedingt zu erwarten.

■ **Archäologische Zone:** Bevor man sich der gegenüberliegenden *via sacra* mit den monumentalen Tempelbauten zuwendet, sollten der Zeustempel und die Reste des Kator und Pollux zugeschriebenen Dioskurentempel, der wohl eher dem Demeterkult geweiht war, besichtigt werden. Freier Eintritt bis eine Stunde vor Sonnenuntergang. Das gewaltige Zeusheiligtum war mit seinen Ausmaßen von 112 mal 56 Metern einer der drei größten griechischen Tempel überhaupt und Ergebnis der Fronarbeit jener Karthager, die nach der Schlacht von Himera (480 v.Chr.), hier ihr Gefangenendasein fristeten. Schon das Durcheinander der Säulentrümmer im Eingangsbereich läßt eine zaghafte Vorstellung von dieser als Machtdemonstration größten Ausmaßes geplanten Anlage aufkommen. Charakteristisch sind die Aussparungen an den einzelnen Säulenteilen. Sie dienten während der Bauphase zur Verzahnung beim Aufeinanderstapeln. Der auf den Ruinen des Tempels plazierte *Telamon*, einer jener Atlanten, die als De-

koration und statische Notwendigkeit dienten, ist nur eine Kopie: Das Original steht im Museum. Die weiter unterhalb stehenden Reste des Dioskurentempels sind heute Wahrzeichen der Stadt. Die paar Meter dorthin werden mit einem schönen Blick auf das gegenüberliegende *Hypsos-Tal* entlohnt. Die vor dem Tempel liegenden kreisrunden Mauerreste (eines Opferraumes?) verursachen bei den Archäologen noch jede Menge Stirnrunzeln.

■ **Via sacra:** Rund um die Uhr frei zugänglich, für Autos untersagt. Direkt über der Straße steht der Herkules-Tempel, die einzige der Monumentalbauten, deren Zuordnung klar ist. Er ist der älteste hier erbaute Tempel. In ihm stand einst die von Geschichtsschreibern erwähnte Bronzefigur des Heroen, der den Griechen kultisch vor allem zur Emanzipation von der Götterwelt diente. Seine jetzige Struktur geht auf einen Rekonstruktionsversuch zurück, noch vor einigen Jahrzehnten lagen die Trümmer der acht Säulen verstreut auf dem Erdboden herum.

Der **Concordia-Tempel** ist nur deshalb in so erstaunlich gutem Zustand, weil vom 6. bis 18. Jahrhundert zwischen den Säulen Mauern gezogen waren. Im Inneren war eine Kirche (Petrus und Paulus, später S.Gregorio) eingerichtet. 1748 besann man sich auf das „Erbe der Antike" und riß die Mauern wieder ein. Kein Wunder der Statik ist also am Werke, wenn der Besucher das besterhaltene Beispiel eines griechischdorischen Sakralbaus überhaupt erleben kann. Alle anderen Tempel Agrigentos waren lange vorher bereits mehrmals von Erdbeben ramponiert und zerstört worden.

Gegenüber liegt die **Villa Aurea**, das Gästehaus der Stadt. Es steht inmitten von Nekropolen und Katakomben aus vorchristlicher und christlicher Zeit. Am bedeutendsten ist die **Grotta Frangipane**. Der Besuch des Juno-Tempels (*Tempio di Giunone Lacinia*) beendet den Rundgang. Er ist bei den Sizilianern besonders beliebt, weil Juno sich um das Eheglück und den Kindersegen kümmerte. Leider ist die Zuordnung der Göttin in diesem Falle unrichtig, auch der südlich des Herkules-Tempels liegende monumentale Grabbau der **Tomba di Terone** ist nicht die letzte Ruhestätte des siegreichen Tyrannen, sondern das Pompgrab eines römischen Hellasbewunderers. Der Besuch des Äskulap-Tempels nahe dem Zusammenfluß von *Akragas* und *Hypsos* ist überflüssig. Auch die Ruinen des jüngsten, dem Feuergott *Vulcano* geweihten Tempels bieten nichts Neues.

■ **Tip:** Die via Sacra abends, bei Dunkelheit besichtigen! Die dezent und geschickt plazierten Scheinwerfer fluten die Säulenreihen der Tempel an. Erzeugt wird so etwas von jener goldgelben Färbung und Atmosphäre, derentwegen Akragas in der Antike gerühmt wurde.

## In der Nähe

■ **Casa Natale Pirandello**, Porto Empédocle, Ortsteil Villa Caos (ein Hinweis auf einen seiner Romane und den bekannten Film), von Agrigento kommend links ab von der SS 115 (Wegweiser). Klopfen oder schellen. Großer Parkplatz vor dem Haus. Souvenirhandel vor dem Haus.

Das kleine Landhaus gilt als Geburtsstätte des Literatur-Nobelpreisträgers. Eine alte Dame, die ihn noch gekannt haben will, führt durch die Räumlichkeiten an Fotographien und Reminiszenzen vorbei und erzählt die ein- oder andere Episode aus dem reichen Dichterleben. Pirandello erblickte als Sohn eines Schwefelgrubenbesitzers das Licht der Welt. Als einer der ganz wenigen Sizilianer seiner Zeit studierte er im Ausland – in Bonn. Nach seiner Rückkehr heiratete er, was ihm nicht das erhoffte Glück bescherte, wie die Alte erzählt. Seine Frau sei erst vor einigen Jahren gramgebeugt und geistig umnachtet bei Agrigento gestorben. Er hingegen zog wieder in die große weite Welt, um mit seiner Studentenliebe zusammenzuleben, die er nach Jahrzehnten wieder aufgefrischt hatte. Den Nobelpreis gab er mit ihr zusammen wieder aus, was in Sizilien Skandal auslöste. Wenn man aus dem Haus tritt, ist in einiger Entfernung (Richtung Meer) sein Grab unter der charakteristischen, sich wie ein Sonnenschirm aufspannenden Pinie zu erkennen: ein hübsch hergerichteter, sehr friedvoller Ort.

■ **Schwefelgruben:** Das Umland von Agrigento war vom Beginn des 18. bis in die 20er Jahre dieses Jahrhunderts Schauplatz eines der unbarmherzigsten Industriezweige, die je existiert haben. Der Schwefelabbau wurde vor 60 Jahren zwangsweise (völliger Ruin aufgrund des Aufkommens der chemischen Industrie) fast vollständig eingestellt.

Sizilien besaß quasi das Weltmonopol auf dieses Element, doch florierte die Industrie nie und hinterließ außer unübersehbaren Spuren landschaftlichen Raubbaus eine Tristesse, die bis heute besonders in Porto Empédocle zu spüren ist. Der Masse der Bevölkerung Agrigentos und des Hinterlandes brachte die Plackerei wenig Positives. Stattdessen wurde eine der schäbigsten, brutalsten und zerstörerischsten Ausbeutungen menschlicher Arbeitskraft praktiziert, die der menschliche Geist jemals erdachte:

Nackt (oder nur mit einem Lendenschurz bekleidet) wurden Kinder und Erwachsene in die zeitweilig 200 Gruben und Minen geschickt. Ganze Generationen wurden so verheizt, insbesondere die *Carusi*, die Kinder, mit Arbeitsverträgen, die sie nicht lesen konnten, lebenslänglich an die Gruben gefesselt. Solch ein Hundeleben dauerte in der Regel nicht lang: Staublungen und andere lebensbedrohliche Verletzungen stellten sich ein. Zeitgenössische Autoren wie zum Beispiel der Sizilianer *Alessio di Giovanni* berichten über das Leben der ohne soziale Rechte dahinvegetierenden, Tag für Tag schwerste Lasten schleppenden Minderjährigen: *„E vennu a la matina.. Li viditi? Parinu di la morte accumpagnati.“* (Und sie kommen im Morgengrauen.. Siehst Du sie? Sie scheinen vom Tod begleitet zu werden.)

Auch Pirandello, der ja von dieser Praxis existierte, bevor er sich von seinen Eltern trennte, beschreibt das Elend, z.B. in „Ciaura entdeckt den Mond“ oder in „Die Alten und die Jungen“. Giovanni Verga verfaßte den Erfolgsroman *Rosso Malpelo*. Im **Museo di Arte Moderna** in Palermo sind eindrucksvolle Bilder zu dieser Thematik ausgestellt. Die kahlen Hänge und aufgegebenen Gruben sind unschwer Richtung Porto Empédocle, östlich in Richtung **Palma di Montechiaro** und nördlich bis nach **Caltanissetta** aufzufinden. Das **Villagio Mosé** oberhalb des Tals der Tempel, heute eine beliebte Wohngegend, war Anfang dieses Jahrhunderts ein jämmerliches Refugium der Minenarbeiter.

■ **Porto Empédocle:** Ein wenig der Vergangenheit wird bei der Abfahrt vom Berghang hinab zum Hafen spürbar. Graue Gemäuer, heruntergekommene Mietshäuser: das sticht frappant von Agrigento ab. Aber das Leben in der Hafenstadt ist echt, die Atmosphäre unverfälscht und immer für eine Überraschung gut. Der Hafen war vor der Industrialisierung hauptsächlich zur Ausschiffung der Getreideexporte aus der fruchtbaren Umgebung Agrigentos genutzt worden. Erst dann kamen Schwefel, Kalk- und Tuffstein hinzu. Heute wird von den Molen hauptsächlich der Fährverkehr zu den **Pelagischen Inseln** abgewickelt, aber auch einige Fischerboote und der Zoll dümpeln im Hafenbecken.

Von Porto Empédocle aus kann man entlang der SS 115 durch die abwechslungsreiche Berglandschaft Ausflüge nach Realmonte, Lido Rossello,

*Das Grab von Luigi Pirandello befindet sich allerdings in Agrigento.* ▶

Marina Siculiana (kleiner Strand) und vor allem nach **Eraclea Minoa** unternehmen, wo die teils von einer Schlammlawine zugedeckten Reste der Ruinenstadt besichtigt werden können und ein gutausgebauter Campingplatz existiert. Achtung: Die Mündung des Platani-Flusses ist Naturschutzzone. Akazien- und Mastixwälder wollen geschützt sein, auch wenn die Sandstrände locken. Die werden im Anschluß von mächtigen Marmor- und Kreideklippen, den *Trubbi* abgelöst. Den Rückweg (Vorsicht vor den Fallwinden auf den Brücken durch das Tal des Plàtani -Flusses) sollte man über **Cattolica Eraclea** und **Raffadali** durch das Landesinnere wählen. Nebenbei: Die bäuerliche Gegend gilt als rückständigste ganz Siziliens. Wie selbstverständlich sitzen dort noch die Alten auf ihren Eselskarren, die Heu und andere Produkte in die Orte transportieren. Über Montaperto erreicht man wieder Porto Empédocle.

## Übernachten

■ **Acrabello**°°°, Ortsteil Villagio Mosé, Contrada Parco Angeli, Tel. 0922/606 277. 135 Zimmer-Kasten, Blick auf das Tal der Tempel. DZ 74 500 Lire. Aller Komfort.

■ **Villa Athena**°°°, via Passeggiate Archeologiche 33, Tel. 0922/596 288. Im Tal der Tempel. Luxus- und Vorzeigeherberge in Agrigento. DZ 120 000 Lire. Alle nur denkbaren Serviceleistungen, mit Bar/Restaurant (gut), Schwimmbad, Tennisplatz usw.

■ **Belvedere**°°, via San Vito 20, Tel. 0922/200 51. 34 Zimmer. Schöner

Wohnen für 38 000 Lire das DZ. Mit Garage, Tennisplatz und Après-Bar!

■ **Gorizia**°, via Bocceria39/Discesa Gallo 47, Tel. 0922/201 05. 16 Zimmer, nur 2 Duschen. Das günstigste aller Alberghi in Agrigento. DZ kostet 18 000 Lire.

■ **Camping San Leone**°°°, Agrigento-San Leone, Ortsteil Le Dune, Tel. 0922/606 625. 50 Meter vom Meer. April bis Okt., Duschen (teils im Bau), Einkaufsmöglichkeit, Busse nach San Leone und Agrigento.

■ **Camping Nettuno**°°°, Agrigento-San Leone, Ortsteil Le Dune, Tel. 0922/606 663. Gleiche Angaben wie oben, nur etwas kleineres Areal. Bessere hygienische Ausstattung.

■ **Il Cicclope**°, Realmonte, am Lido Rossello, Tel. 0922/634 610. Ca. 5 km westlich von Porto E. Ganzjährig. Etwas außerhalb des Touristentrubels und geeignet für solche, die auf eine Woche eine Felsbucht mit Sandstrand und in bezahlbaren Appartements (Kochgelegenheit für Selbstversorger) wohnen möchten. Die Wohnungen sind vom Betreiber, dem Ristorante/Pizzeria gleichen Namens (Tel. 816 562), örtlich getrennt. Es handelt sich übrigens **nicht** um die weiter oberhalb gelegenen häßlichen Beton-Iglus...

## Restaurants

■ **Taverna Mosè**, Contrada San Biagio, Tel. 0922/267 78. 200 Sitzplätze in eleganter Atmosphäre. Mo und im August geschlossen.

Das Menue bei der Familie Catalano schlägt mit ca. 50 bis 60 DM zu Buche,

was im Vergleich zu Restaurants in San
Leone gleich teuer (bei besserer Qualität) ist. Zu empfehlen sind Lammge-
richte (alla calabrese), gegrillter Fisch
und die *dolci di Gina*, mit denen man
das endlose Zuckerschlecken auf Sizilien begeistert fortsetzen kann.

■ **Vulcano,** Contrada S. Anna, am
Vulkan-Tempel, Tel. 597 592. Blick
auf die Tempelanlagen. Ristorante/
Pizzeria.

■ **Le Dune,** Agrigento-Lido, San Le-
one, viale Nettuno, Tel. 0922/414 760.
Ristorante/Pizzeria.
Gut, aber relativ teuer!

■ **La Corte degli Sfizi,** Cortile Conta-
rini Ecke via Atenea, Tel. 595 520. Typisch siziliansich und typisch überlade-
nes Interieur. Sehr klein.

■ **Amici,** via Acrone 5, Tel. 246 17.
So geschlossen.
Preiswert und gemütlich.

# Die Pelagischen Inseln

*Il mio grido*
*è schizzato*
*sulla ghiaia dell'isola*
*– un gabbiano*
*lo divora* (Renuka)
(Mein Schrei ist über
den Inselkies gehüpft
– eine Lachmöwe
verschlingt ihn)

■ **Lampedusa:** 200 km vom sizilianischen Festland entfernt, fristete Lampedusa bis 1850 ein unbedeutendes Da-
sein und war jahrhundertelang unbewohnt. Dazu zwangen der Wassermangel, aber auch Piratenüberfälle, denn
Freibeuter machten hier gern Station.
Ehedem als Sträflingskolonie genutzt,
hat sich Lampedusa heute zu einem Fe-
riengebiet entwickelt. Zwar hat die
10 mal 3,5 qkm große Kalksteinscholle
im Mittelmeer landschaftlich nichts zu
bieten, doch wohnen mittlerweile
4400 Menschen auf ihr. Badeurlauber
und vor allem Taucher finden hier ihr
Eldorado. Wichtigste Tauchpunkte
zwischen den Leuchttürmen an der
Punta Ponente und Punta Grecale sind
der Abschnitt am Scoglio del Sacra-
mento und der Cala Pisana, wo sich eine ganze Reihe von Grotten befinden.
In einer anderen Grotte wird besonders
am 22.9. die *Madonna di Lampedusa*
verehrt. Die Inselheilige hielt auch die
schützenden Hände über die US-Base,
als sich Muhamar Khaddafis Rakete
nach der amerikanischen Bombardierung von Tripolis auf das Eiland verirr-
te. Seither treibt ein nationalistisches
Tapferkeitssyndrom die Italiener in
Scharen auf die Insel. Deshalb tuckern
im Hochsommer ständig Trinkwasser-
schiffe in den Hafen, um die Touristen
in den 14 Alberghi zu versorgen. Ergebnis: Lampedusa ist **in** und verhältnismäßig teuer.

■ **Linosa:** 40 km vor Lampedusa gelegen, besitzt das Eiland immerhin eine
Mole und hat als Verbindungshafen
zwischen Pantelleria und Porto Empé-

docle an Bedeutung gewonnen. Das Areal vulkanischen Ursprungs mit ungefähr 5,5 qkm Oberfläche war bis vor 130 Jahren ebenfalls unbewohnt. Da das Schiff von Porto Empédocle kommend die halbe Insel umrundet, hat man praktisch schon Dreiviertel gesehen. Ein Spaziergang auf dem *scalo Vitt. Emanuele* hinauf zu den verschiedenen Kratern und dem höchsten Punkt, dem M. Vulcano (195 m), das war's. Unbedingt sollten Besucher das Refugium der Meeresschildkröten, die am Eiland ihre Eier verscharren, in Ruhe lassen.

■ **Lampione:** Nicht mehr als ein Leuchtturm auf 3 Hektaren Land – ein gottverlassenes, unbesiedeltes Inselchen.

## Übernachten

Die kleine Auswahl ist subjektiv, es finden sich zahlreiche weitere, auch sehr günstige Alberghi und Pensionen.

■ **Baia Turchese°°°**, Lampedusa-Guitgia, Tel. 0922/970 455. 47 Zimmer, DZ ab 80 000 Lire. Luxushotel mit allem Komfort. Strandlage, Bar/Restaurant, etwas Grün gibt es auch.

■ **Medusa°°**, via Rialto Medusa 8, Tel. 0922/970 120. 30 Zimmer, 9 mit Bad. DZ 37 000 Lire. Reines Übernachtungsdomizil.

■ **Belvedere°**, Piazza Marconi 6, Tel. 0922/970 188. 12 Zimmer, 7 DZ mit Dusche. DZ 28 000 Lire. Mit Bar/Restaurant und Transportservice.

■ **Oasi°**, via Rizzo 23, Tel. 0922/970 630. 12 Zimmer, 4 Duschen. DZ 28 000 Lire.

■ **Camping La Rocca°**, Contrada Madonna, Tel. 0922/970 055. Ganzjährig.

■ **Algusa°°°**, Linosa, via Alfieri, Tel. 0922/972 052. 38 Zimmer mit Dusche. DZ 66 500 Lire. Auch Restaurant. Strandlage, Treffpunkt für Tauchfans.

## Restaurants

Zahlreiche Trattorien und Pizzerien, teurer als auf dem Festland.

■ **Lido Azurro**, Lampedusa-Guitgia, Tel. 0922/970 225. Auch Albergho. Natürlich Meeresfrüchte.

■ **Le Pelagie**, via Bonfiglio 9–11, Tel. 0922/970 211. Auch Albergho.

Auf Linosa ist die Pizzeria **Onda Verde** zu empfehlen.

## Weitere Informationen

■ **Büros der SI.RE.MAR.:** Lampedusa-Stadt, Tel. 970 003. Linosa, Tel. 972 062.

■ **Automiete:** Aruta, am Hafen von Lampedusa, Tel. 970 408.

■ **Bootsverleih:** Lo Verde, im Hafen von Lampedusa, Tel. 970 461. Dort auch Außenborder zu leihen, Auffüllen von Sauerstoffflaschen. Auf Linosa: Angelo Tuccio (Tel. 972 070) verleiht und repariert, Guiseppe Bonadonna (residiert am Scalo Vecchio, Tel. 972 029) sorgt auch für die Sauerstoffflaschen.

■ **Diskos:** Il Pomodoro (via Roma) und Il Canicchio auf Lampedusa, auf Linosa geht bei Caterina Mascheri die Post ab...

■ **Flughafen:** Infos Tel. 970 006.

# Ausflüge ins Hinterland

■ **Sant Angelo Múxaro:** interessantester Abstecher. Auf dem Weg dorthin Stopp kurz vor **Aragona**, um die **Vulcanelli di Macalube** zu sehen. Der völlig gefahrlose Blick in die zentimeterhohen Minikrater ist 1 km vor dem Ort (links ab) möglich. Zur Erheiterung von Nietzsches fröhlichen Wissenschaften blubbert eine milchigweiße Flüssigkeit aus dem Erdinnern.

Über **Santa Elisabetta**, ein hübsches, verschlafenes Dorf, geht es auf der Landstraße durch die prächtige Hügellandschaft. Sant Angelo ist eines der typischen, fast ausgestorben wirkenden Bergdörfer mit mittelalterlichem Dorfkern und den Resten einer Burganlage... Auf der oberen Piazza versammeln sich die Alten rund um die *Sportbar*, deren Besitzer, eine Überraschung, schon sechs Mal Urlaub in der Bundesrepublik gemacht hat – sein Traumland, indem er jedoch niemals arbeiten möchte! Sant Angelo ist ein Musterbeispiel für das Nebeneinander von provinziell verwurzeltem Geist und dem eigentümlichen, aufgeklärten Weltbewußtsein der Sizilianer. Natürlich bildet die Mittelmeerinsel das Zentrum. Die Emigration im Laufe der letzten zwei Jahrhunderte brachte mit sich, daß Nachrichten aus Süd- und Nordamerika, vom berühmten *zio* oder anderen Verwandten und Bekannten, eben Internationales, stets in den Gesprächen mitschwingt.

Meine Frage nach den *tombe*, den zu einiger Berühmtheit gelangten überdimensionalen Höhlengräbern in Kuppelbauweise, nimmt der Wirt jedoch nicht ernst. Wie kann man nur so etwas suchen? Die gibt es schließlich in den Bergen ringsum en masse.

Múxaro ist seit vorminoischer Zeit, mindestens seit 1500 v.Chr. besiedelt. Leicht zu finden ist die bekannteste Begräbnisstätte, die *Tomba del Principe*. Man parkt den Wagen in einer Kurve unterhalb des Dorfes. Dort führt ein befestigter Schotterweg (Geländer – der Tourismus hinterläßt erste Spuren) den Berg hinab entlang des Hügelkamms zu einer ganzen Reihe von Felslöchern, die frei zugänglich sind. Zum Fürstengrab, dem größten dieser in 10 Minuten zu erreichenden runden Kammergräber, gehört selbstverständlich eine Legende:

Der berühmte *Daedalus*, auf der Flucht vor den auf Kreta regierenden Minoern nach Sizilien „geflogen", soll hier wie im heutigen Sciacca als Architekt tätig gewesen sein und dem sagenumwoben reichen Sikulerkönig *Kakolos* Residenz und Grab gebaut haben. Die bisherigen Funde, Goldschmuck und Trinkbecher, sind in Siracusa im Museum zu besichtigen. Die Bauern ringsum meinen, daß das Grab des Kakolos bisher noch nicht entdeckt wurde. Der Dorfchronik nach soll es, von den Grabkammern aus betrachtet, auf der gegenüberliegenden Talseite liegen. Findige Schatzsucher können also noch ihr Glück machen! Andere dürfen sich am Schattenspiel der Wolken und dem schnell wechselnden Licht auf den grünen Hängen sattsehen. Wer dem Schotterweg zur Sandpiste folgt, kann auf dem aufragenden Felsmassiv über Múxaro weitere Gräber finden. Hier ist alles archäologisches Neuland.

■ **San Biagio Platani:** Nahebei, berühmt für die am Ostersonntag stattfindende *Festa degli Archi*, das Fest der Bögen. Kilometerlang zieht sich der Blumen- und Lorbeerzweig-Corso mit seinen kunstvollen Bauten hin. Der auferstandene Christus wird in Gestalt einer Skulptur mit Ährenbüscheln in der Hand durch das Dorf getragen.

Der Rückweg nach Agrigento führt über **Raffadali**, das anmutig in der Landschaft steht. Über **Racalmuto**, den Geburtsort des Schriftstellers Leonardo Sciascia, erreicht man **Canicattí**. Das heutige Zentrum des sizilianischen Weinanbaus – hier werden die Weinreben gezüchtet und veredelt – lockt mit diversen Weinproben.

■ **Naro:** Wie viele Orte der Umgebung eine arabische Gründung. Besitzt ein Dutzend abbröckelnder architektonischer Barockbauten und wird des fruchtbaren **Valle del Paradiso** wegen gerühmt. U.a. die Adelsfamilie der *Chiaramonte* drückten dem Ort ihre unverwechselbaren Stempel auf.

■ **Palma di Montechiaro:** War lange Zeit im Besitz der ursprünglich norditalienischen, in Palermo residierenden Adelsfamilie *Tomasi*, die sich später auch Lampedusa einverleibte. *Il gattopardo*, Guiseppe Tomasi di Lampedusas Meisterwerk, spielt zum großen Teil hier. Palma gerät eigentlich nie in die Schlagzeilen, nur, wenn mal wieder

von Drogen die Rede ist. Das staatlich geleitete Drogenentzugszentrum macht regelmäßig mit negativen Berichten von sich Reden.

■ **Favara:** Mittlere Kleinstadt vor den Toren Agrigentos; das Chiaramonte-Kastell verdient Interesse.

■ **Entlang der SS 189:** Die Fahrt per Bus, Eisenbahn oder Auto von Agrigento nach Palermo führt an zahlreichen Orten mit sehenswerten Stadtanlagen vorbei. Während **Casteltermini** nicht besonders auffällt, hat **Mussomeli** mehr zu bieten. Man sollte über die zwar kurvenreiche, aber grandiose Ausblicke bietenden Landstraße via **Sutera** fahren, das unterhalb des Monte Paolino liegt. Ihn zierte einst eine Feste. Heute ist sie vollständig zerstört. Perfekt erhalten und zum Großteil renoviert ist das zwei Kilometer außerhalb Mussomeli gelegene **Castello Chiaramonte**aus dem 14. Jahrhundert. Wer den Bau besichtigen möchte, muß den Kustoden anrufen: Er ist unter der Nummer 0934/956 203 erreichbar. Die Lage und Architektur der Festung, insbesondere das Kreuzrippengewölbe, machen sie zu einer der ansehnlichsten Adelsburgen Siziliens.

Um **Cammarata** empfehlen sich Stopps am **Lago Fanaco**, einem See, dessen Ufer gerade wiederaufgeforstet werden, in **Bivona** (Besichtigung des romanischen Portals der Chiesa madre), in **San Stefano Quisquina** (kleines Museum der bäuerlichen Kultur, Santuario di S.Rosalia; Pendant zur Stadtheiligen Palermos, die hier gelebt haben soll), sowie in **Castronuovo di Sicilia**, einem 3000-Seelendorf mit agrarischem Umland.

Vom Aussichtspunkt *Belvedere* in Cammarata hat man einen prächtigen Überblick auf die umliegenden Berge der Monti di Cammarata (mit der Waldzone **La Pineta**), deren Gipfel der **Portella di Venere** (1397 m) ist.

## Übernachten

■ **Belvedere°°**, Canicattí, via Resistenza 22, Tel. 0922/851 860. 40 Zimmer mit Dusche, DZ 35 000 Lire. Vollpension möglich (55 000 Lire). Mit Parkplatz. Die Besitzer sind tierlieb.

■ **Collina del Faro°°**, Canicattí, via Puccini 27, Tel. 0922/851 160. 27 Zimmer mit Bad, DZ 30 000 Lire, mit VP 50 000 Lire.

■ **Rio Platani°°**, Cammarata Scalo, direkt an der SS 189, Tel. 909 051. 10 Zimmer mit Bad. DZ 38 000 Lire. Klein, sauber, verkehrsgünstig, mit Park, Parkplatz und Restaurant/Bar.

■ **Villa Letizia°**, Cammarata, via Roma 55, 0922/909 114. 13 Zimmer mit Dusche/Bad, das preiswerteste der Stadt (DZ 16 000 Lire!). Mit Garage, Garten und Transportservice!

■ **Kennedy°°**, Ravanusa, via Salvador Allende 27, Tel. 0922/874 239. 11 Zimmer, DZ 36 000 Lire.

# Sciacca

Die antiken Thermen von Selinunt bildeten den Grundstein der heute 40 000 Einwohner zählenden Stadt Sciacca (sprich „Schakka"), deren Name aus dem Arabischen (*as-saqah*) herrührt. Der historische Stadtkern mit den kunsthistorisch bedeutenden Bauten, die Thermen ein Stück weiter westlich in Richtung Agrigento (*Stabilmento termale*) und der oberhalb Sciacca liegende Ort **San Calógero** bilden zusammen ein für Besucher hochinteressantes Gebilde, das von den Promotoren der Provinz mittlerweile höher bewertet wird als z. B. Agrigento... Die **Thermen**, schwefelhaltig und leicht radioaktiv, sind die ältesten im westlichen Mittelmeerraum. Schon damals kurten vom Kolonisieren und Kämpfen ermüdete griechische und römische Recken hier mit ihren Schatten. Bis heute ist die Stadt ein von den Italienern geschätztes Heilbad. Man erreicht die Anlagen vom *Corso Vitt. Emanuele*, der Hauptstraßenachse Sciaccas, stadtauswärts über die *via Figuli* (rechts abbiegen!) und die *via Agatocle* (am modernen Theaterbau vorbei). Der *Giardino comunale* liegt am Wege.

■ **Transport:** Das Auto parken und die kurzen Wege in der Stadt zu Fuß erledigen, sonst vergeht im Verkehrsgewühl rasch weitere Lust. Zentraler Orientierungspunkt ist der Bereich zwischen Piazza Rossi und Piazza Scandaliato, von dem aus man einen herrlichen Blick auf Hafen und Meer, bei klarer Sicht bis nach Pantelleria genießt. Abends findet hier der unvermeidliche *Corso* statt. Der Bahnhof liegt unterhalb des Corso, er ist über die vom Platz abwärts führende Treppe und die via Monti schnell erreicht.

■ **Sightseeing:** Architektonisch herausragendes Ereignis in der Stadt ist nicht etwa der mit Barockem überladene **Dom** (Arbeiten aus der omnipräsenten Gagini-Werkstatt und von Francesco Laurana), die kleine **Chiesa del Purgatorio** oder Kirche und Konvent der Dominikaner, sondern die Fassade des **Palazzo Steripinto**. Zu erreichen ist das Schmuckstück den Corso Vitt. Emanuele hinauf bis zur Querstraße, der via Gerardi. Der um 1500 errichtete Palast mit der in strenger Ordnung errichteten Fassade erinnert Kunstexperten an Diamanten: Die Quadersteine ragen kubisch aus der Wand hervor und wirken an den Seiten „geschliffen".

■ **Tip:** Dem Publikum ist das Palastinnere versperrt. Geöffnet ist die gegenüberliegende kleine Pasticceria. Sie offeriert billige, aber superleckere Süßwaren. Apropos Gaumenfreuden: In den Trattorien am Hafen unbedingt die *N 'cancarancá*, die Käsesuppe probieren. Die örtliche Spezialität!

■ **In der Stadt:** Eine ganze Reihe weiterer Kirchen (**S.Nicoló la Latina**, außerdem San Michele, Santa Margherita, etc.) können besichtigt werden. Unterwegs läuft man an den teils prachtvollen Fassaden eines halben Dutzends Palästen vorbei. Auch für Sciacca gilt: Der leicht morbide, wenig diskrete Charme der etwas abgewirtschafteten Barockstadt hebt sie wohltuend von vergleichbaren „gelifteten" Kurorten ab. Die freundlichen Menschen sind zugänglich und helfen mit Informationen und Tips.

■ **Infos:** Bei der A.S.T. am Corso Vitt. Emanuele 84, Tel. 0925/211 82. Liste über *affitacamere* und den um Sciacca aufblühenden *Turismo Verde*. Weiterhin: Tips zum Umland, Bus- und Zugfahrpläne. Achtung: Die großen Hotels öffnen nur während der Kursaison (April bis Okt.).

■ **Oberstadt:** Auf dem Weg stößt man auf die phantasieanregenden Wegweiser zum **Castello Luna**. Es hat allerdings mit dem Erdtrabanten nichts zu tun. Hier residierte einst die Adelsfamilie *di Luna*, welche im 16. Jh. beständig im Streit mit dem konkurrierenden *Perollo-Clan* lag. Der wohnte im ehrwürdigen **Normannenkastell**: Die Rudimente sind noch zu bestaunen. Die verfeindeten Feudalfamilien wetzten – literarisch verewigt – generationenlang auf Kosten der Bürger Sciaccas ihre Messer und Hellebarden.

■ **San Calógero:** 8 km außerhalb Sciacca. Dort finden sich die *stufe di S. Calogero*: In 50 Meter tiefen natürlichen Höhlen entspringen heiße Quellen, deren Wasserdampf gern inhaliert wird. In den Grotten wurden stein- und bronzezeitliche Funde gemacht, was zu folgenden Hypothesen führte: Entweder waren sie vormals besiedelt und wurden verlassen, weil das einstige Trinkwasser durch Erdbeben und Vulkanismus ungenießbar, also Thermalwasser wurde. Oder die Thermen wurden kultisch genutzt. Im letzteren Fall dürften sie schon vor 3 – 5000 Jahren der Heilung gedient haben. Vom Ort aus bietet sich der Blick vom Meer bis zu den Felsen von Caltabellotta (siehe unten).

■ **Castello Incantato:** 1,5 km außerhalb Sciacca. Besichtigungstip; eine sizilianische Kuriosität ersten Ranges. Man fährt oder wandert (Alternative: Taxi) auf der **alten** Landstraße in Richtung Ribera (auf keinen Fall auf der SS 115, da es später keine Ausfahrt mehr gibt) und biegt dann links ab. Das Neubauviertel macht stutzig, noch ist kein altehrwürdiges Kastell in Sicht. Durch ein schmiedeeisernes Tor geht es auf das Gelände (in Privatbesitz, von der im Häuschen gegenüber dem Eingang lebenen Familie „bewacht"; geöffnet 9 Uhr bis eine Stunde vor Dämmerung, Eintritt frei).

Das „Verrückte": Hunderte Steine mit teils kolorierten Gesichtern und Fratzen stehen pedantisch geordnet an den Parkwegen. Jeweils in Gruppen angeordnet, ist z.B. das akkurat „aufgeschichtete" Publikum eines Amphitheaters zu entdecken, ganze Kolonnen von Antlitzen starren mürrisch auf den Besucher. Oberhalb wurden künstliche Grotten mit ihnen ausgeschmückt. Auf die Frage nach der Ursache dieser Sysiphosarbeit hat die hilfreiche Kustodin, sie wohnt erst seit kurzem hier, eine sizilianische Spezialgeschichte parat:

*Filippo Bentivegna*, der Schöpfer dieses Skulpturensammelsuriums, soll als junger Mann beim Vater seiner Angebeteten um deren Hand angehalten haben. Rüde und barsch abgewiesen, da er das nötige Kleingeld für eine standesgemäße Heirat nicht besaß, wanderte Filippo vergrämt nach Amerika aus. Das Drama nahm seinen Lauf. Glücklich reich geworden, kehrte er Jahrzehnte später zurück und kaufte dieses Grundstück. Seine große Liebe war inzwischen längst anderweitig unter der Haube. Also baute Filippo die am oberen Hang gelegene Grotte aus und lebte dort jahrelang. Täglich bearbeitete er einen neuen Stein, um seinen Groll auf das sizilianische Leben und Schicksal zu verkraften. Die Bewohner Sciaccas mied er und lebte in völliger Zurückgezogenheit: *Beata solitudine – sola beatitudine...*

Wen nun die Gesichter darstellen sollen, mit wem er „abgerechnet" hat, ist zweitrangig.

## Tagestour von Sciacca

Die Landstraße führt von Sciacca aus unterhalb des 901 m hohen Rocca Ficuzza zu einem einmalig gelegenen Bergnest (22 km):

■ **Caltabellotta:** Wie alle sizilianischen Orte, die mit der Doppelsilbe Calta beginnen, stammt der Ortsname aus dem Arabischen (*Kal'at* = Felsen, *alballut* = der Eichen). Seit jeher bot der unzugängliche Gipfel des fast 1000 m hohen Feslmassivs verfolgten Menschen ein letztes Refugium. Das Militärfort galt bis in die Neuzeit als uneinnehmbar. Hierher zogen sich 100 Jahre vor Christus die Sklaven zurück, die im 2. Sklavenkrieg gegen Rom rebelliert hatten.

An den zwei großen Skavenkriegen auf Sizilien, den ersten wirklich gefährlichen Aufständen gegen das sich zum Caesarentum wandelnde Rom, nahm auch die sizilianische Bevölkerung teil. Die letzten Überlebenden bereiteten der Tiberstadt eine grausame Erkenntnis: Unter der Losung „Lieber tot als Sklave" beendeten sie ihre Revolte in einem kollektiven Massenselbstmord, Rom erlebte sein sizilianisches *Massada*. Das definitive Freiheitspladoyer als *ultima ratio* – der Entzug der Arbeitskraft durch Vernichtung des eigenen Lebens – führte dem Soldatenstaat die Beschränktheit imperialer Macht vor Augen.

1300 Jahre später suchten flüchtende französiche Adelige, um nach der sizilianischen Vesper hier ihr Leben zu retten. Seit der Vertreibung der Araber, ab 1090, kontrollierte das vom Normannenkönig Roger veranlaßte mächtige **Kastell** das Umland. Vor dem Aufbruch zum Berggipfel sollte man erst einmal durch die schmalen Gassen des unterhalb liegenden Bergdorfes schlendern, um ein wenig von der einzigartigen Atmosphäre zu schnuppern. Viele Häuser im alten Dorfkern sind unbewohnt, die Bevölkerung überaltert: Schwarz der Frauenkleider bestimmt das Straßenbild, die alten Hirten tragen noch ihre wallenden Umhänge mit den ausladenden Kapuzen.

Der **Piano della Matrice**, ein ebenes Gelände, das nach Norden hin von Felsen eingeschlossen ist, liegt auf dem Weg zum Kastell. Hier steht die **Chiesa Madre**, eine im Auftrag Rogers errichtete schlichte romanische Kirche. Linkerhand steht allein der zugehörige Campanile. Vor allem abends und bei aufziehendem Nebel ist die Atmosphäre einzigartig. Über die Treppenstufen zur Kirche hinauf kann man zu den Überesten des alten Kastells hinauf. Dort ist der Blick auf die Dörfer im Landesinnern grandios. Der Castello

liegt auf der anderen Seite der hochaufragenden Felszacken. In ihm ist ein Restaurant untergebracht.

Über Villafranca Sicula und das noch mittelalterlich wirkende **Burgio** (ländlich, 3000 Einw.) geht es weiter nach **Chiusa Sclafani** in die **Monti Siculi**, die Sikulerberge. Von Chiusa, wo ein pompöses Benediktinerkloster steht, besteht die Möglichkeit, die Reise ins *Corleonese*, die Hochebene um **Corleone**, fortzusetzen. Für diese Route verläßt man jedoch die SS 386 und führt über die SS 188.

■ **Sambuca di Sicilia:** Der Ort ist eine arabische Gründung und hieß bis 1927 *Sambuca Zabut*. In ihm sind noch Reste der arabischen Architektur zu sehen. Zwar ist das Kastell weitgehend zerstört, doch ist im *casale arabo* noch einiges davon zu entdecken. Nördlich Sambuca liegt der archäoligsche Park von **Adragna**, der in den letzten zwanzig Jahre an Bedeutung gewonnen hat, weil neben Funden aus der griechischen Epoche auch Spuren phönizischer Besiedelung entdeckt wurden (Zutritt nur wochentags bis Mittag).

Der Stausee **Lago Arancio** (2 km) kann auf einer Nebenstraße bis zur über 100 Meter langen Staumauer umfahren werden. Bedenkt man, daß Wasser in vielen Lebensbereichen unabdingbar ist, kann angesichts der häufig privaten Wasserversorgung manch mulmiges Gefühl entstehen. So kostet, wie die sizilianische Tageszeitung *L'Ora* empört berichtet, das Auffüllen eines 7000 Liter fassenden Tanks während der Trockenperiode in Palermo zwischen 40 000 und 70 000 Lire. 7 Kubikmeter Wasser gleich ca. 100 DM, Tendenz steigend!!! Zum Vergleich: Ein Kubikmeter des teuren Nasses schlägt in der Bundesrepublik mit 3 − 5 DM zu Buche, ein Großteil der Abgabe wird dabei aber für die Abwasserbeseitigung und Aufbereitung fällig.

Der eigene Brunnen ist Goldes wert: Will der Nachbar nur eine Stunde lang am laufenden Wasserhahn partizipieren, kann je nach Durchmesser des Leitungsrohres zwischen 12 und 30 000 Lire kassiert werden. Wasserqualität und Trinkbarkeit werden ebensowenig geprüft wie die Sauberkeit der Tankzüge, die das Lebenselexier durch die Lande karren. Ein hohes Gesundheitsrisiko für alle! Solche Zustände würde man eher in der Zentralsahara oder der Wüste Gobi vermuten.

Wer das Wasser hat, kontrolliert Sizilien. Glaubt man den angesehenen Journalisten der *Repubblica*, sind während mafioser Aktivitäten wie Geiselnahmen Tausende Menschen in den abgeschiedenen Bergregionen bestens informiert, ohne je daran beteiligt zu sein oder zu partizipieren. Sie kennen den Aufenthaltsort der Geiseln, unternehmen aber nichts, da ihnen auf obige oder andere Weise die Hände gebunden sind.

■ **Santa Margherita di Bèlice:** Wer Zeit hat, sollte sich ein Resultat der Katastrophen, mit denen die Sizilianer seit alters her leben müssen, näher ansehen. Der Kampf der Elemente, ob vulkanisches Feuer, Erd- und Seebeben, Schlammfluten oder Orkane, hat das Leben jedes Sizilianers mehr als einmal tangiert. Die Bewohner des vom Erdbeben 1968 stark zerstörten Stadt können ein Lied davon singen. Sie wohnen heute außerhalb ihrer einstigen Stadtmauern in neuangelegten Stadtvierteln, die vielfach noch immer nicht über den Barackenstatus hinausgelangt sind. Rund um den *Palazzo dei Filangeri* aber, der besser unter dem Namen **Palazzo Cutò** bekannt ist, liegen noch die Trümmer als mahnende Relikte. Er ist als Filmschauplatz von *Viscontis* süffiger Version des *Gattopardo* berühmt geworden.

## Selinunte

■ **Anfahrt:** Die gigantischen Trümmerhaufen der einstigen Mutterstadt Sciaccas liegen 20 km weiter westlich. Via **Menfi**, das erhebliche Schäden durch das Erdbeben 68 davon getragen hat und dessen Hafen **Porto Palo** heute ein beliebter Badeort ist, gelangt man auf die Abzweigung nach **Marinella**. Zwischen der Stichstraße nach Marinella, der SS 115/d, den Flüßchen *Gorgo Coltone* und *Selinus* (griech. „Selinon" = wilde Petersilie; heute heißt er *Modione*) gelegen, gilt das dreigeteilte Areal als größte archäologische Zone im Mittelmeerraum.

■ **Geschichte:** Die „Petersilien-City" Selinunt, 628 v.Chr., nach anderen Quellen 650 v.Chr. von Kolonisatoren aus Megara Hyblaea nahe Siracusa gegründet, erlebte eine nur kurze Stadtgeschichte. Umso erstaunlicher ist das Ausmaß der Hinterlassenschaft dieser bereits 410 v.Chr. erstmals zerstörten

Stadt. Damals hatten die verfeindeten Elymer von Segesta mit den Karthagern gemeinsame Sache gemacht und den Griechen so kräftig aufs Haupt geschlagen, daß 16 000 von ihnen starben und Tausende in die Sklaverei verschleppt wurden. Zwar ließen sich die Griechen so etwas nicht bieten und eroberten Selinunt umgehend zurück, doch auf Dauer behielten die Herren aus Nordafrika die Oberhand. Als schließlich das aufstrebende Rom auf Sizilien zuging, zerstörten die Karthager die Anlage, um sie nicht den Römern in die Hände fallen zu lassen. Das „Haus der Idole", wie die Araber den in Vergessenheit geratenen Ort nannten, dämmerte vor sich hin, ehe 1823 erstmals umfangreichere Ausgrabungen begannen. Ans Tageslicht kamen nicht nur die heute zu besichtigenden Anlagen, es wurden auch gleich die in der Nähe liegenden Nekropolen von **Manicalunga** und **Galera Bagliazzo** sowie der Steinbruch, aus dem die Griechen das Baumaterial für dieses Zyklopenwerk beschafften (**Cusa**, bei Campobello di Mazara) entdeckt.

■ **Marinella:** Der Badeort gehört zur Gemeinde von Castelvetrano. Er besitzt einige hübsche Cafés und Trattorien mit Blick auf Hafen und Meer, vor denen man statt oder nach einer Besichtigung herrlich sonnenbaden kann. An der kurzen, abschüssigen Gasse zum Hafen hinunter liegt eine kleine Bäckerei, die im Rhythmus von 2 Stunden frische Pizza vom Blech (weiß und rot) für ein paar hundert Lire anbietet. Sie schmeckt! Für Autofahrer: In Marinel-

la besteht auch sonntags die Möglichkeit zu tanken. Auf der Rückfahrt zur SS 115 kann das **Eno Agri Museum** besichtigt werden (Wegweiser, rechts ab von der SS 115/d). Dort ist für Beifahrer auch eine Weinprobe fällig, denn, so verkünden es überall auf der Insel aufgestellte Schilder: *„Rotweingenuß + Autofahren = Leichenwagen..."*

■ **Parco Archeologico Selinuntino**, Castelvetrano-Marinella, 9 Uhr bis eine Stunde vor der Dämmerung; Eintritt 2000 Lire. Strenge Billettkontrolle durch die Trümmerwächter. Wer die berühmten *Metopen*, in den Tempeln aufgestellte Skulpturen, sucht, Vasen oder andere Grabbeigaben besichtigen möchte, muß sich nach Palermo ins Archäologische Museum begeben. Zwar ist in Selinunt ein Antiquarium geplant, es wurde aber noch nicht der Öffentlichkeit übergeben.

Die direkt an der SS 115/ liegenden **Tempel E, F** und **G**, so phantasielos werden die Sakralbauten leider bezeichnet, sollten zum Schluß besucht werden. Interessanter ist die weiter westlich liegende Akropolis, die man über die schmale Küstenstraße erreicht. Der Tempel G ist nur unwesentlich kleiner als der Zeustempel in Agrigento und – wurde niemals vollendet. Er gilt als „schönster" Tempelbau Siziliens. Mindestens so gut gefällt mir **Tempel C**, der auch „Gorgontempel" heißen könnte (Nachbau in Palermo). Die Straßenzüge der Akropolis mit den weiteren **Tempeln A, D** und **O** sind, wenn man ein Auge zudrückt, auch als Geschäftspassagen der antiken Oberstadt erkennbar. Die Anlage ist mittlerweile begrünt. Von der Akropolis, auf der man zwischen den Säulenaufgängen herumtollen kann, sollte man einen Blick in Richtung Landesinnere riskieren, denn dort lag die antike Stadt Selinunt. Nach Westen hin erkennt man den **Santuario della Malophoros**, vermutlich ein Demeterheiligtum, zu dem man hinspazieren kann. Am meisten lockt aber der unten verwaist daliegende Strand...

## Ins Alto Bèlice

Als im Januar 1968 im Bèlice-Tal die Erde bebte, starben Hunderte, über 100 000 Menschen wurden obdachlos. Ganze Dörfer (z.b. Montevago, Salaparuta, etc.) stürzten ein, es gab kein Entrinnen. Neben **Partanna** und **S. Ninfa** ist **Gibellina** ein gutes Beispiel für den Wiederaufbau der Region. Umgerechnet ca. 1,2 Milliarden DM wurden investiert, von denen mehr als die Hälfte in den Taschen der Ehrenwerten Gesellschaft verschwunden sein soll.

■ **Gibellina Nuova:** Mit den verschwundenen Mafiagesellschaften ist der Bürgermeister dieses Ortes nicht einverstanden. Er meint, man habe ihr erstmals ein Schnippchen schlagen können. Nach der Katastrophe hatten sich Städteplaner aus ganz Italien zusammengesetzt und in bester sizilianischer Tradition beschlossen, jenseits des Hügellandes in der Ebene ein neues Dorf aufzubauen. So siedelten die Überlebenden nach **Gibellina Nuova** um, das auf dem Reißbrett entstand und schon jetzt ein architektonisches und kulturgeschichtli-

ches „Denkmal" der Siebziger Jahre ist. Neben der wirklich verbesserten Infrastruktur − Bahnhof und Autobahnanschluß erlösten die Bewohner aus dem Dornröschenschlaf und machten die Gegend für Industrieansiedlungen attraktiv − entstanden weiträumige Wohnkomplexe in Reihenhausbau, mit − für Sizilien absolut untypischen − Vorgärten und Baumbepflanzungen. Die Bewohner schätzen das Grün vor der Haustür, auch wenn so mancher Straßenzug nach der Trockenperiode verwüstet aussieht.

Da in Sizilien wenig gegen Klerus auszurichten ist, beließ man die Kirche im Dorf, allerdings, ohne sie wie üblich in die Mitte des Soziallebens zu plazieren. Alles wirkt dezentralisiert, mit vielen kleinen Ecken und Piazetten, obschon die Piazza Rivolta Contadina (Erinnerung an einen Bauernaufstand) für manchen die Funktion des Zentrums erfüllt. Ein sehr an ein amerikanischen Motel erinnerndes Gebäude in Ellipsenform ist Bar, Sozialzentrum und Treffpunkt in einem. Ab und an taucht ein überdimensionaler Betonpfeiler, von dem die Farbe abblättert, zwischen den Häuserzeilen auf. Überhaupt wurden reichlich Kunstaufträge vergeben. Die Ergebnisse jedoch, höchst zeitgeistig aus Beton und Eisen gefertigt, werden von der Bevölkerung nicht recht goutiert und rosten vor sich hin. Vieles wirkt noch unfertig, hier steht ein Erdhügel herum, dort liegen Rohre − die Gemeindekasse wird wohl leer sein, Sicher wurde sie für den Bau des pompösen, einem Triumphbogen nicht unähnlichen, sternförmigen „Stadttores" strapaziert, das die Haupteinfallstraße nach Gibellina ziert und weithin in der Landschaft zu sehen ist. Auch die *Ferrovie dello Stato* leisteten einen Beitrag. Sie plazierten ein altes Dampfroß vor den Bahnhof, der auch den Bürgern von **Salemi** dient.

Insgesamt wirkt das heutige Gibellina eher amerikanisch als sizilianisch, dazu tragen die auf Fast food spezialisierten Läden und die unübersehbare Videomanie bei. Den Preis, den die Bewohner an die Moderne entrichten, kann man bei einem Besuch in den beiden Museen ermessen. Im **Museo Civico d'Arte Contemporanea** (via Segesta, in der Schule, Di bis Sa 9−13, 16−19 Uhr, So 10−13, 16−19 Uhr; hier nur kurzfristig untergebracht, bis der Neubau in der via Gemellaro fertig ist) sind Bilder und Skulpturen u.a. von *Renato Guttuso* und vor allem *Mario Schifano ausgestellt*, der zehn seiner Werke den Kindern von Gibellina vermachte. Weiterhin sind Modelle aller in Gibellina zu findenden Außenkunstwerke zu finden. Das **Museo Etno-Antropologico Valle del Belice** liegt an der nordöstlichen Umgehungsstraße, etwas außerhalb Gibellina, in der via Vespri Siciliani (wie oben geöffnet). Um die Bevölkerung nicht allzu rasch vergessen zu lassen, konfrontiert man sie hier mit ihrer eigenen folkloristischen Vergangenheit. Fotos vom Wiederaufbau runden dieses Unterfangen ab.

■ **Gibellina Vecchia:** Nur per Auto über die Landstraße nach Poggioreale erreichbar. Die Landschaft ist im Frühjahr atemberaubend schön, riesige Getreidefelder und eine immense Blütenpracht! Über allem liegt eine erholsame Stille. Schon nach wenigen Kilometern taucht linkerhand eine Geröllhalde auf. Bei näherem Hinsehen entpuppt sie sich als die Übereste der Straßenzüge eines winzigen Dorfes. Weiter auf der Landstraße, passiert man zerfallene Häuser und Gehöfte, deren Anblick surreal wirkt. Hinter einer Kurve liegt ein kleiner Friedhof, der zum ehemaligen Bergdorf gehörte. Hier öffnet sich das weitausladende Hochtal.

■ **Das Labyrinth des Todes:** Der Hang links der Straße ist auf einem Areal von mehreren hundert Metern im Quadrat mit einer Betonkuppe überzogen, die in ihrem hellen Weiß strahlend aus der Landschaft hervorsticht. Mannshohe „Kanäle", die ehemaligen Gassen und Straßen des Dorfes, durchziehen das Gebilde, manchmal sammeln sie sich zu kleinen Piazzetten; ein wirklicher, neuzeitlicher und doch in Jahrhunderten gewachsener Irrgarten! Der umbrische Künstler *Alberto Burri* hat in den letzten zehn Jahren, in Zusammenarbeit mit dem Architekten *Alberto Zanmatti*, dieses Kunstwerk auf dem Schutt errichten lassen. **Cretto Gibellina** sprengt alle bekannten Kunstdimensionen, denn: Man kann es erwandern! Wie jener Alte, der durch den übergestülpten Beton stiefelte und seine ihn begleitende Tochter an jeder imaginären Dorfecke mit Episoden aus seinem Leben „fütterte".

Auch wer keine direkte Verbundenheit mit dem Ort verspürt, wird dem Szenario eine elementare Suggestivkraft zubilligen müssen. Von den im Halbkreis errichteten Holztribünen, sie stehen etwas weiter die Straße hinauf, hat man den besten Überblick. Sie dienten der Übergabe des Kunstwerkes mit allerhand Tschinderassa, heute vielleicht noch zu Erinnerungsfesten.

Da Alberto Burri auch Fuballnarr und Tifoso ist, entwarf er das offizielle Plakat zur WM in Italien. 1990 hängt es an jeder Straßenecke.

■ **Castelvetrano:** Abends besuchen, um an den unzähligen Kirchen vorbei zu flanieren und die Stimmung hier aufzunehmen. Es gibt eine Reihe sehr guter Trattorien und Restaurants. Die schönste Kirche des Ortes liegt allerdings 3,5 km außerhalb in Richtung des künstlich geschaffenen **Lago Trinità**. **SS. Trinità di Delia** ist ein mit einer arabischer Kuppel ausgestatter normannischer Kirchenbau und wurde vor 90 Jahren restauriert. Heute dient sie als Grabstätte.

**Campobello** ist eher uninteressant. Man sollte entlang der Küste nach Mazara fahren. Auf dem Weg dorthin sind die Steinbrüche von **Cusa** zu besichtigen, in denen die alten Griechen nach der Zerstörung von Selinunt alles stehen und liegen gelassen haben.

## Übernachten

■ **Florence**°°, Salemi, Contrada Monte delle Rose, Tel. 0924/685 11. 22 Zimmer, DZ 48 000 Lire. Mit Bar/Restaurant, Heizung, Garagen und Parkplätzen sowie einem kleinen Park. Transfer vom Bahnhof Salemi/Gibellina.

■ **Selinus**°°°, Castelvetrano, via Bonsignore 22, Tel. 0924/902 638. 46 Zimmer. DZ ab 52 000 Lire. Gleiche komfortable Ausstattung bietet das **Zeus** in der via Vitt. Veneto 6.

■ **Ideal**°, Castelvetrano, via Partanna 26, Tel. 0924/901 454. 9 Zimmer, ein Bad, 2 Du.; DZ 24 200 Lire. Parkplatz vor dem Haus. Autoservice.

■ **Costa d'Avorio**°, Castelvetrano-Marinella, via Stazione 5, Tel. 0924/460 11. 23 Zimmer. DZ ab 23 000 Lire.

Neben der „Elfenbeinküste" außerdem 8 weitere Alberghi, davon das **Lido Azzurro** und **Lo Sqalo** günstig. Das **Paradise Beach** und das **Garzia** sind in Castelvetrano-Selinunte die beiden Hotels gehobener Klasse. Die Übernachtung liegt zwischen umgerechnet 100 uns 150 DM.

■ **Camping Athena**°, Castelvetrano-Marinella, Contrada Garraffa 88, Tel. 0924/461 32. 6000 qm, ganzjährig geöffnet. Auto 2200, Zelt 3300, pro Person 3500 Lire. Duschen, fließend warmes Wasser. Ein weiterer Campingplatz, **Helios**, liegt in Castelvetrano-Triscine in der via Fontane 271 (Tel. 843 01; ganzjährig, 12 000 qm).

# Mazara del Vallo

Die 40 000 Einwohner zählende Hafen-stadt an der Mündung des gleichnami-gen Flusses gehört zu den widersprüch-lichsten Orten auf der Insel. Zwar gilt die schmucke Altstadt als eine der best-erhaltenen überhaupt, doch weist die drumherum entstandene urbane Struk-tur auf einige nicht mehr zu verdecken-de Übel. Die auf der Fischerei und dem Weinanbau basierende Wirtschaft (Landwirtschaftszentrum ist das nahe Campobello d.M.) wurde zu intensiv genutzt und siecht dahin. Zwar liegt im Hafen die größte italienische Fangflot-te, und zwei Drittel des Fangs wird ex-portiert, doch muß man sich mit hoher Arbeitslosigkeit und − massiven Dro-genproblemen herumschlagen. Ein örtli-cher Pfarrer meldete sich kürzlich zu Wort, um der Mentalität des „Nichts sehen − nichts hören − nichts reden" entgegenzuwirken. Er hat weit über 1000 Drogenabhängige im Kirchen-sprengel ausgemacht, eine unglaubliche Zahl. Dies scheint die Hypothese zu stützen, nach der Mazara ein Haupt-umschlagplatz für den Im- und Export von Drogen ist. Traditionell gute Be-ziehungen zum afrikanischen Festland und zahllose *Africani* in der Stadt schei-nen dies zu bestätigen. Die sorgen in der Bevölkerung für große Unruhe: Sie fah-ren, mindestens zu zweit, auf den Fang-schiffen mit. Unmut und Ausländerhaß haben sich bei den arbeitsuchenden Sizi-lianern ausgebreitet. Aber: Die Pro-bleme sind hausgemacht! Die Arbeits-

möglichkeit für die Tunesier beruht auf einem Abkommen zwischen der italieni-schen und tunesischen Regierung, das zu „beiderseitigem Vorteil" das Abfi-schen der ertragreichen Fischgründe vor der tunesischen Küste regelt. Während die Sizilianer die tunesischen Hoheits-gewässer befahren dürfen, müssen sie dies durch Schaffung von Arbeitsplät-zen für Tunesier ausgleichen. Prekärer ökologischer Hintergrund: Die sizilia-nischen Küstengewässer sind leergefischt, der ökologische Raubbau der letzten Jahrzehnte rächt sich nun.

■ **Sehenswertes:** Neben den Schiffen und dem Hafenneubau, der sofort ins Auge fällt, sind der Stadtkern rund um die Kathedrale, an der seit der Nor-mannenzeit in unterschiedlichsten Stil-richtungen gebaut wurde, und vor al-lem die Strandpromenade mit den bei-den Gärten **Giardino Garibaldi** und dem **Giardino Jolanda**, in dem (gegen-über Piazza Mokarta) die Reste des Nor-mannenkastells stehen, bestens geeig-net, das Treiben in Mazara zu beobach-ten − vor einem der Ristorante am Meer sitzend. Während eines Spazier-gangs entlang dem Mazaro-Fluß ist die quadratisch angelegte, streng romani-sche Fassade von **San Nicoló Regina** zu besichtigen oder einen Abstecher ins **Kulturzentrum** zu unternehmen, das neben dem Stadtarchiv noch eine Bi-bliothek, das Stadtmuseum, eine Bilder-sammlung und demnächst ein Fischerei-museum enthält.

■ **A.S.T.,** Mazara del Vallo, Piazza della Repubblica, Tel. 923/941 727. Weitere Informationen.

# Marsala

Auf dem Weg nach Marsala passiert man die ersten Weingüter, die die Reben für den berühmten schweren, likörartigen Weins liefern. Das ökonomische Aushängeschild Marsalas ist allerdings kein typisch sizilianisches Produkt. Die Engländer wolten gegen Ende des 18. Jahrhunderts das portugiesische Portweinmonopol unterlaufen – mit Erfolg.

Marsala besitzt einen sehr viel weiter zurückreichende Geschichte. Rund um das **Capo Boeo**, den westlichsten Zipfel Siziliens, siedelten bereits im 8. Jh. v.Chr. aus Karthago kommende Phönizier. Die Reste ihrer wichtigen Siedlung **Mozia** sind auf der Laguneninsel vor Marsala zu finden (siehe weiter unten). Auch das nach der Zerstörung Mozias durch die Griechen (397 v. Chr.) auf dem Festland neuerrichtete, später so bezeichnete *Lilybaeum* war eine mächtige Ansiedlung, die von den Römern erst nach zehnjähriger Belagerung erobert werden konnte. Die Ruinen rund um das **Edificio termale** (röm. Thermalbad mit Mosaiken, Häuserresten etc.) sind im Verlauf eines Spaziergangs am **Capo Boeo** zu besichtigen, allerdings nur, wenn das zu verantwortliche Museumspersonal des **Museo Archeologico** (Baglio Anselmi, via Boeo, Tel.958 097; 9–14; Mi, Sa und So auch 15–18 Uhr) gut aufgelegt ist. Weitere römische Mosaiken befinden sich in Marsala unter den Fundamenten des Kinos **Imperio**.

Das Museum ist in einer ehemaligen Wein-*Fattoria* untergebracht und stellt zahlreiche Funde aus dem antiken Lilybaeum, aus Mozia, sowie den umliegenden vorchristlichen Nekropolen aus, die heute fälschlicherweise als *Necropoli dei cappuccini* bezeichnet werden. Prunkstück der Sammlung sind die Planken eines punischen Schiffs aus dem 3. Jh. v.Chr. Sie wurden aus dem Hafenbecken geborgen. Der heutige Name der Stadt geht auf die Araber zurück, die von hier die Eroberung Siziliens begannen. *Marsa Allah*, Hafen Gottes, nannten sie die geschützte Bucht. Die militärstrategische Bedeutung Marsalas war stets schicksalhaft: Nahe dem **Dom**, der anglophil dem heiligen Thomas von Canterbury geweiht ist, steht mit einer gewissen Berechtigung eine steinerne Reminiszenz, die daran mahnt: Die **Porta Garibaldi**, ein etwas heruntergekommener Triumphbogen, ehrt die Landung Garibaldis und seiner *mille compagni* am 11.5. 1860. Auf der Hauptstraße Marsalas, die deshalb *via XI Maggio* heißt, passiert man die **Loggia** und kann in Richtung Porta Nuova auch zur Pinakothek gelangen. Weitere Besichtigungsziele sind das **Museo degli Arazzi Fiamminghi** an der Piazza della Repubblica (Tel. 971 782), das **Eno Museo** an der Contrada Berbaro (Tel. 969 667), sowie die **Enoteca** an der via Circonvallazione (Tel. 953 057). Die Öffnungszeiten variieren, telefonisch erfragen! Bei einer Kostprobe wird nicht nur der süße schwere, sondern auch leichtere trockene Rote kredenzt.

■ **Infos:** Im Centro di Informazione an der via Garibaldi 45, Tel. 0923/958 097. Stadtbroschüren, Übernachtungshinweise für Pensionen (affitacamere) etc. Abfahrtszeiten der Schiffe nach Favignana und Pantelleria. Ausflüge nach Mozia.

# Mozia
# (Isole dello Stagnone)

■ **Anfahrt:** Von Marsala auf der Küstenstraße in Richtung Trapani-Birgi durch arg zersiedelte Landschaft. Man biegt in Richtung Birgi-Vecchi links ab und dann ein weiteres mal links auf eine Stichstraße zur Küste (Wegweiser). Dort parken und per Boot nach Mozia übersetzen! Von Marsala fahren Busse. Wer mit dem Zug anreist, muß ab Birgi laufen. Die Besichtigung der bedeutendsten Reste einer phönizischen Ansiedlung auf Sizilien ist von 9 Uhr bis eine Stunde vor Sonnenuntergang möglich, aber: genügend Zeit für den Rundgang einplanen! Die außergewöhnlich ruhige und friedvolle Atmosphäre und die natürliche Schönheit insbesondere der **Isola Grande** haben Naturschützer bewogen, hier einen Parco Naturale zu errichten. Das soll aber noch einiges dauern.

■ **Auf der Insel:** Sie ist im Besitz der *Fondazione Withaker*, die nach dem englischen Marsalawein-Industriellen benannt ist, der hier vor 70 Jahren die Ausgrabungen initiierte. Zwischen dem halbwegs erhaltenen Nord- und Südstadttor sind eine Reihe von Sehenswür-

digkeiten zu entdecken, die in die Geschichte und Kultur dieses das Mittelmeer vor den Griechen beherrschenden Seefahrervolkes einführen. Neben den Mosaiken sind vor allem der einstigen Sakralbezirk von *Cappidazzu*, der *Tophet*,sowie die Nekropole zu nennen. Nahe des Nordstadttores, zu dem man sich nach der Ausschiffung zuerst begeben sollte, führt eine antike Straße ins Meer, die bis zum Festland reicht. Auch die Reste einer Treppenanlage zum Meer sind erkennbar. Vom Nordtor gelangt man über die ehemalige Hauptachse der Stadt zum sakralen Bezirk, dem Sanktuarium von Cappidazzu. Neben den Grabanlagen findet man auch die Keramiköfen.

Am spektakulärsten ist natürlich der Tophet, das dem phallischen Gott *Baal* geweihte Heiligtum. Hier wurden rituelle Kindstötungen vorgenommen und Tieropfer dargebracht. Wer mehr über den Baal-Kult wissen möchte, sollte Antonin Artauds *Heliogabal, oder der Anarchist auf dem Thron* lesen. Die Aufregung unter den Besuchern ist natürlich immer wieder groß, wenn es um die rituelle Tötung der Erstgeboren geht. Erst kürzlich hat man in Karthago ganze Massengräber ausgehoben. Andererseits ist diese religiöse Opferpraxis indirekt aus dem Buch der Bücher seit Abrahams Zeiten bekannt, der Baal-Kult lebte im antiken Rom als vorwiegend von Soldaten geschätzter Mithras-Kult fort und zog über Umwege auch ins Christentum ein.

Das *Kothon*, das einstige Trockendock, gleicht dem von Karthago. Die

Topographie der Stadtanlage von Mozia weist erstaunliche Parallelen zu der vom levantinischen Thyros auf. Im kleinen **Museo Withaker** (9 Uhr bis zur Dämmerung, mit Bar) kann man die Erkenntnisse vertiefen. Hauptsehenswürdigkeit ist eine steinerne Männerstatue aus dem 5. Jh. v.Chr., deren kunsthistorischer Rang den Bronzeriesen von Riace gleichgesetzt wird. Ob ein Phönizier diese Statue bei einem griechischen Bildhauer in Auftrag gab, oder ob sie ein Beutestück ist, wurde nie geklärt. Die Funde von Mozia, Grabbeigaben wie rote Broschen, zahllose Vasen, Hunderte religiösen Zwecken dienende Stelen etc. finden ebenso Interesse wie die weiblichen Terracotta-Masken (auch eine männliche) sowie zahllose Beweise für den Handelsverkehr.

Zeugnisse der Phönizischen Zeit sind auch in Poggioreale,Selinunt, und vor allem in **Solunto** nahe Palermo, wo sich ein weiterer Opferaltar mit den drei *Bètili*, den Opfersteinen befindet, zu finden. Nicht zuletzt ist Palermo phönizischen Ursprungs. Phönizische Inschriften wurden an der Stadtmauer von Erice bei Trapani, auf Favignana und Pantelleria gefunden.

Nach Trapáni sollte man über die Küstenstraße fahren, entlang der zahlreiche, teils noch bewirtschaftete **Salinenfeldern** liegen. Sie reichen bis vor die Tore der Provinzhauptstadt und gehörten einst zu den größten Europas. Menge und Qualität des Salzes war noch in diesem Jahrhundert von großer Bedeutung. Die meisten Windmühlen, in denen die festgepappten Salzklumpen

gemahlen wurden, sind demontiert. Maschinen haben diese Aufgabe übernommen. Einzelne Unternehmen haben die ein- oder andere Mühle aus nostalgischen Gründen wiederaufgebaut. Die Pflege der reichen Traditionen der *Salinari*, der Salzarbeiter, ist heute Hauptanliegen der Kulturverwaltung von Trapani. Die aus der Arbeit (hauptsächlich von März bis Juli) erwachsene uralte Kultur gilt als der spektakulären Mattanza von Favignana ebenbürtig und soll in Zukunft auf Veranstaltungen den Besuchern erschlossen werden.

## Übernachten

■ **Garden**°°, via Gambini 36, Tel. 0923/959 013. 9 Zimmer. DZ ab 28 000 Lire. Außerdem hier Hotels der Kategorie °°°, die alle umgerechnet um 100 DM das DZ liegen.

■ **Mediterraneo**°°, Mazara del Vallo, via Valera 36, Tel. 0923/932 688. 17 Zimmer, DZ ab 36 500 Lire. Günstigestes an der Südwestküste. Mit Garage, Bar/Restaurant. Das Haus ist behindertengerecht eingerichtet.

■ **Hopps**°°°, Mazara d.V., via Hopps 29, Tel. 0923/946133. Ein Hotelkomplex mit 240 Zimmern... und allem was dazu gehört, natürlich auch ein Schwimmbad. Der Preis fürs DZ umgerechnet 100 DM.

■ **Tip:** Geld sparen und weiter nach Trapani fahren, dort stehen günstigste Alberghi und Campingplätze sowie eine Jugendherberge zur Verfügung.

## Restaurants

In Manzara Ristorante **La Bettola** am Corso Diaz 20 (Tel. 946 203; Mo zu). Allerdings ist es nicht ganz billig (ca. 50 000 Lire für das Menue). Dann Couscous bestellen! Typische Küche wird man auch in den Trattorien finden. Dort den *risotto con le seppie* probieren, Reis mit Tintenfischsoße!

In Marsala **Trattoria Garibaldi** an der Piazza Addolorata oder in einer der Tavernen entlang der Küste. Couscous ist Pflicht!

# Insel Pantelleria

■ **Anreise:** von Trapani, Mazara und Marsala (per Schiff nach Pantelleria-Stadt), Lampedusa (Porto Empédocle) und Tunesien, sowie von Trapani-Birgi und Palermo-Punta Raísi (per Flugzeug zum Flughafen Pantelleria-Margana) möglich (siehe Kap. „Reisen auf der Insel").

■ **Vulkanismus:** Die größte der um Sizilien liegenden Inseln ist 87 Seemeilen (ca. 100 km) von Trapani, jedoch nur 70 km von der tunesischen Küste entfernt. Die 13 mal 8 qkm Inselfläche überragt die **Montagna Grande** (836 m), ein Vulkankegel mit mehr als zwei Dutzend Nebenkratern, den sog. *Cuddie*. Auch unterseeisch rumort es zwischen der Insel und dem **Capo Granitola** auf dem sizilianischen Festland. Der letzte Ausbruch aus dem Jahre 1891 schleuderte die Lavabrocken bis zu 15 Meter hoch aus Pantellerias Küstenwasser und hinterließ nachts eine gleißend rote, wabernde und zischende Meeresoberfläche. Rund um die Montagna Grande zeugen die *Favare* auch heute noch von ungebrochener vulkanischen Aktivität; der Wasserdampf schießt pfeifend an die Erdoberfläche.

■ **Wasser:** Kein Wunder, das sich Thermalquellen gebildet haben, z.B. jene von **Scauri** oder **Sataria**. Auch aus mancher Grotte dampft es **(Salibi)**. Obschon auf Pantelleria keine Trinkwasserquelle entspringt, herrscht kein Mangel, wenn die Grundwasserbrunnen und künstlich angelegten Zisternen gefüllt sind. Eine solche steht an der Piazza Cavour in Pantelleria-Stadt. Aus den *Buvire* sollte man indes nicht schöpfen, denn es ist ungenießbares Brackwasser.

■ **Auf der Insel:** Pantelleria (arab. „Pent el rion", Tochter des Windes) war seit neolithischer Zeit besiedelt. Davon zeugen heute noch die *Sesi*, die man in Richtung Punta Fram nahe Mursia besichtigen kann. Phantastisch sind auch die vom Zahn der Zeit angenagten Skulpturen und die Befestigungsanlagen (muro alto) in diesem Bereich, der auch Cimille und Cimilia genannt wird. Ein Ausflug zum **Lago di Specchio di Venere**, dessen weniger mythischer Name eigentlich *Bagno di Aqua* ist, sollte ebenso ins Auge gefaßt werden wie eine Inselwanderung vorbei an den aus Lavastein gebildeten Mauern der Gehöfte und Felder zu den kleineren Siedlungen wie **Khamma**, **Rekhale**, **Sibà**, **Bukkuram** oder **Bugheber**. Der arabische kulturelle Einfluß wird schon an den Ortsnamen sichtbar.

■ **Baden:** z.B. an der felsigen Küste der **Porta dell' Elefante**, einem vom Meerwasser ausgespülten natürlichen Torbogen. Vor allem reisen Besucher wegen der Tauch- und Schnorchelmöglichkeiten hierher. Wasserski wird immer beliebter. ■ **Pantelleria-Stadt:** Am **Castello Barbacane** ist die immense militärische Bedeutng Pantellerias erkennbar, das in seiner langen Geschichte ständig besetzt wurde. Letztmals geschah dies am 11.6.1943, als die Alliierten nach wochenlangem Bombardement, das die gesamte Stadt zerstörte, hier landeten. Die Kontrolle des Kanals von Sizilien war von überragender Bedeutung, wenn man bedenkt, das z.B. von den lebensnotwendigen Schiffskonvois nach Malta, von wo aus die Landung auf Sizilien mitvorbereitet wurde, oft nur zwei von 20 Schiffen ankamen.

## Übernachten/Essen

■ **Cossyra**°°°, Mursia, in Cuddie Rosse-Mursia, Tel. 0923/911 154. 1.4. bis 31.10. geöffnet.
Das mit allen Extras ausgestattete Hotel wirbt mit dem antiken, karthagisch/phönizischen (vielleicht auch griechischen) Namen Pantellerias, der nichts anderes als *„kleiner als Malta"* bedeutet. 80 Zimmer, ausnahmslos mit Dusche, nicht unter 100 DM die Nacht.
■ **Punta Tre Pietre**°°°, Scauri, Tel. 0923/916 026. Nur im Hochsommer zwischen dem 6..6. und dem 19.9. geöffnet. Mit Restaurant und Swimming Pool (ca. 75 DM die Nacht).
■ **Agadir**°°, Pantelleria-Stadt, via

Catania, Tel. 0923/911 651. Ganzjährig geöffnet. Mit Restaurant, Sportmöglichkeiten, Fahrstuhl, Nachtportier, Tauchexkursionen etc. 37 Zimmer, DZ ab 48 000 Lire.
■ **Miryam**°°, Pantelleria-Stadt, Corso Umberto I., Tel. 0923/911 374. 28 Zimmer, teils auch mit Dusche/Bad. Mit Restaurant. Günstigster Albergo (DZ ab 36 500 Lire).
■ **Tip:** Ideal ist das Wohnen in den sogenannten „Dammusi", den typischen, dem arabischen Baustil nachempfunden kubischen Häusern auf Pantelleria. Sie sind in der Regel mit dem Notwendigen ausgestattet. Eine Liste solcher vor allem in ländlicher Einsamkeit liegender Übernachtungsalternativen für Selbstversorger, die natürlich auch preisgünstiger sind als die arg teuren Hotels, halten bereit:
■ **Infos:** A.P.T. in Trapani, via Vito Sorba 15, Tel. 0923/272 73, 270 77. Außerdem: Centro di Informazione in Marsala, via Garibaldi 45, Tel. 0923/958 097. Vor Ort: **Pro Loco di Pantelleria** in Pantelleria-Stadt. Nicht immer besetzt. Auch Infos zu Residence-Houses, z.B. am Lago Specchio di Venere. Infos für Mietwagen, Motorräder, Bootsausflüge, Tauchexkursionen und Segelkurse.
■ **Essen:** Ein Aufenthalt auf Pantelleria ist auch eine Entdeckungsreise in die Kochkunst. Die Weine gehören zu den besten Siziliens. Der *moscatello* ist seiner Schwere wegen berühmt, auch die Rotweine aus Scauri haben es in sich. Weniger Kopfschmerzen dürften der überall hergestellte trockene Weiße und

der *Solimano* bereiten, ein leichterer Spumante. Der *Tanit* hingegen ist ein gerühmter, aber zähflüssiger, likörartiger Dessertwein, zu dem ebenso süße wie harte *Dolci* verputzt werden: nur etwas für echte Liebhaber!

Die Speisenkarte ist reich an Meerestieren. Ob nun Langusten, Austern (der Hepatittis-Gefahr wegen besser unterlassen) oder Schwertfisch – die Fische am besten gegrillt. Natürlich gibt es *cuscusu* auf Gemüse- und Fischbasis, die Pasta mit *pesto pantesco* (Basilikum, Knoblauch, Pepperoncini, Tomaten) ist sehr zu empfehlen. Gourmets werden auf die mit Minze und Ricotta gefüllten Ravioli nicht verzichten. Dazu werden Lamm- und Kaninchengerichte in allen Variationen angeboten. Eine einfache Regel: je günstiger die Trattoria, desto deftiger das Essen.

## Trapáni und Erice

Die Provinzhauptstadt des *Sicilia orientale* (80 000 Einwohner) wirkt mit der regen Bautätigkeit an den ausufernden Stadtgrenzen triste. Trotz Hafen und vom Staat geförderter Industrieansiedlungen stagniert hier der Fortschritt. Die **Tonnara** von San Giuliano liegt brach, die Salinenfelder mit den ringsum entstandenen schäbigen Firmenhallen sind langweilig.

■ **Altstadtkern:** Vom Bahnhof gelangt man am besten durch die grüne Oase des **Parco Villa Margherita** dorthin. Einige schmucke Gebäude zeigen, daß Trapáni schon bessere Tage gesehen

hat. Der **Palazzo della Giudecca**, die Kirchen San Domenico, Santa Maria del Gesú, San Nicoló Mirense, San Agostino oder die **Kathedrale** sowie zahllose Paläste mit heruntergekommenen Fassaden, aber pittoresken Innenhöfen belegen dies. Die reichen und vor allem teuren Geschäftsauslagen bilden einen krassen Gegensatz zum Alltagsleben der „normalen" Trapanesen. Solche hochmodernen Designer-Waren können nur von der in Erice residierenden Oberschicht gekauft werden.

Polemiken zur Geschäftemacherei in Trapáni gibt es genug, dafür sorgen die täglichen Aufmacher in den Zeitungen. Schlagzeilenträchtig wurde da erneut ein Assessore der Stadt ermordet oder ein anderer „nur" beim Schmiergeldempfang erwischt. Integre Untersuchungsrichter, aus Norditalien zum Großreinemachen hierher beordert, werden, kaum eingetroffen, von Kugeln durchlöchert. So etwas stumpft ab, die Trapánesen winken ab. Für sie gilt: nichts Neues aus dem Innenleben ihrer Stadt!

■ **Sehenswert:** Das schönste an Trapáni ist der abendliche **Corso** von der Piazza Garibaldi hinauf zum Corso Vitt. Emanuele. Ketten untergehakter, herausgeputzter Mädchen- und Jungengruppen üben unter den prüfenden Blicken scheinbar achtloser Eltern den Heiratsmarkt. Einmal im Jahr wachsen die Träume für die Jungen in den Himmel, wenn die aus dem reichen Mailand einfliegenden Talentspäher von Internazionale oder AC unerfüllbare Karrierewünsche wecken. Ohne

Perspektive, verlassen viele Trapáni, sobald sie volljährig sind.

Die Besucher, die an dieser Nahtstelle zwischen Europa und Afrika landen, werden indes freundlich empfangen. Amerikaner, die gerade ihr Rad durch die feinsandige Sahara getragen haben, japanische Aussteiger, die nie mehr nach Nippon wollen, oder sonnenverbrannte Nordeuropäer vor einem Tunisbesuch sorgen für ein internationales Klima in den Cafés am Lungomare und der Piazza Garibaldi. Weniger herzlich ist das Verhältnis zu den Afrikanern, die in überladenen und vollbepackten Autos oft tagelang an der Hafenmole auf die nächste Fähre warten – chaotische Verhältnisse, bei denen manch rüder Ton fällt. „Chaotische" Trapanesen sind am besten auf dem morgentlichen Fischmarkt unter der Loggia an der **Piazza Mercato del Pesce** kennenzulernen (durch die via Torrearsa laufen). Hier schlägt das Herz der Stadt. Wer nicht in der Karwoche in Trapáni, verpaßt den neben Enna berühmtesten **Karfreitagsumzug** der Insel. Er sollte dann die zwischen der via Cassaretto und der via S.Francesco liegende **Chiesa del Purgatorio** aufsuchen, um die hier verwahrten Passionsfiguren zu besichtigen.

Ein Spaziergang vom Fischmarkt entlang der Häuserzeilen am Meer hinauf zum **Torre Ligny** läßt so manchen Blick in die Privatsphäre der Trapánesen zu und vermittelt typische Alltagseindrucke. Ein etwaig geplanter Ausflug zur Gefängnisinsel **Colombaia** erledigt sich von selbst.

■ **Ausflug nach Tunis:** Nach den unterschiedlichen Preisermäßigungen erkundigen! Besichtigungstips sind die Ruinen von **Karthago**, das riesige Bazaarviertel von Tunis sowie die französischen Cafés an den Boulevards. Vom Schiffsanleger sind Tunis wie Karthago mit der über den Damm verlaufenden S-Bahn zu erreichen. Wer nach **Kelibia** bucht, sollte die Highlights im Landesinneren wie die Oasen **Nefta** und **Tozeur**, das Höhlendorf **Matmata**, den Kamelmarkt von **Douz**, den ausgetrockneten Salzsee des **Schott el Dscheritt** oder die höhlenübersäte Bergsiedlung **Chenini** im äußersten Süden besuchen. Günstiger liegt **Kairouan**. Dort steht das fünftwichtigste Heiligtum des Islam, der legendäre Sitz der Fatimiden-Herrscher. Von dort wurde die arabische Eroberung Siziliens geplant.

■ **Infos:** im *Centro di Informazione* an der Piazza Saturno, Tel. 0923/290 00.

## Erice

liegt auf dem bis 751 m ansteigenden, isoliert stehenden Vorgebirge des Monte San Giuliano. Schon in vorphönizischer Zeit von den Sikulern besiedelt, stand auf dem mächtigen Felsmassiv eines der bekanntesten und bedeutendsten Heiligtümer des gesamten westlichen Mittelmeerraumes.

■ **Mythologie:** Von den Elymern und später den Phöniziern wurde der aus dem Vorderen Orient stammende *Astarte*-Kult eingeführt, der im Bereich des heutigen **Castello di Venere** praktiziert wurde. Die Göttin, später besser bekannt unter dem griechischen Namen *Aphrodite* und der römischen Version, der *Venus*, zeichnete für einen Priesterinnen-Kult verantwortlich, der in der Antike jährlich zu grandiosen Liebesolympiaden und Festen führte. Aus dem gesamten Mittelmeerraum schipperten die „schönsten Mädchen" nach Erice zur Unterweisung in den rituellen Kult der Schaumgeboren. Wer nun wem bei diesen Anlässen zu Diensten war, die angehenden Priesterinnen den seefahrenden Gästen oder umgekehrt, mag zweitrangig sein. Mythenforscher *Robert Ranke-Graves* kam nach einer linguistischen Analyse von *Vergils* und vor allem *Homers* Werken zu dem exotischen Schluß, der berühmte Chronist des Trojanischen Krieges und der Odyssee, die ja nichts anderes als die Beschreibung der bis dahin gekannten griechischen Welt darstellt, **müsse** eine Frau gewesen sein. Dies trug ihm viel Hohn und Spott ein. Gemeinhin steht Homer heute als Name verschiedener unbekannter Autoren, die Schriften gelten als mythische Sammlungen. Eines von Rankes Argumenten bleibt: Die in den Werken offenbarte genaueste Kenntnis der Männern verborgenen matriarchalischen Geheimriten können nur aus der Feder einer Frau stammen. Graves mutmaßt als Autorin – eine Priesterin aus Erice. Ungewiß ist auch die Herkunft des dritten Volkes, das in der Antike Sizilien regierte, der *Elymer*. Sie residierten hier in Erice. Zwar ist aus Vergils *Aenaeis* bekannt, das der Königssohn an den Gestaden des Golf

von Castellammare Kinder, Frauen und Greise zurückließ, um *Albalonga* und später Rom zu gründen. Anschließend inszenierten die frauenlosen Neokolonisten den berühmten Raub der Sabinerinnen. Was aber wurde aus den TrojanerInnen? Die Bevölkerung des nahen **Segesta** soll in späteren Jahrhunderten im Gegensatz zu Restsizilien mit Rom paktiert haben, da sie sich auf die gemeinsame trojanische Herkunft berief...

■ **In der Stadt:** Für Erice sollte man zwei Besuche einplanen, am Tag sowie abends (Regenjacke und Pullover mitnehmen, da auch im Hochsommer häufig Gewitter, Regenwolken oder Nebel mit empfindlicher Kühle aufziehen). In der Stadtanlage beeindrucken der in den Dunstschwaden verwunschen wirkende **Dom**, die das Stadtdreieck umzingelnde überdimensionale Stadtmauer mit den phönizischen Keilschriftfragmenten und das charakteristisch gemusterte Straßenpflaster. Souvenirläden, biologische Produkte allerorten, nicht sehr preiswerte Tavernen

■ **Anfahrt:** Der Ausblick auf das gegenüberliegende Vorgebirge am **Golfo di Bonagia** gehört zum landschaftlich Schönsten, was Sizilien zu bieten hat (auch wenn der Talgrund zersiedelt ist). Die rund um Erice postierten Sendeanlagen privater und öffentlicher Rundfunk- und Fernsehstationen sind regelmäßig Ziele mysteriöser Anschläge. Ursache ist der harte Konkurrenzkampf, aber auch politische Motive werden vermutet (siehe unten).

■ **Hinweise:** Für Seilbahnliebhaber:

Die *Funivia* von Trapáni hinauf nach Erice ist außer Betrieb. Busse fahren von und nach Trapáni. Beste Besuchszeiten: Karwoche, Juli/Aug./Sept. mit zahlreichen (auch historischen) Veranstaltungen, sowie Dez.

■ **Infos:** A.S.T. in Erice, viale Pepoli 11, Tel. 869 388. Außerdem Zweigstelle an der Piazzale Funivia, Raganzili, Tel. 650 55, sowie im Informationsbüro in Trapáni.

■ **Besichtigung:** Das **Castello di Venere** (Di bis So 9–13, 15–17 Uhr, Mo zu) wartet mit Resten eines heiligen Brunnens, Säulen, Hausfundamenten etc. auf. Im **Museo Comunale A. Cordici** (Piazza Umberto I., Tel. 869 258; wochentags 9–13.30 Uhr) ist eine Bibliothek mit Handschriften, ein Aphrodite-Kopf, die *Annunciazione* von A. Gagini, sowie viel Archäologisches untergebracht. Das **Museo Agro-Forestale** liegt im Ortsteil San Matteo. Im Laden der **Ceramica Ercina** in Erice (Contrada Fontanarossa, Tel. 869 040, „Eintritt" frei) sind Keramik und Töpferware, auch mit dem Trinacria-Symbol, sowie Schalen, Tassen und Geschirr zum Anfassen ausgestellt.

■ **Centro Internazionale di Cultura Scientifica „Ettore Majorana",** via G.F.Guarnotti 26, Ecke Piazza San Domenico, Tel. 869 068, 869 107. Auch: via S.Francesco, Tel. 869 191. Das Zentrum rückte Erice vor einiger Zeit in den Blickpunkt der Weltöffentlichkeit. Wissenschaftler aus Ost und West traten sich, um mit der „Deklaration von Erice" die Verschrottung aller Atomwaffen zu fordern.

■ **Museo degli Strumenti Popolari,** Erice, Palazzo Militari, Piazza del Carmine.

Das Musikinstrumentemuseum mit einer hochkarätigen Sammlung klassischer sizilianischer Instrumente wird in Kürze eröffnet.

*Ausstellungen in Trapáni:*

■ **Museo Pepoli,** Trapáni, via Agostino Pepoli, im ehem. Karmeliterkloster, Tel. 354 44. Werktags 9–13 Uhr, Di und Fr auch 16–18.30 Uhr; So und feiertags 9–12.30 Uhr.

Sehenswert! Archäologisches, Bildhauerkunst, Malerei etc. in 25 Sälen. Besondere Exponate: Die Korallenarbeiten, Meisterwerke der Kunsthandwerker aus Trapáni, die *Arte del corallo* seit Jahrhunderten beherrschen. Bis zu ihrer Verbannung 1492 übten dieses Handwerk aus Nordafrika stammende Juden aus. In der Mythologie gelten Korallen als das „Blut der enthaupteten Medusa". Gegenüber dem Museum liegt das **Santuario dell' Annunziata** mit der hübschen **Capella dei Marinai**.

■ **Museo di Storia e Protostoria,** Trapáni, Torre di Ligny, Tel. 223 00.

Vorgeschichtliches, größtenteils fototechnisch dokumentiert. Für alle, die die Höhlenmalereien in der Grotte von Levanzo nicht besichtigen können.

■ **Gruppi dei Misteri,** Trapáni, in der Chiesa del Purgatorio, via Domenico Giglio/via S.Francesco.

## 7 Hektar Träume

Wer von Trapáni auf der Küstenstraße vorbei an der heruntergekommenen Tonnara in Richtung Golf von Bonagia fährt, sollte rechts in Richtung **Valderice** abbiegen. Einige hundert Meter entfernt ist ein Terrain zu besichtigen, das als jüngstes „Ergebnis" der Stadtgeschichte zu werten ist: Das Gelände des *Sogno di Auteri*.

Als der Ingenieur *Auteri* um die Jahrhundertwende der Stadt Trapáni seinen Privatbesitz vermachte, wollte er der dahinsiechenden Hafenstadt durch ein Zeichen guten Willens neuen Mut zu gesellschaftlichen Veränderungen geben. Jedoch: Jahrzehntelang dämmerte das Anwesen – übrigens in stupender Lage, mit dem Monte Erice im Rükken, Panoramablick auf Meer und Vorgebirge bis zur **Punta del Saraceno** – vor sich hin. Erst Mitte der Achtziger Jahre begann eine Gruppe Jugendlicher, ehemalige Drogenabhängige aus dem in der Nähe liegenden privaten Drogentherapiezentrum *Saman*, das Gelände wieder instandzusetzen. Führende Mitarbeiter dieser Organisation, die von Mailand aus operiert und im Gegensatz zu den staatlichen Anti-Drogen-Camps durch erfolgreiche Arbeit auf sich aufmerksam macht, forderten die Stadtverwaltung von Trapáni auf, das Areal als Wohn- und Arbeitsplatz für die minderjährigen Süchtigen der Stadt zur Verfügung zu stellen. Die Antwort war negativ, das Gelände mußte wieder geräumt werden. Über Nacht traten interessierte Spekulanten auf den Plan! Der die geschäftstüchtigen Trapánesen kennende Auteri hatte den Verkauf jedoch wohlweislich testamentarisch untersagt! Resultat: Nur wenig später brannte der Besitz lichterloh! Unbekannte hatten die alte Villa angezündet, das Hauptgebäude und über 500 Eichen fielen diesem Anschlag zum Opfer. Doch es sollte noch schlimmer kommen.

Im Herbst 1988 wurde **Mauro Rostagno,** Mitbegründer und treibende Kraft des Therapiezentrums, auf offener Straße erschossen. Der lokale Radio- und Fernsehsender, den der einstige charismatische Studentenführer ('68) in Trapáni leitete, war gewissen Leuten ein Dorn im Auge. Rostagno, der auf seine überregionale Bekanntheit gebaut hatte, um Veränderungen möglich zu machen, hatte keine Chance.

Die *Malavita*, unmodern, wie sie in solchen Dingen ist, griff zum altbewährten Mittel. Schon 1984 war der Herausgeber und Chefredakteur der in Catania erschienen und dan eingestellten Zeitschrift *I Siciliani*, **Giuseppe Fava**, von der Mafia hingerichtet worden. Auch der Journalist **Mauro de Mauri** von der palermitanischen Tageszeitung *L'Ora*, der mutig die sizilianischen Alltagsdramen kommentierte, starb unfreiwillig. Hinreichender Grund: Alle drei hatten nicht geschwiegen, ihre Informationen publiziert und Roß und Reiter beim Namen genannt!

Die helle Empörung über den gewaltsamen Tod des in ganz Italien bekannten Mauro Rostagno führte am 1. Mai 1989 zu einer neuen Situation: Während einer symbolischen Platzbesetzung

– von der Polizei (!) geschützt – wurde das von der Saman-Gruppe halbwegs hergerichtete Gelände zu Blasmusik und Tanz der Bevölkerung übergeben. Prominente Gäste, angefangen bei Palermos Bürgermeister **Gianluca Orlando**, aber auch der vom Militärdienst herbeigeeilte Sohn Bettino Craxis, der Gitarre spielende *Bobbo*, die es für ihre moralische Pflicht hielten, nach diesem barbarischen Mord zu erscheinen, unterstützten die neugegründete *Fondazione*. Der Traum des Ingenieurs Auteri soll nun verwirklicht werden: Geplant ist eine ökologisch angelegte Parklandschaft, die von den jugendlichen Ex-Drogenabhängigen gepflegt wird und allen Trapanesen zugänglich ist.

Bleibt der bittere Nachgeschmack über den Tod Mauro Rostagnos und der anderen im Kampf gegen die Mafia Gestorbenen. Immerhin bequemte sich die Stadtverwaltung, einen Saal des Rathauses nach ihm zu benennen. Seine Lebensgefährtin **Cicca Roveri** wird die Arbeit fortsetzen. Interessierte Leser sollten das vom Leitungstrio des Saman verfaßte Buch zur Frage, wie die süditalienischen Verhältnisse verbessert werden können, erwerben, eine rasche Übersetzung ins Deutsche ist wünschenswert. Nur zu hoffen ist, das die Zahl der immer jünger werdenden drogenabhängigen Kinder Trapánis abnimmt. Wer in der Nähe ist, sollte den kurzen Abstecher unternehmen und sein Interesse am Fortgang des Projekts auf diese Weise bekunden.

# Ägadische Inseln

■ **Favignana:** Die größte der drei Ägadeninseln ist bei Badeurlaubern besonders beliebt, da sie neben guten Stränden glasklares Meerwasser vorfinden. Seit prähistorischer Zeit mit Unterbrechungen besiedelt, besitzt die Insel viele Zeugnisse der wechselhaften Vergangenheit. Die *Grotten* hatten eine spezielle Funktion: Bei Überfällen von See flüchtete die Bevölkerung dorthin und verschloß sie mit steinernen Deckeln. Favignana lebt vom Fischfang, aber auch vom Tuffsteinabbau. Viele in die Erde getriebene Steinbrüche sind als Relikte erhalten.

■ **Tonnara von Favignana:** findet alljährlich Ende Mai statt und ist die traditionsreichste Siziliens. Die spektakuläre, sehr blutige Fangmethode der *Mattanza* lockt viele Touristen an. Sobald der Erfahrene *Rais* die Schwärme des bis zu 2 m langen und 500 kg schweren *Tonno* an den Laichplätzen geortet hat, wird zugeschlagen. Der gefangene Fisch wird heute direkt auf See in japanische Kühlschiffe umgeladen: Im Hafen bleibt alles sauber.

Die Fangmenge hat seit dem 18. Jh., als der die Insel und damit die Tonnara besitzende Unternehmerclan der *Florio* die Regie übernahm, rapide abgenommen. Diese Familie galt zur Zeit der Industriellen Revolution als mächtigster Finanzier ganz Süditaliens. Marsalawein-Produktion, Salinenfelder, Fischfang und Industriegüterherstellung, überall arbeitete ihr Geld. Ohne die Unterstützung der Florio wäre Garibaldis Landung in Marsala undenkbar gewesen.

Nach dem Bad an der **Cala Grande** könnte ein Spaziergang auf den Monte Santa Caterina unternommen werden. Selbstverständlich werden Bootsausflüge und Tauchgänge rund um die Insel angeboten.

■ **Maréttimo:** Die Insel (37 km von Trapáni) ist die schönste der Ägaden. Rund um den 686 m aufragenden **Monte Falcone** liegen viele versteckt liegende Grotten (z.B. die **Grotta del Presepe**, nur von der Seeseite her zugänglich). Reste eines antiken Tempels wurden gefunden und ein römische Fort wiederentdeckt, das hier im antiken *Hiera* nach der berühmten Seeschlacht von 247 v.Chr., bei der die Römer die Karthager vernichtend schlugen, errichtet wurde. Die Nordafrikaner hatten während des 1. Punischen Krieges 261–214 v.Chr. von Sardinien über Sizilien bis an die lybische Küste eine Seeblockade errichtet. Die Römer durchbrachen den Kordon mit neuen, von den Karthagern kopierten Schiffen, die sie mit Außenplattformen versahen. Das Fort an der **Punta Troia** war bis zum Ende der Bourbonenherrschaft ein gefürchtetes Gefängnis, in dem politische Gefangene gehalten wurden.

■ **Lévanzo:** Das kleinste Eiland der Ägaden besitzt mit der **Grotta del Genovese**, die erst nach dem Zweiten Weltkrieg entdeckt wurde, eine Kostbarkeit. In ihr wurden Ritzzeichnungen und Wandmalereien aus der Zeit von 10 000 bis 5000 v.Chr. entdeckt. Sie gelten als Nachweis für die Besiedelung Europas von Nordafrika aus. Ein Besuch ist aber nicht unbedingt angeraten: Das Licht allzu starker Taschenlampen beeinträchtigt die Farbqualität der Malereien und zerstört sie binnen Kurzem. Auch in anderen Inselgrotten sind Spuren steinzeitlicher Besiedelung zu finden, mit denen sich der Besucher begnügen sollte, um die „Juwele" der Genovese-Grotte erhalten zu helfen.

## Übernachten

■ **Cavallino Bianco°°**, Trapáni, Lungomare Dante Alighieri, Tel. 215 49, 215 49. 64 Zimmer, DZ ab 42 500 Lire. Mit Garage, Bar/Restaurant, Fahrstuhl.

■ **Moderno°**, Trap., via Genovese 20, Tel. 212 47. 42 Zimmer. EZ ab 16, DZ ab 26 500 Lire. Parkplatz, Gesellschaftsräume und Bar.

■ **Maccotta°**, via delgi Argentieri 4, Tel. 284 14. 14 Zimmer, EZ 13, DZ 24 000 Lire. Nur Gemeinschaftsdusche! Sehr einfach, nur zum Übernachten geeignet.

■ **La Pantesca°**, via Carosio 30, Tel. 282 13. Locanda, DZ 15 000 Lire, EZ 7000 Lire.

■ **Messina°**, Corso Vitt. Emanuele 71, Tel. 211 98.
9 Zimmer. DZ ab 18 500 Lire, EZ 10 000 Lire. Einfache Pension in Hafennähe.

■ **Edelweiss°°**, Erice, Cortile Vincenzo, Tel. 869 158. 15 Zimmer, DZ mit Bad 48 000 Lire. Mit Bar/Restaurant (zu teuer), Safe. Dennoch das billigste Hotel in Erice.

■ **Pension Italia,** Erice, via Palma 7, Tel. 869 185. Unbedingt vorbestellen!

■ **Ostello della Gioventù,** Erice, viale delle Pinete, Tel. 869 144. 23 Betten. Jugendherberge! Unbedingt vorher reservieren! Dort auch Möglichkeit zum Campen.

■ **Camping Lido Valderice°,** Valderice-Cortigliolo, Tel. 730 86. April bis Okt.; nicht sonderlich einladend, wird aber ausgebaut. Ein Supermarkt mit Bar ist im Entstehen, Duschen sind schon da. 200 Meter zum Meer.

■ **Camping Egad°°°,** Favignana, Contrada Arena, Tel. 921 555, im Winter Tel. 275 75; 1.5. bis 30.9. Außerhalb der Saison stehen kleine Häuser und Bungalows zur Verfügung. Preis 12 – 20 000 Lire, sonst ab 30 000 Lire. 600 Meter zum Strand. Nachfüllen und Verkauf von Gasflaschen.

■ **Camping Miramare°°°,** Favignana, Costecella, Tel. 921 330, im Winter Tel. 540 313; 1.6. bis 30.9. 50 Meter zum Strand. Zelt mit 2 Personen 14 400 Lire.

■ **Camping Quattro Rose°,** Favignana, Mulino al Vento, Tel. 921 223. 1.4. bis 30.9.; Bungalowvermietung ab 18 000 Lire.

■ **Egadi°,** Favignana, via C. Colombo 17, Tel. 0923/921 232. DZ 26 500 Lire. Auch Restaurant (o.k.). Günstigstes Inselhotel.

■ **Balistreri** und **Mio Sogno,** Favignana, via Dante, Tel. 921 676 bzw. 921 760. Zimmervermietung.

■ **Il Pirata,** Maréttimo, via Scalo Vecchio 27, Tel. 923 159. Dort und in den Trattorien und Läden nach Privatquartieren fragen.

■ **Paradiso°,** Lévanzo, via Calvario 133, Tel. 0923/924 080. 8 Zimmer mit Dusche, DZ ab 24 000 Lire. Mit gutem Restaurant.

## Restaurants

In Trapáni muß man Couscous essen! Aber auch die Pizza Rianata oder der *Cabucio* gehören zur traditionellen Küche. Eine Pasta mit *Pesto trapanese* (Tomaten, Knoblauch, Mandeln, Basilikum) oder gar *Cu'a sarsa* (mit Tomaten, Zwiebeln, Pecorino-Käse, Basilikum und fangfrischen Kleinfischen) führt auf die richtige Fährte zu den Hauptgerichten, die vorzugsweise auf Meeresfrüchten basieren. Ob nun *Involtini di tonno arosto* oder andere Leckereien, ist eine Frage der Tagesküche und des Kleingeldes. Zu Ostern kommt in jedem Fall ein Lamm oder Zicklein in Mandelsoße auf den Tisch. In Trapáni finden sich rund um den Fischmarkt sowie am Hafen zahlreiche Gelegenheiten, die *Cucina trapanese* zu testen. Zwar gehen die Trapanesen abends gern in Erice essen. Das gehört zum guten Ton, ist aber teurer und qualitativ selten besser.

■ **Ulisse,** Erice, Piazza Chiaramonte 7, Tel. 869 333. Ristorante/Pizzeria.

■ **Criscenti,** Erice, viale Pepoli. Mit der Pizzeria Balio.

■ **Pentolaccia,** Erice, via Guarnotti 17. Restaurant.

■ **Re Aceste,** Erice, viale Pepoli, Tel. 869 084. Ristorante. Etwas teurer, aber exzellente Auswahl.

Im **Tulipano** an der via V. Emanuele 10/12 ist ein Self Service eingerichtet, im **NAIF** und in der **Vetta da Mario** hat es gute Trattoria-Küche und warme Snacks. In Erice-Mare ist das **Gabbiano** an der via Polidoro (Tel. 571 047) empfehlenswert.

In Erice kann im **Blue Notte** (via S. Rocco; Piano-Bar) und im **Boccaccio** (via dei Misteri) nach dem Mahl gerockt werden.

# Küste bis San Vito lo Capo und Golf von Castellammare

Der Küstenabschnitt entlang des Golfo di Bonagia und des **Golfo di Cófano** bietet zahlreiche Bademöglichkeiten. Teils hervorragende Sandstrände lokken mit noch ungetrübtem Meerwasser. Den Palermitaner ist es (noch) zu weit, um bis hierher zu fahren. Während vor **Custonaci** die sog. Marmorriviera liegt, ist das Noch-Fischerdorf **San Vito lo Capo** vor dem mächtigen Vorgebirge des Monte Monaco heute ein beachteter Badeort. Erst im 17. Jahrhundert zwangsweise entstanden, weisen die Reste der Wachttürme auf die exponierte Lage des Ortes zwischen **Punta Solanto** und der Santa Crescenzia-Kapelle an der Küste hin. So wirbt denn auch der örtliche Fremdenverkehrsverein gleich im ersten Satz des Werbeprospektes mit dem hochgradig unfreiwilligen Bonmot: *„Die Historie von S.Vito lo Capo ist reich an Raubzügen und Schändungen..."*

■ **Anfahrt:** Busse von Trapáni, nach Castellammare fahren Züge von Palermo und Trapáni. Mit dem Auto Küstenstraße von Valderice oder, besser, von Trapáni via Bonagia nehmen. Nach Castellamare über die SS 187.

■ **Riserva naturale Regionale dello Zingaro:** verdient Aufmerksamkeit. Der erste geschützte Naturpark Siziliens erstreckt sich vom **Torre del Impiso** entlang der steilaufragenden Küste bis nach **Scopello**. Auf einem befestigten Weg kann man längs der Küste das Naturschutzgebiet erwandern und Flora und Fauna in Stille und mit schönen Ausblicken aufs Meer genießen. Die Gründung des Parkes ist ein erster Erfolg der sizilianischen Naturschutzgruppen. Wer die am Wochenende über Scopello hereinbrechende lärmende Autokarawane aus Palermo einmal gesehen hat, mag ermessen, in wie kurzer Zeit dies bisher unbeachtet gebliebene Gebiet zugunsten der Tourismusindustrie geopfert worden wäre.

■ **Scopello:** Noch hat es, in herrlicher Umgebung liegend, seinen alten dörflichen Charme bewahrt. Aber die erste Leuchtreklame für ein Fast food-Lädchen ist schon installiert. Bald wird es auch mit dem unbekümmerten Außer-Haus-Verkauf von Oliven, Wein, Öl, Keramik und anderen lokalen Erzeugnissen ein Ende haben. Noch lohnt ein Besuch! In drei, vier Jahren dürfte vieles der Vergangenheit angehören. Unterhalb Scopello sind die Rudimente einer alten Tonnara-Anlage zu besichtigen, ein Bad im Meer oder das Aalen am Sandstrand mit Blick auf die *Faraglio-*

*ni*, die aus dem Meer aufragenden Felsklippen, lassen sich kombinieren.

■ **Visicari:** Zu diesem kleinem Dorf gelangt man, wenn man von Scopello kommend in Höhe des Capo Puntazza rechts ab biegt. In das 386 m hoch gelegene Dorf haben sich eine Reihe von siziliansichen „AussteigerInnen" zurückgezogen und leben von der Landwirtschaft. Sie haben die alten Häuser ursprungsgetreu wiederhergerichtet und empfehlen jedem, einmal die „singenden Häuser von Vendicari" zu erleben. Weitere Informationen: Im lesenswerten Buch „Italien der Frauen", Verlag Fraueneoffensive, München.

■ **Castellammare del Golfo:** Der Hauptort ist der nahen Strände und der guten Verkehrsverbindungen ins Hinterland wegen erwähnenswert. Am sandigen **Lido** ist es zu laut, die Atmosphäre hektisch. Der Ort versorgt die umliegenden Badeorte und ist das kommerzielle Zentrum der Landwirtschaft um **Alcamo** und **Calatafimi**. Negativ fiel der Ort Anfang 1990 auf, als die sizilianische Polizei einen heruntergekommenen Frachter aus Kolumbien untersuchte. An Bord wurde Kokain entdeckt. Das Schiff, mit minderwertigen Rohstoffen beladen, besorgt den Verteilerverkehr zwischen der Kokain-Mafia von Medellin, der Heroin-Mafia Siziliens und der amerikanischen Finanzklientel in New York. Im Austausch zum Kokain wird Heroin geladen, das in den U.S.A. Käufer findet. Dort wiederum werden die Gelder für den Kokainhandel bereitgestellt. „Wir müssen die Landkarte des Weltdrogenhandels neuschreiben", kommentierte ein hoher Carabinieri sichtlich erschüttert die neue Situation.

Alcamos Zugang zum Meer, **Alcamo Marina**, ist dem eindimensionalen Mißbrauch der Landschaft schon lange erlegen. **Trapetto** und **Balestrate** zeugen merklich vom nahen Einzugsbereich Palermos, bieten aber gute Bademöglichkeiten.

## Abstecher ins Bergland

■ **Alcamo:** Rund um die Stadt (über 40 000 Einw.) liegt eines der wichtigsten landwirtschaftlichen Zentren Siziliens. Vor allem der Weinanbau bringt hohe Erträge. Arabischen Ursprungs, war Alcamo während der letzten Jahrhunderte Sitz vieler Orden, um deren Niederlassungen sich neue Stadtviertel gebildet haben. Auf dem Hauptcorso *VI. Aprile* gelangt man ins Zentrum zur *Piazza Ciullo*. Nahebei liegt die Chiesa Madre, der Dom. Ein kurzer Spaziergang zur *Piazza della Repubblica* mit dem Castello und weiter zur Kirche Santa Maria di Gesú lohnt sich.

■ **Segesta:** Von größerem Interesse ist der Besuch des von der Autobahn Palermo – Trapáni her gut erkennbaren mächtigen Tempels. Die Anlage an und auf dem **Monte Bárbaro** ist per Zug (Station Segesta-Tempio) sowie per Bus von Trapáni und Palermo zu erreichen. Sie ist von 9 Uhr bis eine Stunde vor Sonnenuntergang geöffnet. Von den Kustoden überhaupt nicht gern gesehen wird das dort häufig praktizierte abendliche Verweilen oder gar das Übernachten im Freien. Sie werfen

die Besucher rigoros heraus, obschon niemand in der Lage sein dürfte, die schwergewichtigen Säulen wegzuschleppen.

Der im 5. Jh. v.Chr. errichtete, perfekt erhaltene dorische Tempel hat nie Kultzwecken gedient. Imposant sind vor allem seine Ausmaße und die phantastische Lage. Bei einem Rundgang zum Teatro Greco auf dem 431 m hoch gelegenen Berg genießt man das Panorama. Elymer wie Griechen, die hier siedelten und Agrigento und Selinunt mächtige Konkurrenz machten, hatten sich einen idealen Platz gewählt. Unter der Grasnarbe soll noch eine ganze Stadt schlummern, die im nächsten Jahrtausend ausgegraben werden wird.

■ **Calatafimi:** wichtig für Garibaldi-Fans. An der Stelle der legendären Schlacht vom 15.5.1860, welche das „Corps der Mille" gegen die Soldaten der Bourbonen gewann und den Triumphmarsch nach Palermo und Neapel ebnete, wurde ein mächtiges, nicht unbedingt schönes Denkmal, das gebeinträchtige **Monumento Ossario** errichtet. Es steht auf dem einige Kilometer außerhalb liegenden **Pianto Romano**.

■ **Salemi:** 10 km entfernt. Trotz der Erdbebenschäden von 1968 seiner außergewöhnlichen städtebaulichen Schönheiten wegen immer wieder Drehort für Spielfilme. Überragt vom mächtigen Stauferkastell mit der weithin sichtbaren Dreitürme-Kulisse, ist das weitläufige Stadtbild am besten vom **Monte delle Rose** aus zu betrachten. Neben dem Dom, zahlreichen Klosteranlagen und Kirchen ist besonders die etwas außerhalb liegende frühchristliche Basilika **San Miceli** mit Mosaiken und Inschriften besichtigungswert. Berühmt ist die Festa die San Guiseppe, an dem ganz Salemi sich mit Altären aus Zweigen und Brot schmückt.

## Übernachten

■ **Miraspiaggia**°°, San Vito lo Capo, via Lungomare 44, Tel. 0923/972 355. 12 Zimmer, Garage, Restaurant, Bar. Mit 45 000 Lire das DZ mit Bad günstigstes Hotel dieser Kategorie.

■ **La Conchiglia**°, via Savoia 284, Tel. 0923/972 389. DZ ab 25 000 Lire. 12 Zimmer. Günstigste Pension in San Vito. In der Hauptsaison Vollpension (57 000 Lire).

■ **Ocean View**°, San Vito lo Capo, via Generale Arimondi 19. Tel. 972 613. 8 Zimmer, nur EZ (ab 13 000 Lire), Duschen.

■ **Sabbia d'Oro**°, San Vito, via Santuario 49, Tel. 972 508. DZ mit Dusche ab 26 200 Lire.

■ **Camping El Bahira**°°°, San Vito lo Capo, Contrada Salinella, Tel. 0923/972 577, oder Palermo 091/688 27 39. 1.4. bis 30.9.; Bungalowvermietung (18 – 21 000 Lire). Aller Service, auch Schwimmbad und Tennisplatz. Daneben existieren mit dem **Camping La Fata**° und dem **Camping Soleado**° zwei weitere kleine Plätze, die Mai bis Sept. geöffnet sind. Neu in San Vito:

■ **La Pineta**°°°, Contrada La Piana, via del Secco, Tel. 972818, im Winter Tel. 974 070. Ganzjährig geöffnet. 25 000 qm große Anlage, 200 m vom

Meer. Hunde verboten. Schwimmschule, Tennis, Federball, Kinderspielplatz.

■ **Eden,** San Vito, via Mulino 41, Tel. 0923/972 460. Pension.

■ **Bougainville,** San Vito, via Mulino 51, Tel. 0923/972 207. Pension.

■ **Camping Baia di Guidaloca**°°°, Scopello, Tel. 0924/596 022, auch 310 92. Ostern bis 30.9.; 80 m zum Meer. Gasflaschenservice, Einkaufsmöglichkeit.

■ **Camping Lu Baruni**°°°, Scopello, Tel. 0924/391 33, sowie **Camping Ciauli**°°, Tel. 390 49. Letzterer ist einem km vom Meer entfernt...

Daneben existieren eine Reihe von Alberghi mit günstigen Übernachtungskonditionen: Ob nun im **Tranchina,** der **Tavernetta** oder im **Torre Bennistra,** alle in der via Diaz. Dort kann man preisgünstig übernachten und zudem zu vernünftigen Preisen gut essen. Scopello ist (noch) ein Tip!

■ **Camping Nausicaa**°°°, Castellammare, Ortsteil Forgia, Tel. 0924/330 30, 1.5.–30.9.; direkt am Meer. Basketball, Fuß- wie Volleyballspielen...

■ **Punta Nord Est**°°, Castellammare del Golfo, via L. da Vinci 67, Tel. 0924/336 33. DZ ab 28 000 Lire.

■ **Terme Segestane**°, C.d.G.-Ponte Bagni, via San Paolo della Croce, Tel. 0924/254 58. 9 Zimmer, DZ 25 000 Lire. Mit Thermalquelle, Bar und Schwimmbecken. Liegt gut.

■ **Florence**°°, Salemi, Monte delle Rose, Tel. 0924/685 11. 22 Zimmer. DZ 48 000 Lire. Schön gelegen, mehr

auch nicht.

■ **Miramare**°, Alcamo, Corso Medici 72, Tel. 0924/211 97. 25 Zimmer, DZ ab 24 500 Lire. Mit Restaurant und Bar, Garage.

Während an der Nordwestküste ein **Robinson-Club** die Tore öffnet, lockt nahe **Terrasini** ein anderes Musterhotel des Massentourismus:

■ **Cittá del Mare,** Terrasini, Tel. 091/866 44 11 (Buchungen). Projekt des italienischen UNIPOL-Versicherungskonzerns. Felsbaden, Swimmingpool, Bogenschießen, Tauchen, Tennis und, und, und. Dazu eine lange blaue Baderutsche ins Meer.

## Restaurants

In San Vito sind einige Trattorien und Restaurants in Strandnähe zwischen der *via Savoia* und der *via Napoli.* Scopello lohnt sich nur unter der Woche. Empfehlenswert ist stets ein kulinarischer Ausflug weg von der Küste, um den Einheitsmenues der Speisenkarten zu entgehen. Feinschmecker und Weinkenner mit dem nötigen Kleingeld gehen ins **Dorsena** in Castellammare oder ins **Salsa Pariglia** in Alcamo. Die dortigen Preise liegen bei 40 000 Lire für das Menue.

# Palermo

*„Wie sie uns empfangen hat, habe ich keine Worte auszudrücken: mit frisch-grünenden Maulbeerbäumen, immer grünendem Oleander, Zitronenhek-ken... In einem öffentlichen Garten stehen weite Beete von Ranunkeln und Anemonen. Die Luft ist mild, warm und wohlriechend, der Wind lau."* (Goethe)

Am *schönsten Vorgebirge der Welt* ist von lauen Winden und wohlriechenden Lüften heute wenig zu merken. Eine permanente Abgaswolke steht in den Straßenschluchten. „Lebensmüde Heizer", Polizeisirenen und Autokolonnen sorgen für Autostreß und enervierende Staus inmitten der tonnenschweren Emissionen. Die sind ein Ergebnis der italienischen Steuergesetzgebung: Dieselfahrer sparen Geld.

■ **Goethe:** Auch der Geheimrat, immer auf der Suche nach arkadischen Gefilden, monierte den „Dreck in den Straßen". Er war mit seiner Reisebegleitung vollauf beschäftigt, die Fremde mit der deutschen Heimat zu vergleichen. Die „unwirtliche", aber faszinierende palermitanische Welt hielt er für Erinnerungen am heimischen Kaminabend fest: *„Kniep zeichnete, ich schematisierte, beide mit großem Genuß...".*

Dies alles unter falschem Namen! Schon in Rom war Goethe incognito als *Filippo Miller* aufgetreten. In Palermo stromerte er als Engländer („John Gössie"?) durch die Paläste, um der geheimnisvollen Herkunft des Grafen *Cagliostro* nachzuspüren (was ihm gelang): Der international berühmte Herzensbrecher, Quacksalber und Alchimist – er legte den europäischen Adel mehrfach aufs Kreuz und sorgte mit der Pariser Halsbandaffaire für gefährliche Turbulenzen – war gebürtiger Palermitaner. Das Goethe-Institut in Palermo stiftet eingedenk all dessen alljährlich ein Literaturstipendium. Angehende Dichter werden zur Muße in einen „Elfenbeinturm" im mondänen Badevorort Mondello verfrachtet...

■ **Kommunalpolitik:** Goethes Palermo als vorwiegend grüne Parklandschaft wird eine Frau besonders freuen, die mit Verve und schlagkräftigen Argumenten dem ins uferlose Chaos wachsenden Koloß Palermo zu Leibe rückt: *Letizia Battaglia*, erste grüne Stadträtin Italiens (ausgerechnet in Palermo) sorgt für ständigen Wirbel im Rathaus (*Municipio*), dem **Palazzo delle Aquile**. Im Adlerhorst koalieren seit kurzem – nur mit einer hauchdünnen Mehrheit ausgestattet – Christ- und Sozialdemokraten, Linkskatholiken und unabhängige Linke. Bürgermeister ist der Anfangvierziger *Gianluca Orlando*, der zwar, und in Palermo muß man „zwar" sagen, Mitglied der *Democrazia Cristiana* ist, jedoch auch eine bewegte 68er-Vergangenheit an der Universität Heidelberg vorweisen kann. Er gilt, und **das** zählt in Palermo, als integer und unbestechlich. Dies war von seinen korrumpierten Amtsvorgängern nicht zu behaupten.

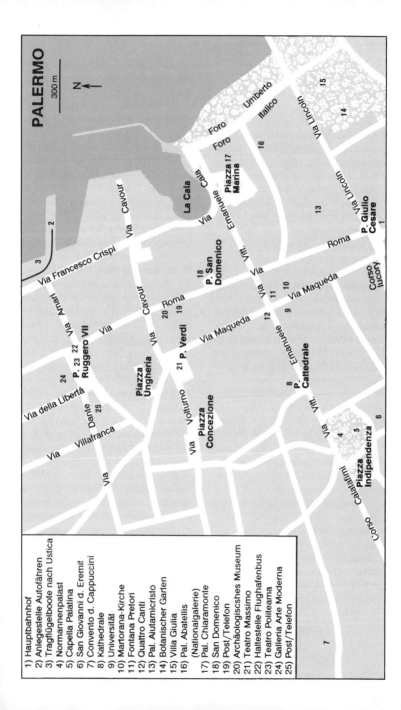

# PALERMO

300 m
N

1) Hauptbahnhof
2) Anlegestelle Autofähren
3) Tragflügelboote nach Ustica
4) Normannenpalast
5) Capella Palatina
6) San Giovanni d. Eremit
7) Convento d. Cappuccini
8) Kathedrale
9) Universität
10) Martorana-Kirche
11) Fontana Pretori
12) Quattro Canti
13) Pal. Alutamicristo
14) Botanischer Garten
15) Villa Giulia
16) Pal. Abatellis
    (Nationalgalerie)
17) Pal. Chiaramonte
18) San Domenico
19) Post/Telefon
20) Archäologiscshes Museum
21) Teatro Massimo
22) Haltestelle Flughafenbus
23) Teatro Politeama
24) Galleria Arte Moderna
25) Post/Telefon

Die ehemalige Fotografin und jetzige alternative Stadträtin legt immer dann Feuer an die Lunte, wenn sich allzu „ehrenwerte" Abgeordnete mit dem Statement „Die Palermitaner mögen das nicht!" entscheidungslos aus der Verantwortung stehlen. Resolut pocht sie auf die politischen Aufgaben und Pflichten des Rates, der immerhin „die Palermitaner" repräsentiere. *„I Palermitani, siamo noi!"* Wir sind das Volk, das die Entscheidungen trifft...

■ **Pantera rosa:** An solch neue Töne muß sich Palermo erst noch gewöhnen. Überall in der Stadt haben sich Komitees und Gruppen gebildet, die – mit viel Selbstbewußtsein ausgestattet – gegen die vom organisierten Verbrechen zu verantwortende Mißwirtschaft opponieren. Palermos Studenten führen seit dem Herbst 89 eine sich mittlerweile über den ganzen Italienischen Stiefel erstreckende Studentenrevolte an, die sich gegen die Bevormundung von Staat und Wirtschaft richtet. „Gewaltfrei, aber effektiv", lautet die Parole. In Rom hat derweil schon der Pantera nera den rosaroten Panther abgelöst. Aber die schläfrige Wölfin am Tiber fürchtet die 1 Million Studenten, die sich als Zeichen ihres Protestes eben jenen schwarzen Panther erwählte, der, seit er aus einem Zirkus ausbrach, frei durch die von Süditalienern bewohnten römischen Vorstädte streift. Anders sind die Polizeieinsätze nicht zu erklären.

■ **Frauenpower:** Die Mitglieder der *Associazione Donne Siciliane contro la mafia*, die sizilianischen Frauen im Kampf gegen die Mafia, lassen aufhorchen! Im **Centro Impastato**, einem mit Hightech ausgestattetem Kommunikationszentrum, das die Aktivitäten der Mafiagruppierungen in der Stadt akribisch festhält, arbeitet die Pressesprecherin *Anna Puglisi* mit ihren Mitstreiterinnen an der Trockenlegung des sozialen Sumpfes, der das unerschöpfliche Reservoir mafiosen Treibens bildet.

Zwar wird Letizia Battaglia vielfach belächelt, wenn sie mit anderen Frauen in den verkommenen Altstadtvierteln Bäumchen pflanzt, doch die Hintergründe sind tiefgreifender. Es geht um die letzten Grünanlagen der Stadt, die als Bastion gegen die Bauwut mafioser Unternehmen gelten. Baugrund ist im Zentrum Palermos rar, ein winziger Setzling kann da die gesamte Kommunalpolitik aus den Angeln heben. Statt neue Kriminalität erzeugender Trabantenstädte ohne Infrastruktur fordern die PalermitanerInnen vehement den Erhalt der Altstadt. Frau will endlich wieder auf die Straße, denn abends wirkt Palermo oft wie ausgestorben. Die Menschen leben als *Cocooner* hinter der mehrfach verriegelten Haustür. Den Schlüssel zur „Rückeroberung der öffentlichen Räume" und damit einen lokalpolitischer Wandel, hat schließlich jede(r) in der Tasche. Bäume, Brunnen und Spielplätze, die Lebensqualität und Sicherheit ausstrahlen, sollen erst der Anfang sein.

Nicht mehr unumstritten, aber mehrheitlich der Fall: Die Frauen müssen die Soziallasten der palermitanischen Männerwelt ausbaden. Seit die Mafia nicht mehr davor zurückschreckt, Frauen (jedes sechste Opfer) und selbst Kleinkinder zur Sicherung der Gewinne zu ermorden, hat sie moralisch abgewirtschaftet. Selbst in der **Vucciria** weht ein neuer Wind. Bisher duldeten die Menschen das lokale kleinmafiose Gerangel gutmütig, da ja jeder irgendwie überleben muß.

■ **Democrazia Cristiana:** Die Ohnmacht und Verstricktheit des Staates ist nicht nur bei der „Hinrichtung" des obersten Mafiajägers *Alberto dalla Chiesa* zutage getreten. Sein Sohn Nando klagte die mafiosen Verbindungen zwischen Rom und Palermo öffentlich an. Der Bevölkerung ist dies allzusehr bewußt, als daß auf Hilfe aus Rom spekuliert würde. Die Macht der DC in Palermo ist legendär. Gern wird darauf verwiesen, daß sie in einem Hause mit der Medienmamma RAI residiere, Zeichen ihrer allgegenwärtigen Präsenz. Wut und Enttäuschung machten sich jüngst breit, als die Gefolgsleute um Italiens Ministerpräsidenten *Andreotti*, der seit Jahrzehnten seine Hausmacht in Palermo hält, versuchten, ihren Parteikollegen und Bürgermeister Gianluca Orlando zu stürzen. Der will aber nicht aufgeben und schon gar nicht, wie ihm nahegelegt wurde, aus der DC austreten, was nationalen Zündstoff in sich trägt. Seine Politik, durch Ansiedelung ausländischen, vor allem deutschen Kapitals die lokale Wirtschaftsstruktur zu ändern, zeigt erste Früchte. Noch sind allerdings die Milliarden-Drogen-Dollar in der Stadt übermächtig.

■ **Justiz:** Ein Beispiel aus jüngster Zeit veranschaulicht die notwendige internationale Intensivierung des Kampfes im täglich härter werdenden Rauschgiftkrieg. Die Mafia läßt sich nicht mehr als regionales Problem abtun, heute werken mehr Narko-Dollars als Petro-Dollars verdient. Im kleinen Maßstab durfte dies Palermos Untersuchungsrichter *Giovanni Falcone* am eigenen Leibe erfahren – ein Lehrstück aus den politischen Grabenkriegen in der Stadt. Er überlebte ein Geheimtreffen mit Schweizer, bundesdeutschen und österreichischen Kollegen zur Koordinierung der Zusammenarbeit nur knapp. Die Bombe explodierte drei Minuten zu früh. Pikanter Hintergrund: Von diesem Treffen wußten nur wenige gleich- oder höhergestellte Mitrichter. Ein aktivierter „Maulwurf" der Mafia muß also im höchsten Rechtsgremium der Provinz Palermo am Werke sein und für die mächtigen Mafia-Clans spionieren. Jedoch: Der ist – um so schwerer für den Falken Falcone – auch noch ein „Rabe"! Umgehend reagierte ein Anonymer auf die internen Untersuchungen nach dem Attentat, um seinerseits den Untersuchungsrichter anzuklagen. Falcone habe den als Kronzeugen gewonnenen Häftling *Salvatore Contorno* als „Privatkiller" gegen die *Corleonese-Familie* gewonnen, dies mit Unterstützung der Polizei und der Kommunisten... Schwere Zeiten für Palermos Gerichte.

■ **Strategien:** Ohne Geld unabhängiger Unternehmen und Banken, die sich nicht von der Cosa Nostra einschüchtern lassen, geht nichts in Palermo. Aber auch der zweite Nährboden, der Drogenmarkt selbst, muß eingedämmt werden.

In Palermo soll wieder der sozialverträgliche Alltag einziehen. Dazu gehören Arbeitsplätze für die über 70 Prozent unbeschäftigten Jugendlichen Palermos (aus EG-Fonds), aber auch die Unterstützung mittelloser Eltern, die ihre Kinder aus blanker Existenznot zu Kleindealern oder Taschendieben ausbilden lassen. Beginnen kann man in Palermo überall. Auch Palermos Großmütter tragen das Ihre dazu bei, wenn sie den Touristen zwar überflüssige, aber gutgemeinte Ratschläge zum Schutz vor Straßenräubern erteilen. Viele kleine Geschäftsleute betonen **und** demonstrieren heute, daß bei ihnen alles korrekt zugeht.

Aktuell sind auch die Probleme der Schulkinder, die zum Schutz vor Drogen, hinter hohen Betonmauerfilets kasernenähnlich verschanzt, unterrichtet werden müssen. Wie lange halten diese den Verlockungen des schnellen Geldes auf dem Drogenmarkt stand, oder werden, aus Resignation, selbst Opfer. Die Lehrer haben Argumentationsschwierigkeiten. Sie müssen erklären, daß Palermo als sechstgrößte Stadt Italiens nur an untergeordneter Stelle der Steuereinnahmen auftaucht, gleichzeig aber die renommiertesten Geschäfte Niederlassungen mit luxuriösen Auslagen in der Innenstadt unterhalten, und an den Stadträndern seit 15 Jahren die größte Baustelle Italiens wuchert. Das wilde Monstrum „sozialer Wohnungsbau"

beruht auf Mafiageldern. Noch schwieriger ist es in der Vucciria. Dort tätige Sozialarbeiter und Lehrer berichten, daß es teils unmöglich geworden ist, überhaupt noch sprachlichen Kontakt mit den Kindern aufzunehmen. Diese sprechen heute weder italienisch noch sizilianisch, sondern einen unverständlichen Vucciria-Slang.

■ **Beretta:** Auch eine Strategie! Der Verkauf der Beretta-Pistole boomt. Selbst Hollywood kennt mittlerweile die „schießwütige Emanze", die Gründe genug kennt, ihre Überlebenschancen zu erhöhen. Das Dilemma der Grünen beginnt mit Aufrufen an die werten Eltern, den seit Jahrhunderten üblichen Ritus zu durchbrechen, ihren lieben Buben am *Giorno dei morti* (2.11., Totensonntag) eine echte Pistole zu schenken. Mit dieser Unsitte werden noch immer alte Familienrechnungen offen gehalten und neue geschürt.

Umgekehrt geht die palermitanische Karrierefrau *Rosa La Franca* wenig zimperlich zu Werke: Sie ist 25 Jahre und – Leiterin des Rauschgiftdezernats in Palermo. Die Musterschülerin hat sich gegen 3500 Mitbewerber, auch ein ermutigendes Zeichen, um den gefährlichsten Schleudersitz in der italienischen Polizei durchgesetzt. Der Preis: keine Kinder, der Ehemann wird nur ab und an besucht, Sicherheitsbeamte rund um die Uhr. Ohne Beretta 38 betritt sie nicht die Straße. Ihr Credo: Frauen sind bessere Polizisten!

Mit Hilfe ihrer 32 männlichen Kollegen ist sie den Dealern und Produzenten auf den Fersen. Mediengerecht (im

Tangahöschen) führte sie einen erfolgreichen Coup in der Bademetropole **Mondello** an. 12 Dealer wanderten ins Gefängnis...

*Doina Valent* ist Ende zwanzig, Mitglied der PCI und heute Abgeordnete im Europaparlament. Ihre Geschichte: Ihr Bruder wurde vor einigen Jahren aus rassistischen Gründen getötet. Das Stigma der Geschwister ist ihre Hautfarbe: Sie sind Kinder eines hohen italienischen Diplomaten und seiner somalischen Gattin. Doina brach ihre Ausbildung ab, meldete sich freiwillig zur Polizei und ließ sich nach Palermo „strafversetzen“.

■ **Istituto „Pedro Arrupe“:** Es wird von den beiden Jesuitenpatern *Ennio Pintacuda* und *Bartolomeo Sorge* geleitet. Letzterer, einst für höhere Weihen empfohlen, wurde vom Papst ausmanövriert. Es hat ihn nach Palermo verschlagen, wo er seine Vorstellungen von der Basiskirche verwirklichen will. Mittlerweile eine prominente, nicht unbedingt gelittene Persönlichkeit, gilt Pater Sorge als höchstbedroht und wird von der Polizei eskortiert. Seine Botschaft kommt bei der Bevölkerung an. Als Berater des Bürgermeisters übt er keine offizielle, aber wichtige Funktion aus.

## Sehenswertes

■ **Stadtverkehr:** Auto parken, am besten an der viale della Regione Sicilia, der Umgehungsstraße! Das vermeidet zeitaufwendiges Kurbeln und ermöglicht das rasche Verlassen Palermos via Autostrada. In Palermo den Bus nehmen, das spart Kräfte und ist halb so teuer! (Billigere) Zehnerkarten der **ATAM** sind in jedem Tabakladen zu haben. Eine Liste der wichtigsten Linien hängt im Bahnhof aus.

■ **Das alte Palermo:** Die städtebaulichen Wurzeln der 2800 Jahre alten Phöniziergründung liegen rund um die Gartenanlage der **Piazza della Vittoria**, auf der auch Ausgrabungen aus römischer Zeit gemacht wurden (**Villa Bonnano**). Die Namensgebung *della Vittoria* steht in keinem Zusammenhang mit Garibaldi. Sie erinnert an den Volksaufstand von 1820, als sich die Palermitaner gegen die verhaßten Bourbonen erhoben. Das Viertel rund um den **Normannenpalast** hat derart viel zu bieten, daß sich ein Spaziergang in jede Himmelsrichtung lohnt.

Die **Cappella Palatina** im einstigen Herrschersitz der Normannen und Staufer, übrigens auf den Trümmern byzantinischer und arabischer Paläste errichtet, ist das herausragende Besuchsziel auf Sizilien. Etwas hochtrabend wird das sizilianische Parlament, das sich hier 1130 in Palermo zur Königswahl von Roger II. konstituierte, als zweitältestes Europas bezeichnet. Zum damaligen Zeitpunkt war es eine reine Vertretung von Adel und Klerus. Gleich um die Ecke befindet sich die Anlage von **San Giovanni degli Eremiti**, auf den Resten einer alten Moschee errichtet. Die weithin sichtbaren fünf roten Kuppeln gelten als bedeutendstes Relikt der arabischen Zeit auf Sizilien. Sie ziehen mit ihrer Einfachheit alle Besucher in ihren Bann. Suggestiv ist der rosengeschmückte Kreuzgang, umrahmt von Orangenbäumen. Wer sich etwas Zeit vor der Begehung der Innenstadt nimmt, sollte die via Calatafimi hinauf an der **Cuba** vorbeischauen. Vielleicht ist sie inzwischen fertigrenoviert. Der in normannisch-byzantinisch-arabischem Stilgemisch errichtete Burgpalast Wilhelms II. (12 Jh.) wird wie alle Araberpaläste von den Palermitanern als *Sollazzo* bezeichnet. Die Herkunft ergibt sich aus den in den Innenhöfen angelegten, wasserreichen tropischen Gärten, die Palermos Christen damals erstmals verblüfft zur Kenntnis nahmen. Rechts ab auf der via Pindemonte kann man den Spaziergang zum **Convento dei Cappuccini** fortsetzen. Tausende mumifizierte Tote harren in den Kellergewölben des Klosters auf den Besuch, eine kulturelle Episode des Spätbarock, die bis in 20 Jh. nachwirkte (siehe unten). Weiter stadtauswärts ist die sehr kleine, mit einer roten Kuppel gekrönte **Cubola**, ein quaderförmiger Bau, zu besichtigen. Kleine Pasticcerien und Straßenmärkte liegen auf dem Rückweg über die kürzere via dei Capucini zur **Piazza Indipendenza** am Normannenpalast.

Die **Porta Nova**, ein von vier tapferen, Afrikaner darstellenden Steinträgern gestütztes manieristisches Etwas, ist ein pompöser Kunstmix und fungiert offiziell als Triumphbogen aus dem Jahre 1583 zu Ehren Karls V. 1535 besiegte der tapfere *Carlo* die „Piraten" und eroberte Tunis. Die Passage durch das Tor zurück zur Piazza della Vittoria ist nicht fußgängerfreundlich, bei Busverkehr sogar gefährlich.

Wer auf der heutigen **via Vitt. Emanuele** stadteinwärts läuft, befindet sich auf der antiken Hauptstraße der Stadt, der *via Cassaró*. Sie reichte einst bis zur Einmündung der heutigen via Roma. Dort endete der alte Kernbezirk. Erst unter den Arabern wurde die Hafengegend besiedelt. Streng in religiöse und kaufmännische Bezirke geteilt, kamen die **Kalsa** mit der Hafenfestung und das *Quartiere dei Schiavoni*, das Viertel der Unfreien, hinzu. Wie vor 1000 Jahren ist die heutige **Capo Vucciria**, nicht zu verwechseln mit der Cassaró-Vucciria in Hafennähe, zwischen Piazza Beati Paoli, Piazza Capo und via Papireto mit unverwechselbaren Winkeln und Gassen übersät. Neben den Straßenmärkten liegen hier viele kleine Handwerkerläden. Z.B. kann man den Stukkateuren bei der Produktion des immer noch gefragten Deckenstucks und anderer Ornamente über die Schulter sehen.

Vorher sind aber noch auffällig zahlreiche Carabinieri- und Militärkasernen um den Normannenpalast zu umrunden. Die Fassade eines dieser Paläste ist außergewöhnlich beeindruckend. Der Sitz des alten Hospitals beherbergt heute die Militärverwaltung: **Palazzo Sclàfani** (Ecke Piazza San Giovanni).

Durch das Nadelör an der **Biblioteca Regionale** und am Bischöflichen Palais (Museum geschlossen) betritt man die **Piazza della Cattedrale**. Die zinnenbewehrten Dächer dieses gewaltigen Kirchenbaus, Ende des 12. Jh. in kürzester Zeit auf den Fundamenten der arabischen Moschee errichtet, waren 1989 Schauplatz einer Besetzung, die trotz massiven Polizeiaufgebots gelang. Die zumeist jüngeren Palermitaner forderten – einen Arbeitsplatz. Noch immer wird an der Fassade der Kathedrale herumrenoviert. Wer unter den Verbindungsbögen zwischen Palais und Dom in Richtung Capo Vucciria läuft, entdeckt die gewaltigen Baudimensionen (Kircheninneres siehe unten).

Weiter geradeaus geht es zur Piazza Vigliena und den **Quattro Canti**, dem berühmten Vier-Ecken-Schmuck, der 1608 entstand. Er markiert die zweite große Epoche in der Geschichte Palermos, die städtebauliche Umgestaltung während des Barock. Da die vier Ecken renoviert werden und Baubohlen das Rückwärtige verdecken, eine kurze Beschreibung: Während im unteren des dreigeschossigen Aufbaus jeweils ein Jahreszeiten symbolisierender Wasserspender installiert ist, gebührt den steinernen spanischen Königen die Aussicht vom ersten Stock. Über Ihnen thronen die vier weiblichen Schutzheiligen der Stadt. Sie blicken rußgeschwärzt auf das Verkehrsgetümmel herab.

■ **Innenstadt:** Die direkt an der Piazza liegende Kirche **San Guiseppe dei Teatini** ist wegen Restaurierungsarbeiten geschlossen. Nur wenige Schritte vom wichtigsten Knotenpunkt der Stadt (bis ins 19. Jh.) liegt die Piazza Pretoria mit der gewaltigen Brunnenanlage. Sie wird nach dem Florentiner Bildhauer und Erbauer **Fontana Camilliani** genannt. Das marmorne Kunstwerk mit vier Wasserbecken und zahllosen

Skulpturen war bis vor kurzem über und über verdreckt. Mittlerweile strahlt sie in altem Glanze, wie lange, hängt vom Autoverkehr ab. Am Palazzo delle Aquile, dem Rathaus vorbei, geht es zur dritten Hauptsehenswürdigkeit Palermos, der **Martorana-Kirche**. Sie wird genauer als **Chiesa dell' Ammiraglio** (siehe unten) bezeichnet.

Wer die via Maqueda aufwärts läuft, passiert viele Barockpaläste, die hier nach der Stadterneuerung entstanden. Die Fassaden ragen schwarz und schmucklos in den Himmel. Dann, an der Piazza Verdi, ein Aufatmen. Dort steht eines der größten Opernhäuser der Welt.

■ **Teatro Massimo:** Im Parkett und den fünf Logenringen finden 3200 Zuschauer Platz. Darüber toben die Kinder des Olymp. Der Bau wurde im letzten Jahrhundert von Vater und Sohn Basile errichtet und galt bis vor 15 Jahren als Topadresse. Kein karrierebewußter italienischer Opernsänger versäumte es, sich dem schwierigen Publikum der sizilianischen Hauptstadt zu stellen. Gnadenlos wurde da ausgepfiffen und gebuht, Tomaten flogen auf die Bühne, kein Stimm- oder Strumpfband war dem Publikum heilig. Besonders gefürchtet waren die Sonntagnachmittagsvorstellungen, zu denen, so geht die Legende, regelmäßig die Marktfrauen der Vucciria erschienen. Wo stimmliche „Höhennot" ausbrach, übernahmen sie textsicher singend den Part. Viele, auch *Enrico Caruso*, haben hier ihre Feuertaufe bestanden.

Noch ist das Teatro Massimo die

„größte Probebühne der Welt". Der Eiserne Vorhang fiel, seit gravierende Baumängel unübersehbar wurden. Danach fehlte es ständig an Geld für die allernötigsten Reparaturen. Dies heißt aber nicht, daß im Massimo nicht weiter geprobt, geschneidert, gewerkelt und musiziert wird. Damit die festangestellten Sänger, Musiker und Handwerker nicht in der Bühnenversenkung verschwinden, geben sie viele kommunale Platzkonzerte und Vorstellungen vor allem unter freiem Himmel. Achten Sie auf die Plakatankündigungen! Der Qualität hat dieser Schritt keinen Abbruch getan. Erst kürzlich wurde der deutsche Oberzwölftöner *Karl Heinz Stockhausen* verpflichtet. Er will hier bis Ende der neunziger Jahre sein Ouevre komplettieren. Ein weiterer positiver Nebeneffekt der Schließung: Das erstrangig besetzte *Landesorchester* zieht seither über Land. Wer unterwegs eine Ankündigung findet, sollte sich schnurstracks auf den Weg machen. In Kirchen, Klöstern, Palästen, auf Freitreppen und Piazzen wird, zumeist gratis, eine Kostprobe des Könnens in echt sizilianischer Dorfatmosphäre geliefert.

■ **Tip für Opern-Fans:** Die außerhalb der Stadt liegenden Werkstätten des Theaters, die *Magazzini del Teatro Massimo*, sind ab und an zu besichtigen, der Fundus ist eine wahre Schatzkammer auch für Fotografen. Infos bei der Tourismusbehörde oder im Theatereingang erfragen. Dort liegt auch das Jahresprogramm aus. Die lustigen Weiber von Windsor sollen allen Ernstes

den neurenovierte Kulturdom eröffnen.

■ **Tip für Rock-Fans:** Sie finden im März und Oktober zig Alternativen beim „Rock in Palermo"Festival.

■ **Pause:** Wem die Füße erlahmen, der kann in der rechterhand abbiegenden Ladenpassage der via Principe di Belmonte verschnaufen und in oder vor einem der Cafés ausruhen. Gleiches ist auch in der via Enrico Parisi möglich, die man nach der Piazza Castelnuovo (dritte links) erreicht.

■ **Neustadt:** Ab dieser Piazza beginnt das Palermo des 20. Jahrhunderts. Hier protzt der neoklassizistische, noch vor dem Teatro Massimo errichtete Prunkbau des **Teatro Politeama**, doch eindrucksvoller ist das leicht zu übersehende Bronzeduo der „hungernden Kinder" auf der anderen Straßenseite. In der via della Libertà flaniert man tatsächlich ins die Neuzeit. Hier wirkt alles teuer und sehr bürgerlich. Da lohnt schon eher ein Spaziergang die via Dante hinauf, wo viele kleine Läden, Bars, billige Garküchen usw. liegen. In einem der Babyausstattungs-Geschäfte wird man bestimmt die blauen und rosa Stirnbänder erkennen, mit denen die ganz Kleinen von den stolzen Eltern geschmückt werden. So ausstaffiert sind die kulleräugigen „Monster" während des täglichen demonstrativen Kinderwagenschiebens die einzigen wirklichen „Punks" der Stadt.

■ **Bahnhofsnähe:** Wer über die via Roma in Richtung Bahnhof zurückkehrt, gelangt noch weiter in die

Gegenwart. Sie wurde erst Anfang der 20er Jahre fertigprojektiert, der gesamte Komplex mit Gebäuden 1933 vollendet. An vielen Stellen sind noch Reminiszenzen der Mussolini-Ära erkennbar, etwa am Banco di Sicilia, und, am unangenehmsten, an der Piazza Giulio Cesare, dem Bahnhofsvorplatz. Mit dem Besuch des **Archäologischen Museums** an der Ecke via Roma/via Olivella sollte man vielleicht an einem neuen Tag beginnen.

Südlich schließt sich immerhin noch die **Cassaró-Vucciria** an. Sie erstreckt sich von der Piazza San Gregorio Genovese bis zur Piazza Caracciolo an der via Vittorio Emanuele. Unbestritten einer der Höhepunkte in Palermo! Die Straßen sind nach den alten Berufsständen bezeichnet: So gibt es die via Argentaria (Silberschmiede), die discesa Maccheronai u.v.a. Marktfreunde sollten auch an der **Piazza Ballaró** vorbeischauen. Dort befand sich vor 1000 Jahren der arabische Gewürzmarkt. Heute wird vielfach second hand („seconda mano") mit Textilien gehandelt, ein kleiner Flohmarkt hat sich angeschlossen.

Neben der Barockkirche von **San Domenico** liegen in diesem Stadtteil noch das **Oratorio di S.Zita** und das **Museo del Risorgimento**. Auch das **Marionettenmuseum** ist nicht weit.

Über die via Vittorio Emanuelle, die im Spätmittelalter bis zur **Porta Felice** zum Meer hin verlängert wurde, gelangt man vorbei am Busbahnhof an der Piazza Marina zur **via Allaro** mit zahlreichen Palastbauten, denen die Bomben und Kanonaden des Zweiten Weltkriegs und die Ausläufer des Erdbebens von 1968 den Rest arg zugesetzt haben. Alles rottet vor sich hin. An der Ecke via IV. Aprile/via Scopari steht mit dem **Palazzo Steri**, auch Palazzo Chiaramonte genannt, der einstige Königspalast der Spanier. Er ist als Beispiel des *Chiaramonte*-Baustils, der im 14. Jh. halb Sizilien dominierte (Adelsfamilie Chiaramonte), von hohem kunstgeschichtlichem Interesse. Weniger bekannt ist, daß ab 1608 in diesem Gebäude die Inquisition das Zepter schwang. In den Zellen der Gefolterten wurden zahlreiche Graffitti gefunden, die hoffentlich nicht den unbekümmert vorgehenden Restauratoren zum Opfer fallen.

Über die Piazza Kalsa mit dem Araberkastell geht es durch die **Porta dei Greci** zum Foro Italico, das unspektakulär als Entlastungsstraße verkommt. Die Paläste und die Strandpromenade warten auf eine Wiederbelebung. Mit der **Villa Giulia** und dem **Botanischen Garten** (sehenswert) befindet sich hier eine der wenigen wirklichen Ruhezonen Palermos.

Die viale Abraham Lincoln hinauf wartet an der Piazza Magione mit der schlichten **Chiesa della Magione**, auch Chiesa della SS.Trinità, ein wertgutes Kleinod aus der Normannenzeit.

■ **Stadtauswärts:** Die bekannte Vesperkirche **Santo Spirito** (auf dem Friedhof Sant' Orsola; wer in die Kirche will: beim Friedhofspförtner fragen!), die **Ponte Ammmiraglio**, die man über den Corso dei Mille erreicht,

◀ *Straßenhändler, Kunde und Zeugnis muslemischer Herrschaft vormals: San Giovanni degli Eremiti.*

und **San Giovanni dei Lebbrosi**, das einstige Refugium der Leprakranken. Ein Ausflug ins verdreckte und laute **Bagheria** lohnt auch nicht wegen der verstaubten Barockvillen (Villa Palagonia, Villa Trabia, etc.). Allenfalls sind die Ruinen von **Solunto** in S.Flavia interessant. Selbst Goethe verschmähte das Ambiente von Bagheria, das er als zeitgeistigen Schnickschnack abtat. Und: Die Palermo vorgelagerten Bezirke bis Bagheria und Altavilla gelten als „Bermudadreieck". Hier verschwinden Menschen auf mysteriöse Weise.

## Infos

■ **E.P.T.**, Piazza Castelnuovo 35, Tel. 091/586 122.
Hauptstelle, die man vorab anschreiben kann. In der Stadt unterhält sie Informationsbüros an der **Piazza Castelnuovo 34** (Tel. 583 847), der **Piazza Cavalieri del Sepolcro** (Tel. 616 13 61), in der **Via Notarbartolo 9b** (Tel. 266 474) und an der **Stazione Centrale F.S.** (Tel. 603 30 10). Infos außerdem am **Flughafen Punta Raísi** (Tel. 091/591 698) sowie an der **Stazione Marittima**, der Hafenanlegestelle von Palermo.

■ **Azienda Autonoma di Turismo di Palermo e Monreale,** via Belmonte 43, 90 142 Palermo, Tel. 091/541 22.
Vermittelt Hotels und organisiert vielfältige Abendveranstaltungen für Touristen, die dazu mit einem Busservice von/zum Hotel gefahren werden, damit sie nicht unter die Räder kommen! Außerdem an Leistungen: verbilligte Eintrittskarten für die Oper und andere

Kulturzentren, Gratistickets für reservierte Strände in Mondello und Sferracavallo, billiger zum Fußballspiel etc.

## Nützliche Hinweise

■ **Notruf:** Tel. 113.
■ **Touristenpolizei:** Tel. 616 13 61.
■ **Autounfall:** 222 966.
■ **Erste Hilfe:** Tel. 484 544 (Ospedale Civico Regionale, via Lazzaro), Tel. 513 522 (Ospedale „Villa Sofia", Piazza Salerno).
■ **Stadtrundfahrt:** Tel. 586 782 (C.I.T., via Libertà 12).
■ **Alpenverein:** Tel. 581 323 (C.A.S., via Paternostro 43). Tips für Fernwanderungen in den Madonie, am Ätna, in den Monti Nebrodi.
■ **Turismo Verde:** Tel. 25 15 71 (via Remon 61, 90143 Palermo). Anschreiben und Liste für die Ferien auf dem Bauernhof (Agriturismo) anfordern.

## Museen, Kirchen und Gärten

■ **Museo Regionale Archeologico,** Piazza dell' Olivella, Tel. 587 825. Täglich 9–13.30 Uhr, Di und Fr auch 15–18 Uhr; So und feiertags 9–12.30 Uhr.
Neben dem Museum in Siracusa das wichtigste archäologische Museum Siziliens. In drei Stockwerken Exponate aus Selinunt, Tindari, Mozia sowie zahlreiche Meeresfunde. Berühmt sind die Löwenköpfe des Tempels von Himera, die Metopen und der Ephebe von Selinunt, die etruskisch-römische Abteilung mit einigen Bronzearbeiten im ersten Stock sowie Neolithisches und

Funde aus der Bronzezeit, ergänzt mit griechischer Keramik (im zweiten Stockwerk).

■ **Museo Internazionale delle Marionette**, via Butera 1, Tel. 328 060. Nahe der Kirche **Santa Maria della Catena**, die darauf hinweist, daß einst eine Kette die Hafeneinfahrt versperrte. Täglich 10−13 und 16−20 Uhr; So und feiertags 10−13 Uhr. Sa 10.30 Uhr Vorstellung im angeschlossenen Marionettentheater.

Über 2000 verschiedene Puppen, zusammengetragen aus aller Welt, wollen bestaunt und beliebäugelt werden. Hinzu kommt eine umfangreiche Bibliothek zu dieser Kunstgattung, die mit dem Ende des 18. Jahrhunderts aufkam, als das Volk begann, sich über die überkommenen Ritterfiguren lustig zu machen. Zeitgeistige Kritik konnte in den allzu heldischen Figuren perfekt untergebracht werden. Bis heute sind Puppenspieler auch auf den Straßen Palermos zu sehen.

■ **Galleria Regionale della Sicilia**, im Palazzo Abatellis, via Alloro 4, Tel. 616 43 17. Täglich, auch So, 9−13.30 Uhr, Di und Fr auch 15−17 Uhr.

Der vom venezianischen Architekten *Carlo Scarpa* 1954 renovierte und umgebaute Palast beherbergt Kunst des Mittelalters bis einschließlich dem 17. Jh. Herausragendes Bild ist der aus Schulbüchern bekannte „Triumph des Todes". Es wurde Mitte des 15. Jh. von unbekannter Hand gemalt. Weiterhin ist die *Annunciata* (Verkündigung) von Antonello da Messina von überra-

gender kunstgeschichtlicher Bedeutung.

■ **Museo Etnografico „G.Pitrè"**, via Duca degli Abruzzi, Tel. 461 060. Mo bis Do 9−13 Uhr, Di und Do auch 15.30−17.30 Uhr. Die angeschlossene Bibliothek ist Mo und Mi von 16.30−18.30 Uhr begehbar. Liegt am Parco della Favorita nahe der **Palazzina Cinese**, dem einstigen Wohnsitz des vor Napoleon geflüchteten Bourbonenkönigspaares. Der Parco all'italiana ist mehr als nur ein barockes „Labyrinth der Erinnerung". Im Museum sehenswert: die Krippenfiguren des Meisters *Giovanni Matera*. Dieses Kunsthandwerk wird noch heute in Caltagirone ausgeübt. Mit den Bussen Nr. 14 und 15 ab Piazza Sturzo zu erreichen. Eintritt 2000 Lire.

Weiterhin: Von primitiven Jagdinstrumenten bis zu nachgemachten Süßigkeiten unserer Tage: Bäuerliches, Handwerkliches und sakrales Kunsthandwerk.

■ **Museo Geologico „G.G. Gemellaro"**, Corso Tukory 131, Tel. 651 20 19. Mo bis Sa 9−13 Uhr.

Für hochspezialisierte „Vulkanologen".

■ **Orto Botanico**, Eingang via Lincoln 2b, Tel. 616 14 93. Der Botanische Garten ist sonderbarerweise sonntags zu. Mo bis Fr 9−12.30 Uhr, Sa 8−11 Uhr.

Palmen, Palmen, Palmen, dazu ein Wasserbecken mit Pypyrusstauden und Bambus, ein *Boschetto europeo*, ein *Giardino coloniale*, und selbstverständlich ein *Wintergarten. Der Giardino dei Semplici* (also für das „einfache Volk") wurde von Nicolò Gervasi projektiert.

Die auch hier gedeihende dicklaibige und knorrige Fico d'India wie die *Ficus Magnolioides* sind übrigens für Sizilien ein Segen. Ihre mächtigen Wurzeln zertrümmern die unterirdische Gesteinswelt und sorgen für die einfachere Beackerung des Bodens. Wer nachmittags ein ruhiges Plätzchen sucht, kann sich in den gleich anschließenden Park der **Villa Giulia** begeben, den ältesten Palermos, von 9 – 20 Uhr geöffnet.

■ **Museo del Risorgimentp „V.E.Orlando"**, Piazza San Lorenzo 1, Tel. 582 774. Mo, Mi und Fr 9 – 13 Uhr. Für alle Garibaldi-Fans.

■ **Cripta e Tesoro della Cattedrale,** im Inneren der Kathedrale, Eingang Corso Vittorio Emanuele, Tel. 334 373. 7 – 12.30 Uhr, 18 – 19 Uhr; Domschatz 7.30 – 12, 16 – 18.30 Uhr. Krypta wegen Restaurierung noch geschlossen. Neben den Kunstschätzen in der Kathedrale, unter denen die Sarkophage der Normannen- und Stauferkönige herausragen, befinden sich im Domschatz vor allem solche Gegenstände, die aus den steinernen Särgen der Potentaten herausgeklaubt wurden. Bedeutendstes Exponat ist die Krone der Kaiserin Konstanze.

■ **Cappella Palatina,** im Komplex des Normannenpalstes, Zugang über die Piazza Pinta, Auskunft Tel. 484 700. Einlaß Mo bis Sa 9 – 13, 15 – 17 Uhr. Mi und So nur 9 – 13 Uhr. Die 1143 eingeweihte Normannenkirche gehört zu den bedeutendsten europäischen Sakralbauten. Neben den goldüberzogenen Mosaiken ist die reichverzierte Holzdecke sowie der gegenüber dem Altar stehende marmorne Königsthron herausragend.

■ **Appartamenti Reali,** im Normannenpalast, Zugang ein Stockwerk über der Capella Palatina; Mo, Fr, und Sa 9 – 12 Uhr zu besichtigen. Führungen sind obligatorisch, da ständig umgebaut wird. Neben dem Herkulessaal, dem Sitz des heutigen Parlaments von Sizilien, sind vor allem die königlichen Gemächer von Interesse. Nicht zu besichtigen sind die einstigen Zellen der politischen Gefangenen, die Räume des mittelalterlichen Staatsschatzes im **Torre Pisana** sowie einige Säle, deren ursprüngliche Ausstattung heute wieder mühsam ans Tageslicht gebracht wird.

■ **Santa Maria dell' Ammiraglio,** auch **Martorana-Kirche,** Piazza Bellini, übliche Öffnungszeiten. 1143 von Georg von Antiochien, einem Admiral Rogers II., in Auftrag gegeben. Die Kirche war lange Zeit Sitz der der Stadtversammlung, bis der Senatorenpalast fertiggestellt war. Wegen mehrerer Umbauten fehlt ihr allerdings der einheitliche Stil. Sehenswerter ist die nahebei liegende Kirche **San Cataldo,** ebenfalls aus dem 12. Jh. Sie wurde im 19. Jh. in die ursprüngliche Version „zurückrenoviert". Auch die am Platz stehende Dominikanerkirche **S.Caterina** verdient Aufmerksamkeit.

■ **Biblioteca Regionale,** Corso Vitt. Emanuele 431, Tel. 581 602. Eingang an der Kirche **Madonna della Grotta,** 9 – 19 Uhr, Sa 9 – 13 Uhr; So und feiertags geschlossen. 400 000 Bände, Handschriften.

■ **Teatro Politeama Garibaldi,** Piazza Ruggero Settimo., Tel. 584 334. Neben dem **Teatro Biondo** und dem Teatro Massimo Hauptspielstätte in Palermo. Auskünfte zum Teatro Massimo an der Kasse. Hier auch Opern- und Ballettveranstaltungen.

■ **Galleria d'Arte Moderna „Empédocle Restivo",** via Turati 10, Tel. 588 951. Zugang von der Piazza Ruggero Settimo, im Teatro Politeama Garibaldi, 8 – 13, Di und Fr auch 16.30 – 19.30 Uhr geöffnet. Mo geschlossen.
Setzt die Reihe zeitgenössischer Kunst aus der Galleria Regionale fort.

■ **S. Agostino,** via S. Agostino 69. 7.30 – 11, 18 – 19 Uhr.
Sehenswert sind insbesondere die beiden Portale.

■ **SS. Salvatore,** Corso Vitt. Emanuele 228.
Nach umfangreichen Restaurierungsarbeiten ist die aus der Normannenzeit stammende Kirche mit Umbauten aus dem 17. Jh. wieder der Öffentlichkeit zugänglich, allerdings nur sonn- und feiertags von 11.30 – 12.30 Uhr.

■ **S. Nicoló all' Alberghiera,** via Nasi 18, Tel. 651 28 20. 7.30 – 11, 18 – 19 Uhr. Die Kirche stammt aus dem 13. Jh.,sie wurde im 16. und 18. Jh. stark verändert.

■ **San Giovanni degli Eremiti,** Eingang via dei Benedettini, 200 m vom Normannenpalast, 9 – 13 Uhr, teils auch spätnachmittags geöffnet.
Spektakulärer Kirchenbau mit roten Kuppeln − hier stand einst eine arabische Moschee. Ein friedliches Refugium ist der rosengeschmückte winzige Kreuzgang mit den Orangenbäumen. Außerdem: ein Eldorado für herumstreunende Katzen!

■ **Convento dei Cappuccini,** Piazza Cappuccini, 100 m von der Straßenecke Corso Calatafimi/via Pindemonte.
Mehr als 8000 mumifizierte, einst reiche Palermitaner warten auf Besuch. Bis auf die Kleidung sind die Herrschaften noch recht gut in Schuß und bemüht, aufrecht stehend die Gäste zu empfangen. Manche der seelenlosen „Hüllen" wie z.B.Pater Silvester aus Gubbio warten seit mehr als 200 Jahren auf den Sanktnimmerleinstag. Hübsch nach Geschlecht, Beruf und Stand geordnet, lösen die nach einjähriger Konservierung im kalten Stein wieder hervorgeholten Toten hinter den Maschendrähten so manches Befremden. Besucher sind ständig versucht, eine „stille Kommunikation" unter den sich zuneigenden Pärchen wahrzunehmen. Das liegt an den heruntergeklappten Kinnladen, grotesk verzerrten Mundwinkeln und der Gestik der geschickt drappierten Handflächen. Der Schabernack ist weder den ahnungslosen Mumien noch den gewitzten Mönchen zu verübeln. „Schmuckstück" der Sammlung ist die geradezu lebendig aussehende Leiche eines hübsch angezogenen Kleinkindes, die noch in den zwanziger Jahren dieses Jahrhunderts den Weg in die ungewöhnliche Totenstadt fand. Pikante Note dieser von den Spaniern aus Mittelamerika importierten Einbalsamierungspraxis: Generationen von Angehörigen mußten hier im Angesicht der

toten Verwandschaft beichten!

Weitere besuchenswerte Kirchen sind **S. Maria degli Angeli** am Hafen, die Barockirche **San Domenico** und San Francesco d'Assisi.

## Übernachten

In Palermo bestehen günstigste Übernachtungsmöglichkeiten. Mehrere Dutzend preiswerte Locande und Alberghi stehen neben Mittelklasse- und Luxusherbergen zur Auswahl. Renommierhotel ist das **Villa Igiea Grand Hotel**°°°°°. Preis für eine Übernachtung im DZ: 340 000 Lire... Man kann es auch „nur" besichtigen.

Für ängstliche Autofahrer ein Tip vorweg:

■ **Motel Agip**°°°, viale della Regione Siciliana 2620, Tel. 552 033. An der Hauptentlastungs- und Umgehungsstraße Palermos. Bewachter Parkplatz, Deutsch und Englisch sprechendes, freundliches Rezeptionspersonal; nützliche Hinweise und Infomaterial. Restaurant, Safe, Bar, TV-Room. DZ ca. 86 000 Lire.

■ **Terminus**°°, Piazza Giulio Cesare 37, Tel. 616 25 97. 80 Betten. DZ mit Bad 48 000 Lire.

Mit hauseigener Garage, Parkplatz, TV, Radio auf dem Zimmer, Bar.

■ **Centrale**°°°, Corso Vittorio Emanuele 327, Tel. 588 409. 116 Zimmer. DZ ohne Bad ab 38 000 Lire.

Mit hauseigener Garage, Bar/Restaurant, Heizung/Klimaanlage.

■ **Lincoln**°, via Carlo Rao 16, Tel. 616 10 09. 7 Zimmer. DZ 30 000 Lire. Im gleichen Haus : **Magione**°.

■ **Cortese**°, via Scarparelli 16, Tel. 331 722. DZ 20 000 – 24 000 Lire, Preisnachlässe in der Nebensaison (ab 18 000 Lire). EZ ab 10 000 Lire. 27 Zimmer.

■ **Rosalia Conca d'Oro**°, via Santa Rosalia 7, Tel. 616 45 43. DZ um 28 000 Lire. Gute Lage an den Hängen des Monte Pellegrino.

■ **Firenze**°, via Candelai 68, Tel. 580 869. DZ mit Bad 33 000 Lire.

Eine vernünftige Alternative. Mit sicherem Parkplatz! Außerdem: Bar und Restaurantbetrieb, kein Vollpensionszwang. Vierbeiner sind auch willkommen.

■ **Milton**°, via Roma 188, Tel. 331 282. DZ 20 000 Lire. An der via Roma liegen auch das **Italia**° (Nr. 62), das **Diana**° (ebenfalls Nr. 188), das **Trieste**°, alle zu halbwegs gleichen Preisen. Zimmer nach hinten nehmen. Noch günstiger sind die *Locande*:

■ **D'Ignoti**°, via Roma 188, Tel. 331 282. 5 Zimmer. DZ 16 000 Lire.

■ **Serena**°, via Roma 72, Tel. 281 731. 5 Zimmer. DZ 18 000 Lire.

■ **Eden**°, via Maqueda 8, Tel. 237 455. 7 Zimmer. DZ 15 000 Lire.

■ **Sabatino**°, via Maqueda 165, Tel. 283 649; ca. 16 000 Lire.

Die billigste Übernachtungsmöglichkeit in Palermo:

■ **Silvestri**, via Lampionelli 6, Tel. 231 200.

Außerdem zahllose andere Hotels, Liste bei den Info-Büros erfragen...

## Restaurants

In Palermo hat man die Qual der Wahl. Neben den vielen kleinen Osterien und Trattorien hat es auch jede Menge Edelrestaurants. Ein Szenetreff ist das **Cotto e Crudo**, wo man auch Informationen zur aktuellen Situation in de Stadt erhält (siehe auch „What's on in Palermo". Einige weitere Tips:

■ **Foccaceria San Francesco,** via Paternostro 58. 9 – 22.30 Uhr, am Wochenende bis 0.00 Uhr geoffnet.
Ältestes Lokal dieser Art in Palermo. Foccace aller Art ab 1500 Lire, Marmortische, Liberty-Interieur. Sicherheitshalber hier erst die Snacks ordern. Das vermeidet böses Magendrücken.

■ **Il Ficodindia,** via Amari 64. Restaurant. Rund um einen echten sizilianischen Holzkarren typisch palermitanische Gerichte um 20 000 Lire für das Menue.

■ **Pizzeria Bellini,** Piazza Bellini. Für heiße Sommerabende. Man kann draußen sitzen. Di geschlossen.

■ **Regine,** via Trapani 4a. So zu. Spitzenrestaurant mit französisch ausgerichteter Küche. Ein Tribut an die Tradition der bürgerlichen Palermitaner, den Franzosen die Kochkunst abzukopieren. Ab 30 000 Lire für das Menue.

■ **Approdo Ristorante Renato e Vecchia Cantina della Bandita,** via Messina Marina 28b, Tel. 470103. Unbedingt vorbestellen! Mi geschlossen.
**Das** Spitzenrestaurant in Palermo und Treff von Palermos Schickeria. Menue ca. 60 000 Lire. Der hocherfreute Veronelli verteilt hier jede Menge Kochmüt-zen für die erstklassige Speisekarte, noch mehr hat ihn der Weinkeller und einen der sage und schreibe 205 Grappas animiert. Ein kulinarischer Reisehöhepunkt.

■ **Villa Giuditta,** via Resuttana 17. Bar/Pub mit Live-Music. Jeden abend bis 2.30 Uhr geöffnet. Open Air unter Olivenbäumen.

■ **Friend's Bar,** via Brunelleschi 138, Tel. 201 401. Mo geschlossen. Wirkt etwas steril, die Küche ist aber Klasse! Menues sind ab 50 000 Lire zu haben.

■ **Al 59,** Piazza Verdi 59, Tel. 583 139. Pizzeria/Ristorante. Mi Ruhetag.

■ **Da Rosario,** via Cusmano 25, Tel. 322 992. So geschlossen. Restaurant mit Airkondition.

■ **Peppino,** Piazza Castelnuovo 49, Tel. 324 195. Mi geschlossen. Pizzeria/Ristorante.

## Monreale

Ein absolutes Besichtigungsmuß: Am besten fährt man mit dem Bus hinauf zur alten Königsresidenz der Normannen. Linie 8 ist am sinnvollsten. Der **Klosterkomplex** mit **Dom** und Residenzialräumen, er soll in kaum vier Jahren 1172 – 76 entstanden sein, gehört zu den künstlerisch wertvollsten ganz Italiens. Vor dem kahlen Hintergrund der Conca d'Oro wirkt der Monumentalbau besonders imposant. Das Meisterwerk byzantinisch-islamischer Baukunst, es repräsentierte den neuen Schulterschluß von Kirche und normannischem Königshaus, betritt man durch die gewaltigen Bronzetüren, die ein gewisser *Bonnano Pisano* schuf, dessen bronzegießende Familie aber ursprünglich aus dem byzantinisch und arabisch beeinflußten Sütitalien (Apulien) stammte. Der Einfluß der Frührenaissance fand aber nicht von Pisa gegen Süden statt, sondern nahm den **umgekehrten** Weg. Das Innere des Kirchenbaus ist derart mit goldüberzogenen Mosaiken überladen (Themen aus dem alten Testament), daß es dem Auge schwer fällt, sich auf einen Punkt zu konzentrieren. Im Zentrum steht der Christus Pankrator in seiner bekannten Pose. Beeindruckend auch der Benediktinerkreuzgang mit der wunderschönen, quadratisch angelegten Brunnenanlage:

■ **Chiostro di Santa Maria Nuova,** Domanlage Monreale, 1.11. bis 31.3. 9–14.30, So und feiertags 9–12.30 Uhr; 1.4. bis 31.10. 9–12.30, 16–19 Uhr; So und feiertags 9–12.30 Uhr.

Die drei Absiden des Doms gehören meiner Meinung nach zu den besonderen Besichtigungs-Musts. Weniger zu empfehlen ist der Domschatz, dessen Besichtigung zudem Eintritt kostet.

Der Ort Monreale hat natürlich dem Massentourismus Tribut zollen müssen. Kaum überraschend ist die Existenz einer *Gattopardo-Bar*, und wie selbstverständlich sammelt der ein oder andere Wirt der unzähligen Trattorien Reminiszenzen seiner Gäste oder nagelt gar die zurückgelassenen leeren Schachteln internationale Zigarettenmarken an die Wand. Berühmt ist Monreale für seinen Wein, seine Orangenhaine

und allerlei süßen Spezereien. Wer durch die schmuck hergerichteten Gassen der Kleinstadt läuft, wird unweigerlich zum Belvedere (dort auch Galleria d'Arte Moderna, 10–13 Uhr geöffnet) und zur Chiesa Madre gelangen, ein Spaziergang, der sich lohnt.

Ausflug zu den Ruinen der Festung von **Castellaccio**: Dort unterhält der C.A.S. Palermo eine *Stazione alpina*. Wer weiterfährt, gelangt vorbei an der Benediktinerabtei von **San Martino delle Scale** (Panoramapunkt!) wieder auf den Weg nach Palermo. Weitere Informationen:

■ **A.A.T.,** Piazza Duomo, 640 24 48.
■ **Essen** im **La Botte** an der SS 186 (Auffahrt nach Monreale). Außer Mo serviert Mauricio Rustikales zu vernünftigen Preisen.

## Lido di Mondello

■ **Anfahrt:** Palermos einstmals mondänes Strandparadies rund um das umplätscherte **Stabilmento balneare**, in bester Liberty-Manier *Il Kursaal* getauft, sucht man am besten per Bus auf. Auf der via Diana und der zweiten Zufahrtsstraße, der via Monte Pellegrino, herrscht Einbahnstraßenverkehr, und das in beide Richtungen. Da gibt es kein Wenden oder Halten. Wer entlang des **Parco della Favorita** (sämtliche Sportanlagen der Stadt, auch das WM-Stadion, Herkules-Säule) eine der interessanten Villen näher anzuschauen will und dabei den Verkehr blockiert, verursacht ein ohrenbetäubendes Gehupe. Die berühmten Gärten, d.h. Labyrinthe, sollte man dennoch nicht versäumen. Sehenswert ist vor allem der Giardino all'italiana der Palazzina cinese.

■ **Parken:** Lieber die Linien 14 und 15 in Anspruch nehmen, das ist einfacher. Wer dennoch mit dem Auto fährt: Am Ende der Bucht von Mondello ist ein kostenpflichtiger Parkplatz eingerichtet, der aber nur bis 14 Uhr bewacht wird (1000 Lire). Anschließend übernimmt ein Rentner diese Aufgabe. Den Preis sollte man aushandeln. Nachts ist die bei Wohnmobilinhabern beliebte Stellfläche unbewacht und kostenfrei.

Wer über den **Monte Pellegrino** (den arab. *Gebel Grin*) möchte, sollte den Weg über Palermos Hafen nehmen oder in Buslinie 12 einsteigen. Vorbei an dem riesigen, siebeneckigen Gefängniskomplex der **Carceri dell' Ucciardone** mit den für die Maxiprozesse neuerrichteten Hochsicherheitstrakten gelangt man auf die via Monte Pellegrino. Das 606 m hohe Vorgebirge ist von Höhlen durchlöchert, zwischendurch liegen einige schöne Aussichtspunkte.

Bekannteste Attraktion ist die **Grotta di Santa Rosalia**, das Stadtheiligtum schlechthin. Sie ist heute in eine kleine Kirche integriert.In der Grotte tröpfelt kostbares Naß von den Wänden, das als Weihwasser inbrünstigen Gläubigen gereicht wird. Ein Blick auf die reichgeschmückte Rasalienfigur führt zu Goethe: Er nahm zu ihr so schwerenöterische Beziehungen aufnahm, daß er fast das Abendessen vergaß: *„Ein schönes Frauenzimmer erblickt' ich bei dem Schein einiger stillen Lampen,*

*Sie lag wie in einer Art von Entzükkung, die Augen halb geschlossen, den Kopf nachlässig auf die rechte Hand gelegt, die mit vielen Ringen geschmückt war. Ich konnte das Bild nicht genug betrachten; es schien mir ganz besondere Reize zu haben. Ihr Gewand ist aus vergoldetem Blech getrieben, welches einen reich von Gold gewirkten Stoff gar gut nachahmt. Kopf und Hände von weißem Marmor sind, ich darf nicht sagen in einem hohen Stil, aber doch so natürlich und gefällig gearbeitet, daß man glaubt, sie müßte Atem holen und sich bewegen. Ein kleiner Engel steht neben ihr und scheint mit einem Lilienstengel Kühlung zuzuwehen."*

■ **Klettertouren:** Vorsicht ist für Freeclimber geboten, die am Monte Pellegrino herumturnen möchten. Tödliche Abstürze werden regelmäßig gemeldet.

■ **Arenella:** Der alte Hafen wurde lange als Standort für eine Tonnara genutzt, ist heute aber reichlich heruntergekommen. Abends jedoch lohnt der Besuch in einem der Fischrestaurants und Trattorien. Tagsüber sollte die **Addàura-Grotten** besucht werden. Wer für Levanzo keine Zeit hat, sollte in Höhle 2 und 3 Ausschau nach den bis zu 12 000 Jahre alten Wandmalereien halten. Aber Vorsicht: Teile des Höhlenkomplexes sind nur mit ortskundiger Führung (Höhlenforscher des sizilianischen Alpenvereins C.A.S.) zugänglich.

**Mondello**, das allabendliche Ausflugziel der Palermitaner, liegt 13 km vom Stadtzentrum entfernt. Terrassenrestaurants, Bars und Trattorien bilden den Freizeitschwerpunkt palermitanischen Jugend. Manchmal wird es allerdings eng in den Menschenmassen. „Flüchtlinge" amüsieren sich dann im Open Air Kino oder in eine der Diskotheken. Das *Koka Kola* unterhält unter Sternenhimmel manchmal auch mit Live music.

## Übernachten

■ **Il Ragno**°°, Monreale, Ortsteil Giacalone, via Provinciale 85, Tel. 091/419 256. DZ ab 33 000 Lire. 14 Zimmer. In freier Natur, mit Parkplatz und gutem Restaurant. Für alle, die Palermo nachts meiden wollen.

■ **Messina**°°, Monreale-San Martino delle Scale, via della Regione Siciliana 90, Tel. 091/418 153. DZ ab 25 000 Lire. Einfach.

■ **Villa Azzurra**°°, Mondello Lido, via Stesicoro 14, Tel. 450 362. 25 Zimmer, DZ ab 33 000 Lire.

Ansonsten weitere Zwei- und Dreisternhotels ab 45 000 Lire aufwärts für ein DZ.

## Ustica

Die ca. 35 Seemeilen von Palermo entfernte Insel ist ein beliebtes Tages- und Wochenendausflugsziel. Man falle jedoch nicht auf jene zwei gemütlichen Seebären herein, die im Hafen von Palermo auf Touristen warten und ihnen eine Reise zu einem 3000 m hohen Vulkan versprechen. Zwar ist die Insel vulkanischen Ursprungs, doch das vom Meeresboden aufsteigende Lavamassiv liegt maximal 239 m („Gipfel" des **Monte Guardia dei Turchi**) über dem Meeresspiegel. Da die beiden humorvollen bärtigen Schränke also nicht nur Seemannsgarn spinnen, sei die kleine Notlüge gegenüber „tölpelhaften" Touristen gestattet...

■ **Überfahrt:** Täglich (im Winter einmal wöchentlich) mit der **SI.RE.MAR.** (Buchungen via Crispi 120, Tel. 582 403) oder der **SNAV** (via di P.Belmonte, Tel. 586 333). Tickets sind auch direkt am Molo Vittorio Veneto in Palermo zu lösen. Auf die Mitnahme des Autos kann man getrost verzichten – ein absurdes Angebot.

■ **Tauchen:** Ustica ist das Paradies für Sporttaucher. Die treffen sich nicht nur zur alljährlichen *Rassegna nazionale della attivitá subaquee*, bei der der *goldene Dreizack* für besondere Tauchmeriten verliehen wird. Alle zum Luftholen nötigen Apparaturen stehen vor Ort zur Verfügung.

Auch Nichttaucher und Schnorchler werden bei einem Bootsausflug zu einer der zahlreichen Grotten (z.B. **Grotta dell'Aqua**, heißt auch **Grotta Azzurra**; **Pastizza**, **delle Barche**, **Segreta** etc.) auf ihre Kosten kommen.

■ **Auf der Insel:** Erstaunlich ist der Kultivationsreichtum auf den vielen Feldern. Ansonsten sieht man nur niedrige Macchia und einzelne Bäume. Sogar Wiederaufforstungsprogramme sind geplant. Die Insel war seit der Normannenzeit jahrhundertelang unbesiedelt. Erst im 18. Jh. wurden Soldaten und verarmte Menschen von den Liparischen Inseln zwangsweise hierher gebracht. Spaziergänge rund um die Insel, zur Punta Spalmatore oder der Punta di Megna mit Blick auf den **Scoglio del** medico, zwischen denen der naturgeschützte Unterwasserpark der **Zona Riserva integrale** liegt, sind beliebt. Der Ausblick von der Fortezza und dem Aussichtspunkt **Omo morto** ist sowohl in die Ferne als auch ins tiefenscharfe Meerwasser grandios.

■ **Wracks:** Mit Ustica wird seit fast einem Jahrzehnt der ungeklärte Absturz einer Verkehrsmaschine der Allitalia in Zusammenhang gebracht. 89 Menschen fielen diesem Unfall zum Opfer. Bis heute hüten die italienischen Sicherheitsorgane das Geheimnis, ob der Absturz durch eine Rakete der italiensichen oder amerikanischen Streitkräfte herbeigeführt wurde. Sicher ist, daß nur wenige Minuten vor der Katastrophe der Staatsjet Mohammar al Khaddafis vorbeidüste. Dieser Umstand und ungewöhnliche Vorgänge wie die Unterdrückung von Zeugenaussagen, Behinderung von Untersuchungsrichtern etc., aber auch die juristische Hartnäckigkeit der Hinterbliebenen der Opfer haben zu einer ausgewachsenen Staatskrise geführt. Vor allem die verfassungsgemäße Arbeit der beteiligten Staatsorgane wird hinterfragt. Wer nun wen abgeschossen, bedroht oder belogen hat, wird seit einigen Jahren akribisch geklärt.

## Übernachten

Es gibt ein halbes Dutzend Hotels (teuer das **Punta Spalmatore**°°° und das **Diana**°°°), die sich auf den zahlungskräftigen Touristen eingestellt haben. Günstiger:

■ **Ariston**°°, via della Vittoria 3, Tel. 091/844 90 42. 9 Zimmer. DZ 42 000 Lire.

■ **Clelia**°, via Magazzino 7, Tel. 091/844 90 39. 15 Zimmer. DZ ab 35 000 Lire. Auch gute Küche.

■ **Castelli**°, via S. Francesco 16, Tel. 844 90 07. Locanda mit vier Zimmern. DZ 12 500 Lire. Tip!

■**Barraco**, via Magazzino 1, Tel. 844 92 10. Private Zimmervermietung.

■ **Caminita**, via Spalmatore, Tel. 844 90 15. Ein Zimmer.

■ **Verdichizzi**, via Petriera 21, Tel. 844 92 14. Ein Zimmer.

Eine Liste weiterer *Affitacamere* hält das Tourismusbüro bereit:

■ **Pro Ustica**, Piazza Vito Longo, Tel. 091/844 11 90 oder Tel. 844 91 90.

Bootsausflüge, Tauchlehrgänge und Informationen zu den teils nur im Hochsommer geöffneten Restaurants.

## Essen

Im Dorf Ustica hat man die Wahl zwischen den Trattorien **Stella Marina**, **Il Timone**, der Pizzeria **La Rustica** und weiteren Etablissements. Gut ißt man bei **Mario**, Treffpunkte sind die Bars **Salerno** und **John**.

# What's on in Palermo?

*von Daniela Bonomolo*

„Anything goes" – nicht so in Palermo. Viele Besucher werden bei ihrem ersten Besuch in der sizilianischen Metropole rasch bemerken, daß – nicht nur im Winter, sondern selbst bei schönstem Frühlingswetter – auf Palermos Straßen abends „Totentanz" herrscht. Fußgänger oder gar Fahrradfahrer sind so gut wie gar nicht mehr zu sehen. Allenfalls fährt das ein oder andere Kleinauto durch die Straßen. Leider gibt es genügend ernstzunehmende, fatal zusammenwirkende Faktoren als Ursache für diesen offensichtlichen Rückzug der Palermitaner ins Private. Und das sind nicht nur (sozial-)politische. Aber Besucher sollten nicht vorschnell den Stab brechen über den Mangel an Infrastruktur, an Treffpunkten, Begegnungszentren oder einfach öffentlichen „Kneipen", in denen Leben stattfindet. Wie aber sollen sie mit dieser „Anomalie" in einer Stadt mit einem Einzugsbereich von nahezu einer Million Einwohnern umgehen? Vorweg der Ratschlag: Nicht einschüchtern lassen!

Obschon das Leben in Palermo „anders" läuft, heißt dies nicht, daß gar nichts läuft. Man muß nur offen sein für das palermitanische „System", sich ein wenig Mühe geben und – möglichst viel mit den Leuten auf der Straße reden. Egal in welcher Sprache, die Palermitaner nehmen sich viel Zeit, zu verstehen und reden zur Not auch gern „mit Händen und Füßen"...

Eine freundliche Geste und das mitunter heftige Gestikulieren gehören halt dazu: ob beim Einkauf in der Vucciria oder an der Bushaltestelle, die stets ein guter Kontaktpunkt ist. Für den Besucher Palermos ist die Bereitschaft zur Kommunikation doppelt wichtig, da es abgesehen von den offiziellen Tourismusbüros kaum weitere, etwa „alternative", Informationszentren gibt.

Immerhin existiert seit 1987 an den Kiosken die von Letizia Battaglia herausgegebene Zeitschrift **Grandevú**. Sie erscheint monatlich, ist außergewöhnlich gut illustriert und beschäftigt sich mit grünalternativen Themen. Veranstaltungstips, Kurshinweise und Reportagen über das alltägliche Palermo sollten dem Sprachkundigen 3000 Lire wert sein. Grandevú verzichtet auf sensationelle Schlagzeilenbalken und sinnlose, reißerisch alarmierende Untertöne, die herkömmliche Gazetten auszeichnen. So erreicht sie ein breites Publikum. Bedenkt man, daß viele engagierte Journalisten Palermo in den letzten Jahren verlassen haben, da ihnen die mühselige Kleinarbeit, Licht in die undurchsichtigen Machenschaften der Lokalpolitik zu bringen, mit der Androhung brutaler Repressalien vergolten wurde, ist dies ein Hoffnungsschimmer: Gerade für diejenigen, die am Monte Pellegrino geblieben sind und dem permanenten Druck standhalten müssen.

Wer sich allerdings auf die Suche nach einer „Underground-Szene" macht, hat allenfalls das **Centro Sociale Autogestito** (Piazza Montevergine; im

Stadtzentrum) als Anlaufstelle. Es entstand vor einigen Jahren nach einer Hausbesetzung. Dort kann man bei einem Bierchen ganz unrevolutionär über dieses und jenes diskutieren oder ins Grübeln geraten.

Wer mit dem Auto durch Palermo fährt, hat natürlich den Vorteil des schnellen Ortswechsels. Insbesondere fehlt es an guten Nachtbusverbindungen, die noch dazu unübersichtlich sind: Häufig fehlt den Bussen die in Nordeuropa übliche Nummerierung bzw. eine Zielangabe. Sogar viele Palermitaner finden sich bis heute nicht im öffentlichen Nahverkehr zurecht. Er ist einfach zu kompliziert organisiert. Für Autolose ist dies jedoch nicht so tragisch: Im Stadtzentrum ist alles gut zu Fuß erreichbar, man sollte nicht gleich die Flinte ins Korn werfen. Das man/frau nachts nicht allein durch die Vucciria stiefeln oder draußen übernachten sollte, ist einleuchtend. Nicht nur für Autofahrer, die sich mit der palermitanischen Farbenblindheit, nach der eine rote Ampel durchaus auch Freie Fahrt und Grünes Licht signalisieren kann, herumschlagen und oft in chaotische Situationen geraten, gilt die Devise: Nicht provozieren lassen! Um nicht ganz hilflos dem geballten Wortschwall erregter „Kontrahenten" gegenüber zu stehen, hier einige deftige Repliken:

Bei der Männerwelt zieht immer ein ungehobeltes „Curnutu, cu ta rietti a patenti?" (Cornuto, qui ti ha dato la patente?, zu gut deutsch: „Hornochse", wer hat dir den Führerschein ausgestellt?) Um Mißverständnisse oder gar

heftigen Streit zu vermeiden, ist es allerdings angebracht, den cornuto aus dem Spiel zu lassen, denn: Das könnte leicht zu einer **offesa**, einer Demütigung führen, die Konsequenzen mit sich bringt. Männer hingegen revanchieren sich bis heute wenig kreativ mit dem althergebrachten, nachweislich falschen Vorurteil, daß *„Donne al volante, pericolo costante!"* bedeuten. Wo nun tatsächlich die dauernde Verkehrsgefahr lauert, mag jeder selbst entscheiden. Immerhin kann frau jederzeit auch in ihrer eigenen Sprache sehr wirkungsvoll nach Herzenslust fluchen...

Palermos kulturelles Angebot stützt sich nicht nur auf die allabendlichen Kinovorstellungen, dessen Programme durchaus akzeptabel sind. Das Cinema d'Essay (Programmkino) hat es natürlich schwer in Palermo. Das legendäre **Cristal** in der salita Pallavicino (nahe Mondello) ist inzwischen zu einem Theater/Kabarett umgewandelt worden. In der City liegt hingegen das **Metropolitan** (viale Strasburgo). Es zeigt auch aktuelle englischsprachige Filme in Originalfassung. Das herkömmliche Filmprogramm sieht man am besten im **King** (viale Ausonia) oder im **Tiffany** (via Piemonte). Beide besitzen große Projektionsschirme und bieten Dolby Stereo-Ton.

Auch in der Theater und Kabarett-Szene tut sich einiges: Beispielsweise sommertags im Zirkuszelt des **Teatro Zappalà**, das Werke von Pirandello und Verga in sizilianischem Dialekt aufführt (Veranstaltungen ganzjährig Fr, Sa und So in der via Galatea 1 in Mondello; Karten und Programmhinweise unter Tel. 684 03 91). Auch andere Kabaretts und Theatergruppen lohnen einen Besuch. Das **Teatro Dante** an der Piazza Lolli spielt in italienischer Sprache. Auch das **Piccolo Teatro** (via Calvi 5, Tel. 324 322) ist einen Abend wert. Ob in der von Nino Drago geleiteten **Cooperativa Teatro Palermo** in der via G.Raffaele 2 (Tel. 321 995) oder im kleinen Marionettentheater, (**Teatro dei Pupi**, via Lasanis 8, Tel. 324 557), in dem Anna Cuticchio traditionsreiche sizilianische Geschichten spielt und Figuren wie Orlando und Rinaldo zu neuem Leben erweckt: Stets wird viel Wert auf den palermitanischen Dialekt gelegt. Gleiches gilt für die Kabaretts. Die besten sind das **Madison** (Piazza Don Bosco 10–13; Tel. 543 740) und der **Anthony Club**, in dem G. Scirè auftritt und inszeniert (via Don Orione 16, Tel. 544 766). Die Körpersprache ist zentrales Arbeitsmittel der Schauspieler, das erleichtert auch Unkundigen den Zugang. Und: Der Zuschauer lacht selten unter Niveau... Man sollte also die Ankündigungen, Plakate, Anzeigen etc. beachten.

Das vielzitierte „Kneipenproblem" hat verschiedene Ursachen. Erst einmal organisieren wir Palermitaner, besonders im Winter, gern Feste in Privathäusern; im Sommer geht es mit ein paar Flaschen guten Weins und der Gitarre ans Meer. Ab und an führt der Weg in eine der traditionellen, immer etwas penetrant „duftenden" Weintavernen, wie zum Beispiel die **Taverna Azzurra** am Borgovecchio im alten Stadtzentrum. Nach und nach haben auch „kneipenmäßige" Lokale aufgemacht, die sich in Form von Assoziazioni, nur vordergründig geschlossenen Gesellschaften, organisieren. Die Besonderheit dieser Klublokale besteht darin, daß kein freier Eintritt möglich ist. Für eine „vernünftige" Summe von 5000–10 000 Lire erhält man eine meist vier Wochen gültige Ausweiskarte, die *Tessera di soci*. Damit ist man dann mitten drin im Geschehen. Konsumzwang besteht nicht, im Gegensatz zu anderen Lokalen kann man gemütlich am Tisch sitzen, ohne gleich hinauskomplimentiert zu werden. Ein Bier etwa, das 5000 Lire kostet, ist eindeutig zu teuer. Grund dieser heimeligen Klubatmosphäre ist die rigide gehandhabte Vergabe von Kneipenlizenzen und stets sofort auftretende Gruppierungen, die an einem rein kommerziellen Geschäft subito mitverdienen möchten. Der Status eines Klubs, der sich auch noch kulturell verdient macht, ist eben für solche Herrschaften finanziell uninteressant!

Läden, die sich nicht ausschließlich dieser neuen Klubidee verschrieben haben, stehen ständig unter dem „geheimnisvollen" Druck, zu öffnen oder zu schließen. So ist beispielsweise das **Malaluna** an der via Resurrezione (Richtung Mondello) häufiger zu, als dies dem Publikum lieb ist. Weniger Probleme hat die **Villa Guiditta**, Palermos erstes vegetarisches Restaurant.

Folgende Lokale sind zentraler gelegen und bereiten keine „Probleme": Zu empfehlen sind das **P.A.F** (Pane, arte e fantasia) an der Piazza Verdi nahe dem

Teatro Massimo, das **D.A.G.** (degli artisti golosi) am Borgovecchio, das **Metropolis** an der Piazza Marina. Gleich nebenan ist dort auch das gute Szenerestaurant **Cotto e Crudo**. In der „Neustadt", also zwischen viale Libertà und viale Strasburgo,befinden sich weitere Lokale.

Musik hört man am besten im **Brass Group Jazz** in der via Butera (Tel. 616 64 80), wo lokale, aber auch internationale Gruppen auftreten. Auch das Metropolitan-Kino organisiert Musikveranstaltungen, die nahe dem Kino und in Kellerräumen an der via Duca della Verdura stattfinden.

Klassikfreunde zieht es ins **Golden** in der via Scinti, wo die **EAOSS**, das Orchester der Ente autonoma orchestra sinfonica siciliana, regelmäßig Konzerte gibt. Auch das Jazz-Programm kann sich dort sehen lassen.

Wem die Kunst in Palermos Galerien zu antiquiert ist, der fahre nach Bagheria zur **Villa Cattolica**. Dort ist eine permanente Ausstellung des verstorbenen sizilianischen Künstlers Renato Guttuso eingerichtet.

Modisch Interessierte sollten nach den Produkten der palermitanischen Newcomer *Dolce è Gabbana* Ausschau halte. Sie erobern derzeit Mailand und Florenz im Sturm und sind die Trendies der Neunziger Jahre...

Am Wochenende zieht es die Palermitaner, wenn nicht ans Meer, dann ins Gebirge, wobei die Madonie zu den Hausbergen Palermos avancieren. Dem Trend sollten Touristen Beachtung schenken: Natur ist *in* auch in Paler-

mo! Auf dem Land ist eben alles wundervoll grün, es ist nicht so heiß, und es duftet gerade im Frühjahr so sehr nach Orangenblüten, daß auch Nicht-Sizilianer davon trunken werden.

*(Die Palermitanerin Daniela Bonomolo arbeitete für das sizilianische Fremdenverkehrsamt und studiert in Berlin.)*

# Transport

Die Busverbindungen von Palermo aus sind unübersichtlich. Größtenteils übernehmen private Anbieter den Service. Daher hier eine Liste der wichtigsten Abfahrtsorte in Palermo, der Busgesellschaften (in Klammern), sowie die Fahrtziele als sinnvolle Orientierungshilfe:

## Fernverkehr von Palermo

**Agrigento:**
■ **A.Cuffaro,** via Balsamo, Tel. 616 15 10.
4 mal täglich zwischen 6 und 15.30 Uhr. Fahrzeit 2 Std. Weitere Verbindungen: von/nach **Canicattì, Favara, Comitini, Grotte, Racalmuto, Castrofilippo.**
■ **Camilleri Argento & Lattuca,** via Balsamo.
6 und 14 Uhr, feiertags 8 und 14 Uhr; via S. Elisabetta.

**Catania:**
■ **S.A.I.S.,** via Balsamo 16, Tel. 616 60 27. Stündlich zwischen 5.20 Uhr und 21 Uhr. Fahrzeit 2,5 Std. Direkte Weiterfahrt nach Siracusa möglich. Hauptverbindungslinie auf Sizilien. Weitere Verbindungen dieser Buslinie

von der via Balsamo von/nach: **Enna, Caltanissetta, Caltagirone, Gela, Alimena, Caltavuturo**.

**Messina:**
- ■ **S.A.I.S.**, via Balsamo 16, Tel. siehe oben. 4 mal täglich zwischen 5.40 Uhr und 15 Uhr. Je nach Tageszeit zwischen 2 und 4,5 Std. Fahrzeit.

**Siracusa:**
- ■ **S.A.I.S., wie oben**. Via Catania. Zwischen 5.20 und 15 Uhr. Fahrzeit je nach Tageszeit zwischen 3 und 4,75 Std.

**Trapani:**
- ■ **Segesta**, via Balsamo 26, Tel. 616 90 93. Zwischen 6 und 21 Uhr. Zwei Stunden Fahrzeit.
Weitere Verbindungen mit **Alcamo** und **Terrasini**.

**Marsala:**
- ■ **Salemi**, via Rosario Gregorio 44, Tel. 283 656. Abfahrt Palermo Hauptbahnhof (stazione centrale). Täglich 8 mal zwischen 6.20 und 20 Uhr. Sonn- und feiertags nur 10 und 20 Uhr.
Weitere Verbindungen von/nach **Mazara del Vallo, Castelvetrano, Campobello** und **Salemi**.

**Roma:**
- ■ **Segesta**, via Balsamo 26, Tel. 616 90 93, 616 79 19. Ab Piazza Politeama. Mo, Mi und Fr 7.45 Uhr. Ankunft 20.30 Uhr. Rückfahrt von Rom Di, Do, und Sa ab 20.30 Uhr, an

7.45 Uhr. Abfahrtsort in Rom: Piazza della Repubblica nahe der Stazione Termini.
- ■ **S.A.I.S.**, ab via Balsamo 16, Tel. 616 60 27, 616 57 22. Ab via Balsamo. Täglich 7 Uhr mit Zwischenstopp in Catania und Messina. Anschlußverbindungen von Siracusa, Enna, Caltanissetta, Caltagirone, Gela, Alimena und Caltavuturo. Ankunft Rom 20.45 Uhr. Abfahrt Rom 7.30 Uhr, Ankunft Palermo 21.40 Uhr.

## Ziele in der Provinz Palermo

- ■ **Von der Piazza Magione:** Alia (Costanza & Todaro), Aliminusa (Macaluso), Giuliana (Gallo), **Gratteri** (La Spisa), Lascari (La Spisa), Montemaggiore Belsito (Macaluso), Pollina (Lombardo & Glorioso), Roccapalumba (Costanza & Todaro), San Mauro Castelverde (L & G).
- ■ **Von der via P.Balsamo:** Alimena (S.A.I.S.), Belmonte Mezzagno (Sicilbus), Blufi (S.A.I.S.), Bolognetta (Sicilbus), Bompietro (S.A.I.S.), **Cáccamo** (Randazzo), Caltavuturo (S.A.I.S.), Campofelice di R. (S.A.I.S.), **Castelbuono** (S.A.I.S.), Castellana Sicula (S.A.I.S.), **Cefalú** (S.A.I.S.), Cerda (S.A.I.S.), Cinisi (Segesta), Collesano (S.A.I.S.), **Gangi** (S.A.I.S.), **Geraci Siculo** (S.A.I.S.), Isnello (S.A.I.S.), Misilmeri (Sicilbus), Partinico (Segesta), **Petralia Sott.** und **P. Sop.** (S.A.I.S.), **Polizzi Generosa** (S.A.I.S.), Santa Cristina Gela (Prestia & Comandè), Sciara (S.A.I.S.), Scillato (S.A.I.S.), **Sclafani Bagni** (S.A.I.S.), **Termini Imerese** (S.A.I.S.), **Terrasini** (Segesta), Trabia

(S.A.I.S.), Villabate (Sicilbus).

■ **Von der Piazza Lolli:** Altavilla Milicia (A.S.T.), **Bagheria** (A.S.T.), **Capaci** (A.S.T.), **Carini** (A.S.T.), Casteldaccia (A.S.T.), Ficarazzi (A.S.T.), Santa Flavia (A.S.T.), Torretta (A.S.T.).

■ **Von der Piazza Marina: San Vito lo Capo** (Russo), **Castellammmare del Golfo** (Russo), Altofonte (A.S.T.), **Balestrate** (Russo), Baucina (A.S.T.), Borgetto (A.S.T.), Campofelice di Fitalia (A.S.T.), Campofiorito (Stassi), Camporeale (A.S.T.), **Castronovo di Sicilia** (A.S.T.), **Cefala Diana** (A.S.T.), Chiusa Sclafani (A.S.T.), Ciminna (A.S.T.), **Contessa Entellina (Stassi), Corleone** (A.S.T., Stassi), Giardinello (A.S.T.), Godrano (A.S.T.), Isnello (A.S.T.), Lercara Friddi (A.S.T.), Marineo (A.S.T.), Mezzoiuso (A.S.T.), **Monreale** (AMAT), **Montelepre** (A.S.T.), Palazzo Adriano (A.S.T.), **Prizzi** (A.S.T.), Roccamena (A.S.T.), San Cipirello (A.S.T.), San Guiseppe lato (A.S.T.), **Trappeto** (Russo), Ventimiglia di Sicilia (A.S.T.), Vicari (A.S.T.), Villafrati (A.S.T.).

■ **Von der via Rao:** Bisaquino (Russo).

■ **Piazza Castelnuovo: Isola delle Femine** (AMAT).

■ **Vom Hauptbahnhof: Piana degli Albanesi** (Prestia & Comandè, Tel. 586 351), **Cianciana** (Prestia & Comandè), Flughafen **Punta Raísi** (P.&C.).

■ **Von der via Garibaldi:** Valledolmo (Lo Jacono & Siragusa).

## Zugverbindungen

Züge pendeln täglich zwischen **Agrigento, Caltanissetta, Enna, Catania, Ragusa, Modica, Siracusa** und **Trapani** (zwei Strecken, die über **Molo** ist zeitlich kürzer). Daneben via **Messina** Direktzüge nach Rom, Mailand, Venedig und Turin.

■ **Zugauskunft** im Ufficio Informazioni Treni im Bahnhof von Palermo, Tel. 230 806. Auch Vorbestellungen und Platzreservierungen.

## Flugverbindungen

Von **Punta Raísi** fliegen Maschinen nach Bari, Bologna, Cagliari, Catania, Genua, Lampedusa, Mailand, Neapel, Pisa, Pantelleria, Reggio di Calabria, Rom, Trapani, Turin, Venedig, Paris, Malta und Tunis.

# Der Conca d'Oro und die Costa dei Tre Golfi

Der Küstenabschnitt von Mondello bis Terrasini ist das Naherholungsgebiet der Palermitaner und entsprechend überlaufen. Erst ab dem Capo Gallo entgeht man dem verschmutzten Brackwasser der Bucht von Palermo.

■ **Sferracavallo:** Ist fast von Palermo eingemeindet, nur noch wenige Fischerboote dümpeln im Hafen.

■ **Isola delle Femmine:** Badeort mit Blick auf die gleichnamige Insel, weitläufiger Strand. Der Name Femmine stammt aus dem Arabischen: Es ist halt eine Küstenform mit vielen „Einbuchtungen". Das nahe **Capaci** wendet sich, zu Lasten der Landwirtschaft, mehr und mehr dem Tourismus zu.

■ **Carini:** Vor Capaci erstreckt sich ein größeres Industriegebiet, in dem als „**Projekt 2000**" Siziliens Silicon-Valley entstehen soll. Bei Piana degli Albanesi ist das hypermodernste Kommunikationszentrum Europas geplant, Palermo ist also wohlgerüstet für den Weg in die Informationsgesellschaft. Carini besitzt zudem ein Kastell aus dem 16. Jahrhundert, ist aber schon sehr viel länger besiedelt. Die Araber beackerten hier und im Hinterland erfolgreich den Boden und ließen eine florierende Landwirtschaft zurück.

Vorbei an **Cinisi** mit der nahen Wallfahrtskirche **Madonna del Furi** und Palermos Flughafen **Punta Raísi** geht es ins Zentrum des palermitanischen Wochenendtourismus:

■ **Terrasini:** Der ganze Ort vermietet Zimmer und Häuschen. Sehenswert das **Museo Civico:** Es hält an drei verschiedenen Stellen der Stadt die Türen auf. Das **Naturkundemuseum** (via Calarossa 4, Di bis So 10–12.30, 16–19 Uhr; 1. Nov. bis 31. März: 9.30–12.30, 15–17.30 Uhr) unterrichtet über Flora und Fauna der Umgebung und besitzt eine reiche Sammlung ausgestopfter Vögel. Im **Volkskunde-Museum** (via Roma, 9–12.30 Uhr) ist insbesondere die Abteilung des **Museo Carretto siciliano** von Interesse. So hübsch bemalt wird man die typischen Esels- und Maultierkarren auch in abgelegenen Regionen nicht finden. Das **Antiquarium** (Piazza Kennedy, im Rat-

haus, 9–12 Uhr) lockt mit archäologischen Funden aus dem Meer vor Terrasini, Ladungen von Schiffswracks. Vom **Capo di Rama** schätzten schon die Soldaten des Stauferkaisers den beachtlichen Rundblick auf den Golf von Castellammare.

■ **Partinico:** Besitzt einen hübschen Altstadtkern und konkurriert wie alle Orte dieser Größenordnung mit einem Stadtmuseum. Der Ort war die Operationsbasis des Linkskatholiken *Danilo Dolci*, der nach dem Zweiten Weltkrieg den Kampf der Landbevölkerung für mehr soziale Rechte formierte. Wichtiger Verkehrsknotenpunkt, ab dem in Richtung Palermo ständig asphaltiert wird: Mit Umleitungen ist zu rechnen. Die meisten werden die Rückkehr via SS 186 über Monreale in Erwägung ziehen. Die schönere Strecke führt aber über **San Martino delle Scale**. Auf dem Weg:

■ **Montelepre:** Heimatort des legendären Raufbolden und Mörders *Salvatore Giuliano*. Wer unbedingt das Leben des Banditen nachvollziehen möchte, findet einen gedeckten Präsentierteller: Giuliano hier, Giuliano da. Auch sein Freund, späterer Gegenspieler und (vielleicht) Mörder, der ehrenwerte *Pisciotta*, kam vom „Hasenberg". Sie und ihre Kumpanen terrorisierten nach dem Zweiten Weltkrieg Palermos Umland und legten sich eine Art Robin Hood-Image zu, das am 1.Mai 1947 wenig schmeichelhaft endete: In **Portella della Ginestra** nahe dem Lago degli Albanesi hatten sich am Tag der Arbeit Mitglieder der Kommunistischen Partei unter freiem Himmel versammelt, um ein Fest zu feiern. Im Auftrag von Hintermännern sprengten Giuliano und seine Bandenmitglieder die friedliche Veranstaltung und richteten unter den unbewaffneten Männern, Frauen und Kindern ein Blutbad an. Schreckensbilanz: 11 Tote und 50 Schwerverletzte! Seinen Nachruhm verdankt der Pseudoanarchist dem Einsatz für die erzreaktionäre, noch heute aktive Seperatistenbewegung und den nordeuropäischen Medien, die ihn damals zum Helden hochstilisierten. Seine Affaire mit einer blonden schwedischen Journalistin tat Ego und Prestige gut. Auch kritische Filme über ihn („Wer erschoß Salvatore Giuliano?") begünstigten die zusätzliche Legendenbildung, es entstand sogar eine Oper über den vermeintlichen Helden, die kürzlich in Rom aufgeführt wurde. Am Maifeiertag ziehen Palermos Gewerkschaften nach wie vor hinaus nach Portella, um dem wichtigen Datum der Nachkriegsgeschichte Siziliens zu gedenken. Von **San Martino delle Scale** hat man einen herrlichen Blick auf den Bosco Casaboli, die Berge der Conca d'Oro und ins Landesinnere. Die Abfahrt nach Palermo ist von einigen Trattorien gesäumt, in denen man preiswert essen kann. Viele Palermo-Besucher ziehen es übrigens vor, rund um Montelepre zu übernachten. Die Busverbindungen sind gut, das Auto kann man sicher parken, die Übernachtungskosten liegen günstig.

## Übernachten

In Balestrate, Trappeto und Terrasini stehen zahlreiche Übernachtungsmöglichkeiten in kleinen Familienpensionen zur Verfügung. Adresslisten halten die jeweiligen Informationsbüros bereit.

■ **Bellevue del Golfo**°°, Sferracavallo, via Plauto 40, Tel. 530 083. 29 Zimmer, DZ ab 25 000 Lire. Einziges Mittelklassehaus zwischen Capo Gallo und Punta Raísi.

■ **Camping Trinacria**°°, Sferracavallo, via Barcarello, Tel. 091/530 590. Ganzjährig, direkt am Meer.

■ **Camping Aria Aperta**°, Capaci, Ortsteil Torre Puccio, via Portofino, Tel. 091/484 551. 15.6. bis 15.9. geöffnet. Klein und sehr einfach.

■ **Camping La Scogliera**°°, Isola delle Femmine, via Palermo 20, Tel. 091/867 73 15. Juni bis Sept. 50 m vom Meer. Mit Disko, Volleyballplatz, Bar.

■ **Camping La Plaia**°°, Isola delle Femmine, Lungomare dei Saraceni, Fondo Giambona, Tel. 091/677 001. 1.4. bis 31.10. 250 Meter vom Meer entfernt. Mit Bocciabahn und Disko, Gasflaschenwechsel.

■ **Ostello della Gioventù**, Sferracavallo, Baia del Corallo, via Plauto, Tel. 091/530 122, 533 188. Ganzjährig geöffnet. 13 Zimmer. Mit Segelschule. Vorher anrufen und fragen, da auch von Palermos Schulen genutzt.

# Serre della Pizzuta
# (Piana degli Albanesi)

■ **Bosco della Ficuzza:** Das spektakulärste Ausflugsziel südlich Palermo (46 km). Anfahrt mit dem Auto über die SS 118 oder per Autobus (A.S.T., Piazza Marina). Liegt unterhalb des Roccabusambra (1613 m). Die riesige Waldzone ist ihres Fauna- und Florareichtums einzigartig auf Sizilien. Eichen- und Lärchenwälder, Ulmen und Kastanien finden sich ebenso zahlreich wie Orchideen oder die Belladonna-Pflanze. Königsadler kreisen hier wie vereinzelte Falkenpärchen, Iltis und Fuchs sind ebenso zu Hause wie Eulen und Kaninchen. Es gibt auch *Vipern*, doch sollte man ihnen nicht mit Angst, sondern Aufmerksamkeit begegnen.

Günstige Übernachtungsmöglichkeiten sind vorhanden, so daß einem erholsamen Kurztrip nichts im Wege steht. Besichtigungswert: Die „Schlünde" **Gorgo del Drago, Gorgo Lungo** und der **Gorgo Tondo**! Auch der **Lago dello Scanzano** ist nicht weit. Außerdem: Die Orte **Ficuzza** (mit dem Jagdschloß aus dem 18. Jh. und dem sog. *Pulpito re*, dem Königsthron Ferdinand II.), **Godrano** (mit einem kleinen volkskundlichen Museum) und **Marineo** mit vielen kunsthandwerklichen Angeboten und der Pasticceria *Visconti*, die nach althergebrachter Art *Dolci* zubereitet (auf Ricotta-Basis).

■ **Corleone:** Nicht sonderlich reizvoll. Trotz des klangvollen Namens gibt es außer dem Sarazenenturm am **Castello**

**Soprano** und der nackten Fassade der ehemaligen Moschee **S. Andrea** nicht viel zu sehen. Man geht bei *Pipitone* oder *Cerrito* einen Café trinken und probiert – Dolci. Glaubt man den Werbeleuten, reist man ins berühmte Mafiastädtchen am besten zum Karneval oder Frühlingsfest.

■ **Mezzoiuso:** Wer in aller Ruhe ein „echtes" Albaner-Dorf kennenlernen will, sollte hierher fahren und nicht den Menschen in Piana degli Albanesi auf die Nerven gehen. Mezzoiuso wurde von ihnen gegründet. Auch hier wird die Messe nach griechisch-orthodoxem Ritus abgehalten, Folkloristisches findet man im Alltagsleben genauso wie während der das ganze Jahr über stattfindenden Feste.

■ **Rasten:** Wer in den Rifugi des Bosco della Ficuzza übernachtet, muß nicht verhungern. Alle Unterkünfte bieten auch Essen an. Gute Möglichkeiten bestehen zudem in Marineo im **La Rocca Bianca** oder einer der beiden Pizzerien. In Mezzoiuso existieren zwei einfache Trattorien.

■ **Rückfahrt nach Palermo:** Auf dem Weg nach Ciminna liegen nahe Cefalá Diana (mit Ruinen des Kastells) die **Bagni di Cefalá.** Die arabischen Bäder sind eines der wenigen erhaltenen Relikte aus der Araberzeit. Die Thermalquelle hat eine wohlige Temperatur von 38 Grad Celsius. Bei der Fahrt durch die Macchialandschaft unterhalb des Pizzo dell' Avvoltoio und des Rocca Cavallo kann man die Route wählen: via **Cimmina**, Villafrati oder Baucina. **Tip:** Die Trattoria *Padre Buttitta* an der contrada Traversa in Baucina...

■ **Piana degli Albanesi:** Alle Bewohner sind sauer auf den Touristenrummel, der um ihre abweichenden religiösen Riten entfacht wurde. Kein Osterfest oder andere höhere Feiertage, an dem nicht Menschenmassen anrauschen, Fernsehreporter um den besten Übertragungswinkel streiten und die örtlichen Pfarrer einen Wutanfall nach dem anderen gegen das ungläubige Sensationsvolk loslassen. Aber die Messe muß stattfinden, also werden auch weiterhin zum Karneval, zu Epiphanias und natürlich Weihnachten Gäste kommen. Ansonsten ist es in der Stadt erstaunlich ruhig, die Fremden schauen in die Kirchen oder sitzen in einer der zahlreichen Bars. Typisch auch hier die ganz speziellen Süßspeisen, von denen das *Telote* zwar nur zu Weihnachten, die berühmten *Cannoli* aber fast immer zu haben sind. Neben dem **Lago di Piana** sind die Grotta del Garrone, das Dorf **Santa Cristina Gela** und der Weinort (erstklassig) **San Guiseppe Iato** mit antiker Ausgrabungsstätte lohnende Ausflugsziele.

Weiter entfernt: Der **Bosco della Favara** zwischen **Alia** und **Aliminusa**, ca. 80 km von Palermo, mit der Touristenattraktion **Sclafani Bagni.** Der **Lago Gammauta** nahe dem sehenswerten **Palazzo Adriano**; **Contessa Entellina** und die Wallfahrtskirche **S. Maria del Bosco** unterhalb des Monte Genuardo; das 1045 m hoch gelegene **Prizzi**, mit **Lercara Friddi**, Noch Hochburg der Mafia, deren Ehre Lino Ventura so eindrucksvoll darstellte.

## Übernachten

■ **Rifugio Val di Conti,** Bosco della Ficuzza, Tel. 091/513 150. 22 Betten. Wird vom CAS Monreale geführt. Bett 10 000 Lire. DZ mit Vollpension 32 000 Lire. Ermäßigung für Mitglieder der jeweiligen nationalen Alpenvereine.
■ **Rifugio Valle Maria,** Godrano, Tel. 091/820 80 92. 72 Betten. EZ 15 000 Lire, DZ mit Vollpension 43 000 Lire.
Das **Rifugio Torre del Bosco** ist nur in der HS offen.
■ **Sireci,** Castelvuturo, via Garibaldi 75a, Tel. 091/513 62. Affitacamere, drei Zimmer. Günstig für den Bosco della Favara.
■ **Del Viale°,** Palazzo Adriano, via XX Settembre 3, Tel. 091/834 81 64. Pizzeria im Haus. 8 Zimmer, DZ mit Bad 35 000 Lire.
■ **Motel San Pietro°°,** Castronovo di Sicilia, an der SS 189, Tel. 091/821 73 46. 18 Zimmer.
Auf halbem Weg nach Agrigento, gut für Exkursionen ins Bergland.

## Termini Imerese

■ **Atmosphäre:** Die Kleinstadt (auf halbem Weg zwischen Palermo und Cefalù) wird von Touristen häufig übersehen! Allenfalls suchen sie die Ruinenstätte von **Himera** auf. Die abschreckenden rotweißen Schornsteine der Raffinerie und das Automobilwerk von FIAT-Sicilia mögen der Grund für diese Zurückhaltung sein. Dabei besitzt dieser in Ober- und Unterstadt gegliedertte Ort eine äußerst suggestive Wirkung, die besonders von der Aussichtsterrasse des **Belvedere Principe Umberto** spürbar wird. Das antike *Thermae Imerensis* war einst Thermalbad und Zufluchtsort des legendären Himera. Es duckt sich unter dem gewaltigen Bergmassiv des *Monte San Cálogero* (1325 m) und ermöglicht gleichzeitig den Fernblick bis Cefalù.

■ **Tip** für Nostalgiker und wenig Anspruchsvolle: Gleich gegenüber der Stazione billige Übernachtungsmöglichkeit in einer von zwei uralten, liebenswürdigen Menschen geführten Privatpension; mit knarrenden Holzbetten und Emaille-Nachtgeschirr!

■ **Sehenswert:** Die Unterstadt (dort auch der Bahnhof) wird vom Alltagsleben geprägt. Ein Spaziergang entlang der via Libertá und weiter auf dem Corso Umberto führt zur endlos langen Treppenanlage der *via Roma*, die zur geschichtsträchtigen Oberstadt hinaufführt. Besonders am Abend ist dieser Aufstieg ein Erlebnis mit stimmungsvollen Einblicken in das „Gemeinschaftsleben" der Stadtbewohner. Der immer noch brütenden Hitze wegen speist sie bei offenen Türen und Fenstern zu Abend. Auf dem 70 m über dem Meeresspiegel thronenden Vorgebirge lag das antike Termini I. Hier befinden sich der **Dom**, das **Museo Civico** mit Funden aus Himera und der Umgebung der Stadt und die Gartenanlage der **Villa Palmieri** mit den Resten der griechischen und römischen Ansiedlung (z.B. das röm. Amphitheater; außergewöhnlich ist die Ellipsenform).

An den Trümmern des **Castello** vorbei geht es zur Aussichtsterrasse, deren Stille und der faszinierender Ausblick auf die beiden tief unten liegenden Hafenbuchten beeindrucken. Schön ist die blau leuchtende Kuppel der Marienkirche. Bei einem Café oder einer *Granita* in einer der etwas teureren Bars am Platz sollte man sich die Zeit gönnen, die Imeresen ein wenig genauer kennenzulernen.

Hinter der antiken Stadtmauer schlängeln sich die Asphaltkurven der *Serpentina P.Balsamo* talwärts zur Gartenanlage der **Villa Aguglia** und den sich anschließenden **Thermen**, die seit fast hundert Jahren durch das **Grande Albergo delle Terme** überbaut sind. Der Rückweg durch die verwinkelten Gassen rundet den Spaziergang ab.

■ **Antikenstätte Himera:** 10 km außerhalb Imerese an der SS 113 (Wegweiser). Zugreisende steigen am besten am Bahnhof **Buonfornello** aus. Die griechische Siedlung in strategisch wichtiger Lage – sie erlaubte die Kontrolle des Gebirgszugangs über das Imera-Tal und damit des Landesinneren – stand 480 v.Chr. im Mittelpunkt der Auseinandersetzungen zwischen Karthagern und Kolonialgriechen. Die brachten den Nordafrikanern nahe der Stadt die erste, historisch belegte Niederlage bei. Tausende Kriegsgefangene wurden später zum Bau des Zeus-Tempels in Agrigento (Akragas) gezwungen. Später kamen die Karthager zurück und machten kurzen Prozeß: Sie zerstörten Himera vollständig.

Das riesige Grabungsareal ist heute

eingezäunt und soll in den nächsten Jahren vom Archäologischen Institut Palermos neu erforscht werden. Zugänglich sind die Reste des dorischen Tempels, der auf der dem Meer zugewandten Straßenseite liegt. Die berühmten bemalten *Löwenköpfe* des **Tempio della Vittoria** stehen allerdings im Archäologischen Museum von Palermo. Zwecks Orientierung und Besichtigung der Zone wendet man sich an die Mitarbeiter des **Antiquarium di Himera**, das sich in Buonfornello in einem Betonneubau 150 m rechts der SS 113 befindet. Die Zufahrt ist ausgeschildert. Es ist täglich zwischen 9 Uhr und eine Stunde vor Sonnenuntergang geöffnet, wenn nicht wieder einmal Personalmangel herrscht.

■ **Ausflüge:** Die dinosaurierhaft wirkende Brückenkonstruktion über den **San Leonardo-Fluß** (in Richtung Trabia) ist nur per pedes oder mit einem Auto zu erreichen.

Die SS 285 führt ins südliche Landesinnere, nur 10 km entfernt liegt **Cáccamo**. Es existieren Busverbindungen (von Termini sowie von Palermo mit der Autolinie *Randazzo* ab via Balsamo). Um das 521 m hoch gelegene, wehrhafte Dorf ranken sich unzählige Legenden. Im Zentrum stehen stets die Herren der grandiosen Burganlage des **Castello**, dessen Baubeginn auf das 12. Jh. zurückdatiert wird. Vor allem spanischer Adel ließ sich in Cáccamo nieder und sorgte (zum Leidwesen der verarmenden Bewohner) für diese Pracht. Seit einigen Jahren ist die Burg im Besitz der Region Sizilien und kann besichtigt werden (Waffensaal, „Verschwörersaal", Folterräume etc.). Falls geschlossen, wendet man sich an die **Biblioteca Comunale** am *Corso Umberto*, der Hauptstraße. Die Hausfassaden am Corso sind mit großflächigen Wandmalereien aus der Dorfgeschichte geschmückt. Ritter- und Mönchstum, Minnesang der Troubadouren und bäuerliche Szenen wechseln einander ab.

Der Monte San Cálogero ist auch zu umrunden, wenn man über **Sciara** retour nach Termini fährt. Auch Sciara besitzt eine Burganlage, das Dorf selbst stammt jedoch aus dem 18. Jh. Mit etwas Glück sind Falkenpaare zu sichten, die um den Cálogero kreisen.

Weiter auf der SS 285, stehen am Ortsausgang mindestens 100 säuberlichst nebeneinander plazierte Müllcontainer – eine sizilianische Rarität. Die Straße führt durch das fruchtbare Bergland zu den inmitten von Felsnadeln liegenden Dörfern **Regalgioffoli** und **Roccapalumba**. Auch die Entstehungsgeschichte dieses Dorfes geht auf die zwangsweise Umsiedelung der Bevölkerung durch den Landadel, der solchermaßen die landwirtschaftlichen Erträge im 17. Jh. steigerte. Ehe die SS 189 nach Agrigento auftaucht, werden noch zahlreiche bizarr und skurril geformte Felsblöcke passiert – eine Reise in eine phantasieweckende Landschaft.

■ **Targa Florio:** Die Spurensuche dieses berühmten ersten Straßenrennens der Welt beginnt 11 km außerhalb Termini an der SS 113 in Richtung Cefalù. Am Abzweig nach **Cerda** verrotten die

Tribünen des einstigen Start- und Ziel-
punktes der Targa, die 1906 vom lokalen Großgrundbesitzer und Autonarr
*Vincenzo Florio* (Besitzer von Millionen Hektar Land) als Madonienrund-
fahrt aus der Taufe gehoben wurde. Der
Kurs, je nach Streckenführung 72 bis
150 km lang und mit mindestens
1432 Kurven kaum unfallfrei zu bewältigen, war bis 1975 sogar alljährlicher
Treffpunkt der Formel 1-Asse aus aller
Welt. So mancher von ihnen soll bei
dem Versuch, den Streckenrekord von
47 Minuten (!) zu brechen, zu Tode gekommen sein.

Unzählbar sind die Histörchen um
den 1975 „stillgelegten" Madonien-
kurs: Der war selbst den Hasardeuren
unter den Piloten „zu heiß". Der (kür-
zeste) Streckenverlauf via **Cerda, Caltavuturo, Polizzi Generosa, Collesano**
und zurück an die Boxen nach Termini
hatte seine Tücken: Hier ist ein Held in
die Dorfmauer geknallt, dort ein anderer in eine Schafherde gerast! Manch
cleverer Hirte soll sie eigens auf die
Fahrbahn plaziert haben, um so erkleckliche Entschädigungszahlungen
von den Veranstaltern einzuziehen.
Oder die Geschichte jenes Dorfschuh-
machers, der die Stars mit weichgepol-
sterten Speziallederschuhen versorgte
und so internationales Renommée ein-
heimste.

Einen Hauch dieser Atmosphäre
konnte ich im Oktober 1986 miterleben, als sich Veteranen, Fans und Nostalgiker zum achtzigjährigen Jubiläum
der Targa trafen. Totgeglaubte Piloten
feierten ihre Wiederauferstehung aus
dem (Medien-)Grabe, der Enthusias-
mus der Sizilianer kannte keine Grenzen. Aber, und daran sollten sich diejenigen Irrwitzigen orientieren, die „mal
eben" den klassischen Streckenverlauf
abrasen wollen: Die in die Jahre ge-
kommenen Fahrer juckelten traditions-
bewußt und ohne Hatz mit Tempo 30
zu einer Spazierfahrt in die Madonie,
deren Reiz sie endlich einmal „erleben"
wollten. Früher hatten sie nur den
Straßenbelag und die Haarnadelkurven
wahrgenommen. Ähnlich behutsam verhalten sich auch die Werksfahrer des
kürzlich verstorbenen *Enzo Ferrari*, die
– schon traditionell – alljährlich Ende April/Anfang Mai nach Sizilien
kommen, um die Motoren der nagel-
neuen knallroten Rennflitzer der berühmtesten Autofirma der Welt einzu-
fahren. Im Konvoi zuckeln sie durch die
Lande, machen Firmenwerbung und
schonen sich, andere Verkehrsteilneh-
mer und ihre Sportflitzer. Das Austo-
ben des Spieltriebs und Geschwindig-
keitsrausches auf dieser bis auf 1400 m
ansteigenden Strecke ist unzeitgemäß!
Klar: Wer will es den autobahnfrustrier-
ten *Motorradfahrern* verübeln, wenn
sie in den Bergen mal nach Herzenslust
Gas geben.

■ **Tip: Sclafani Bagni** mit den beiden
Burgen bietet einen ersten guten Anblick des Gebirgszuges.

■ **Für Unverbesserliche:** Tachospren-
gendes Tempo 200 fährt man besser am
**Lago di Pergusa** unterhalb Enna. Auf
dem Rennkurs kann jeder nach Gut-
dünken heizen...

■ **Radfahrer** benötigen sehr gute

Kondition sowie ein fünfzehngängiges Mountainbike, wollen sie nicht ins Straucheln geraten. Steigungen und heftige Fallwinde haben es in sich.

## Übernachten

■ **Locanda Roma**, Termini I., vicolo Di Stefano 12, Tel. 091/814 15 66. 10 Zimmer. DZ 14 000 Lire.

■ **Euraco°**, Termini I., via Libertá 217, Tel. 091/814 42 03. 12 Zimmer. Ez 17 000, DZ ab 30 000 Lire. Parkplatz vor dem Haus.

■ Camping „Torre Battilamano", Termini – Buonfornello, nahe der SS 113, Tel. 091/814 00 44.

## Restaurants

■ **Da Angelo**, Termini I., via Mazzarino 92, Tel. 814 55 25. Trattoria.

■ **Costanza**, via Garibaldi 27, Tel. 814 21 05. Trattoria.

■ **La Spiga d'Oro**, via Margherita 157, Tel. 091/814 89 68. Trattoria.

Die Pasticceria **Trinacria** in Cáccamo bietet eine große Auswahl lokaler süßer Spezialitäten. In Sciara gibt es ein Ristorante und die Pizzeria **Il Paradiso**.

# Cefalù

Die Küstenstadt unter dem grandiosen, weithin sichtbaren Kalksteinfelsmassiv ist neben Monreale und Palermo die wichtigste „Normannenstadt" Siziliens. Die Touristen reisen in Scharen an, um die Bauwerke des 12. Jahrhunderts zu bestaunen. Die weithin sichtbaren Zwillingstürme des Wahrzeichens der Stadt, der **Kathedrale**, ziehen an. Leider wird der Kirchenbau gerade grundrenoviert; zudem finden Ausgrabungsarbeiten statt. Das im byzantinischen Stil erstellte Mosaik mit dem Christus-Pankrator und den Aposteln in der Apsis ist zu besichtigen, nicht aber das Kirchenschiff. Neben dem mächtigen Kirchenbau, 1131 von Roger II. als Grabkirche seiner Dynastie in Auftrag gegeben, sind unbedingt die Kirche **San Giorgio** und das mit Ornamenten um die Drillings- und Zwillingsfenster geschmückte **Osterio Magno** zu anzusehen, dessen heutige Mauern aus dem 14. Jahrhundert stammen. Es soll aber schon König Roger als Wohnsitz gedient haben. Wer genau hinschaut, kann Lavaintarsien entdecken.

In den verwinkelten Gassen der Altstadt wird rasch deutlich, daß die Stadt auf weit ältere Ursprünge zurückblickt. Schon der Name Cefalù weist auf die Griechen hin (griech. *kephalé* = Kopf). Er bezieht sich auf die äußere Gestalt des mächtigen Vorgebirges, das vermutlich einst als Navigationspunkt diente. Schon vor den Hellenen waren die Karthager hier: Wer die *Discesa Paramuro* hinab zum Sandstrand spaziert, die *via del Muro* oder die Festungsmauern der **Fortificazione archaiche** hinter den Häusern an der Hafenmole aufsucht, wird beim Anblick der riesigen Steinquader die werbebewußten Stadtväter verstehen, die gleich von *Zyklopenmauern* schwärmen. Tatsächlich stammen sie aus prähistorischer Zeit und funktionierten noch im vorletzten Jahrhundert als Abwehr.

■ **Diana-Felsen:** Letzte Zweifel beseitigt ein Spaziergang auf und um das Vorgebirge. Der mittlerweile fertiggestellte Weg hinauf auf 270 m Höhe sei jedem angeraten. Nach der uralten Zisterne aus byzantinischer Zeit gelangt man zu Mauerresten und den Ruinen des **Tempels der Diana**. Er soll von den Griechen im 5. oder 6. Jahrhundert v.Chr. errichtet worden sein. Also war er ein *Artemis-Tempel*. Geradezu elektrisiert reagierten Archäologen jedoch, als sie im Inneren Spuren frühester Besiedelung auf dem Felskoloß (mindestens aus der Bronzezeit) fanden. Wem die Architektur des Heiligtums zu banal erscheint, der spaziere einige Meter weiter. Von der Aussichtsterrasse ist der Blick auf Cefalù und die direkt unterhalb liegende Kathedrale grandios.

■ **Apropos Diana:** An den Hängen unterhalb des Vorgebirges soll die **Presidiana**, ein mit Quellwasser „gesegneter" Ort, liegen, an dem der mythischen Sage nach die Jagdgöttin Diana (Artemis) geraubt wurde. Der Jüngling *Aktaion* sah die Göttin nackt beim Bade, was die errötende Dame (*„Ich mußte hier sein, weil ich nicht hier sein durfte!"*, laut Pierre Klossowski, Das Bad der Diana, Verlag Brinkmann & Bose, Berlin, sehr lesenswert) in Rage versetzte:

*Nunc tibi me posito visam*
*velamine narres*
*Si poteris narrare, licet.*

(„Erzähle jetzt, du habest mich gesehen, nachdem ich meine Hülle habe fallen lassen – Wenn du es kannst, steht es dir frei!" –
Ovid; Metamorphosen III.)

Folgt man der bekanntesten der ein Dutzend Versionen, hat die Göttin den ungebetenen und doch herbeigesehnten Voyeur kurzerhand in einen Hirschen verwandelt. Dies stempelt ihn zu einem der ersten *cornuti* der Macho-Geschichte Süditaliens... Das (sprichwörtlich) dem Ehegatten zugedachte „Hörneraufsetzen" war ursprünglich auf das Hirschgeweih gemünzt, wie der Mythenforscher *Robert Ranke-Graves* überzeugend nachwies. Erst später formten sich daraus die unverzichtbaren Attribute des Stiers, die wir noch heute so gern assoziieren. Diana/Artemis war, was die Liebe betrifft, ein freizügiges, durchaus auch blutrünstig orientiertes Gottwesen, der erst von den puritanischeren Römern das Stigma der Keuschheit verpaßt wurde. Dem unglücklichen Aktaion verpaßten die Römer das Image eines hundsgemeinen Vergewaltigers. Dies ließ Artemis/Diana zeitweilig zur unheimlichen Gegenspielerin der Aphrodite und Beschützerin der holden Jungfrauen werden.

Noch heute sollen Mädchen, die Probleme mit der Liebe oder dem Liebhaber haben, zur Presidiana pilgern, die an einer Stelle gleichen Namens auch auf dem Weg nach Gibilmanna zu finden ist. Nach festgelegten Ritualen bitten sie um Beistand und Abhilfe des Problems.

Auf dem Vorgebirgsgipfel stehen die Ruinen der Befestigungsanlage aus byzantinischer Zeit. Hierher flohen die Bewohner Cefalùs vor den völkerwandernden Vandalen. Man hat einen schönen Ausblick auf die **Caldura-**

◀ *Cefalù . . .*

**Bucht** (auch Kalura oder Calura) mit den Hotelanlagen, dem Jachthafen, das Meer und auf Cefalù.

■ **Besichtigung:** Ein angenehmer Ort ist der stille Winkel des **Lavatoio arabo**, der arabischen Waschstelle aus dem 8. Jh. Es ist eines der wenigen erhaltenen, intakten Zeugnisse islamischer Kultur auf Sizilien. Zwar betonen die Stadtväter mit dem Hinweis auf die *Bagni di Cicerone*, die Bäder des Cicero, daß auch Roms Legionäre sich und ihre Rüstungen ab und an säuberten. Doch ist diese Konstruktion eindeutig arabischen Ursprungs.

■ **Museo Comunale Mandralisca,** via Mandralisca, 9 – 12.30, 15.30 – 18 Uhr; sommertags bis 19 Uhr. Strenges Fotografierverbot; in Privatbesitz.

Sammlung des Barons *Enrico Piraino di Mandralisca*, der Mitte des vorigen Jahrhunderts infolge seiner Sammelleidenschaft ein erstaunliches Sammelsurium an Kunstwerken zusammentrug: In erster Linie ist das **Ritratto d'ignoto** zu nennen, das „Bildnis eines Unbekannten" aus der Hand *Antonello da Messinas*. Der liberale Adlige erwarb es von einem Apotheker auf Lipari, wo es jahrhundertelang in der Ecke verstaubt war. Das Bild entstand in der Hoch-Renaissance. Kunstgeschichtlich ist es von Bedeutung, weil sich der Maler erstmals von den vorgegebenen ikonographischen Strukturen seiner Auftraggeber löste und dem Portrait weniger verklärte als klare menschliche Züge verlieh. Über dies ironische „Lächeln des unbekannten Matrosen" hat der nahe Cefalù wohnende *Vincenco Consolo*

einen Roman verfaßt. Thematisch wird einerseits der Geschichte des Bildes nachgespürt, es entsteht aber auch ein Zeitportrait Siziliens vor und während Garibaldis „Zug der Tausend". Etwas fassungslos steht man vor dieser Kostbarkeit, die in der gewaltigen, aus Angst vor Diebstahl angebrachten Arretierung (von der Decke bis zum Boden) fast verschwindet. Sehenswert sind zudem die Bibliothek sowie der *Cratere tonno*, eine ebenfalls von Lipari stammende Darstellung des Thunfischverkaufs aus dem 4. Jh. v.Chr. Eher banal sind die übrigen Gemälde und die umfangreiche Muschelsammlung.

## Unterkunft

Neben Taormina, Siracusa und Agrigento ist Cefalù der wichtigste Ferienort Siziliens. Die knapp 14 000 Einwohner der Küstenstadt unterhalten 23 Hotels mit 1300 Betten, allein 9 der Kategorie °°°. Es dürfte also nicht schwer fallen, ein Zimmer zu finden. Ein Touristendorf gibt es auch, allerdings 1,5 km vom Strand entfernt. Und den *Club Mediterranée*. Bisher wurde er vorwiegend von englischen Touristen goutiert, deren Reisebüros Cefalù zu ihrem Standquartier erklärt haben. Aus ungeklärten Gründen ging der Komplex vor kurzem in Flammen auf.

■ **Infos:** Bei der Azienda Autonoma di Soggiorno e Turismo, 90015 Cefalù, Corso Ruggero 77, Tel. 0921/210 50. Dort auch Stadtplan und Broschüren.

Zu empfehlende Hotels sind:

■ **Baia del Capitano**°°°, Ortsteil Mazzaforno, 5 km von Cefalù, Tel.

0921/20 003/5. 34 Zimmer, DZ 70 000 Lire. Den Gästen der architektonisch ansprechenden Anlage stehen der hauseigene Swimmingpool, die Sonnenterrasse, Tennisanlage, Bocciabahnen, Sauna, TV und Piano-Bar zur Verfügung. Die Betten im Rustikaldesign sind „marsrot" lackiert...

■ **Terminus**°°, via Gramsci 2, Tel. 0921/210 34. 14 Zimmer, DZ 36 000 Lire. Mit Restaurant/Bar und Vollpension. Direkt gegenüber dem Bahnhof.

■ **Al Pescatore**°°, Cefalù-Caldura, Tel. 215 72. 14 Zimmer mit Dusche, DZ 30 000 Lire; mit Bar/Restaurant, hauseigene Garage.

■ **Riva del Sole**°, Lungomare 25, Tel. 212 30. Nicht das gleichnamige, aber teurere Hotel°°. Nur fünf Zimmer, ausschließlich DZ (30 000 Lire). Tip für Wasserratten und Nachtschwärmer, die kurze Wege mögen.

■ **Bel Soggiorno**°°, Ortsteil Gibilmanna, Tel. 0921/218 36. DZ ca. 32 000 Lire. 36 Zimmer, DZ ab 26 000 Lire. Im Grünen, mit Parkplatz, Restaurant und Bar. Auf halbem Wege nach Gibilmanna, mit herrlichem Blick in die umliegende Landschaft.

■ **Cangelosi**, via Umberto I. 26, Tel. 215 91; Locanda. Neben Camping die billigste Übernachtungsmöglichkeit in Cefalù. EZ 10, DZ 16 000 Lire − Gemeinschaftsdusche!

■ **Fattoria Pianetti**, Turismo Verde, siehe „Equitourismo".

■ **Plaia degli Uccelli**°°, Cefalù-Caldura, an der SS 113, Tel. 999 068, im Winter Tel. 091/526 236. Mai bis Sept.; direkt am Strand. Schwimm-

und Segelschule, auch Surfen kann gelernt werden. Bungalowvermietung. Außerdem: **Camping Magara'** (Tel. 24 138).

In Cefalù-Ogliastrello liegen der **Camping Costa Ponente** (Tel. 0921/200 85) und der **Camping San Filippo** (Tel. 0921/201 84).

Für Familien stehen günstige Appartements etwas außerhalb der Stadt zur Verfügung, was nicht von Nachteil ist.

■ **Spinosa**, Ortsteil Mazzaforno, Tel. 0921/200 02. Vermietung von 14 möblierten Zimmern.

## Restaurants/Dienste

Neben acht Diskotheken, die teils in den Hotelkomplexen eingerichtet sind, findet der Besucher 6 Autoverleihfirmen, zahlreiche Reisebüros mit günstigsten Angeboten (z.B. Tagesausflüge zum Ätna und nach Taormina) und einen Fahrrad- und Mofaverleih (**La Lumia** im Ortsteil Santa Lucia, Tel. 225 36).

Die Qual der Wahl beginnt bei der Suche nach einer guten und preisgünstigen Trattoria. Über 30 Etablissements öffnen mittags und abends ihre Pforten. Als Folge des Massentourismus sind Qualität und Leistung nicht selten unbefriedigend. Laut ist es überall. Ein empfehlenswertes Spitzenlokal gibt es nicht. In den Seitenstraßen der Altstadt lohnt allemal ein Blick auf die aushängende Speisenkarte (nicht zu sehr auf die stets reich gedeckten Buffets mit leckeren Antipasti und Salaten vertrauen). Ich bevorzuge eher die Lokale landeinwärts. In Cefalù:

■ **Trappitù,** via Bordonaro 98, Tel. 230 12. Mit Terrasse.

■ **Kentia,** via N.Botta 15, Tel. 238 01.

■ **Osterio Magno,** via G. Amendola, Tel. 23 679. Im Palast Rogers.

■ **Al Gambero,** via Vitt. Emamunele 77, Tel. 222 94. Fischspezialitäten.

■ **Trattoria del Faro,** via Candeloro 21. Fisch mit Musik.

■ **Spezialtip:** Die **Pasticceria Serio** (Bahnhof von Cefalù) bietet eine inselweit bekannte, unerreichte Qualität.

# Die Madonie

**Anreise:** Von Cefalù aus ideal mit dem PKW (Landstraße nicht immer befestigt). Ansonsten fahren Busse ins Hinterland. Eine Rundtour in das ursprüngliche Gebiet der Madonie könnte über **Lascari** (hat wenig zu bieten) nach Gratteri, Gibilmanna, Isnello, Castelbuono und retour nach Cefalù erfolgen – in schöner Landschaft! Das Leben in den Dörfern vermittelt einen Einblick in das noch existierende „wirkliche" Sizilien.

■ **Gratteri:** Das 657 m hoch gelegene Dörfchen inmitten üppiger Wälder und unterhalb der hochaufragenden Felswand des *Pizzo Dípilo* (1384 m), birgt einen mittelalterlichen Dorfkern mit zahllosen Kirchen, verwinkelten Gassen und Häusern, die noch aus der arabischen Zeit stammen (nahe den Ruinen des Kastells). Wer ein wenig Zeit mitbringt, kann zur **Grotta Grattara** hinaufwandern – ein schöner Waldspaziergang zu einer Tropfsteinhöhle, in der ein Bach entspringt. Oder ein Besuch im letzten Augustinerkloster auf sizilianischem Boden, der **Abbazia San Giorgio** (12. Jh.).

Gratteri ist typisch für Siziliens Dörfer mit stark agrarischer Struktur. Nicht nur die Zeit scheint hier stehengeblieben, alles geht in einem erheblich langsameren Tempo vonstatten als an der Küste. Gut die Hälfte der Bevölkerung hat Gratteri verlassen, um Arbeit in Norditalien, der Schweiz oder der Bundesrepublik zu finden. Das Dorfbild prägen die Alten, Frauen und Kleinkinder. Die wenigen Jugendlichen drücken sich in der einzigen Bar an der Piazza Garibaldi herum, träumen von einer Fußballkarriere à lá Maradona und erwarten sehnsüchtig den kommenden Sonntagnachmittag, an dem die Fußballergebnisse der italienischen Liga eintreffen – neuer Diskussionsstoff für 7 Tage. Was dem Kurzbesucher „romantisch" erscheint, ist für diese Menschen langweilige Realität, die sie schnellstmöglich verlassen möchten. Ab und an schneit mal ein Schausteller herein und bereichert die Fernseh- und Fußballwelt mit einem altertümlichen Kettenkarussell.

Auf dem Weg zum **Santuario di Gibilmanna** (2,5 km) liegt ein Steinbruch, der täglich weiter ausgehöhlt wird. Dies ist wichtig für Autofahrer, die von Cefalù aus die direkte Auffahrt nach Gibilmanna wählen. Die Strecke (ca. 15 km lang) hat es in sich: Sie führt in engen Serpentinen von Meeresniveau auf fast 1000 m. Einmal im Jahr ist sie Schauplatz eines bekannten Motorradrennens. Das Rasen ist unbedingt zu vermeiden, da die Laster des Steinbruchs mit schwergewichtiger Ladung entgegenkommen können. Zwischenstopps lohnen für den Ausblick auf den *Promontorio*, das Vorgebirge von Cefalù.

Der Santuario (1 081 m) ist eines der Hauptzentren der Marienverehrung auf Sizilien. Seit der byzantinischen Epoche war der Ort, dessen Name (arab. *„gebel"* = Berg, *„manna"* bezeichnet den hier gedeihenden „Mannabaum") auf die fruchtbaren, quasi biblisch-paradiesischen Zustände hinweist, ein religiöses Heiligtum (damals der Benediktiner). Am 8. September jeden Jahres pilgern vor allem Frauen aus allen Provinzen der Insel hierher, um in der von Kapuzinermönchen gepflegten Klosterkirche um reichen Kindersegen zu beten. Hauptreliquie der Kirche ist die „Madonna mit Kind". Wie in allen bedeutenden Kirchen Siziliens stammt sie aus der Bildhauerwerkstatt der *Gagini*.

■ **Isnello:** Das 2000 Seelen-Dorf erreicht man vom Abzweig nahe der Fattoria Pianetti über den **Piano delle Fate**. Die „Schicksalsebene" ist wegen ihres Faunareichtums berühmt. Die heilsame Wirkung zerstampfter *Canthariden*-Insekten als Aphrodisiakum ist seit alters her bekannt. Sie sind vorwiegend auf Sizilien, besonders in dieser Gegend zu finden.

■ **Übernachtungstip:** Wer weiter gen Süden ins Zentrum der Madonie will, fährt hinauf zum Naturpark **Piano Zucchi** (mit Damhirschen, Wildschweinen) und steuert das **Rifugio Orestano**

an (in 1100 m Höhe, an der Landstraße nach Polizzi Generosa, Tel. 0921/621 59; Juni bis Sept., April/Mai und Okt. nur an Wochenenden). Die Brüder *Mogavero* betreiben diese Herberge des sizilianischen Alpenvereins *CAS*. 130 Betten (auch EZ) stehen zur Verfügung. Günstige Übernachtungspreise, einfache, aber erstklassige ländliche Speisekarte zu vernünftigen Preisen (Menue ca. 20 000 Lire, dazu wird lokaler Wein der Umgebung kredenzt). Das Rifugio an den nordwestlichen Hängen des Pizzo Carbonara eignet sich vorzüglich als Basis für Tagestouren durch die Alte Madonie, Besuche im Naturpark und in **Collesano**.

■ **Castelbuono:** Höhepunkt des Ausflugs. Auf der Landstraße in den 10 km entfernten Ort sagen sich „Fuchs und Hase gute Nacht". Im antiken *Ypsidro* fanden die im 13. Jh. aus Ligurien eingewanderten Eroberer des Ventimiglia-Clans ihre Sommerfrische. Sie regierten über Jahrhunderte vom nahe Termini gelegenen **Ventimiglia di Sicilia** bis hierher und hinauf zu den Bergfesten **San Mauro Castelverde** und **Geraci Siculo**. Castelbuono ist reich an Kunstwerken und Sakralbauten. Überragend ist die Burganlage des **Castello dei Ventimiglia** mit der **Capella palatina**. Heute ist die Feste im Besitz der Stadt, es gibt ein kleines Museum. Sehenswert ist die **Matrice Vecchia** auf der anderen Stadtseite, an der Piazza Santa Margherita mit dem charakteristischen Brunnen: eine Kirche, die vormals als Moschee diente. Auf dem Weg zum Kastell liegt die **Porta gotica**. Im Ort wird Sizilianisch gesprochen, das man bis auf die schnell heraushörbare Lautverschiebung von „o" nach „u" nicht versteht, wenn der Gesprächspartner dies nicht will. Keine Angst also bei der Bestellung in der Pasticceria: Die Spezialität heißt *A testa 'u Turcu...*

■ **Manna:** Castelbuono ist neben **Pòllina** der letzte Ort Siziliens, in dem noch Manna gewonnen wird. In der außerordentlich fruchtbaren Umgebung wachsen die *Frassini*, eine Eschenart. Deren Rinde wird eingeritzt. Der so gewonnene Saft wird zum biblischen Manna verarbeitet. Käufer sind weniger diätbewußte Gourmets als solche Menschen, die die Obstipation plagt.

■ **Feste:** Im August findet alljährlich die *L'Arruccata dei Ventimiglia* statt, ein festlicher Kostümumzug mit Rüstungsgeklapper und Fahnenschwingen, während dem Episoden der Ortsgeschichte nachgespielt werden. Das eher ländliche Mannafest *„Ntaccalora e lu triunfu di la manna"* wird hingegen im September in traditioneller Volkstracht gefeiert.

■ **Pòllina:** auf dem Rückweg nach Cefalù. Neben dem Mannafest (hier zur Erntezeit im Juli) bietet der Ort eine arabische Brunnenanlage (*fontana araba*) an der contrada Cuba sowie der erst kürzlich fertiggestellten, den alten Griechen nachempfundenen Amphitheateranlage am **Belvedere Pietrarossa**. Hier finden im Hochsommer klassische Konzerte unter freiem Himmel statt. Die Küste erreicht man in Finale Pòllina an der **Punta di Raísigerbi**, auf der

die Hotelburg des *Valtur*°°° thront. Vorbei an derVia Calura-Bucht ist man rasch in Cefalù.

■ **Busverbindungen:** nach Gibilmanna mehrmals täglich von Cefalù. Nach Gratteri Buslinie *La Spisa* ab Cefalù und Palermo (Piazza Magione). Nach Isnello: Buslinien *A.S.T* und *S.A.I.S.* von Cefalù. Castelbuono: Buslinie *S.A.I.S.*. Alte Madonie: Buslinie *S.A.I.S* von Palermo und Cefalù.

## Übernachten

■ **Fattoria Pianetti**, Gibilmanna-Gratteri, contrada Pianetti, Tel. 0921/218 90. 11 Zimmer. Halbpension 25 000 Lire.

■ **Ariston°**, Castelbuono, via Vittimaro 20, Tel. 0921/713 21. 8 Betten. DZ 25 000 Lire. Mit Bar/Restaurant, Garage.

■ **Rifugio „Crispi"**, oberhalb Castelbuono auf dem Piano Sempria, Tel. 0921/722 79. 40 Betten; nicht immer geöffnet. Informationen über das Rifugio Orestano und das Rifugio Marini. Ausgangspunkt für Wanderungen in den Madonie. Das Biwaklager „Morici" auf dem Piano Catagiddebbe bietet 14 Menschen Platz.

■ **Villa del Parco**, Isnello-Piano Zucchi, Tel. 0921/620 80. 9 Zimmer mit Dusche. DZ 50 000 Lire. Mit Bar/Restaurant. Im Grünen.

Weitere Hotels befinden sich in Castelbuono, bei Isnello ,in Pòllina sowie diverse kleine Privatpensionen in Gratteri, Lascari und Pòllina-Finale, wo auch ein Campingplatz existiert (Raísigerbi).

## Restaurants

■ **Sapienzia,** Gratteri, Tel. 0921/
292 18. Trattoria/Ristorante.

■ **Mogavero,** am Santuario di Gibilmanna, Tel. 0921/21 200. Martino
Mogavero führt ein Ristorante mit Bar-
betrieb und öffnet auch außerhalb der
Hauptsaison, dann nur nach Vorbestellung (mind. 4 Personen).

■ **U Trappitù,** Castelbuono, via Sant'
Anna, Tel. 0921/717 64. Gemütliches
Interieur.

■ **U Nangalarruni,** Castelbuono, vicolo Alberghi.
Pizzeria/Ristorante.

■ **Mastrandrea,** Pòllina, Tel. 262 86.

# Alte Madonie

■ **Anfahrt:** Der projektierte National-
park wird vom zweithöchsten Berg Siziliens, dem **Pizzo Carbonara** (1979 m)
überragt. Eine ganze Reihe Neunzehn-
hunderter stehen um ihn herum, der
Pizzo Antenna (auch: della Principes-
sa, 1977 m), der Monte Ferro (1906 m)
oder der Monte S.Salvatore (1912 m).
Das bestens erschlossene Naherholungsgebiet der Palermitaner erreicht man
entweder über Cefalù – Isnello – Polizzi Generosa oder auf der SS 286 via
Castelbuono. Von Enna oder Palermo
aus nimmt man die Autobahnausfahrt
**Tre Monzelli** an der **A 19.** Busse der
**S.A.I.S.** fahren von Palermo, Enna
und Cefalù.

■ **Pizzo Carbonara:** das am häufig-
sten gewählte Ausflugsziel. Dennoch
machen sich, abgesehen vom Wochen-

ende, nur vereinzelt Wanderer an den
Aufstieg. Wer an einem Sonntag klettert, wird auf Wandergruppen des CAS
oder WWF treffen, die regelmäßig Exkursionen hierher veranstalten.

Die Berghänge sind fast das ganze
Jahr über kahl. Im Frühling aber
taucht der Ginster weite Teile in ein
stechendes Gelb. Rund um den **Monte
Quacella** und der **Faggeta Madonie,**
die sich zwischen dem Monte Mufara
und den Abhängen des Carbonara erstreckt, wurden gesonderte Natur-
schutzzonen eingerichtet. Hier gedeihen
Steineichengruppen, Macchia bedeckt
das Terrain. Die Areale sind trotz dieser
Maßnahme ökologisch gefährdet. Und
das nicht nur wegen der vielen Sommerfrisch-
ler wegen, die rund um den Piano ihre
Wochenend- und Ferienhäuschen errichtet haben.

Der Königsadler kreist noch am
Himmel, Dohlen krächzen, Marder
nagen und die grünen Heuschrecken
verbreiten sich zum Mißfallen der Forst-
verwaltung endemisch. Das alles allerdings nur noch rund um den Quacella.

Der Aufstieg zum Carbonara ist vom
**Rifugio Marini** aus kein Problem. Zum
Mittagessen ist man problemlos zurück.
Dann tischt Wanda, eine Deutsche, die
es schon in den sechziger Jahren mit
ihrem sizilianischen Ehemann hierher
verschlagen hat, auf. Manchmal ist sie
etwas mürrisch, aber, mit etwas Hilfe-
stellung, gelingt eine Unterhaltung in
Deutsch. Recht angenehme Wanderungen oder ein Mehrtages-Trekking
bieten sich um den **Lago Cervi** an.

■ **Bergdörfer: Polizzi Generosa** und

**Petralía Sottana** (Petralía auf der dritten Silbe betonen!) liegen 18 bzw. 25 km entfernt. Die Straße nach Polizzi ist rücksichtslos an den Berg geklatscht worden, was bis heute Landschaftsschützer auf den Plan ruft. Die Fahrt selbst ist dennoch einzigartig. Nach zahllosen Kurven in den canyonartigen Schluchten der Alte Madonie taucht die mächtige Felswand von **Polizzi** auf, auf deren Sims der Ort liegt.

Ein Spaziergang durch die Gassen zwischen der Piazza A.Borgese, der via Roma und der via Garibaldi führt vorbei an Kirchen, Palästen und Häusern mit hübsch dekorierten Innenhöfen und von Rosenranken umgebenen Hauseingängen. Polizzi, überragt vom Normannenkastell, ist bei palermitanischen Ausflüglern beliebt. Auf den Berghöfen ringsum kann man gut einkaufen und auch Übernachten.

■ **Grotta del Vecchiuzzu,** kurz vor Petralía. Die Höhle wurde erst in diesem Jahrhundert wiederentdeckt. Archäologen fanden Keramikreste und sakrale Gegenstände aus vorgeschichtlicher Zeit, die darauf hindeuten, daß hier einst ein Priestersitz war, an dem Druiden oder Magiere Riten praktizierten.

■ **Petralía Sottana, Soprana:** Das untere der beiden Dörfer enttäuscht auf den ersten Blick, zu viele Bausünden wurden in den letzten Jahrzehnten vollbracht. Der Dorfkern indes birgt zahlreiche Sehenswürdigkeiten, z.B. den Dom und die Badia mit Werken aus der Gagini-Werkstatt, so daß ein Kurzbesuch lohnt. Zu den Bausünden gehört auch die neue Umgehungsstraße nach **Petral-**

ía **Soprana** (1150 m), eines der schönsten Dörfer Siziliens. Dessen Ursprünge gehen in griechische oder gar vorgriechische Zeit zurück, als sich die Urbewohner der Insel, die Sikuler, vor den Kolonisatoren aus Hellas im Gebirge versteckten. Zu sehen sind heute noch die Reste des römischen Aquäduktes, die Trümmer des Normannenkastells, die **Porta Seri,** Teile der antiken Stadtmauer. Der arabische Einfluß in Petralía wird an den schiefen, aus Mosaiksteinen zusammengesetzten Türmen der Kirche Santa Maria di Loreto sichtbar. Rund um die *Piazza del Popolo* mit dem Kriegerdenkmal finden sich zahlreiche Hinweise auf die monarchistischen Träume eines Teils der Bevölkerung. Der Fernblick von der **Terrazza del Belvedere** ist allein den Ausflug wert.

■ **Tip:** In den Kellergewölben der Trattoria und Bar **Aspromonte** einkehren!

■ **Geraci Siculo:** Bergnest, gut für einen Zwischenstopp auf dem Rückweg. Das normannische und spätere Ventimiglia-Kastell, den Park oder das **Madonienmuseum** besichtigen. Alle sieben Jahre (erstmals wieder am dritten Julisonntag 1991) findet ein besonderes Fest statt: die *Cravaccata di Vistiamari,* ein Fest der Schafhirten. Wer in der Nähe ist, sollte das Spektakel nicht versäumen. Auch zu empfehlen ist allerdings die Fortsetzung der Bergtour entlang der SS 120 über Gangi, Nicosia, Troina und Césaro nach Bronte – eine landschaftlich reizvolle Fahrt im Landesinneren (siehe Kap. „Enna").

## Übernachten

■ **Pomieri**°°, Piano Pomieri in unmittelbarer Nachbarschaft zum Piano Battaglia, Tel. 0921/499 98. 35 Betten.

■ **Ventimiglia**°°, Geraci Siculo.

■ **Ostello della Gioventù**, an der Landstraße Isnello-Polizzi, Tel. 0921/499 95. Jugendherberge mit 80 Betten.

■ **Rifugio Marini**, Piano Battaglia (1680 m), Tel. 0921/499 94. 75 Betten. Juni bis Sept. durchgehend geöffnet, April/Mai und Ende Sept./Okt. nur an Wochenenden. Mittags und abends Küche.

■ **Rifugio Orestano**, siehe oben.

■ **Bivacco del Carbonara**, in 1860 m Höhe. Schlüssel zur Biwakhütte im Rifugio Marini vorher abholen. Ein Tip für absolute Einsamkeit suchende Individualisten.

■ **Rifugio Monte Cervi**, unterhalb des gleichnamigen Berges in 1600 m Höhe. 14 Betten. Infos im Rifugio Marini einholen.

Daneben existieren sehr preiswerte Übernachtungsmöglichkeiten in Petralía Sottana und vor allem Polizzi Generosa (Agriturismo und *Affitacamere* in Privathäusern).

■ **Tip:** Agriturismo in der **Villa Chiaretta**, Polizzi Generosa, Ortsteil Quacella, Tel. 0921/217 52. Neben normalbequemen Übernachtungsmöglichkeiten und Außer-Haus-Verkauf von Spezialitäten kann man hier in den Sommermonaten auch preiswert im Schlafsack nächtigen (in den alten Stallungen)!

## Restaurants

■ **Carmisano**, Geraci Siculo, Piazza San Antonio Abate.

■ **Petra Leium**, Petralía Sottana, Tel. 0921/419 47.

■ **Cerasella**, Petralía Soprana.

■ **Ficile**, Polizzi G., via Garibaldi, Tel. 0921/490 38.

■ **Da Baffone**, Polizzi G., via Icria, Tel. 0921/494 14.

■ **Tip:** Süßmäuler müssen in den Pasticcerien von Polizzi nach dem *Sfogliu Pulizzanu* Ausschau zu halten. Eine Empfehlung ist **„Lima"** in der via Garibaldi und an der Piazza Umberto I. Der Höhenlage entsprechend gibt es diesmal garantiert Nussiges.

## Equitourismo

Die Madonie sind für Freunde des Pferdesports bestens gerüstet. Zahlreiche Pferdezüchter haben ihre Anwesen auf den neuen Boom eingestellt und bieten Reitstunden, Halbtages- und Tagestouren an. Eine Rundtour kostet ca. 50 000 Lire pro Tag. Zumeist sind die Reithöfe auch mit dem Signum **Agriturismo** ausgestattet, der italienischen Version der „Ferien auf dem Bauernhof". Diese erfreuen sich bei den Sizilianern zunehmender Beliebtheit. Ein Beispiel für den Erholungsurlaub abseits der Haupttouristenrouten inmitten der Natur:

■ **Fattoria Pianetti**, Gibilmanna-Gratteri, contrada Pianetti, Tel. 0921/218 90. Ganzjährig geöffnet. Wegweiser ab dem Santuario di Gibilmanna (ca. 350 m). Bus von Cefalú bis Gibilmanna.

*Signora Angela Lanza* läßt auf ihrem schön gelegenen Landgut – zwischen hochaufragenden Felsen und den Turmspitzen des Madonnenheiligtums inmitten von Eichenwäldern – Hengst und Stuten tagsüber friedlich beieinander auf der gleichen Weide grasen, ohne daß es je zu Gewalttätigkeiten zwischen den Tieren gekommen wäre. Dazwischen springt zudem alljährlich ein neues Füllen, das den Bestand der Herde vergrößern soll. Neben fachkundigem Reitunterricht und Tagestouren nach Gratteri, Isnello oder nach Castelbuono, stets abseits der Asphaltpisten, bietet die Fattoria auch einen Service in Verbindung mit anderen Reitställen an, die ein dreitägiges *Horse-Trekking* durch die Madonie ermöglichen.

Wer Ruhe und Erholung nicht nur auf dem Rücken der Pferde sucht, kann in dieser Abgeschiedenheit auch einige Tage in kleinen, hübsch umgebauten Appartements wohnen, die, in dieser Höhe (1000 m) nicht selbstverständlich, alle mit fließend warmen Wasser ausgestattet sind. Der Preis pro Nacht (im Frühjahr und Herbst Pullover nicht vergessen!) liegt im Bereich von 25 000 Lire incl. Halbpension (auch Naturkost). Von Juni bis Ende Sept. gilt ein Spezialangebot von 50 000 Lire pro Tag, alles inclusive: Übernachtung mit Vollpension und Reitexkursionen. Außerhalb dieser Zeit schlagen Reitstunden mit 15 000 Lire zu Buche.

■ **Tip:** Man sollte nicht zum Wochenende anreisen, denn dann kommen oft Mengen Sizilianer, und es wird sehr eng

im Gestüt.

Weitere Höfe finden sich in **Collesano** (Club Ippico, Tel. 0921/617 25), **Castelbuono** (Centro Equitazione Fauni, Tel. 0921/714 92, Tenuta di Frassalerno, Tel. 0921/712 35), **Gangi** (Centro Ippico, Tel. 0921/448 04), sowie **Cefalù**. Die dortige **Vallegrande Ranch** bietet an:

■ **Per Pferd von Cefalù nach Taormina!** Die achttägige Tour führt über die heute verlassene, fast asphaltfreie mittelalterliche Bergstraße durch die Madonie, die Monti Nebrodi und die Monti Peloritani. Etappenziele sind Gangi, Nicosia, Regalbuto, Troina, Villa Miraglia, Floresta, Francavilla und schließlich Taormina.

Der **Lago di Pozillo** und der **Lago d'Ancipa** werden besucht. Die 1988 eingeführte Tour hat etwas von der ursprünglichen „Cowboy-Mentalität" eingebüßt (es wird nicht mehr unter freiem Himmel, sondern in ausgesuchten Alberghi genächtigt; das geliebte Lagerfeuer entfällt zum Schutze der Natur). Die Strecke bietet dennoch zahlreiche Höhepunkte, die auch weniger geübte Reiter bewältigen können. Wer nicht die ganze Strecke mitreiten möchte, kann sich an den einzelnen Etappenorten für eine Tagestour anschließen.

■ **Tip:** Auch Nicht-Reitern besonders zu empfehlen ist das Etappenziel **Villa Miraglia**. Man fährt auf der **SS 289** von **San Fratello** an der Tyrrhenischen Küste in Richtung **Cesaró** und biegt in Höhe des **Femmina Morta**-Passes zum Albergo **Villa Miraglia°°°** (980 33 Cesaró-Portella Miraglia, Tel. 095/ 696 585, zehn Zimmmer, mit Kaminfeuer) ab. Es ist in einem ehemaligen Jagdhaus untergebracht, ein Eldorado für natursuchende Individualisten! (siehe „Monti Nebrodi").

Wer die Übernachtungskosten (DZ 33 900 Lire) scheut, sollte die ausgezeichnete, auch preiswerte Küche testen, die vorwiegend auf lokalen, hausgemachten Qualitätsprodukten aufbaut. Ein Spaziergang oder eine Tageswanderung sind in jedem Fall zu empfehlen, beispielsweise zum **Lago Biviere**, in dem sich der Ätna spiegelt.

**Infos:** Bei *Massimo Belli d'Isca* auf der **Vallegrande Ranch** (Cefalù, Ortsteil Plaja Cefalù, via Botta 10, Tel. 0921/217 52. Palermo: Tel.091/ 307 307).

Grundbedingungen: Man muß schon galoppieren und bis zu acht Stunden im Sattel sitzen können. Wetterfeste Kleidung ist Voraussetzung. Maximale Teilnehmerzahl: 10 Personen.

*Taormina von der Straße nach Palermo aus gesehen.*

# Die tyrrenische Küste und die Monti Nebrodi

Die Monti Nebrodi gehören zu den am dünnsten besiedeltsten Gebieten Siziliens. Hauptursache ist die seit der Römerzeit existierende *via Valeria*, die heutige SS 113. Sie geht den unzugänglichen Bergwäldern der Bergkette aus dem Wege. Zweitens brachte die jahrhundertelange Aufteilung der Nebrodi in zahlreiche kleine Baronate eine äußerste Abkapselung mit sich. Die Menschen wurden von den Entwicklungen an der Küste abgeschnitten. Holzwirtschaft und Köhlerei, Landwirtschaft und Viehzucht bestimmten das Alltagsleben. Bis heute sind die Nebrodi eine Zone der Ruhe.

■ **Castel di Tusa:** Hier sollte man die Küstenstraße verlassen und landeinwärts in Richtung **Tusa** fahren. Die Ausgrabungen auf dem Areal der griechisch-römischen Stadtanlage von *Halaesa* sind nicht abgeschlossen. Sehenswertes gibt es bisher nicht. Interessierte können den Archäologen werktags 9–14 Uhr über die Schulter schauen.

■ **Mistretta:** Lohnender Ausflug ins 900 m hoch gelegene Dorf. Guter Ausgangspunkt für Rundfahrten in den Nebrodi, etwa nach **Castèl di Lúcio**. Der schöne alte Friedhof ist einen Besuch wert.

■ **Wandern:** Wer besonders gut zu Fuß ist, kann von Mistretta aus zum Monte Castelli hinauf (1560 m, ca. 2 Std.) oder gar bis vor die Tore Messinas wandern. Führt der Weg anfangs nur über alte Maultierpfade, so wird die Strecke auf der letzten Hälfte „sohlenfreundlicher" (Infos vor Ort oder beim C.A.S. einholen). Zu empfehlen ist eine solche Tour allemal. Trotz des Kahlschlags existieren noch riesige Waldbestände (Eichen!), auch der Faunareichtum ist außergewöhnlich. Bis vor einer Generation kreisten gar noch Gänsegeier über den Wipfeln und Gipfeln. Dann begingen die Behörden einen großen Fehler: Sie ließen vergiftete Köder auslegen, um der letzten *Wölfe* habhaft zu werden. Davon naschten die Großvögel, auch der letzte *Grifone* verschied.

■ **San Stefano di Camastra:** Küstenort, von Mistretta über die SS 117. Die Bevölkerung setzt vor allem auf Keramikarbeiten. Geschirr und Vasen sollen die Touristen zum Kauf animieren.

■ **Marina di Caronìa:** kleiner Badeort. Schöner ist das nur 4,5 km entfernte **Caronìa**. Durch den *Bosco di Caronìa*, einst das größte zusammenhängende Waldgebiet, kann nach **Capizzi** und zum **Lago d'Ancipa** fahren.

■ **San Fratello:** Über Aquedolce und Sant'Agata di Militello, 14 km auf der SS 289 in Richtung Cesarò. Mittelalterlicher Ort, den man unbedingt zur Osterzeit aufsuchen sollte. Gründonnerstag und Karfreitag findet dort die *Festa dei Giudei* statt, während dem manch katholisches Gebot von den als „Juden" durch das Dorf ziehenden Bewohnern außer Kraft gesetzt wird.

Es lohnt ein Ausflug zum **Femmina Morta-Paß** mit einer Wanderung zum höchsten Berg der Nebrodi, dem **Monte Soro** (1847 m). Außerdem hat es den Bergsee **Biviere di Cesarò**, in dem sich der Ätna spiegelt (siehe auch Kap. „Madonie"). Eine Zone, die noch abseits aller großen Ausflugslinien liegt.

■ **Sant'Agata di Militello:** Fischerstädtchen. Hier kann man sich über Kultur und Bräuche in den Monti Nebrodi informieren! Das **Museo Etnoantropologico dei Nebrodi** ist im Palazzo Gentile untergebracht (werktags 9–14 Uhr). Das in drei Abteilungen gegliederte Museum bietet Schaus zur Geschichte der Frauen und zu religiösen und mythologischen Themen, die gerade in den Nebrodi große Überlebenschancen hatten.

Auf der Fahrt ins Bergdorf **Alcara li Fusi** durchquert man die schönste der zum Tyrrenischen Meer hin abfallenden gigantischen Bergrinnen, das **Rosmarino-Tal**.

■ **San Marco d'Alùnzio:** ein Schmuckstück oberhalb Torrenova. Hier wurde auf den Ruinen eines alten Herkulestempels eine Landkirche in einmaliger Lage errichtet. Überhaupt sind rund um San Marco die Panoramen sehenswert. Mit **Naso** und vor allem **Tortorici** nur 14 km von der Paßstraße SS 116 entfernt, sind weitere pittoreske Orte, die vor allem ihrer österlichen Traditionen und folkloristischen Bräuche wegen Promotion erfahren.

■ **Capo d'Orlando:** Ab dem knapp 100 m hohen Vorgebirge beginnen einige sehr gute Badestrände. Die Lage des hervorspringenden Landzipfels hat viele Sizilianer zum Haus-Bauen animiert. An der Casa Piccoli (mit Park) beginnt auch die SS 116, die in Sizilines höchstgelegenes Dorf, nach **Floresta** (1275 m) führt. Von dort aus sind Ausflüge und Wanderungen in die **Serra di Baratta**, zur **Punta d'Inferno** oder zum **Monte Polverello** möglich. Allerdings: Das sind keine Spaziergänge. Belohnung: Der Ätna in seiner majestätischen Pracht.

■ **Gioiosa Marea, Patti:** im Sommer hochfrequentierte Sandstrände. Dazwischen das imposante **Capo Calavá**. Empfehlenswert ist es, nach **Olivieri**, **Falcone** oder **Fùrnari** auszuweichen, wo es auch einen Dreistern-Campingplatz gibt. Während des Autobahnbaus nahe Patti wurde jüngst eine Römervilla ausgegraben. Sie liegt 1 km außerhalb in Richtung **Marina di Patti** und ist vor- wie nachmittags zu besichtigen.

■ **Santuario della Madonna di Tindari:** der eigentliche Höhepunkt dieses Küstenabschnitts. Die im byzantinischen Stil „ikonisierte" schwarze Madonna von Tindari ist Ziel von Pilgern aus ganz Sizilien und Süditalien, speziell am 8.September. Bis zum Ende der siebziger Jahre hat man an einem neuen Heiligtum gebaut, das nahe beim alten liegt. Die Madonna thront hinter dem Hauptaltar. Vorwiegend kommen Kranke hierher. Früher traditionell war die Wallfahrt der Schwefel- und Bimssteinarbeiter von Lipari. Sie baten um Linderung ihrer Schmerzen in der Staublunge.

Die **Scavi di Tindari** sind von 8.30 Uhr bis 2 Stunden vor Sonnenuntergang zu besichtigen (Eintritt). Gute Aussicht von der Piazza. Direkt am Eingang steht ein byzantinsicher Wachtturm. Schon bei der Auffahrt sind Reste der griechischen Stadtmauer erkennbar. Es folgt ein recht gut erhaltenes Amphitheater. Die wenigen „Straßen" sind im Schachbrettmuster angelegt. Ein Teil Tindaris ist übrigens in der Antike ins Meer gestürzt, so daß doch alles recht winzig aussieht. Das Museum, in dem die Geschichte Tindaris ausgestellt ist, birgt einen steinernen Augustus-Kopf. Die wichtigsten Exponate sind nach Palermo ausgelagert. Es folgen die antiken Thermen, eine Basilika, die vordem ein römisches Gymnasium war, sowie die Agorà und Reste der byzantinischen Stadtmauer.

Montalbano Elicona und Novara di Sicilia, die beiden westlichen Zentren der Nebrodi: Während Montalbano vor allem durch seine Lage und das prächtige Aragonesen-Kastells mit der von Fresken geschmückten Kapelle beeindruckt, ist Novara aufgrund der alten Basilianerabtei (außerhalb) sowie der Kirchen S. Maria zu erwähnen.

■ **Castroreale Terme:** Castroreale selbst ist ein hübsches Städtchen mit einem Dutzend kleinerer Paläste und mittelalterlichen Gassen, wie es sich für einen sauberen Kurort eben gehört. Von der *Piazza delle Aquile* hat man einen guten Blick aufs Meer, die *via Trieste* ist die schönste Straße der Stadt.

■ **Milazzo:** 30 000 Einw.; **der** Fährhafen zu den Äolischen Inseln. Leider verschwinden die Besucher nur allzu rasch

vom nahegelegenen Bahnhof in die Boote. Dabei hätte die Stadt, deren Ursprünge auf die Griechen zurückgehen, einiges zu bieten. Das historisch zu einer dreiteiligen Anlage gewachsene Ensemble besitzt nicht nur einen neuen, sondern zudem noch den alten Dom, der auch viel interessanter ist. Hinzu kommt das mächtige **Fort** Friedrich des II. Am schönsten ist jedoch die Fahrt hinaus über die grüne Halbinsel zum **Capo di Milazzo**. Man dreht sich im Kreis und hat immer noch ein neues Panorama vor sich.

Wer nicht soweit laufen will oder kann, sollte wenigstens die wenigen Schritte die via Umberto hinauf in Richtung Dom unternehmen. Der Spaziergang lohnt, es ist dort wesentlich angenehmer als an der dreckigen Hafenmole.

## Essen und Trinken

An der Küste unzählige Restaurants, Take Aways, etc. mit dem üblichen Angebot. In den Nebrodi gute Einkaufsmöglichkeiten von Käse, Salami, Schinken, Nüssen etc. Immer rustikal und stets billiger ißt man in den Trattorien der Bergdörfer oder entlang der Bergstraßen. Tip: **Villa Miraglia** an der SS 289.

## Übernachten

■ **Camping lo Scoglio**°°, Tusa, Costa Marina, Tel. 0921/343 45. Mai bis Sept. geöffnet. Etwas außerhalb, am Strand.

■ **Al Kawarib**, Castèl di Tusa, via Battisti 8, Tel. 342 95. 44 Zimmer mit Dusche/Bad. EZ ab 22 000, DZ ab 33 000 Lire. Mit Bar/Restaurant, Fahrstuhl und Heizung/Klimaanlage.

■ **La Plaia Blanca°**, S. Stefano di Camastra, via Fiumara Marina, Tel. 0921/312 48. 11 Zimmer mit Dusche, DZ 31 200 Lire. Parkplatz, Swimming Pool, im Grünen. Mit Bar/Ristorante.

■ **U'Cucinu°**, S. Stefano d.C., via Nuova 75, Tel. 0921/311 06. Locanda mit 8 Zimmern; EZ ab 8 000 Lire, DZ 14–19 000 Lire.

■ **Miramare°**, Santa Agata di Militello, via Cosenz 3, Tel. 0941/701 773. Locanda mit 8 Zimmern. DZ 12 200 Lire. Außerdem: das **Parimar°°** an der via Medici 1, mit Hausgarage, Restaurant etc. Kosten: 46 800 Lire das DZ.

■ **Piave°**, Capo d'Orlando, via Piave 125, Tel. 0941/901 562. 18 Zimmer, DZ ca. 30 000 Lire.

■ **Puglia°**, Gioiosa Marea, via Umberto I. 247, Tel. 0941/301 177. 34 Zimmer mit Dusche, DZ ab 20 800 Lire. Günstigster Albergo vor Ort. Mit Bar/Restaurant, Vollpensionsmöglichkeit.

■ **Camping Cicero°°**, Gioiosa M., Ortsteil San Giorgio- Cicero, Tel. 0941/392 95. 15.5. bis 30.9. geöffnet. Am Meer, normale Ausstattung.

■ **Camping Simenzaru°°**, Patti, Ortsteil Galice, Tel. 0941/371 56. Ganzjährig geöffnet. Bungalowvermietung (DZ 24 000 Lire).

■ **La Ruota°**, Olivieri, Ortsteil San Leo, Contrada Marinello, Tel. 0941/333 56. Locanda, 5 Zimmer, drei sogar mit Dusche. DZ ab 16 200 Lire. Auch Verpflegung.

■ **Soleado°°**, Falcone-Marina, via del

Marinaio, Tel. 0941/340 23. 22 Zimmer mit Dusche, DZ ab 34 000 Lire. Im Grünen, Bar und Restaurant. Billiger: **Locanda Marabà** mit vier Zimmern (Tel. 342 96) DZ 23 400 Lire. Parkplatz, im Grünen, mit Disko!

■ **La Tavernetta°**, Barcellona-Pozzo di Gotto, via Roma 49, Tel. 090/970 13 75. 10 Zimmer mit Dusche/Bad, Bar/Restaurant, DZ ab 29 000 Lire. Billigste Unterkunft vor Ort.

■ **Elicona°**, Montalbano Elicona, via Principe Umberto 38, Tel. 0941/679 278. 10 Zimmer, DZ 13–18 800 Lire. Außerdem im Ort: eine Locanda in der via Nazionale.

■ **Ostello della Gioventú „delle Aquile"**, Castroreale, via Federico II, Tel. 090/905 247. Ganzjährig geöffnet. Bett 6 000 Lire.

■ **Mignon Riviera°°**, Milazzo, an der Spiaggia Ponente, via Tono 68, Tel. 090/928 31 50. 10 Zimmer mit Dusche. DZ ab 36 000 Lire. Parkplatz.

■ **Camping Sayonara°°**, Milazzo, Ortsteil Gronda, Tel. 090/928 36 47. Ganzjährig betrieben. Außerdem ein weiterer Campingplatz am Capo di Milazzo (**Paradiso**).

■ **California°**, Milazzo, via del Sole 9, Tel. 090/928 13 89. 9 Zimmer. DZ 26 500 Lire.

■ **Cigno°**, Milazzo, Piazza Mazzini 9. Tel. 928 19 82. Locanda mit 6 Zimmern. Übernachtung EZ 10 000 Lire, DZ 18 000 Lire.

■ **Jack's°**, Milazzo, via Magistri, Tel. 928 33 00. EZ 10 000, DZ ab 20 000 Lire. 12 Zimmer, Garage, Bar.

■ **Mio Albergo°**, Villafranca Tirrena,

via Gioventú Italiana 16, Tel. 090/962 272. DZ zwischen 20 000 und 28 000 Lire.

■ **Camping Salicá°°**, Terme Vigliatore, Contrada Salicá, via Marchesana, Tel. 974 04 99, wintertags Tel. 979 58 34. 1.4.–15.10. 30 000 qm große Anlage. 50 Meter (über die Straße) zum Meer. Mit Ristorante/Pizzeria. 1 km außerhalb.

*Außerdem in den Bergen:*
Günstige Übernachtungsmöglichkeiten entlang der Staatsstraßen ins Landesinnere. In Mistretta das **Sicilia°** (mit Bar/Rist.), in San Fratello das **Monte Soro°** (mit Garage, Bar/Rest.). An der SS 289 ist die **Villa Miraglia** (siehe Kap. „Equiturismo") zu empfehlen. In Cesarò das **Nebrodi°°** am Corso Margherita (DZ 20 800 Lire). In Floresta an der SS 116 das **Santacroce°** (auch Bar/Rest.).

# Äolische/ Liparische Inseln

## Vulcano

Die nur 20 km vom Festland entfernte, aus vier Vulkanen bestehende Insel ist ein faszinierender Ort. Dampfend, gurgelnd und zischend strömt schon bei der Ankunft Gas blasenförmig vom Meeresboden, das Wasser trübt sich milchiggrün. Ein manchmal beißender Schwefelgeruch liegt in der Luft, die Fumarolen speien noch immer bis zu 600 Grad Celsius heiße Schwefeldämpfe aus, sie kristallisieren zum Entzücken der Besucher auf dem Boden. Vulcano war seit je eine besondere „Insel". Sprachwissenschaftler mutmaßen gar, das Wort „Vulkan" sei von ihr abgeleitet. Die Griechen nannten das Eiland *Hierà*, vorher auch schon *Thermessa*, aber stets bedeutete der Name auch: heiliger Ort. Hier sollen die Zyklopen ihre Schwerter geschmiedet haben, ein weiterer Hinweis für die Richtigkeit der These Robert von Ranke-Graves, demzufolge sich schon in früher Zeit die Zunft der Schmiede nahe ihrem Feuergott *Hephaistos* angesiedelt hat. Vulcano ist neben Stromboli die zweite noch tätige italienische Vulkaninsel, obschon dies all diejenigen nicht glauben, die seit kurzem eifrigst auf Vulcano investieren. Aber: Der letzte Ausbruch datiert in die Jahre 1888–90, und das ist gerade 100 Jahre her. Damals flogen vorzugsweise die *Bombe a crosta di pane* durch die Luft. Heute werden sie von den zum **Gran Cratere della Fossa** pilgernden Besuchern bestaunt – er ist in nicht einmal einer Stunde zu erreichen.

Gerade die 1990 anstehende „Hundertjahrfeier" macht nicht nur Geologen mißtrauisch. Sie glauben zu wissen, daß sich der Untergrund „alle hundert Jahre" zurückmeldet.. Unstrittig ist das Vorhandensein zweier gewaltiger Magmablasen: Eine schwappt unter dem Hauptkrater, die andere blubbert bedrohlicher unterseeisch zwischen der Landzunge des **Vulcanello** und Lipari. Da aber die Vulkankette entlang des Grabens zwischen Ätna und Vesuv Verbindungen haben kann, was die Vulkanologen nicht ausschließen, besteht Hoffnung, daß die rauchenden Krater von Stromboli und Ätna den Druck mildern. Der ist zweifelsohne auch an dieser exponierten Stelle vorhanden. Man hat sich an die Fumarolen-Tätigkeit gewöhnt, niemand ist wegen eines Schwefelausflusses beunruhigt. Ein gewisser Kitzel bleibt, man sieht es manchem Besucher an den angespannten Gesichtszügen an. Die Touristen baden in den als „Thermen" genutzten heißen Quellen nahe dem Hafen oder bevölkern die Gegend rund um die dinosaurierhaften Lavafelsen im **Valle dei mostri**, dem Tal der Ungeheuer.

Die drei Krater des **Vulcanello** – er ist nicht einmal 2200 Jahre alt – sind erst seit 450 Jahren über eine schmale Landbrücke mit dem Inselrest verbunden. Der Vulkan hat sich 183 v.Chr.

aus dem Meer erhoben, wie Jahrtausende zuvor die anderen Inseln auch.

Wer etwas Zeit hat, sollte bis zu den Bauernhäusern in **Piano** und weiter bis zum Leuchtturm am **Capo Gelso** wandern. Erstaunlich, daß in dieser unwirtlichen Gegend sogar Eichen wachsen. Auf dem Weg liegt eine Versuchsstation zur Gewinnung geothermischer Energie. In dieser Technologie ist Italien, das sich von der Nutzung der Kernenergie per Volksentscheid verabschiedet hat, weltweit führend. Zu aller Überraschung tauchen auch noch Sonnenkollektoren auf, über die Vulcano mit Strom versorgt wird. Der Blick ist spektakulär.

■ **Alaun:** Vulcano war früher berühmt für den Abbau von Alaun, das zur Textilverarbeitung, Färbung und in der Medizin benötigt wurde. Außerdem wurden Bor und andere seltene Mineralien abgebaut. Die päpstliche Vergabe des Alaun-Monopols an die Medici-Familie in Florenz als Sicherheit für geleistete Vorauszahlungen an den Vatikan hatte so große ökonomische Auswirkungen, daß in Konkurrenz zu den Augsburger Fuggern, die auf Quecksilber setzten, der erste Großkonzern Europas entstand. Das Schürfen in den Höhlen und Grotten dauerte bis zum letzten Ausbruch vor 100 Jahren an. Dann pustete der Vulkan alles hinfort. Natürlich kann man auf Vulcano auch baden, es hat herrliche kleine Badebuchten und die *spiaggia lunga*. Wer mit dem Boot um die Vulkaninsel fährt, kann die Grotta del Cavallo besichtigen.

## Lipari

Die Hauptinsel der „sieben Schwestern", wie die äolischen Inseln auch genannt werden, erreicht man entweder über die Mole an der **Marina Corta** mit der hübschen Chiesa del Purgatorio (dort Anleger der Aliscafi) oder über die Mole unterhalb des Klosters (sotto Monastero), wo die Autofähren nach Milazzo, Messina und sommertags nach Napoli anlegen. Die *salita Meligunis*, die man gleich nach der Ankunft hinaufkraxelt, weist auf das uralte Lipari.

Schon weit vor den um 1000 v.Chr. gelandeten legendären *Ausoniern* um den Königssohn *Liparo*, war Lipari Haupthandelszentrum im westlichen Mittelmeer. Vor 5500 Jahren begann der Boom mit dem schwarzspiegelnden Obsidian, der dank der Vulkantätigkeit reichlich gefunden wurde und selbst in England begehrt war. Erst mit der zunehmenden Bedeutung der Erzgewinnung verloren die Inseln die Bedeutung, die sie zwei Jahrtausende innehatten. Lange konnten sich die Urbewohner mit dem Handel von Roherz bis in die Ägäis, wo man es gegen Keramiken tauschte, versorgen. Funde in Delphi und Kreta bezeugen die außergewöhnliche Stellung der Liparesen.

Die 37.6 qkm große Insel war stets ein begehrtes Stück Erde. Die endlose Geschichte der Eroberungen und Zerstörungen belegt dies. Zwar waren die Böden rund um die mehr als ein Dutzend Stratovulkane Vorzeit äußerst karg, auch die Fischerei nahm nie Flottenumfang an. Nicht einmal der

Trinkwassermangel konnte die Eroberer abhalten, zu bedeutend war die strategische Lage.

So mußten die Liparesen das ein oder andere Jahrhundert auf dem Festland zubringen. Die Lebensbedingungen nach Kriegskatastrophen, Verschleppung und Versklavung großer Teile der Bevölkerung wurden zu hart. Doch rafften sich stets einige auf, um die Insel neu zu besiedeln. Heute komplettieren die Touristen die lange Liste der Invasoren. Sie reisen zwar in friedlicher Absicht an, doch ächzt das beschauliche Lipari in der Hauptsaison unter dem Andrang, und muß seinen Charme verbergen.

Nicht nur der immense Süßwasserbedarf, auch die zu bewältigenden Müllmengen bereiten den Liparesen mehr und mehr Kopfzerbrechen. Andererseits besitzt Lipari kaum eine andere Einnahmequelle als den Tourismus. Die riesigen Schwefel- und Bimssteinbrüche von **Porticello** wirbeln (auch politischen) Staub auf und gefährden die Gesundheit. Zwar ruinieren sich Hausfrauen rund um den Erdball nach wie vor die Hände, wenn sie mit diesem oder jenem „wirbelwindigen" Putzmittel dem Dreck auf dem Leib rücken, doch zur Ernährung der Inselbevölkerung reicht das nicht.

Auch der Abbau seltenerer Mineralien, die allesamt aus dem hunderttausend Jahre alten Auswurf der Vulkane stammen und heute schon aus Umweltschutzgründen industrielle Verwendung finden, bietet nur wenigen Lebensgrundlage.

■ **In der Stadt:** Die Sehenswürdigkeiten liegen rund um den Komplex des einst normannischen, später wieder auf- und umgebauten **Castello**. Außer dem Flanieren durch die hübschen, geschmückten Gassen sollte mna den Besuch der Inselinstitution nicht versäumen: **Museo Archeologico Eoliano** (Castello di Lipari, werktags 9 – 14 Uhr, So und feiertags 9 – 13 Uhr, Eintritt frei) ist ein Muß auch für nicht an der Inselgeschichte Interessierte. Es ist in fünf verschiedene, auch räumlich getrennte Abteilungen *(Padiglioni)* gegliedert. Abteilung I im Castello umfaßt die auf Lipari gemachten Funde von der Steinzeit bis ca. 500 v. Chr. (Säle 1 – 11). Abteilung II (gegenüber dem bischöflichen Palais, Säle 12 – 15) zeigt Funde von den Nachbarinseln. Abteilung III präsentiert die Exponate der Ausgrabungen der römischen und griechischen Nekropolen sowie die Funde von der Contrada Diana (Säle 18 – 25) Abteilung IV beschäftigt sich mit der Ur- und Frühgeschichte am Capo Milazzese (Säle 16 – 17). Unterseeische Funde wurden in der Abteilung V für Meeresarchäologie (Saal 26) untergebracht. Großer Publikumsandrang herrscht auch in der neueingerichteten geologisch-vulkanologische Abteilung. Außerdem gibt es den kleinen **Parco archeologico del Castello** sowie den zwischen Piazza IV Novembre und via Marconi liegenden **Parco Archeologico Diana**, in dem noch immer Ausgrabungen stattfinden.

Nirgendwo sonst im westlichen Mittelmeerraum hat man auf einem Fleck eine so perfekte Chronologie der letzten Jahrtausende versammelt wie in diesem Areal rund um die antike Akropolis, angefangen an der Kathedrale und an der via del Castello. Entlang der antiken, teils von den Spaniern zum Schutz vor Piraten errichteten meterhohen Mauerwerke fügt sich so manches Detail zu einem Antikenpuzzle zusammen.

Viele Besucher fahren mit einer Vespa zu einer Inselumrundung los. Dies ist auch per Inselbus oder per Rad möglich. Zu Fuß lohnt ein Spaziergang rund um den **Monte Guardia**. Vom nahen **Canneto** (schmaler Sand- und Bimssteinstrand) könnte ein Ausflug via **Lami** hinauf zu den **Rocche Rosse** auf dem Programm stehen. Die Obsidiankonglomerate entstanden nach einem der letzten Vulkanausbrüche auf Lipari (im 7. Jh. n.Chr.). Zu der Zeit entstand auch der **Monte Pelato**. Beide Ziele verheißen spektakuläre Touren. Im Krater des Pelato (auch: Pilato) befinden sich Reste jener Dorfsiedlung, die aus Schutz vor Überfällen dort angesiedelt wurde.

Die 57 Grad Celsius heißen Thermen von **San Calogero**, nahe dem landwirtschaftlich genutzten Gebiet von **Piano Conte**, mit der berühmten Schwitzhöhle (im Komplex der Kurbäder, wird gerade renoviert) gelten als älteste der Welt. Es wurden Spuren von Keramikverarbeitung gefunden, die auf 3500 v.Chr. zurückdatieren. Von **Quattropani** hat es einen tollen Blick nach Salina hinüber. Etwas weniger eindrucksvoll ist **Aquacalda**. Der Fernblick

schlechthin vom Belvedere bei **Quattrocchi** auf **Vulcano** und das sizilianische Festland.

Nahe Canneto befindet sich mit der **Forgia Vecchia** ein weiterer gigantischer Obsidianausstoß aus dem 8 bis 10 Jh. Die Insel war seinerzeit unbewohnt. Wer eine Bootsfahrt plant, sollte eine Tour rund um die **Punta Crepazza** und dann entlang der Westküste wählen. Dort ragen aus dem Meer Felsnadeln und Gesteinstürme.

## Salina

Die zweitgrößte der „Inseln im Winde" besitzt mit dem 962 m aufragenden **Monte Fossa delle Felci** die höchste Erhebung des gesamten Archipels. Da Salina – der Name kommt von einer alten Salzgewinnungsanlage am Meer – sehr fruchtbar ist, leben noch viele Menschen auf der Insel. Die charakteristische Inselsilhouette mit dem Bergsattel zwischen dem Fossa und dem **Monte dei Porri** ist schon von Lipari aus zu erkennen. Auch Salina ist ein Konglomerat aus Vulkanen. Diese geben aber schon seit einigen tausend Jahren Ruhe. Eine Thermalquelle und die unter Wasser herumwirbelnde Schwefelwasserstoff-Emission der **Sconcassi** bei Rinella (Arenella) sind letzte Zeugnisse aus dieser Zeit.

Auf Salina wird Wein angebaut (im Valdichiesa-Tal), der zum berühmten *Malvasia* gekeltert wird. Salina ist ein idealer Ausgangspunkt für den Besuch der umliegenden Inseln. Neben guter Infrastruktur und kleinen Stränden gibt es in den Fischrestaurants stets frische Meeresfrüchte, kleinere Ausflüge lohnen auch auf der Insel. Herausragend ist sicherlich die Wanderung zum Gipfel des Monte Fossa mit einem phantastischen Rundblick auf den Archipel. Unterhalb des Gipfels liegt die **Grotta dei Saraceni.** Dort sollen die Salinesen ihre Frauen und Kinder vor den Piraten vesteckt haben. Der Santuario der Madonna del Terzito im Valdichiesa-Tal, die oben erwähnten Salinenfelder an der **Punta Lingua**, sowie die hochaufragenden Klippen an der Westküste, die man am besten per Boot erkunden sollte, sind Anziehungspunkte für Besucher. Der steil zum Meer abfallende Weg zum winzigen schwarzen Lavastrand von **Pollara** (via Malfa) ist auf dem Rückweg anstrengend, lohnt aber die Mühe.

## Panarea

Die kleinste äolische Insel (3,4 qkm). Zu ihr gehören der nur zur Kapernernte bewohnte Bau **Bassiluzzo**, die Felsnadeln und Klippen von **Dattilo, Le Formice, Lisca bainca, Lisca nera**, die **Panarelli** sowie der **Bottaro-Felsen**. In dessen Nähe steigt vom Meeresgrund eine Fumarole auf. Das Blubbern aufsteigenden Blasen nennen die Einheimischen *la Caldaia*. Die Fumarole galt lange als Beweis für das Zusammengehören aller hier aus dem Meer ragenden Inselbröckchen. Sie sollten die Ränder eines erloschenen unterseeischen Vulkans bilden. Neuerdings hat man sich von dieser Hypothese verabschiedet und favorisiert die Existenz verschiedener Vulkane.

Von der Schiffsanlegestelle **San Pietro** kann man kleine Spaziergänge zu den benachbarten Ortschaften **Drauto** und **Dritella** unternehmen. Zum **Capo Milazzese** und der **Cala di Junco** sind es kaum 60 Minuten. Zu Fuß, versteht sich, denn Autos gibt es nicht für Touristen. Die Punta del Corvo (421 m) ist die höchste Inselerhebung. Ein Spaziergang zur im Norden gelegenen Calcara-Senke, in der die einzige Fumarole von Panarea tätig ist, viel mehr ist hier nicht zu unternehmen..

Bootsausflüge kann man zum 103 m aufragenden Dattilo und nach Basiluzzo planen. Dort liegen auch gute Tauchgründe. Auf dem Klotz sind Spuren von Siedlungsresten aus der Römerzeit (Mosaiken und Reste einer alten Hafenanlage, jetzt unter der Meeresoberfläche).

## Stromboli

Der 924 m aus dem Meer ragende Stromboli-Vulkan ist der Höhepunkt einer Reise auf die Liparischen Inseln. Der Aufstieg an die Krater der **Serre Vancori** (ca. 3,5 Std.) ist, gutes Schuhwerk vorausgesetzt, mit und ohne ortskundige Begleitung machbar. Achtung: Vorsicht walten lassen! Wie auch am Ätna gilt: Der Vulkan „tötet" jährlich, jedoch nur Touristen. Infos über die jeweils aktuelle Lage erteilt das Büro des **Pro Loco** in Ficogrande. Achtung bei übermütigen nächtlichen Ausflügen an den Kraterrand. Sie ist nicht ungefährlich!

Der letzte größere Ausbruch fand 1930 statt und soll fünf Menschenleben gekostet haben. Diese starben aber nicht durch glühende Lavabrocken, sondern durch die sich anschließende Flutwelle! Der Augenzeugenbericht des alten Priesters beschreibt die Situation eindringlich: Seine Gemeindemitglieder rannten, nur mit Stühlen und Koffern gewappnet, zum Hafen. Das göttliche Strafgericht wurde aber rasch vergessen.

Koffer haben auf Stromboli eine besondere Bedetung. *Ingrid Bergmann* gastierte hier Anfang der Fünfziger Jahre als Hauptdarstellerin im Film *la Terra trema*, in dem übrigens zahlreiche Dokumentaraufnahmen von der Insel und vom Thunfischfang Verwendung fanden. In der Schlußsequenz verlor sie ihren Koffer. Seither suchen enthusiastische Verehrer, vor allem aus Deutschland, nach dem Utensil. Der Tourismus war geboren.

Nach dem Ausbruch 1930 wollte Mussolini die Insel räumen lassen. Die Lebensumstände unter dem Vulkan empfand er als Zumutung für Italien... Trotz Armut und Hunger setzten sich die Insulaner erfolgreich zur Wehr – sie sind bis heute nicht gut auf staatliche Autoritäten zu sprechen. Immerhin soll geschmuggelt werden, was das Zeug hält.

Nach dem Zweiten Weltkrieg war es vorbei mit dem Warten auf ein besseres Leben! Der große Exodus nach Amerika und Australien setzte ein. Die verlassenen Häuser stehen bis heute teils verfallen rund um den Vulkan, der unumschränkt regiert.

Seit mindestens 2000 Jahren rumpelt

er rhythmisch Rauch ausstoßend vor sich hin. Irritation löst indes eine Ruhephase aus. Aber die Bewohner sind gelassen, schließlich ist Stromboli seit 5000 Jahren besiedelt. Da entwickelt sich viel Erfahrung und Gespür für den „Nachbarn".

Nach der Ankunft in **San Vincenzo** stehen die Anreisenden vor der Hotelwahl (Tip: Private Zimmer suchen!) und vor der Frage, ob Meer oder Gipfelkrater. Ich empfehle erst einmal den schwarzen Lavastrand vor **Ficogrande**.

Von der noch um die Jahrhundertwende großen Fangflotte der Stromboliani, die quer durch das westliche Mittelmeer fischte und Handel trieb, ist heute nicht mehr viel übrig geblieben. Allenfalls Bootsausflüge zur **Sciara del Foco**, der Feuerstraße an den nordwestlichen Abhängen, erinnern noch an dieses Metier. Auch die damals ertragreichen Weinberge liegen brach. Die Arbeit lohnt nur noch für den häuslichen Bedarf, der Tourismus garantiert bessere Einnahmen.

Neben den Tagestouristen, die manchmal nicht einmal ganz hinauf wollen und sich mit einem Blick auf die Feuerstraße von der **Punta Labronzo** begnügen, kommen mehr und mehr Langzeiturlauber nach Stromboli, die ungestörte Erholung suchen.

Besonders **Ginostra** ist gefragt. Man muß den südlichen Inselteil umrunden, um dorthin zu gelangen. Per pedes ist das machbar, manchmal gibt es allerdings nasse Füße. Vom Weg über den Berg wird von Seiten der Inselbewohner abgeraten.

Der Aufstieg zum Stromboli beginnt am Ortsausgang von Stromboli-Piscita. Dann geht es in steilen Serpentinen hinauf. Das ist anstrengend, man braucht schon einen halben „Arbeitstag". Auf dem Gipfel des Stromboli wurde eine hypermoderne Telekommunikationsanlage installiert. Die soll das transzendierendes Treiben im alten Kraterrund unmöglich machen. Denn dieser wurde bis dato gern zu esoterischen Gruppensitzungen aufgesucht.

Kurzbesucher können alternativ einen Ausflug zum knapp 50 Meter aus dem Meer ragenden **Strombolicchio** unternehmen. Über die 200 Stufen klettert man gemütlich zum Leuchtturm hinauf und hat einen schönen Blick auf Stromboli und das tatsächlich noch tiefblaue Meer.

## Filicudi und Alicudi

Die beiden westlichen Inseln sind mit 9,5 qkm und 5,2 qkm eher klein. Aufgrund der starken Emigration in diesem Jahrhundert leben hier nur noch wenige Menschen, die es sich zur Aufgabe gemacht haben, die charakteristische Landschaft und Architektur der Liparischen Inseln wenigstens auf diesen beiden Eilanden zu pflegen. Bisher mit Erfolg, allerdings wurden in jüngster Zeit kleinere Bausünden begangen.

**Filicudi** geht vermutlich auf eine phönizische Namensgebung zurück. Die höchste Erhebung, **Fossa delle Felci**, ist gleichzeitig das interessanteste Ausflugsziel. Ob man nun in **Pecorini a Mare** oder in **Filicudi Porto** anlandet, stets führt der Weg direkt nach **Val di**

**Chiesa**. Die Hauptsiedlung liegt inmitten prächtiger Macchia. Man sollte die Asphaltstraße meiden und auf den alten Maultierpfaden spazieren. Mit den Ausgrabungen aus der Bronzezeit am **Capo Graziano** besitzt Filicudi auch eine kulturelle Sehenswürdigkeit, doch eher zieht das ländliche Ambiente der verlassenen Häuser in den Bann. Auch ein Ausflug zur Kuppe der **Montagnola** (383 m) mit den kürzlich entdeckten Überresten der ältesten Siedlung auf Filicudi könnte Interesse wecken. Ein Higlight besonderer Güte und eine tolle **Badestelle**: die Bootspartie zur Seehundsgrotte, der **Grotta del Blu Marino**. Dort wird besonders das intensive Wechselspiel des schillernden Lichts gerühmt. Der von Wind und Welle erodierte Lavafelsen des **Scoglio della Canna** steht mit seinem 70 Metern einsam im Meer. Beide Inseln sollen als eine Art Refugium für gefährdete amerikanische Gangster gedient haben...

Von **Alicudi Porto** sind kurze Spaziergänge zum Timpone della Montagnola und auf den Filo dell' Arpa (662 m) möglich. Von der San Bartolo-Kapelle hat man einen tollen Ausblick und kann weiter zur *Tonna* wandern, einer kleinen Ansiedlung im Südwesten der Insel. Wer nicht zum Tauchen oder anderem Wassersport hierher fährt, sollte sich ein gutes, möglichst dickes Buch mitnehmen.

## Übernachten/Lipari

Ein Tip vorweg: Am günstigsten sind die Privatquartiere. Deren Preise schwanken je nach Saison zwischen

10 000 und 16 000 Lire für das EZ, sowie 20 000 bis 26 000 Lire für das DZ. In Lipari-Stadt bieten 14, in Lipari-Canneto 3 Vermieter diese Möglichkeit an. In Lipari-Aquacalda vermietet **Mondello** an der via Rocche (Tel. 090/982 10 03).

■ **Villa Meligunis**°°°, via Marte, Tel. 981 24 26. 40 Zimmer mit Dusche. Nur DZ (ab 70 000 Lire). Aller Komfort! Eines der schönsten Hotels Siziliens. Das Gebäude aus dem 17. Jh. liegt im Fischerviertel nahe der Marina Corta und besitzt eine palmengeschmückte Toreinfahrt. Alle Zimmer haben Klimaanlage, TV, Telefon und Kühlschrankbar. Auf der Terrasse darf man sich und dem Pianisten einen Drink genehmigen. Auch das abendliche Buffett im Restaurant ist gut.

■ **Augustus**°°, via Ausonia 16, Tel. 090/981 12 32. 28 Zimmer mit Dusche; EZ ab 18 500 Lire, DZ 33−55 000 Lire. Der Hoteltip schlechthin! Für alle, die sich in angenehmer Atmosphäre zurückziehen möchten, im Qualitäts-/Preisverhältnis günstig. Bar, Innenhof, Nachtportier, Zimmerservice.

■ **La Filadelfia**°°, via F.Mancuso 2, Tel. 981 27 95, auch Tel. 981 24 85 (Dependance). 22 resp. 25 Zimmer mit Dusche. EZ ab 20 000 Lire (nur in der „Zweigstelle"), DZ 30−50 000 Lire. Mit Parkfläche, Bar, Roomservice, Baby-sitting; kein Pensionszwang. Sandfarbener Hotelneubau mit konventioneller Möbelausstattung.

■ **Europeo**°, Lipari, via Vitt. Emanuele 104, Tel. 090/981 15 89. 22 Zimmer. EZ ab 17 900 Lire, DZ ab 29 300 Lire. Zentrale Lage, nur Bar, kein Pensionszwang.

■ **Neri**°, Lipari, via Guiglielmo Marconi 43, Tel. 090/981 14 13. Nur DZ 35 700 Lire. Angenehmes altes Haus, nicht nur für Flitterwöchner.

■ **Salina**°, Lipari, via Garibaldi 18, Tel. 090/981 23 32. Locanda, EZ 10 400 Lire, DZ ab 19 800 Lire. In Hafennähe. Nur 1.3.−31.10.!

■ **Odissea**°°, Lipari−Canneto, via Sauro 12, Tel. 981 23 37. 12 Zimmer mit Dusche. Nur DZ (ab 36 000 Lire). Mit Bar/Ristorante. 1.4. bis 31.10.!

■ **Camping „Baia Unci"**°°, Lipari-Canneto, Tel. 090/981 19 09. 15.3 bis 15.10.; etwas erhöhte Übernachtungstarife (im Schlafsack 7500 Lire), dafür aber mit Bar, Markt, Self Service, Ristorante, sowie der Verleih von Zelten, Surfbrettern, Kanus, Mofas.

■ **Ostello della Gioventù**, Lipari, Zona Castello, Tel. 090/981 15 40. Ganzjährig geöffnet. Bett 6000 Lire.

## Infos/Lipari

■ **A.A.S.T.**, Lipari, Corso Vittorio Emanuele 253. Touristenbüro für alle Äolischen Inseln.

■ **SI.RE.MAR.**, via Amendola (sotto Monastero), Tel. 981 13 12 (Fähren). Ticketreservierung 981 21 93. Aliscafi: Marina Corta, Tel. 981 22 00.

■ **Lem Travel**, sotto Monastero 26, Tel. 981 25 38.

■ **S.N.A.V.**, Marina Corta, Tel. 981 11 22. Reservierungen 090/77 75.

■ **Apotheken:** In der via Vittorio Emanuele 28 und 95, in der via Garibaldi und in Canneto (via Risorgimento).

◄ *Den Stromboli hinauf und hinunter dauert mindestens einen halben Tag. Der Friedhof auf Stromboli.*

■ **Erste Hilfe:** Unita Sanitaria Locale (U.S.L.) in der via S.Anna, Tel. 981 15 55.

■ **Auto-,Vespa-,Mofa-,Fahrradverleih:** Bei Urso (via Capuccini, Tel. 981 12 66), der Firma Basile (via Crispi, Tel. 981 17 81) und Roberto Foti (via Professore E.Carnevale, Tel. 981 25 87, Räder).

■ **Banken:** in der via Amendola, der via Vitt. Emanuele, der via Garibaldi und in Caneto.

### Essen/Lipari

Natürlich bei **Filppino** (Tel. 981 10 02) an der Piazza Municipio. Die Brüder Bernardi tischen fürstlich auf. Vom Insalata bis zum Halbgefrorenen fällt ein durchbestelltes Menue mit 35 000 Lire noch preiswert aus. Gute Weine! Außerdem: Die Ristoranti **Pulera** (Tel. 981 11 58), **Il Pirata** (Tel. 981 17 96), **La Ginestra** (Tel. 982 22 85). Für den kleinen Hunger empfiehlt sich das Ristorante/Bar **U zu Bob** (Tel. 981 22 80) sowie die Rosticceria **Al Pescatore** (Tel. 981 15 37). Tip: In die Seitenstraßen der via Vitt. Emanuele schauen und in einer der winzigen Trattorien essen.

### Übernachten/Vulcano

Der Tanz auf dem Vulkan hat zu reger Bautätigkeit geführt. Besser nach Lipari ausweichen! Neben den 10 Mittelklassehotels bieten ein halbes Dutzend Private Zimmer an. Günstig sind:

■ **Casa Sipione**°, Vulcano-Porto Levante, Tel. 090/985 20 34. Nur Juni bis Sept. 9 Zimmer mit Dusche. EZ 15 600, DZ ab 29 200 Lire.

■ **Agostino**°, Porto Levante, Tel. 985 23 42. 8 Zimmer, nur DZ (ab 30 000 Lire).

■ **Schmidt,** Porto Ponente, Tel. 985 23 36. 8 Zimmer, DZ für ca. 24 000 Lire.

■ **Camping „Sicilia"**°, Vulcano, via Provinciale, Juni bis September .

■ **Orsa Maggiore**°°, Porto Ponente, Tel. 985 20 54. 21 Zimmer mit Dusche/Bad, EZ 21 900 Lire, DZ ab 40 000 Lire. Liegt schön. Man wird vom Schiff abgeholt. Mit Restaurant und VP.

### Übernachten/Salina

Möglichkeiten bestehen in Santa Marina di Salina, Leni/Arenella und Malfa. Zwei günstige Pensionen befinden sich in S.M. di Salina in der via Crispi. Auch in Leni und Lingua bestehen drei Alternativen zu herkömmlichen Alberghi. Von diesen sind günstig:

■ **La Marinara**°, S. Marina Salina, via Alfieri, Tel. 090/984 30 22. 14 Zimmer, EZ ab 16 700, DZ 29 200 Lire. Abholservice vom Hafen, Bar/Restaurant; im Grünen.

■ Mamma Santina°, S.M. Salina, via Sanità, Tel. 984 30 54. 11 Zimmer mit Dusche/Bad. EZ 14 100, DZ ab 20 800 Lire. Familiäre Atmosphäre. Mamma kocht einen Capuccino.

■ **Villa Orchidea**°, Malfa, via Roma 127, Tel. 984 40 79. 18 Zimmer, DZ ca. 28 000 Lire. Pension 50 – 80 000 Lire pro Kopf. 20 % Rabatt für Kinder unter 10 Jahren.

■ **Elena Costa,** Lingua, via Manzoni, Tel. 984 30 49. Affitacamere; um 20 000 Lire das DZ.

■ **Camping „Tre Pini°"**, Salina, Leni-Rinella, 090/980 91 55. April bis Okt. geöffnet.

## Übernachten/ Alicudi-Filicudi

■ **Ericusa°**, Alicudi, via Regina Elena, Tel. 090/981 23 70. 12 Zimmer mit Dusche; nur DZ 32 000 Lire. Gartenanlagen, Pension.

■ **Club Phenicusa°°°**, Filicudi, via Porto, Tel. 090/984 41 85. 36 Zimmer mit Dusche/Bad, EZ ab 33 000 Lire, DZ ab 50 000 Lire. Strandnah, mit Bar/Restaurant. Taucherzentrum.

■ **Merlino**, Filicudi, Rocche Ciauli, Tel. 984 41 87. Signora Emma bietet 9 Zimmer ab 20 000 Lire an.

## Übernachten/Panarea

Auch auf Panarea stellt die Suche nach einem Privaten das preisgünstigste Übernachtungsangebot dar. Mindestens 9 Anbieter gibt es, von denen die meisten in San Pietro zu finden sind. Auch preiswerte Locande (**Basiluzzo, Caletta, Rodà**) liegen dort. Sie sind alle nur zwischen dem 1.4. und dem 31.10. geöffnet und liegen preislich um 20 – 25 000 Lire für das DZ. Dort besteht kein Pensionszwang. Außerdem finden sich ein halbes Dutzend Zweisternhotels, das DZ ab 50 000 Lire.

■ **Stella Maris°**, San Pietro, Tel. 983 042. Nur Sept. bis Nov. geöffnet. 6 Zimmer, vier Duschen. DZ 17 000 Lire, allerdings Pension (69 500 Lire).

■ **Rodà°**, San Pietro, Tel. 983 006. 4 Zimmer. DZ mit Dusche 25 000 Lire.

■ **La Piazza°°**, San Pietro, Tel. 983 003. 25 Zimmer mit Dusche, nur DZ (50 000 Lire). Bar/ Restaurant.

## Übernachten/Stromboli

■ **La Sirenetta°°**, via Marina 33, Tel. 090/986 025. 43 Zimmer, davon 41 mit Dusche. DZ 60 000 Lire.
Äußerst angenehme Atmosphäre, leider recht teuer. Sehr gutes Essen im Restaurant. Liegt schön, besitzt einen Swimming Pool, was will man mehr auf einem Vulkan.

■ **Miramare°**, via Nunziante 3, Tel. 090/986 047. 12 Zimmer mit Dusche. EZ 18 800 Lire, DZ 34 400 Lire. Schweizer „Szenetreff". Mit Bar/Restaurant. Außerdem offerieren einige Locande und private Vermieter Übernachtungen für 17 000 bis 22 000 Lire. Wasser ist wie überall auf den Inseln knapp und nicht garantiert.

■ **Stella°**, via Fabio Filzi 14, Tel. 986 020. 4 Zimmer, DZ mit Dusche, ab 17 900 Lire.

■ **Brasile°**, via Domenico Cincotta, Tel. 986 008. Mai bis Oktober geöffnet. DZ ohne Dusche 17 600 Lire.

In Stromboli-Ginostra geht nichts ohne *Mario*, der nicht umsonst schon aufgrund seines Zunamens an die Insel gekettet zu sein scheint:

■ **Mario lo Schiavo**, Ginostra, Tel. 981 17 60. Er vermittelt auch leerstehende Häuser in Ginostra (ca. 30 000 Lire pro Nacht und Person) und sorgt für den reibungslosen Fährverkehr (Wichtig für die Abholung vom Schiff...)

■ **Petrusa°**, gehört zum Dorf Ginostra, via Sopra / Scalo Pertusó, Tel. 981 23 05. Locanda mit 3 Zimmer.

## Leben auf Ginostra

*von Onno Behrends*

Ginostra – der Name stammt vom Ginster, der im Frühling die ganze Südseite der Insel in sonnengelbes Licht taucht – baut sich vom winzigen Hafen wie ein Amphitheater auf. Ein Haus liegt stets etwas höher als das nächste. So haben alle von jeder Terasse den freien Blick auf das tiefblaue Meer, kein Nachbar schaut in den Suppentopf. Der Eindruck vollkommener Abgeschiedenheit, den der Besucher schon in Marios Ruderboot, das ihn an Land bringt, erhält, verstärkt sich auch durch die Dorfarchitektur. Wer die Geheimnisse Ginostras kennenlernen und dazu dem Großstadtstreß entfliehen will, sollte mindestens eine Mondphase verweilen.

Gerade 50 Menschen leben noch ständig im Dorf, im Sommer, während der Hochsaison, sorgen bis zu 300 Touristen für Vollbeschäftigung rund um die Uhr. Weniger dramatisch geht es im Frühling zu. Schon im März kann es richtig warm werden, im April und Mai ist Ginostra ein Paradies. Alles blüht auf, und das ist auf dem kargen Lavaboden nicht wenig. Da die Bienen ihre Aufgabe kaum bewältigen können, wirbt die Flora mit besonders grellen Farben und verlockenden Düften, um nicht zu kurz zu kommen. Dies außergewöhnliche Arkadien beeinflußt natürlich auch das Frühlingserwachen der Menschen! Ostern und in der Karwoche ist Ginostra meist ausgebucht, Rö-

mer und Mailänder schätzen es, auf den Liparischen Inseln *Pasqua* zu feiern. Anschließend steht der intensiven Erholung, von der Körper und Seele ein ganzes Jahr zehren können, niemand mehr im Wege.

Es hat keinen Motorenlärm nebst den stinkenden Abgasen, auch kein chlorverseuchtes Leitungswasser. Sauberes Trinkwasser, es wird auf den Dächern der Häuser aufgefangen, schöpft man aus den Zisternen. Nur in der Hauptsaison sollte bei Wasserknappheit der Lebensspender besser abgekocht werden. Dann werden die Zisternen wie in der Antike vom Wasserschiff aus mit dem kostbaren Naß gefüllt. Strom kommt in Ginostra weder aus der Steckdose noch aus dem Atomkraftwerk. Die nötige Energie liefern einige Solarzellen, die auch die Telefonanlage versorgen.

Ginostra besitzt auch keine Müllabfuhr, das Aussehen der Insel ist in die Hände der Besucher gelegt. Alternatives Umdenken beginnt schon beim Einkaufen: kein Plastik, keine Dosenware! Aussteiger *Ulli*, der eine Art dörflichen „Multikonzern" mit Straßenund Wohnungsbau, Wasserversorgung, Baustoffhandel, Werkzeugverleih und (Esels-)Transportwesen aufgebaut hat, kümmert sich um die Entsorgung des Abfalls. Glas und kompostierbarer Müll werden getrennt gesammelt.

Im heißen, trockenen Sommer wird Ginostra zum El Dorado der Nachtschwärmer. Tagsüber glüht der Untergrund und die Luft flirrt; wenn dann noch der Schirokko bei Windstärken von 8 bis 10 heiße Luftmassen aus der Sahara herbeiweht, steigt das Termometer auf 45 Grad Celsius. Daheim kann man diesen „Effekt" mit einem Haartrockner simulieren: Es gibt kein Entrinnen. Die Hitze kriecht aus jeder Ecke. Selbst nachts strahlen die schwarzen Lavafelsen, die tagsüber reichlich Sonnenenergie getankt haben, wie Grillroste. Das Meer bietet eine laxe Abkühlung (bei 28 Grad Temperatur!), viele gehen schnorcheln und bestaunen fasziniert die reiche Unterwasserflora. Ich ziehe es vor, mir eine der natürlichen „Badewannen" im Lavagestein am Meer zu suchen, nehme ein Buch und etwas Trinkbares mit und freue mich auf jede herüberschwappende Welle, die das Wasser in der Wanne wechselt.

Nicht nur im Sommer gilt: Abends heißt es Abschied nehmen von TV, Disco und Ähnlichem. Das Hauptvergnügen ist, sich mit sich selbst zu beschäftigen. Hier lernt man es wieder, manche zum ersten Mal. Insbesondere bei Pärchen führt dies mitunter zu Schwierigkeiten. *Gaitano*, der seine Häuser an Zivilisationsmüde vermietet und stets auf dem laufenden ist, hat seine eigene Urlaubsstatistik aufgemacht. Über 80 Prozent aller Beziehungen sollen in die Binsen gehen! Garantiert ins Philosophische lappt ein Abend auf der Veranda – mit Meeresblick, den man mit sich oder in Begleitung in Ruhe bei einer Flasche Wein teilt, wärend der Vulkan gemütlich sein Pfeifchen schmaucht (ab und zu hustet er hörbar).

Einsame Herzen sollten in der Dunkelheit die Ohren spitzen, von irgendwo lockt stets ein von Musik untermaltes Lachen! Die spielt natürlich *live*, allein schon des Stromes wegen. Also die Petroliumlampe ausblasen, die Taschenlampe nicht vergessen, und keine Angst, jeder Besuch bringt eine Bereicherung und Neuigkeiten mit sich. Reihum veranstaltet „ein Haus" ein Essen oder Feste und lädt alle möglichen Leute ein, die auch die Getränke mitbringen. Nicht selten ist das ganze Dorf versammelt, was sich tagsüber in gähnend leeren Gassen niederschlägt: Die fröhlichen Gelage enden häufig erst bei Sonnenaufgang.

Der heftige Vulkanausbruch 1930 zerstörte fast alle Terrassenfelder, auf denen Oliven, Zitronen, Kapern und Feigen wuchsen. Ein Großteil der Bevölkerung wanderte aus. Zurück blieben die nach und nach verfallenden Häuser. Erst 1960 begann der Wiederaufbau der inseltypischen Gebäude, um sie an die ersten Touristen zu vermieten. Diese Häuser sind einfach, aber zweckmäßig und besitzen Atmosphäre. In der Regel haben sie drei Zimmer mit Küche, Plumpsklo, Zisterne und eine herrliche Veranda, auf der sich Dreiviertel des Jahres das Leben abspielt.

Ab Mitte September wird Ginostra erträglicher. Baden und Schnorcheln kann man übrigens bis in den November, in manchen Jahren gar bis Weihnachten. Die ersten Herbstgewitter bringen den langersehnten Regen und etwas Abkühlung. Sie toben manchmal stundenlang zwischen den Inseln.

Von Ginostra sind diese temperamentvollen Schauspiele vom „besten Tribünenplatz" verfolgbar. Zuweilen schaltet sich der Vulkan selbst mit seiner ihm eigenen Sprache ein und läßt die Gewitterwolken im Rhythmus der Ausbrüche in waberndem Rot leuchten.

Im Oktober haben die Bewohner mehr Zeit für die wenigen Gäste. Die Oliven sind reif und werden geerntet, jede Hilfe ist willkommen. Ein Liter des köstlichen Öls ist mehr als nur ein Andenken in der heimischen Küche. Auch die in Salz eingelegten Kapern sind konkurrenzlos. *Carola* weiß stets, wer die beste, natürlich chemiefreie Ware hat.

Die Wintermonate gehören den Individualisten. Wer in Klausur gehen und seinen Geist regenerieren möchte, findet perfekte Ruhe. Zweimal pro Woche tutet das Fährschiff. Bei Sturm entfällt auch diese Unterhaltung. Lesen, malen, schreiben, essen, denken, oder einfach schlafen – keine Verpflichtung ruft! Nachts ist das Pochen des eigenen Pulses das lauteste Geräusch.

## Übernachten

■ **Privathäuser:** Carola Hoffmann in Ginostra (Tel. 090/981 24 23) ist die Ansprechpartnerin in Mietangelegenheiten. Sie spricht Deutsch und ist auch sonst mit Rat und Tat zur Stelle. Auch Marilena Merlino (Ginostra, 090/981 29 38) hilft gerne weiter. Die Miete liegt zur Zeit bei ca. 20 DM pro Person pro Nacht. Für Häuser auf allen anderen Äolischen Inseln wendet man sich in Lipari an Deli (Tel. 090/

981 31 69/70). Während im Sommer normale italienische Preise verlangt werden, kann in der Nebensaison auch gehandelt werden. Dann wird es preiswert.

## Essen und Trinken

■ **Ginostra:** Bei Puntazo (meiner Meinung nach °°°°°) kochen die Brüder Renato und Ricardo überragend! Hier fängt der Chef de cuisine den Fisch noch höchstpersönlich! Ein Muß, nicht nur für gutbetuchte Gourmets. Wem ein Schluck des Ginostra-Weines angeboten wird, der hat des Restaurantbesitzers Herz erobert. Preiswerter ist Pasquale, der aber „nur" sizilianisches Fast food bei obligater Fernsehuntermalung vom Tresen serviert. Petrusa offeriert normale sizilianische Küche, und, sehr wichtig, er hält das Zigarettenmonopol. Außerdem besitzt er eine Eismaschine, die er zur warmen Jahreszeit je nach Lust und Laune anwirft. Einkaufen bei Mario, Pasquale und Petrusa! Bei Mario gehen die Kunden „auf den Nagel"! Man schreibt dort an und bucht Schiffspassagen, denn: Keiner verläßt die Insel ohne ihn! Sein Boot verbindet mit dem Rest der Welt.

## Transport

■ **Schiff:** mit der SI.RE.MAR. (Agentur Carlo Genovese, Napoli, Tel. 081/551 21 09/12) ab Neapel (11 Std. bis Stromboli), sowie von Milazzo/Lipari. Auch Verbindung mit Reggio in Calabria und Vibo Valentia. Achtung: Die Tragflügelboote der SNAV legen nicht in Ginostra an.

# Register

# Bildnachweis

Heidi Gredig 26, 62, 78, 88 o.,
144, 188 o., 214 u., 230, 244 u.
Markus Kirchgessner 7, 176, 188 u.,
214 o., 230, 244 u.
Jürgen Sorges 41, 51, 72, 88 u.,
225, 239 o.

## «Städte»

Allemann: **Rio** selbst entdecken
*216 Seiten, Br., ISBN 3-85862-048-3,* **22.80**

Fossati: **Venedig** selbst entdecken
*216 Seiten, Br., ISBN 3-85862-036-X,* **22,80**

Igramhan-Parsons: **Barcelona, Madrid** s. e.
*288 Seiten, Br., ISBN 3-85862-058-0,* **26,80**

Igramhan-Parsons: **London** s. e.
*288 Seiten, Br., ISBN 3-85862-032-7,* **24.80**

Igramhan-Parsons: **New York** s. e.
*360 Seiten, Br., ISBN 3-85862-020-3,* **32,80**

Igramhan-Parsons: **Paris** s. e.
*288 Seiten, Br., ISBN 3-85862-039-4,* **24.80**

Preuße/Born: **San Francisco, Los Angeles** s. e.
*268 Seiten, Br., ISBN 3-85862-060-2,* **24,80**

Sorges: **Florenz** selbst entdecken
*216 Seiten, Br., ISBN 3-85862-053-X,* **22.80**

## «Landschaften»

Machelett: **Nordmarokko** s. e.
*168 Seiten, Br., ISBN 3-85862-059-9,* **16.80**

Machalett: **Tunesien** s. e.
*156 Seiten, Br., ISBN 3-85862-047-5,* **16.80**

Naegele: **Toskana** selbst entdecken
*176 Seiten, Br., ISBN 3-85862-030-0,* **16.80**

Sperlich: **Peloponnes** selbst entdecken
*160 Seiten, Br., ISBN 3-85862-037-8,* **14.80**

Stromer : **Nordkalifornien, Oregon**
Praktischer Routenführer
*288 Seiten, Br., ISBN 3-85862-809-3,* **24.80**

Tüzün: **Türkische Ägäis** selbst entdecken
*192 Seiten, Br., ISBN 3-85862-041-6,* **19.80**

Tüzün: **Türkische Mittelmeerküste** s. e.
*176 Seiten, Br., ISBN 3-85862-042-4,* **16.80**

## «Stromer's» Praktische Reiseführer

Fischer/Wessel: **USA mit dem Auto**
*372 Seiten, Br., ISBN 3-85862-802-6,* **29.80**

Junghans: **Brasilien**
*352 Seiten, Br., ISBN 3-85862-801-8,* **29.80**

Matthews: **Kapverdische Inseln**
*360 Seiten, Br., ISBN 3-85862-803-4,* **29.80**

Puzo: **Östliche Karibik**
*240 Seiten, Br., ISBN 3-85862-807-7,* **27,80**

Möbius: **Andalusien**
*160 Seiten, Br., ISBN 3-85862-808-5,* **16.80**

Stromer: **USA-Städte**
*324 Seiten, Br., ISBN 3-85862-804-2,* **24.80**

Wessel: **Skiros, Skópelos, Skiathos**
Praktischer Reiseführer
*240 Seiten, Br., ISBN 3-85862-811-5,* **22,80**

## «Inseln»

Acubal/Stromer: **Fuerteventura-Lanzarote** s. e.
*160 Seiten, Br., ISBN 3-85862-021-1,* **16.80**

Axelrod: **Hawaii** - Praktischer Reiseführer
*240 Seiten, Br., ISBN 3-85862-810-7,* **22.80**

Naegele: **Ibiza, Formentera** s. e.
*168 Seiten, Br., ISBN 3-85862-025-4,* **16,80**

Naegele: **Korsika** selbst entdecken
*156 Seiten, Br., ISBN 3-85862-033-5,* **16.80**

Naegele: **Sardinien** selbst entdecken
*160 Seiten, Br., ISBN 3-85862-034-3,* **14.80**

Sperlich: **Griechische Inseln-Dodekanes** s.e.
*160 Seiten, Br., ISBN 3-85862-045-9,* **16.80**

Sperlich/Reiser: **Kreta** s. e.
*192 Seiten, Br., ISBN 3-85862-063-7,* **19,80**

Sperlich/Reiser: **Griech. Ins.-Mykonos** s. e.
*144 Seiten, Br., ISBN 3-85862-051-3,* **16.80**

Sorges: **Sizilien** selbst entdecken
*192 Seiten, Br., ISBN 3-85862-062-9,* **19,80**

Stahel: **Mallorca** selbst entdecken
*160 Seiten, Br., ISBN 3-85862-040-8,* **16.80**

Stahel/Last: **Menorca** s. e.
*96 Seiten, Br., ISBN 3-85862-054-8,* **12.80**

Stromer: **Gran Canaria** selbst entdecken
*160 Seiten, Br., ISBN 3-85862-027-0,* **14.80**

## «Globetrotter-Handbücher»

Helmy/Träris: **Ecuador, Peru, Bolivien** s. e.
*480 Seiten, Br., ISBN 3-85862-044-0,* **36.80**

León: **Kalifornien** selbst entdecken
*320 Seiten, Br., ISBN 3-85862-031-9,* **26,80**

Möbius/Ster: **Portugal** selbst entdecken
*288 Seiten, Br., ISBN 3-85862-046-7,* **26.80**

Möbius/Ster: **Südspanien** selbst entdecken
*320 Seiten, Br., ISBN 3-85862-019-X,* **26.80**

Möbius/Ster: **Thailand** selbst entdecken
*368 Seiten, Br., ISBN 3-85862-038-6,* **28,80**

Preuße/Born: **Florida** selbst entdecken
*288 Seiten, Br., ISBN 3-85862-055-6,* **26.80**

Schwager: **Indien** selbst entdecken
*432 Seiten, Br., ISBN 3-85862-043-2,* **29.80**

Schwager/Treichler: **Nepal** selbst entdecken
*224 Seiten, Br., ISBN 3-85862-014-9,* **22.80**

Treichler/Möbius: **Südostasien** s. e.
*542 Seiten, Br., ISBN 3-85862-024-6,* **32.80**

# Regenbogen-Verlag
## Stromer&Zimmermann
# in jeder Buchhandlung